Ausbildungsliteratur

Hausrat- und Wohngebäudeversicherung

Kaufmann für Versicherungen und Finanzen
Kauffrau für Versicherungen und Finanzen

Geprüfter Versicherungsfachmann IHK
Geprüfte Versicherungsfachfrau IHK

D1665815

Ausbildungsliteratur

Hausrat- und Wohngebäudeversicherung

Kaufmann für Versicherungen und Finanzen
Kauffrau für Versicherungen und Finanzen

Geprüfter Versicherungsfachmann IHK
Geprüfte Versicherungsfachfrau IHK

Herausgegeben vom Berufsbildungswerk
der Deutschen Versicherungswirtschaft (BWV) e.V.

Bibliografische Information der Deutschen Nationalbibliothek

Die Deutsche Nationalbibliothek verzeichnet diese Publikation
in der Deutschen Nationalbibliografie;
detaillierte bibliografische Daten sind im Internet über
http://dnb.d-nb.de abrufbar.

Herausgegeben vom Berufsbildungswerk
der Deutschen Versicherungswirtschaft (BWV) e.V.

Autoren:

Werner Cristofolini   Hannover
Hubert Holthausen   Köln

Verantwortlicher Redakteur:

Hubert Holthausen   Köln

Anregungen und Kritik bitte an E-Mail: Ausbildungsliteratur@vvw.de

ISBN: 978-3-89952-391-1

Vorwort

Eine wesentliche Konstante der Ausbildung in der Versicherungswirtschaft ist die Vermittlung von rechtlichen Inhalten. Das BWV knüpft mit
dieser Neuerscheinung an seine bewährte Tradition an, die Fachliteratur
auf dem aktuellsten Stand zu halten.

Im Rahmen der Einführung des neuen Versicherungsvertragsgesetzes
2008 und der aktuellen Rechtsprechung wurden die Hausrat- und
Wohngebäudeversicherungsbedingungen angepasst. Von der Risikoanalyse und Risikobewältigung über die versicherten Gefahren und
Schäden und den Einschluss von Klauseln bis hin zur Beitrags- und
Leistungsberechnung werden die Lernenden systematisch in die Mate-
rie eingeführt. Diese Kenntnisse und Fertigkeiten sind unabdingbar für
eine qualifizierte Kundenberatung und -betreuung.

Der vorliegende Band wurde konzipiert für die Auszubildenden im Beruf
„Kaufmann/Kauffrau für Versicherungen und Finanzen". Gleichzeitig
eignet er sich hervorragend für die Ausbildung der Versicherungsfach-
leute und angehende Versicherungsfachwirte. Der Band nimmt Bezug
auf die Lernfelder des Rahmenlehrplans für den Ausbildungsberuf, die
jeweils optisch hervorgehoben werden. Alle versicherungsrechtlichen
Inhalte beziehen sich auf

Lernfeld 3 – Kunden beim Abschluss von Hausratversicherungen
beraten und Verträge bearbeiten

Lernfeld 4 – Kunden beim Abschluss von Wohngebäudeversicherungen beraten und Verträge bearbeiten

Lernfeld 15 – Schaden- und Leistungsmanagement durchführen

Alle Beispiele beziehen sich ausschließlich auf das aktuelle Bedingungswerk 2 Proximus Versicherung.

Unser Dank gilt all denen, die durch kritische und konstruktive Anregungen zum vorliegenden Band beigetragen haben.

Allen Nutzern wünschen wir viel Erfolg bei ihrer Ausbildung und
Prüfung!

München, im Februar 2009

Inhaltsverzeichnis

Abkürzungsverzeichnis

ABE	Allgemeine Bedingungen für die Elektronik-Versicherung
ABM	Allgemeine Bedingungen für die Mietverlustversicherung
AERB	Allgemeine Bedingungen für die Einbruchdiebstahl- und Raubversicherung
AFB	Allgemeine Feuerversicherungs-Bedingungen
AG	Aktiengesellschaft
AGIB	Allgemeine Bedingungen für die Glasversicherung
AHB	Allgemeine Versicherungsbedingungen für die Haftpflichtversicherung
AktG	Aktiengesetz
AMB	Allgemeine Maschinenversicherungsbedingungen
ASTB	Sturmversicherung
AtG	Atomgesetz
AVB	Allgemeine Versicherungsbedingungen
AWB	Leitungswasserversicherung
BaFin	Bundesanstalt für Finanzdienstleistungsaufsicht
BAK	Bauartklasse
BWE	Besondere Bedingungen für die Versicherung weiterer Elementarschäden in der Hausrat- und Wohngebäudeversicherung
BGB	Bürgerliches Gesetzbuch
BGH	Bundesgerichtshof
EC	Extended Coverage = erweiterte Deckung
ECB	Bedingungen für die Versicherung zusätzlicher Gefahren zur Feuerversicherung für Industrie- und Handelsbetriebe
ECBUB	Bedingungen für die Versicherung zusätzlicher Gefahren zur Feuer-Betriebsunterbrechungs-Versicherung für Industrie- und Handelsbetriebe
ED	Einbruchdiebstahl
F	Feuer
FBUB	Allgemeine Feuer-Betriebsunterbrechungs-Versicherungsbedingungen
Feuersch.StG	Feuerschutzsteuergesetz
Kfz	Kraftfahrzeug
LG	Landgericht
LuftVG	Luftverkehrsgesetz
LW	Leitungswasser
LZB	Zusatzbedingungen für die Feuerversicherung landwirtschaftlicher Betriebe

MFBU	Mittlere Feuer-Betriebsunterbrechungs-Versicherung
OLG	Oberlandesgericht
PAngV	Preisangabenverordnung
PflVG	Pflichtversicherungsgesetz
PHV	Privat-Haftpflichtversicherung
Pkw	Personenkraftwagen
ST	Sturm
V	Versicherung
VAG	Versicherungsaufsichtsgesetz
VerBaFin	Veröffentlichungen der Bundesanstalt für Finanzdienstleistungsaufsicht
VerBAV	Veröffentlichungen des Bundesaufsichtsamtes für das Versicherungswesen
Vers.	Versicherung
VersR	Versicherungsrecht
VGB	Allgemeine Bedingungen für die Neuwertversicherung von Wohngebäuden gegen Feuer-, Leitungswasser- und Sturmschäden
VHB	Allgemeine Bedingungen für die Hausratversicherung
VN	Versicherungsnehmer
V-Omb-Mann	Versicherungsombudsmann
VR	Versicherer
VS	Versicherungssumme
V-Steuer	Versicherungsteuer
VStG	Versicherungsteuergesetz
VU	Versicherungsunternehmen
VVaG	Versicherungsverein auf Gegenseitigkeit
VVG	Versicherungsvertragsgesetz
VW	Versicherungswert
WEG	Wohnungseigentümergemeinschaft
WHG	Wasserhaushaltsgesetz
ZFBUB	Zusatzbedingungen für die Feuer-Betriebsunterbrechungs-Versicherung
ZKBU	Zusatzbedingungen für die Klein-Betriebsunterbrechungs-Versicherung

Hausratversicherung

Lernziele

In diesem Kapitel erwerben Sie die Kenntnisse und Fertigkeiten
für folgende Leistungsziele:

Sie

- beurteilen den Bedarf des zukünftigen Kunden
- informieren den Kunden über die versicherten Sachen im
  Hausrat
- beschreiben weitere versicherte Sachen
  sowie den Einschluss des fremden Eigentums
- erklären versicherte Kosten
- erläutern die versicherten Gefahren/Schäden kundenorientiert
- begründen zusätzlich einschließbare Risiken/Klauseln
- erklären den Versicherungsort in der Hausratversicherung
- stellen den Versicherungsschutz bei Wohnungswechsel heraus
- stellen den Kundennutzen der Außenversicherung dar
- stellen den Zusammenhang zwischen Versicherungswert
  und Versicherungssumme kundengerecht heraus
- stellen die Folgen unzureichender Versicherungssumme dar
- begründen die bedarfsgerechte Versicherungssumme
- prüfen die Voraussetzung für den Unterversicherungsverzicht
- nehmen die Anpassung der Versicherungssumme vor
- nehmen die Risikobeurteilung vor und prüfen die Anzeigepflicht des Versicherungsnehmers
- wenden den Tarif an und berechnen die Beiträge
- erklären die Sicherheitsvorschriften und stellen die Folgen
  der Verletzung dar
- prüfen im Versicherungsfall die Leistungspflicht und
  wenden gesetzliche und vertragliche Regelungen an
- wickeln den Versicherungsfall bei Voll- und
  Unterversicherung ab und berechnen die Entschädigung
- beschreiben Deckungserweiterungen und
  neue Deckungskonzepte für den optimalen Versicherungsschutz
- stellen den Kundennutzen für eine
  Haushaltsglasversicherung heraus
- grenzen versicherte und nicht versicherte Sachen
  in der Haushaltsglasversicherung ab
- berechnen den Beitrag zur Haushaltsglasversicherung
- ermitteln die Entschädigung in der Haushaltsglasversicherung

1. Hausratversicherung

1.1 Risikoanalyse und Risikobewältigung

▶ Situation

Peter Meier und Kathrin Holm wollen heiraten. Für die Wohnung, die sie vor kurzem angemietet haben, sind die Möbel bereits bestellt.

Mit einem Freund, der bei einem Versicherungsunternehmen arbeitet, diskutieren sie, ob der Abschluss einer Hausratversicherung erforderlich ist.

Der Freund zeigt ihnen auf, welche Gefahren drohen:

- Ein Feuer könnte die gesamte Wohnungseinrichtung vernichten.
- Auslaufendes Wasser aus dem Geschirrspüler würde Teppiche und Möbel beschädigen.
- Einbrecher könnten die Musikanlage und andere wertvolle Sachen stehlen.

Auch wenn Peter Meier und Kathrin Holm sehr gewissenhaft und umsichtig handeln, um Schäden möglichst zu vermeiden, kann eine Gefahr außerhalb der Wohnung auftreten und sich auf ihre Sachen auswirken, z. B.:

- Beim Nachbarn über ihnen platzt der Schlauch der Waschmaschine. Das Wasser dringt durch die Zimmerdecke und beschädigt ihren Hausrat.
- Blitzschlag verursacht einen Dachstuhlbrand; das Löschwasser läuft auch in ihre Wohnung.
- Sturm zerstört eine Fensterscheibe; Regen und Hagel richten Schäden an ihren Sachen an.

Gemeinsam diskutieren sie verschiedene Möglichkeiten, das Risiko zu bewältigen:

1.1.1 Risikotragung

Peter und Kathrin können das Risiko selbst tragen – in der Hoffnung, dass kein Schaden eintritt. Würde aber beispielsweise ein Feuer oder eine Explosion ihren Hausrat vernichten, könnten erhebliche finanzielle Schwierigkeiten auf sie zukommen.

Eine andere Möglichkeit der Risikobewältigung ist die finanzielle Vorsorge durch Rücklagenbildung, z. B. auch durch die Ansparung der nicht benötigten Versicherungsbeiträge. Auch hier ergibt sich das Problem, dass die Rücklagen – vor allem in den ersten Jahren – nicht ausreichen, um größere Schäden abzudecken.

1.1.2 Risikoverhütung bzw. Risikominderung

Durch Sicherungs- und Vorsichtsmaßnahmen kann der Eintritt bestimmter Gefahren vermieden oder das Ausmaß des Schadens vermindert werden, z. B. durch den Einbau von

- einbruchhemmenden Sicherungen an Wohnungstür und Fenstern im Erdgeschoss
- Einbruchmeldeanlage
- Überspannungsfiltern gegen Überspannungsschäden durch Blitz
- automatischen Wasserabschaltgeräten in Waschmaschinen und Geschirrspülern
- Rauch- und Hitzemeldern

Damit wird aber nur ein Teil der Gefahren verhindert bzw. reduziert; ein erhebliches Risiko muss weiter getragen werden.

1.1.3 Risikoabwälzung auf Versicherung

Wird für den Hausrat eine Versicherung abgeschlossen, so bezahlt das Versicherungsunternehmen im Versicherungsfall – bis auf die Ausschlüsse und einige nicht versicherte Bereiche – den Schaden.

Der Umfang des Versicherungsschutzes kann über die Standarddeckung der Hausratversicherung hinaus durch den Einschluss von Klauseln, weiteren Elementarschäden und durch die Haushalt-Glasversicherung erweitert werden (vgl. Übersicht). Einzelne Versicherungsunternehmen bieten außerdem noch einen „Haus-Service" an: im Schadenfall vermittelt oder beauftragt das Versicherungsunternehmen die benötigten Handwerker.

▶ Situation

Entscheidung

Peter Meier und Kathrin Holm beschließen, eine Hausratversicherung abzuschließen. Da für sie der Beitrag doch recht hoch ist – vor allem im Hinblick auf die großen Ausgaben für die Wohnungseinrichtung –, fragen sie nach Möglichkeiten der Beitragsminderung.

Der Freund schlägt ihnen vor:

- Klauseln nur einzuschließen, wenn ein vernünftiges Kosten-Nutzen-Verhältnis gegeben ist. Besitzt Peter Meier beispielsweise nur ein preiswertes Fahrrad aus dem Supermarkt, dann ist es wenig sinnvoll, die Klausel Fahrraddiebstahl einzuschließen, wenn die Summe der Beitragszuschläge in zwei oder drei Jahren genauso hoch ist wie der Kaufpreis des Fahrrades.

- weitere Elementarschäden nur zu vereinbaren, wenn ein Schadeneintritt wahrscheinlich ist.
- die Haushalt-Glasversicherung nur abzuschließen, wenn höhere Beträge im Schadenfall fällig werden, z. B. wegen großer oder zahlreicher Gebäude- und Mobiliarglasscheiben.
- den Beitrag durch Rabatte zu senken, z. B. für:
  - dreijährige Laufzeit des Vertrages (meistens 10 % Dauerrabatt)
  - Selbstbeteiligung im Schadenfall
  - einbruchhemmende Sicherungen

LF
3

LF
4

LF
15

Ist der Jahresbeitrag immer noch zu hoch, so kann auch in Raten, z. B.
viertel- oder halbjährlich, gezahlt werden.

Versicherungsschutz für den privaten Haushalt[1]

Standarddeckung nach VHB 2008

- Brand
- Blitzschlag
- Explosion
- Implosion
- Absturz von Luftfahrzeugen
- Einbruchdiebstahl

- Raub
- Vandalismus
- Leitungswasser
- Sturm
- Hagel

Erweiterung des Versicherungsschutzes durch Klauseln, z. B.

- Überspannungsschäden
  durch Blitz
- Fahrraddiebstahl

- Kein Abzug wegen Unter-
  versicherung
- Datenrettungskosten

Weitere Elementarschäden

- Überschwemmung
- Rückstau
- Erdbeben
- Erdsenkung

- Erdrutsch
- Schneedruck
- Lawinen
- Vulkanausbruch

Haushalt-Glasversicherung nach AGIB 2008

Zerbrechen von Gebäude- und Mobiliarverglasung der Wohnung oder
des Einfamilienhauses

---

1   Vgl. dazu auch Abschnitt 1.9.

Weitere Versicherungsmöglichkeiten, z. B.

- Besondere Versicherung für Schmuck und Pelze
- Besondere Versicherung für Musikinstrumente
- Besondere Versicherung für Jagd- und Sportwaffen
- Besondere Fahrradversicherung
- Reisegepäckversicherung

▶ Zusammenfassung

Risikoanalyse und Risikobewältigung (Risk Management)

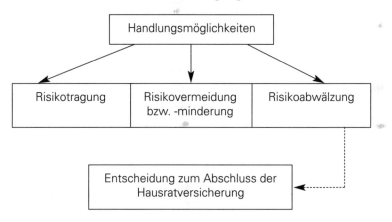

1.1.4　Bedeutung der Hausratversicherung

Die Hausratversicherung ist – neben der gewerblichen Sachversicherung – der drittgrößte Versicherungszweig der Sachversicherung nach der industriellen Sachversicherung und der Wohngebäudeversicherung.

2007 wurden 2,6 Mrd. € Beiträge eingenommen. Das entspricht einem Anteil von 18,31 % der gesamten Sachversicherungsbeiträge. Im Vergleich zum Vorjahr sanken die Beiträge um 1 %.

2007 zahlten die Versicherungsunternehmen 1,2 Mrd. € Leistungen an die Versicherten aus[1]. Die Schadenquote – das ist der Anteil der Leistungen an den verdienten Beiträgen[2] – betrug 37,4 %.

LF
3

LF
4

LF
15

1.1.5　Aufbau der Allgemeinen Hausratversicherungsbedingungen (VHB 2008 – Versicherungssummenmodell)[3]

Die VHB 2008 werden – wie alle Sachversicherungsbedingungen – in zwei Abschnitte unterteilt. Abschnitt A enthält den spartenspezifischen Teil, z. B. die versicherten Gefahren, Sachen und Kosten in der Hausratversicherung. In Abschnitt B ist der allgemeine Teil aufgeführt, der weitgehend identisch für alle Sachsparten ist. In diesem Abschnitt werden die versicherungsrechtlichen Bestimmungen des VVG übernommen wie Anzeigepflicht, Beginn des Versicherungsschutzes, Prämienzahlung, Obliegenheiten, Gefahrerhöhung. Deshalb entfallen in den Versicherungsbedingungen die Verweise auf das VVG; sie wurden „aus Gründen der Transparenz aufgelöst."[3]

Schließt der Versicherungsnehmer mehrere Versicherungen wie Hausrat, Glas und Wohngebäude ab, dann erhält er bei Antragsstellung die spartenbezogenen Abschnitte A der einzelnen Sparten und nur einmal den allgemeinen Abschnitt B bzw. entsprechende Textbausteine.

Nachteilig dabei ist, dass z. B. bestimmte Obliegenheiten in beiden Abschnitten aufgeführt werden. Im Abschnitt A stehen die besonderen Obliegenheiten in der Hausratversicherung wie Sicherheitsvorschriften oder gefahrerhöhende Umstände. Im Abschnitt B werden die allgemeinen Rechtsfolgen bei Verletzung einer Obliegenheit geregelt.

Auch die Kosten werden aufgeteilt: Abschnitt A enthält die versicherten Kosten in der Hausratversicherung – Abschnitt B dagegen die für alle Sparten gleichen Schadenminderungs- und Schadenermittlungskosten.

1　Versicherungsmagazin 5/2008, S. 26 f.
2　Verdiente Beiträge sind die Beitragsteile, die in das einzelne Geschäftsjahr fallen (zeitliche Abgrenzung).
3　Handbuch der Sachversicherung vom GDV, Bd. 3 01/2008, VHB 2008 – VS-Summenmodell S. 1

Die VHB 2008 führen in den §§ 1 bis 5 zuerst die versicherten Gefahren auf – abweichend von der bisherigen Einteilung. Damit wird die Gliederung den gewerblichen Sachsparten wie AFB, AWB, AstB, AERB angeglichen. Es erscheint aus didaktischen und methodischen Überlegungen sinnvoller, wie bisher zuerst die versicherten Sachen zu behandeln. Für Auszubildende ist die Brand- oder die Einbruchdiebstahldefinition doch sehr abstrakt. Dagegen lassen sich Sachen zum privaten Ge- oder Verbrauch anschaulicher und schülergerechter darstellen.

§ 9 Nr. 2 a) VHB 2008

Neben den VHB 2008 – Versicherungssummen-Modell (VS-Modell) bietet der Gesamtverband der Versicherungswirtschaft die VHB 2008 – Quadratmeter-Modell (qm-Modell) als „unverbindliche Musterkomposition zur fakultativen Verwendung" an.[1] Beide Bedingungswerke sind – bis auf § 9 VHB 2008 – identisch.

§ 9 Nr. 3 VHB 2008
(qm-Modell)

Bei den VHB 2008 (VS-Modell) soll die Versicherungssumme dem Versicherungswert entsprechen. Beim qm-Modell errechnet sich die Versicherungssumme aus dem Betrag pro Quadratmeter Wohnfläche multipliziert mit der im Versicherungsschein genannten Wohnfläche.

Der Unterversicherungsverzicht wird bereits in den Bedingungen – und nicht als Klausel wie beim VS-Modell – geregelt. Deshalb wird auch beim qm-Modell der Betrag pro qm Wohnfläche – und nicht die Versicherungssumme – an die Preisentwicklung angepasst.[2]

Die VHB 2008 sind – wie alle Bedingungswerke – unverbindliche Verbandsempfehlungen. Einige Versicherungsunternehmen weichen deshalb davon ab und arbeiten mit eigenen Bedingungen.

Auch die Erläuterungen im Handbuch der Sachversicherung stellen nur unverbindliche Hinweise dar. Die darin enthaltenen „Regelungen haben nur bei bilateraler Vereinbarung zwischen den Gesellschaften bindende Wirkung."[3]

1 Handbuch der Sachversicherung, Bd. 3 01/08, VHB 2008 (qm-Modell)
2 Vgl. dazu Abschnitt 1.8.4.4
3 Rundschreiben des GDV vom 1. 6. 2008

1.2 Umfang des Versicherungsschutzes nach den VHB 2008

LF
3

LF
4

LF
15

▶ Situation

Fernsehgerät setzte Wohnung in Brand

Durch ein defektes Fernsehgerät ist eine Mietwohnung in Brand geraten. Nach Angaben der Feuerwehr brannte das Wohnzimmer völlig aus. Das Löschwasser beschädigte auch Hausratsachen in der darunterliegenden Wohnung. Den gesamten Schaden beziffert die Polizei auf rund 60 000 €.

▶ Erläuterung

Für die Schäden am Hausrat treten die Hausratversicherungen der beiden Mieter ein; die Gebäudeschäden, z. B. an Fußböden, Wänden und Decken, übernimmt die Gebäudeversicherung des Gebäudeeigentümers.

Besitzt beispielsweise der Mieter, dessen Hausratsachen durch das Löschwasser beschädigt wurden, keine Versicherung, so muss er den Schaden selbst tragen.[1] Denn die Hausratversicherung des Mieters, bei dem das Feuer ausbrach, zahlt nur für Sachen, die nach seinem Vertrag versichert sind.

Der Hausratversicherer ist ersatzpflichtig, wenn

▪ eine versicherte Sache (z. B. Möbel)	§ 6 Nr. 2 VHB 2008
▪ durch eine versicherte Gefahr (z. B. Brand) oder	§ 1 Nr. 1 VHB 2008
▪ als Folge einer versicherten Gefahr (z. B. Löschwasser)	
▪ am Versicherungsort	§ 6 Nr. 3 VHB 2008
zerstört oder beschädigt wird oder abhanden kommt.	

Es ist außerdem zu prüfen, ob für versicherte Kosten und eventuell im Rahmen der Außenversicherung zu leisten ist.   §§ 7 und 8 VHB 2008

1.2.1 Versicherte und nicht versicherte Sachen

1.2.1.1 Hausrat

▶ Situation

Der Versicherungsnehmer hat wertvolle antike Möbel und Schmuck geerbt. Er fragt, ob diese Sachen in der Hausratversicherung eingeschlossen sind oder ob er dafür eine besondere Versicherung abschließen muss.

---

1   Der Schadenverursacher muss nur bei Verschulden haften.

▶ Erläuterung

Nach § 6 Nr. 1 VHB ist der gesamte Hausrat in der im Versicherungsschein bezeichneten Wohnung (Verrichtungsort) versichert. Dazu
gehören alle Sachen, die dem Haushalt des Versicherungsnehmers zur
privaten Nutzung dienen, z. B.:

§ 6 Nr. 1 und 2
VHB 2008

Sachen	
■ zur Einrichtung	z. B. Möbel, Teppiche, Gardinen, Bilder
■ zum Gebrauch	z. B. Geschirr, Bekleidung, Haushalts-geräte
■ zum Verbrauch	z. B. Nahrungs- und Genussmittel
außerdem	
■ Bargeld und Wertsachen (mit Entschädigungs-grenzen)	z. B. Schmuck, Edelsteine, Pelze, Antiquitäten

§ 13 Nr. 2 VHB 2008

Die antiken Möbel sowie der Schmuck gehören damit zu den versicherten Sachen. Für den Schmuck bestehen allerdings Entschädigungsgrenzen nach § 13 Nr. 2 VHB 2008. Der Versicherungsnehmer sollte die Versicherungssumme um den Wert dieser Sachen erhöhen, um nicht in eine Unterversicherung zu geraten.

Zum Sachinbegriff „Gesamter Hausrat" gehören z. B. auch Haustiere,
Pflanzen, Prothesen, Brillen sowie Musikinstrumente und technische
Geräte, die dem Hobby des Versicherungsnehmers dienen. Die teuren
alten Weine des Versicherungsnehmers im Keller sind ebenfalls versichert. Versicherungsschutz besteht auch für Sachen, die im Haushalt
lediglich aufbewahrt und außerhalb der Wohnung genutzt werden, z. B.
Campingausrüstung, Fahrräder, Sportgeräte, Fotoapparate, Videokame-
ras, Jagd- und Sportwaffen. Der Versicherer leistet aber nur, wenn eine
versicherte Gefahr vorliegt.

▶ Beispiel

Zwei Jugendliche rauben dem Versicherungsnehmer auf der
Straße das Handy.

Das Handy ist eine versicherte Sache und Raub ist eine versicherte Gefahr. Der Versicherer leistet im Rahmen der Außenversicherung.

§ 6 Nr. 2 c) gg)
VHB 2008

Versichert sind nur Sachen, die der privaten Nutzung dienen, so besteht
z. B. für Geschäftsgeld, das der Versicherungsnehmer für seinen Arbeitgeber zu Hause aufbewahrt, kein Versicherungsschutz. Arbeitsgeräte
und Einrichtung, die dem Beruf des Versicherungsnehmers dienen, sind
allerdings eingeschlossen.

Es sind auch nur Sachen versichert, die der Versicherungsnehmer oder Personen in häuslicher Gemeinschaft selbst nutzen. Ein fremder Haushalt ist ausgeschlossen.

§ 6 Nr. 2 a) VHB 2008

LF 3

▶ Beispiel

LF 4

Der Freund des Versicherungsnehmers zieht um. Deshalb lagert der Freund einen Teil seines Hausrats beim Versicherungsnehmer im Keller ein. Ein Brand zerstört diese Sachen.
Der Hausratversicherer des Versicherungsnehmers wird die Leistung ablehnen. Es besteht aber Versicherungsschutz im Rahmen der Außenversicherung des Freundes.

LF 15

§ 7 Nrn. 1 und 6 VHB 2008

Hausrat ist auch außerhalb des Versicherungsortes versichert, wenn er wegen eines Versicherungsfalles daraus entfernt worden ist.

§ 6 Nr. 1 Abs. 2 VHB 2008

▶ Beispiel

Nach einem Leitungswasserschaden muss der Versicherungsnehmer den gesamten Hausrat in eine Lagerhalle bringen. Drei Tage später zerstört ein Feuer in der Halle auch den Hausrat des Versicherungsnehmers.

Der Versicherer leistet; die Grenzen der Außenversicherung gelten nicht.

§ 7 Nr. 6 VHB 2008

1.2.1.2 Mitversicherte Sachen

▶ Situation

Der Versicherungsnehmer als Eigentümer eines Einfamilienhauses lässt Küchenschränke von einem Möbelgeschäft anbringen. Er fragt, ob diese Schränke in der Hausrat- oder in der Wohngebäudeversicherung eingeschlossen sind?

▶ Erläuterung

Eine eindeutige Zuordnung zur Hausrat- oder zur Gebäudeversicherung ist häufig schwierig.

Eine Einbauküche, die vom Versicherungsnehmer als Gebäudeeigentümer individuell geplant und von einem Tischler speziell für diesen Raum gefertigt wurde, gehört zu den Gebäudebestandteilen und damit zur Gebäudeversicherung[1].

§ 5 Nr. 2 b) VGB 2008

---

1   Vgl. dazu Ziff. 2.2.1.

OLG Saarbrücken r+s 1996, 415	Dagegen ist eine serienmäßig hergestellte Anbauküche kein Gebäude-bestandteil – auch wenn die Teile für diesen Raum passend gekauft und die Passleisten sowie die Arbeitsplatte entsprechend zugeschnitten wurden.
OLG Köln r+s 1999, 383	Ein Raumteiler, der als Schrankwand die Küche vom Esszimmer trennt und aus Serienteilen besteht, die demontierbar und wieder aufbaubar sind, ist ebenfalls eine versicherte Sache in der Hausratversicherung und kein Gebäudebestandteil.
KG Berlin r+s 1999, 160	Teppichboden und Tapeten, die der Versicherungsnehmer als Eigentü-mer eines Einfamilienhauses einfügt, zählen zu den wesentlichen Ge-bäudebestandteilen und sind in der Wohngebäudeversicherung einge-schlossen.

Die Hausratversicherungsbedingungen regeln diesen Sachverhalt.

Zum Hausrat gehören

§ 6 Nr. 2 c) bb)
VHB 2008

Anbaumöbel/-küchen, die serienmäßig produziert und nicht individuell für das Gebäude gefertigt, sondern lediglich mit einem gewissen Ein-bauaufwand an die Gebäudeverhältnisse angepasst worden sind

▶ **Erläuterung**

Da die von dem Möbelgeschäft gelieferten Küchenschränke wahr-scheinlich serienmäßig produziert wurden, sind sie in der Hausratversi-cherung eingeschlossen.

§ 6 Nr. 4 b) VHB 2008

Bringt der Vermieter (Gebäudeeigentümer) Anbaumöbel und -küchen in die Mietwohnungen ein, so fallen sie eigentlich nicht unter die Hausrat-versicherung der Mieter. Der Verband empfiehlt aber, sie den Hausrat-versicherungen der Mieter zuzuordnen.[1]

Eine eindeutige Zuordnung dieser Sachen zum Hausrat oder zum Ge-bäude erfolgt durch die Empfehlung im Handbuch der Sachversiche-rung.[1]

Weiterhin sind versichert

§ 6 Nr. 2 c) aa)
VHB 2008

In das Gebäude eingefügte Sachen, z. B. Einbaumöbel und -küchen, die der Versicherungsnehmer als Mieter oder als Wohnungseigentü-mer beschafft oder übernommen hat und für die er die Gefahr trägt.

Eine andere Vereinbarung über die Gefahrtragung hat der Versiche-rungsnehmer nachzuweisen.

---

1   Handbuch der Sachversicherung, Bd. 1, A-II-4, 2008; vgl. dazu auch Abschnitt 2.2.1 „Mitversicherte Sachen".

Es besteht Versicherungsschutz, wenn der Versicherungsnehmer als Mieter oder als Wohnungseigentümer

- Sachen (Gebäudebestandteile oder -zubehör) auf seine Kosten beschafft oder vom Vormieter, Vermieter oder Voreigentümer übernommen hat und
- die Gefahr dafür trägt (d. h. er zahlt die Kosten für die Reparatur bzw. der Wiederbeschaffung).

Darunter fallen z. B. besonders angefertigte Einbauküchen und -schränke, Teppich- und Parkettböden, Etagenheizung, Badewannen, Waschbecken, die der Versicherungsnehmer zusätzlich einbauen lässt.

Tauscht der Versicherungsnehmer diese Sachen aber nur aus, die ursprünglich der Gebäudeeigentümer einbrachte, dann bleiben sie nach VGB versichert.

§ 6 Nr. 4 b) VHB 2008

Die aufgeführten Sachen gehören überwiegend zu den Gebäudebestandteilen – sie sind aber in der Wohngebäudeversicherung ausgeschlossen, um eine Mehrfachversicherung zu verhindern.

§§ 93, 94 BGB
§ 5 Nr. 2 b) VGB 2008

Mit dieser Regelung werden mögliche Streitigkeiten zwischen Mieter und Vermieter und eventuell auch zwischen Wohnungseigentümer und Eigentümergemeinschaft vermieden. Im Versicherungsfall erhält der Versicherungsnehmer die Entschädigung und nicht der Gebäudeeigentümer oder die Eigentümergemeinschaft.

▶ Beispiel

Unser Versicherungsnehmer hat eine Eigentumswohnung gekauft, die er aufwändig renovieren will. Von einem Tischler wird er mehrere hochwertige Einbauschränke anfertigen, Parkett verlegen sowie die Decken mit Edelholz vertäfeln lassen. Auch eine teure Einbauküche wird der Tischler einbauen. Die Kosten schätzt er auf 60 000 €. Die Eigentümer der anderen Wohnungen wollen die Gebäudeversicherungssumme nicht erhöhen und den Mehrbeitrag herausrechnen. Unser Versicherungsnehmer möchte einen Streit mit der Wohnungseigentümergemeinschaft vermeiden und fragt, ob diese eingebauten Sachen in seiner Hausratversicherung eingeschlossen sind.

Da der Versicherungsnehmer als Wohnungseigentümer die Sachen zusätzlich in seine Wohnung einfügt und dafür auch das Risiko trägt, besteht Versicherungsschutz in der Hausratversicherung (vgl. aber Nr. 4 b).[1]

§ 6 Nr. 2 c) aa)
VHB 2008

Diese Regelung weicht von der Verbandsempfehlung ab, nach der Sachen, die der Eigentümer einer Wohnung einbringt, zum Gebäude gehören[1].

---

1 Nach der Verbandsempfehlung werden Wand- und Deckenverkleidung sowie der Bodenbelag – unabhängig von deren Art – allerdings dem Gebäude zugeordnet, wenn der Nutzer des Gebäudes/der Wohnung zugleich Eigentümer ist. Handbuch der Sachversicherung, Bd. 1, A-II-4 2008.

Der Versicherungsnehmer sollte seine Hausratversicherungssumme entsprechend erhöhen, um eine Unterversicherung zu vermeiden. Eine Summenerhöhung ist auch bei vereinbarter Klausel 7712 – „Kein Abzug wegen Unterversicherung" – zu empfehlen. Bei einem Groß- oder Totalschaden leistet der Versicherer nur bis zur vereinbarten Versicherungssumme zuzüglich 10 % Vorsorge.

§ 8 Nr. 2 c) cc)
VHB 2008

Private Antennenanlagen sowie Markisen zur Wohnung des Versicherungsnehmers auf dem gesamten Grundstück.

Zu den Antennen gehören auch Parabolantennen (Antennenschüssel).

Für Antennen und Markisen besteht Versicherungsschutz am Gebäude sowie auf dem gesamten Grundstück, auf dem die Wohnung liegt (vgl. § 5 Nr. 4 b) bb) VHB 2008).

§ 5 Nr. 2 c) VGB 2008

In der Wohngebäudeversicherung sind diese Sachen, sofern sie sich im oder am Gebäude befinden, ebenfalls eingeschlossen. Eine Mehrfachversicherung dürfte aber kaum entstehen.

▶ Beispiele

§ 6 Nr. 2 c) aa) u. cc)
VHB 2008;
§ 5 Nr. 3 b) VGB 2008

1. Der Mieter oder der Wohnungseigentümer bringt auf seine Kosten und seine Gefahr eine Markise oder Antenne an. Es besteht Versicherungsschutz nur in der Hausratversicherung, weil Sachen, die ein Mieter oder ein Wohnungseigentümer in das Gebäude einfügt, in der Gebäudeversicherung ausgeschlossen sind. Auch Antennen dürften zu den in das Gebäude eingefügten Sachen gehören.[1]

§ 6 Nr. 4 b) VHB 2008

2. Lässt der Versicherungsnehmer als Eigentümer an seinem Einfamilienhaus eine Markise oder Antenne anbauen, dann dürfte dafür kein Versicherungsschutz in der Hausratversicherung bestehen, weil Sachen, die ein Gebäudeeigentümer einbringt, ausgeschlossen sind.[2] (Ein Wohnungseigentümer ist nicht mit einem Gebäudeeigentümer gleichzusetzen. Als Wohnungseigentum ist das Sondereigentum an einer Wohnung in Verbindung mit dem Miteigentumsanteil am gemeinschaftlichen Eigentum anzusehen. Vom Wohnungseigentümer eingefügte Markisen und Antennen könnten als Sondereigentum angesehen werden.)

§ 1 WEG

§ 6 Nr. 4 b) VHB 2008

3. Bringt der Versicherungsnehmer als Eigentümer eines Mehrfamilienhauses über den Balkonen der vermieteten Woh-

---

1   Vgl. Dietz, Wohngebäudeversicherung, Karlsruhe 1999, S. 72.
2   Werden aber Antennen und Markisen als eigene Position angesehen, dann könnte möglicherweise der Ausschluss nach § 6 Nr. 4 b) Satz 1 VHB 2008 nicht gelten, so dass Versicherungsschutz nach VHB und VGB bestehen würde. Oder Antennen und Markisen werden nicht als „vom Gebäudeeigentümer eingebrachte Sachen" betrachtet, weil sie sich auf dem gesamten Grundstück – und nicht nur am Gebäude – befinden können. Eine Mehrfachversicherung kann auch bei älteren VHB/VGB vorliegen.

nungen Markisen an, dann sind sie ebenfalls nur in seiner Gebäudeversicherung – und nicht in den Hausratversicherungen der Mieter – eingeschlossen.

LF
3

Nach der Verbandsempfehlung kann eine Ausgleichspflicht in der Sturmversicherung zwischen Hausrat- und Wohngebäudeversicherer für außen angebrachte Antennenanlagen entstehen, soweit diese in der Hausratversicherung mitversichert sind. Es wird dann die Teilungsregelung angewendet, wie sie in § 8 Nr. 1 h) VHB 2008 (Reparaturkosten für Nässeschäden in gemieteten bzw. in Sondereigentum befindlichen Wohnungen) angewendet wird.[1]

LF
4

LF
15

Selbstfahrende Krankenfahrstühle, Rasenmäher, Gokarts und Spielfahrzeuge, soweit diese nicht versicherungspflichtig sind

§ 6 Nr. 2 c) dd) VHB 2008

Für diese Fahrzeuge kann üblicherweise keine Fahrzeugteil- oder Fahrzeugvollversicherung abgeschlossen werden, so dass durch diesen Einschluss eine Deckungslücke geschlossen wird.

Versicherungsschutz besteht z. B. auch für

- motorgetriebene Krankenfahrstühle
- einen selbstfahrenden Rasenmäher[2]
- ein Kinderauto oder -motorrad mit Elektromotor zum Selbstfahren.

▶ Beispiel

Der Sohn des Versicherungsnehmers fährt mit dem Rasenmäher zum Aufsitzen versehentlich gegen die Garagenwand auf dem Grundstück des Versicherungsnehmers. Auslaufendes Benzin entzündet sich und der Rasenmäher brennt auf.

Der Rasenmäher ist versichert. Der Schaden am Rasenmäher durch den Anprall müsste allerdings herausgerechnet werden, da er nicht durch eine versicherte Gefahr verursacht wurde.

Nicht versichert sind Rasenmäher als selbstfahrende Arbeitsmaschinen, deren Höchstgeschwindigkeit 20 km/h übersteigt und wenn sie den Vorschriften über das Zulassungsverfahren unterliegen.

§ 6 Nr. 4 c) VHB 2008
§ 2 Nr. 6 b) PflVG

Versicherungsschutz besteht aber nur am Versicherungsort oder im Rahmen der Außenversicherung.

§ 7 VHB 2008

---

1 Handbuch der Sachversicherung, Bd. 1, D-I-3 2008
2 Nach einem Urteil des OLG Hamm (r+s 2006, 245) ist es zweifelhaft, ob ein Rasentraktor mitversichert ist. Nach Nr. 4 c) sind zwar Kfz aller Art ausgeschlossen – soweit sie aber unter 2 c) nicht genannt sind. Nr. 2 c) dd) schließt aber nur versicherungspflichtige Fahrzeuge aus. Daher dürften Aufsitzrasenmäher eingeschlossen sein.

▶ Beispiel

Die Tochter des Versicherungsnehmers ist begeisterte Gokart-Fahrerin. Ihr Gokart ist ständig in einer großen Übungshalle – etwa fünf Kilometer von der Wohnung ihrer Eltern – untergebracht. Ein Brand zerstört die Halle und auch ihr Gokart.

§ 7 (1) VHB 2008

Das Kart ist zwar eine versicherte Sache und die versicherte Gefahr „Brand" hat es zerstört. Es befindet sich aber nicht am Versicherungsort und der Außenversicherungsschutz ist erloschen, weil es sich länger als drei Monate außerhalb der Wohnung (Versicherungsort) befindet. Der Versicherer wird ablehnen.

§ 6 Nr. 2 c) ee) und ff) VHB 2008

Kanus, Ruder-, Falt- und Schlauchboote einschließlich ihrer Motoren sowie Surfgeräte, Fall- und Gleitschirme und nicht motorisierte Flugdrachen

§ 7 Nr. 1 VHB 2008

Es besteht – wie auch für die Fahrzeuge nach Nr. 2 c) dd) – nur Versicherungsschutz am Versicherungsort (z. B. in der Garage oder im Kellerraum) oder im Rahmen der Außenversicherung. Befindet sich ein Ruderboot oder ein Flugdrachen ständig außerhalb des Versicherungsortes, so wird der Versicherer nicht leisten.

§ 6 Nr. 2 c) gg) VHB 2008

Arbeitsgeräte und Einrichtungsgegenstände – die ausschließlich dem Beruf oder Gewerbe des Versicherungsnehmers oder einer mit ihm in häuslicher Gemeinschaft lebenden Person dienen. Handelswaren und Musterkollektionen sind ausgeschlossen.

Dazu gehören z. B.

- Schreibtisch
- Notebooks, PCs
- Büromaschinen
- Fachbücher

- Werkzeuge
- gewerbliche Maschinen
- Musikinstrumente

▶ Beispiel

Der Versicherungsnehmer ist selbstständiger Tischlermeister. Aus seiner Werkstatt bringt er eine Bohrmaschine mit nach Hause, um Dübellöcher für einen Küchenschrank zu bohren. Durch Einbruchdiebstahl wird diese Maschine entwendet.

Der Hausratversicherer leistet. Da der Versicherungsnehmer wahrscheinlich vorsteuerabzugsberechtigt ist, erhält er nur den Nettopreis ohne Mehrwertsteuer[1].

§ 6 Nr. 3 a) VHB 2008

Wird die Bohrmaschine aber aus seiner Werkstatt, die sich an seinem Wohnhaus befindet, entwendet, dann besteht kein Versicherungsschutz. Räume, die ausschließlich beruflich oder gewerblich genutzt werden, gehören nicht zum Versicherungsort.

---

1   Vgl. dazu Abschnitt 1.8.1.

Der Arztkoffer mit medizinischen Geräten sowie mit Medikamenten, die der Arzt dem Patienten zu dessen Behandlung mittels Spritzen oder Infusionen verabreicht, gehört auch zu den versicherten Arbeitsgeräten.

OLG Koblenz
r+s 2008, 244

LF
3

Versicherungsschutz besteht auch für geliehene oder gemietete Arbeitsgeräte, da nach Nr. 2 c) ii) fremdes Eigentum mitversichert ist.

LF
4

Nicht versichert sind z. B.:

- Handelsware
- Arbeitsgeräte und Einrichtungsgegenstände, die nicht dem Beruf des Versicherungsnehmers dienen
- gewerbliche oder landwirtschaftliche Vorräte
- gewerbliche oder landwirtschaftliche Roh-, Hilfs- und Betriebsstoffe
- Arbeitsgeräte und Einrichtungsgegenstände in Räumen, die der Versicherungsnehmer ausschließlich gewerblich oder beruflich nutzt
- Arbeitsgeräte von Handwerkern im Haus des Versicherungsnehmers

LF
15

§ 6 Nr. 3 a) VHB 2008

▶ Beispiel

Der Versicherungsnehmer ist nebenberuflicher Vertreter und handelt mit Wein, den er in seiner Garage lagert. Die Hitze eines Brandes zerstört den Wein.

Für Handelsware besteht kein Versicherungsschutz.

Zur Handelsware gehören Sachen, die der Versicherungsnehmer als Arbeitnehmer oder im Rahmen eines Gewerbes in der Absicht verkauft, nachhaltig Umsatz und Gewinn zu erzielen. Veräußert der Versicherungsnehmer dagegen nur gelegentlich private Sachen, z. B. Münzen oder Briefmarken aus seiner Sammlung, dann begründen diese Nebeneinnahmen noch kein Gewerbe. Der private Verkauf ist kein Handel im Sinne der VHB.[1]

OLG Hamm
r+s 2000, 293

Haustiere, die regelmäßig artgerecht in Wohnungen (siehe Nr. 3 a) und b)) gehalten werden (z. B. Fische, Katzen, Vögel)

§ 6 Nr. 2 c) hh)
VHB 2008

Tiere sind nach BGB keine Sachen. Auf sie sind aber die für Sachen geltenden Vorschriften entsprechend anzuwenden, soweit nicht etwas anderes bestimmt ist.

§ 90 a BGB

▶ Beispiel

Das Kaninchen von der Tochter des Versicherungsnehmers ertrinkt im Keller nach einem Wasserrohrbruch.

Der Versicherer bezahlt den Wiederbeschaffungspreis für ein neues Kaninchen.

§ 9 Nr. 1 a) VHB 2008

1   Martin, A. Sachversicherungsrecht, 3. Auflage 1992, S. 859

Unter Haustieren sind nach dem Sprachgebrauch zahme Tiere zu verstehen, die vom Menschen in seiner Wirtschaft und zu seinem Nutzen gezogen und gehalten werden, wie Pferd, Esel, Rind, Schwein, Ziege, Schaf, Hund, Katze, Geflügel (auch Tauben), zahme Kaninchen.[1]

Gezähmte Tiere, die z. B. in Gehegen zur Fleischerzeugung untergebracht sind, wie Hirsche, Wildschweine, gehören nicht dazu. Ebenso sind Bienen keine Haustiere, weil der Eigentümer nicht genügend Verfügungsgewalt über sie ausüben kann.[2] Ob Fische zu den Haustieren zählen, ist deshalb strittig.

Die Aufzählung der Tiere nach den VHB 2008 ist nur beispielhaft und nicht abschließend. Nach der Definition „Haustiere" dürften somit auch größere Tiere wie ein Pferd oder ein Esel versichert sein.

▶ Beispiel

Der Versicherungsnehmer besitzt ein privates Reitpferd, das in einem Stall auf dem Grundstück seines Einfamilienhauses untergebracht ist. Ein Blitz schlägt in diesen Stall ein und verursacht einen Brand, der Stall und Pferd vernichtet. Die Wiederbeschaffungskosten für das Pferd betragen 6 000 €.

§ 6 Nr. 3 b) VHB 2008

Der Versicherer wird den Wiederbeschaffungspreis für das Pferd bezahlen müssen. Es ist ein Haustier, das artgerecht in einem Nebengebäude auf dem Versicherungsgrundstück gehalten wird. Das Nebengebäude gehört nach Nr. 3 b) zur Wohnung. Für den Stall leistet der Wohngebäudeversicherer, sofern der Versicherungsnehmer dieses Nebengebäude mitversichert hat.

§ 9 Nr. 1 a) VHB 2008

Die Entschädigung ist auf den Wiederbeschaffungspreis von „Sachen gleicher Art und Güte" begrenzt.

▶ Beispiel

Durch Brand in der Wohnung wird die Hauskatze des Versicherungsnehmers schwer verletzt. Die Tierarztkosten betragen 450 €, eine „neue" Hauskatze kostet aber nur z. B. 30 €.

Da die Tierarztkosten den Wiederbeschaffungspreis übersteigen, erhält der Versicherungsnehmer nur den „Neupreis" einer Katze.

§ 251 Abs. 2 BGB

Nach BGB sind die aus der Heilbehandlung eines verletzten Tieres entstandenen Aufwendungen nicht bereits dann unverhältnismäßig, wenn sie dessen Wert erheblich übersteigen.

---

1   Palandt, BGB, München 1998, S. 996
2   Palandt, BGB, München 1998, S. 996

Es geht aber die besondere Regelung der VHB der allgemeinen Bestimmung des BGB vor (lex specialis vor lex generalis). §9 Nr. 1 a) VHB 2008

Im Haushalt des Versicherungsnehmers befindliches fremdes Eigentum, soweit es sich nicht um das Eigentum von Mietern bzw. Untermietern des Versicherungsnehmers handelt. §6 Nr. 2 c) ii) VHB 2008

Die in den Nrn. 1 und 2 aufgeführten Sachen sind auch versichert, wenn sie fremdes Eigentum sind, z. B. die unter Eigentumsvorbehalt gekaufte Waschmaschine oder Sachen der volljährigen Tochter, die in der Wohnung der Eltern lebt, oder der vom Freund geliehene Videorecorder.

▶ Beispiel

Der unter Eigentumsvorbehalt gekaufte Fernsehapparat wird in der Wohnung des Versicherungsnehmers durch Feuer zerstört.

Es gilt der Grundsatz: „Fremdversicherung leistet vor Außenversicherung", d. h. die Hausratversicherung des Versicherungsnehmers bezahlt das „fremde" Fernsehgerät; die eventuell bestehende Außenversicherung des Verkäufers würde nur eintreten, wenn keine Hausratversicherung abgeschlossen ist[1].

Werden allerdings Sachen von Besuchern in der Wohnung des Versicherungsnehmers durch eine versicherte Gefahr beschädigt oder zerstört, dann gilt: „Außenversicherung vor Fremdversicherung", d. h. es leistet die Außenversicherung des Besuchers[2].

1.2.1.3 Nicht versicherte Sachen

Gebäudebestandteile, außer Sachen nach Nr. 2 c) aa) §6 Nr. 4 a) VHB 2008

▶ Beispiele

1. Der vom Vermieter eingebrachte, fest verklebte Teppichboden wird durch Löschwasser bei einem Zimmerbrand zerstört. Den Schaden reguliert die Gebäudeversicherung, da dieser Teppichboden zum Gebäudebestandteil gehört.

2. Der Versicherungsnehmer lässt als Mieter eines Einfamilienhauses über dem Hauseingang auf seine Kosten ein Vordach aus Glas einbauen.

   Das Vordach zählt zu den Gebäudebestandteilen. Es befindet sich aber außerhalb der Wohnung (Versicherungsort), so dass es in der Hausratversicherung nicht eingeschlossen ist. §6 Nr. 3 VHB 2008

---

1   Handbuch der Sachversicherung Bd. 1, D-I-3, 2008.
2   Vgl. dazu die Ausführung zu § 7 VHB 2008.

§ 5 Nrn. 3 b) und 4 b)
VGB 2008

In der Gebäudeversicherung besteht aber auch kein Versicherungsschutz, weil Sachen, die ein Mieter einfügt, ausgeschlossen sind. Der Gebäudeeigentümer kann das Vordach aber in der Gebäudeversicherung gesondert versichern. Geht das Vordach in das Eigentum des Vermieters über, ist es automatisch in der Gebäudeversicherung eingeschlossen. Vereinbart der Versicherungsnehmer die Klausel 7212 „In das Gebäude eingefügte Sachen", dann dürfte für das Dach in der Hausratversicherung Versicherungsschutz bestehen.

§ 5 Nr. 4 c) bb)
VGB 2008

Errichtet der Versicherungsnehmer als Mieter auf dem Grundstück ein Gartenhaus, das er selbst bezahlt, dann müsste der Vermieter dieses Gebäude ebenfalls gesondert versichern.

§ 6 Nr. 4 b) VHB 2008

Vom Gebäudeeigentümer eingebrachte Sachen, für die er die Gefahr trägt – auch wenn der Mieter sie ersetzt. Diese Regelung gilt auch für die vom Wohnungseigentümer ersetzten Sachen.

§ 5 Nrn. 1 und 3 b
VGB 2008

Hatte ursprünglich der Gebäudeeigentümer Teppichboden in die Wohnung eingebracht und erneuert später der Versicherungsnehmer als Mieter diesen Teppichboden, dann besteht in der Hausratversicherung des Versicherungsnehmers kein Versicherungsschutz. Er bleibt weiterhin in der Gebäudeversicherung des Eigentümers versichert. Diese Regelung gilt auch für Wohnungseigentümer.

▶ Beispiel

Da das Badezimmer seiner Eigentumswohnung renovierungsbedürftig ist, lässt der Versicherungsnehmer die sanitären Anlagen durch hochwertige Objekte ersetzen.

Diese Sachen – auch höher- und geringwertigere – bleiben weiterhin in der Gebäudeversicherung eingeschlossen[1]. Fügt er aber zusätzliche Sanitärobjekte ein, dann gehören sie zur Hausratversicherung, wenn er die Gefahr dafür trägt.

Für die Zuordnung von Sachen zum Hausrat oder zum Gebäude empfiehlt der Gesamtverband im Handbuch der Sachversicherung folgende Regelung[2]:

---

1   Waren diese Sachen bisher nach Vereinbarung mit der Wohnungseigentümergemeinschaft in der Hausrat- und nicht in der Gebäudeversicherung mitversichert, dann besteht weiterhin Versicherungsschutz in der Hausratversicherung.
2   Handbuch der Sachversicherung, Bd. 1, A-II-4, 2008

Abgrenzung Hausrat/Gebäude

Sofern nichts anderes vereinbart, gilt für die Schadenregulierung:

1. Bei Mietverhältnissen

a) Unter die Hausratversicherung fallen vom Mieter eingebrachte Sachen (z. B. Bodenbeläge, Holzdecken, Wandverkleidungen, Tapeten, Anstriche, Einbaumöbel), soweit diese nicht in das Eigentum des Gebäudeeigentümers übergehen.

Ein Eigentumsübergang liegt nur dann vor, wenn im Mietvertrag hierzu eine entsprechende Vereinbarung getroffen wurde.

Sofern die ursprünglich vom Gebäudeeigentümer eingebrachten oder in dessen Eigentum übergegangenen Sachen durch den Mieter ersetzt werden (Surrogat, auch wenn höher- oder geringerwertig), fallen diese Sachen auch weiterhin unter die Gebäudeversicherung.

b) Unter die Gebäudeversicherung fallen vom Gebäudeeigentümer eingebrachte Sachen (z. B. Bodenbeläge, Holzdecken, Wandverkleidungen, Tapeten, Anstriche, Einbaumöbel).

c) Unter die Hausratversicherung des Mieters fallen die vom Gebäudeeigentümer eingebrachten Anbaumöbel/-küchen.

2. Nutzer des Gebäudes/der Wohnung ist zugleich Eigentümer

Die zu Wohnzwecken dienende Wand- und Deckenverkleidung sowie der Bodenbelag – unabhängig von deren Art – werden dem **Gebäude** zugerechnet.

Lose verlegter Bodenbelag auf bewohnbarem Unterboden wird dem **Hausrat** zugeordnet. Dies gilt auch für Wand- und Deckenverkleidungen, soweit diese entfernt werden können, ohne dass die ursprünglich vorhandenen Verkleidungen zerstört werden.

Bei festverlegtem Bodenbelag auf bewohnbarem Unterboden kommt es auf die Art der Verlegung an: Falls ein zerstörungsfreies Trennen möglich ist, wird der Bodenbelag dem Hausrat zugerechnet. Ist eine Trennung nicht möglich, wird der Bodenbelag dem Gebäude zugerechnet. Ersatzanspruch besteht nur für den oberen Bodenbelag. Für den entwerteten Unterboden wird maximal ein Anspruch als Dämm- oder Isolierschicht gewährt.

Es handelt sich nur dann um dem Gebäude zuzurechnende **Ein**baumöbel/-küchen, wenn sie entweder in die Bauplanung des Gebäudes einbezogen oder aus nicht industriell vorgefertigten Teilen raumspezifisch angefertigt wurden.

Demgegenüber handelt es sich lediglich und regelmäßig um **An**baumöbel/-küchen, wenn sie serienmäßig produziert und nicht individuell für das Gebäude gefertigt wurden und lediglich mit einem gewissen Einbauaufwand an die Gebäudeverhältnisse angepasst worden sind; diese sind dem Hausrat zuzurechnen.

Diese Empfehlung ist in Verbindung mit § 6 Nrn. 2 c) aa), bb) und 4 b)
VHB 2008 sowie § 5 Nrn. 1, 2 b) und 3 b) VGB 2008 zu sehen.

**§ 6 Nr. 2 c) aa)
VHB 2008**

In Nr. 2 der Empfehlung wird nicht in Gebäude- und Wohnungseigentümer unterteilt, so dass nach VHB für Sachen, die ein Wohnungseigentümer einfügt und für die er das Risiko trägt, Versicherungsschutz in der
Hausratversicherung besteht.

▶ Beispiele

1. Der Versicherungsnehmer als Mieter lässt für seine Wohnung von einem Tischler zwei hochwertige Einbauschränke
anfertigen und von einem Klempner die Badewanne und
das Waschbecken austauschen. Ein Brand zerstört die Sachen. Einbauschränke – auch individuell gefertigte –, die
der Versicherungsnehmer als Mieter einfügt, sind in der
Hausratversicherung eingeschlossen. Da Waschbecken und
Badewanne ursprünglich der Gebäudeeigentümer (Vermieter) eingebracht hat und der Versicherungsnehmer sie nur
ersetzt, sind sie weiterhin in der Gebäudeversicherung versichert. Die Hausratversicherung leistet nicht.

**§ 6 Nrn. 2 c) aa) und 4 b)
VHB 2008**

2. Der Versicherungsnehmer ist Eigentümer einer Wohnung,
die er selbst bewohnt. Auf vorhandenem PVC-Boden lässt
er Parkett verlegen. Regenwasser nach Blitzeinschlag zerstört Parkett und PVC. Nach der Verbandsempfehlung gilt:
Ist ein zerstörungsfreies Trennen vom Unterboden (PVC)
möglich, wird der obere Belag (Parkett) dem Hausrat zugerechnet. Ist eine Trennung nicht möglich (z. B. bei fest ver-
klebtem Teppichboden), gehört der obere Belag zum Gebäude. Der entwertete Unterboden wird maximal als Dämm-
oder Isolierschicht entschädigt. (Bei der Zuordnung zum
Hausrat oder Gebäude ist § 6 Nr. 4 b) VHB 2008 zu beachten).

3. Der Versicherungsnehmer lässt in sein Einfamilienhaus
zwischen Wohn- und Esszimmer eine Bücherwand als
Raumteiler einbauen. Sie wird durch Feuer beschädigt. Besteht dieser Raumteiler aus Serienteilen und wurde er
nicht speziell für diese Räume gefertigt, ist er in der Hausratversicherung eingeschlossen. Bei individueller Anfertigung des Raumteilers an die Gebäudeverhältnisse (z. B. als
Trennwand in die Bauplanung einbezogen) gehört er zur
Gebäudeversicherung.

**§ 6 Nr. 2 c) bb)
VHB 2008
§ 5 Nr. 2 b) VGB 2008
§ 94 Abs. 2 BGB
OLG Köln
r+s 1999, 383**

4. Der Versicherungsnehmer als Mieter eines Einfamilienhauses übernimmt vom Vermieter (Gebäudeeigentümer) für
8 000 € eine vom Tischler speziell für diesen Raum angefertigte Einbauküche. Durch eine Explosion wird sie zerstört. Die Einbauküche ist zwar Gebäudebestandteil; der
Versicherungsnehmer als Mieter hat sie aber übernommen

und trägt dafür die Gefahr, so dass sie der Hausratversicherung zugeordnet wird.	§ 6 Nr. 2 c) aa) VHB 2008

Weitere nicht versicherte Sachen

■ Kfz und deren Anhänger einschließlich ihrer Teile und ihres Zubehörs	außer Kfz nach Nr. 2 c) dd)
■ Luft- und Wasserfahrzeuge einschließlich nicht eingebauter Teile	außer Luft- und Wasserfahrzeuge nach Nr. 2 c) ee) und ff)
■ Hausrat von Mietern und Untermietern	außer, wenn der Versicherungsnehmer dem Untermieter Hausratgegenstände zum Gebrauch überlässt
■ Schmucksachen, Pelze u. Ä. im Privatbesitz mit besonderer Versicherung	
■ elektronisch gespeicherte Daten und Programme (nur durch besondere Vereinbarung)	

§ 6 Nr. 4 VHB 2008

LF 3

LF 4

LF 15

▶ Beispiele

1. Das Mofa des Versicherungsnehmers wird in der Garage durch eine Explosion beschädigt. Es besteht kein Versicherungsschutz in der Hausratversicherung, da das Mofa ein Kfz ist.

2. Der abmontierte Dachgepäckträger und die Winterreifen werden aus dem verschlossenen Kellerraum des Versicherungsnehmers durch Einbruchdiebstahl entwendet. Die Hausratversicherung leistet nicht, weil Kfz-Teile und Zubehör ausgeschlossen sind.

3. Ein Brand zerstört das Motorboot in der Garage auf dem Versicherungsgrundstück. Der Hausratversicherer wird ablehnen, da nur die in Nr. 2 c) ee) genannten Boote versichert sind.

4. Als der Sohn des Versicherungsnehmers das Schlauchboot aus dem Wasser zieht, wird es durch einen spitzen Stein aufgeschlitzt. Das Schlauchboot gehört zwar zu den versicherten Sachen – Aufschlitzen ist aber keine versicherte Gefahr, so dass der Versicherer die Entschädigung ablehnen wird.

5. Der Versicherungsnehmer hat einen Raum seiner Eigentumswohnung möbliert an eine Studentin vermietet. Leitungswasser beschädigt in diesem Zimmer den Schrank des Versicherungsnehmers, das Parkett sowie die Stereoanlage der Untermieterin. Für den Schrank besteht Versi-

cherungsschutz über die Versicherung des Versicherungs-nehmers. Hat der Versicherungsnehmer das Parkett auf seine Kosten beschafft und trägt er dafür das Risiko, dann gehört es zum Hausrat. Die Stereoanlage ist nach § 6 Nr. 4 e) VHB 2008 nicht versichert. Für ihre Sachen benö-tigt die Studentin eine eigene Hausratversicherung; even-tuell besteht Versicherungsschutz über die Versicherung ihrer Eltern (vgl. § 7 Nr. 2 VHB 2008).

6. In die Wohnung des Versicherungsnehmers ist vor drei Wo-chen seine Lebensgefährtin mit ihrem Hausrat eingezogen. Die Lebensgefährtin ist kein Untermieter, so dass ihre Sa-chen in der Versicherung des Versicherungsnehmers einge-schlossen sind. § 11 Nr. 1 VHB 2008 ist aber zu beachten.

7. Ein Blitzeinschlag in das Einfamilienhaus des Versicherungs-nehmers verursacht einen Kurzschluss, der u. a. den PC des Versicherungsnehmers zerstört. Der Versicherungs-nehmer verlangt auch Ersatz der Kosten für die Wiederher-stellung der gelöschten Daten. Es liegt zwar eine versi-cherte Gefahr vor – elektronisch gespeicherte Daten und Programme sind aber keine Sachen. Der Versicherungs-nehmer erhält die Kosten nur ersetzt, wenn er Klausel 7112 „Datenrettungskosten" eingeschlossen hat.

▶ Zusammenfassung

Versicherte Sachen
§ 6 VHB 2008

Der gesamte Hausrat in der Wohnung des VN (Versicherungsort): ■ Alle Sachen, die dem Haushalt des VN zur privaten Nutzung dienen ■ Wertsachen mit Entschädigungsgrenzen – Nr. 1 und 2 a) und b)

Hausrat ist auch außerhalb der Wohnung (Versicherungsort) versichert, wenn er wegen eines Versicherungsfalles daraus entfernt wurde – Nr. 1 Abs. 2

Versichert sind auch

In das Gebäude eingefügte Sachen, die der VN als Mieter oder Wohnungseigentümer auf seine Kosten beschafft oder übernommen hat und für die er Gefahr trägt – Nr. 2 c) aa). Eine andere Vereinbarung über die Gefahrtragung hat der VN nachzuweisen.	Anbaumöbel und -küchen, die serienmäßig produziert worden sind – Nr. 2 c) bb)	Privat genutzte Antennen und Markisen zur Wohnung des Versicherungsnehmers – Nr. 2 c) cc)

Krankenfahrstühle, Rasenmäher, Gokart und Spielfahrzeuge, soweit nicht versicherungspflichtig – Nr. 2 c) dd)	Kanus, Ruder-, Falt- und Schlauchboote einschließlich ihrer Motoren sowie Surfgeräte, Fall- und Gleitschirme und nicht motorisierte Flugdrachen – Nr. 2c) ee) und ff)	Berufliche oder gewerbliche Arbeitsgeräte und Einrichtung – außer Handelsware und Musterkollektionen – des VN oder von Personen in häuslicher Gemeinschaft – Nr. 2c) gg)

Haustiere, die regelmäßig artgerecht in Wohnungen gehalten werden, z. B. Fische, Katzen, Vögel – Nr. 2 c) hh)	Im Haushalt des VN befindliches fremdes Eigentum – außer Sachen von Mietern und Untermietern – Nr. 2 c) ii)

Nicht versicherte Sachen

- Gebäudebestandteile – außer Sachen nach Nr. 2 c) aa)
- vom Gebäudeeigentümer eingebrachte Sachen, auch wenn der Mieter oder Wohnungseigentümer sie ersetzt
- Kraftfahrzeuge und deren Anhänger einschließlich ihrer Teile und ihres Zubehörs – außer Kfz nach Nr. 2 c) dd)
- Luft- und Wasserfahrzeuge einschließlich nicht eingebauter Teile – außer Fahrzeuge nach Nr. 2 c) ee) und ff)

- Hausrat von Untermietern und Mietern in der Wohnung des Versicherungsnehmers
- Schmuck, Pelze, Kunstgegenstände, Musikinstrumente und Waffen in Privatbesitz, wenn sie gesondert versichert sind
- elektronisch gespeicherte Daten und Programme – außer bei Klausel 7112

§ 6 Nr. 4 VHB 2008

Übungen

1. Sind die folgenden Sachen in der Hausratversicherung eingeschlossen?

   a) Palme im Wohnzimmer
   b) Videorecorder des Untermieters
   c) Kanarienvogel im Käfig
   d) Segelboot auf dem Versicherungsgrundstück
   e) Campingausrüstung (aufbewahrt im Keller)
   f) Parabolantenne an einem Stahlmast auf dem Versicherungs-
      grundstück
   g) Motor vom Schlauchboot (in der Garage)
   h) Duschkabine, die der Versicherungsnehmer als Mieter auf
      seine Kosten eingebaut hat
   i) Flasche Cognac (Wiederbeschaffungspreis 60 €)
   j) in der Wohnung gelagerte Waren für den Kiosk des Versiche-
      rungsnehmers
   k) Autoradio aus dem verschlossenen Pkw in der Garage
   l) Pferdesattel
   m) Gemeinschaftsantenne, die die Mieter auf ihre Kosten be-
      schafft haben

2. Ein Dieb bricht die verschlossene Garage des Versicherungsnehmers auf und entwendet daraus:

   a) ein Mountainbike (Wert 2 000 €)
   b) ein Mofa
   c) ein Surfbrett mit Segel
   d) vier nicht montierte Autoreifen

   Entschädigt der Hausratversicherer die Gegenstände?

3. Der Versicherungsnehmer renoviert seine Eigentumswohnung,
   die er selbst nutzt.
   Er baut u. a. ein:

   - Parkettboden im Wohnzimmer
   - Einbauschrank im Flur
   - Markise über dem Balkon

   Er fragt, ob diese Sachen in der Hausratversicherung eingeschlossen sind.

4. Die Versicherungsnehmerin hat eine Musikanlage für 10 000 € auf
   Kredit erworben. Der Verkäufer hat Eigentumsvorbehalt vereinbart. Durch einen Brand in der Wohnung wird die Anlage vernichtet. Die Versicherungsnehmerin hat bereits 7 000 € des Kredits zu-
   rückbezahlt.

   Regulieren Sie diesen Schaden.

5. Der Versicherungsnehmer züchtet Kaninchen als Hobby. Er hält sie in einem Nebengebäude auf dem Grundstück hinter seinem Einfamilienhaus.

   Er fragt, ob diese Kaninchen in der Hausratversicherung eingeschlossen sind?

   Antworten Sie ihm.
   Lesen Sie dazu auch § 6 Nr. 3 b VHB 2008.

6. Versicherungsnehmerin Müller fragt, ob ihre Brille, die gestern bei einem Brand zerstört wurde, versichert ist.

   Informieren Sie Frau Müller.

7. Ein Brand in der Garage des Versicherungsnehmers auf dem Versicherungsgrundstück zerstört den ausgebauten Benzinmotor zu seinem Motorboot sowie zwei Schwimmwesten.

   Besteht Versicherungsschutz?

8. Die Frau des Versicherungsnehmers nimmt als Angestellte im Außendienst häufig das Notebook, das ihrem Arbeitgeber gehört, mit nach Hause.

   Ihr Versicherungsnehmer möchte wissen, ob das Notebook versichert ist, wenn es z. B. durch Einbruchdiebstahl aus der Wohnung entwendet wird.

9. Der Versicherungsnehmer ist Hobbybastler und besitzt mehrere ferngesteuerte Modellbauschiffe mit Benzinmotor. Sein Prunkstück ist das Passagierschiff „Queen Mary" mit 1,20 m Länge.

   Er fragt, ob diese Schiffe versichert sind und weist auf den Ausschluss „Wasserfahrzeuge" hin.

   Antworten Sie ihm.

Klausel 7213

1.2.1.4   Hausrat außerhalb der ständigen Wohnung

▶ Situation

Der Versicherungsnehmer hat ein Ferienhaus am Bodensee gekauft und fragt, ob dieser Hausrat in seiner Hausratversicherung – bei entsprechender Erhöhung der Versicherungssumme – eingeschlossen ist. Im Ferienhaus befinden sich auch ein PC mit Zubehör sowie zwei Gewehre, für die er als Jäger einen Waffenschein besitzt.

▶ Erläuterung

Eine Erhöhung der bestehenden Versicherungssumme ist nicht möglich. Wegen des erhöhten Risikos ist für das Ferienhaus ein besonderer Beitragssatz erforderlich.

Klausel 7213 Nr. 2

Außerdem sind Wertsachen nach § 13 Nr. 1 a) VHB 2008 sowie Schusswaffen, Foto- und optische Apparate ausgeschlossen. Die beiden Gewehre sind deshalb nicht versichert. Für den PC einschließlich Zubehör besteht aber Versicherungsschutz.

Besitzt der Versicherungsnehmer z. B. beruflich eine Zweitwohnung in einem ständig bewohnten Gebäude, dann sind nur die Wertsachen nach § 13 Nr. 1 a) VHB 2008 ausgeschlossen.

Klausel 7311

Hotelkosten nach § 8 Nr. 1 c) VHB 2008 sind bei nicht ständig bewohnten Wohnungen ebenfalls nicht versichert.

▶ Beispiele

1. Der Versicherungsnehmer mietet für den Urlaub in Österreich ein Ferienhaus. Das Haus wird aufgebrochen, als sich der Versicherungsnehmer mit seiner Familie auf einer Wanderung befindet. Der Täter entwendet:

   ▪ Bargeld 450 €
   ▪ goldenes Armband und Kette 6 300 €

§ 7 Nrn. 1 und 6 und § 13 Nr. 2 VHB 2008

Da der Versicherungsnehmer nicht Eigentümer des Ferienhauses und des dortigen Hausrats ist, sind seine Sachen im Rahmen seiner Außenversicherung eingeschlossen. Die Entschädigungsgrenzen sind dabei zu beachten.

§ 8 Nr. 1 g) VHB 2008

Die Reparaturkosten für das Ferienhaus sind nicht in der Hausratversicherung des Versicherungsnehmers als Mieter versichert. Derartige Kosten sind nur für die Wohnung des Versicherungsnehmers eingeschlossen.

2. Die Versicherungsnehmerin nimmt während eines Kurzurlaubs ihre teure Kamera von zu Hause in ihr Ferienhaus mit. Ein Brand im Ferienhaus zerstört die Kamera.

Der Versicherer wird die Entschädigung für die Kamera kaum ablehnen können – obwohl Fotoapparate nach der Klausel 7213 ausgeschlossen sind. Der Ausschluss kann sich nur auf Sachen beziehen, die sich ständig im Ferienhaus befinden. Die Kamera befand sich aber vorübergehend außerhalb ihrer ständig bewohnten (Haupt-)Wohnung, so dass Versicherungsschutz über die Außenversicherung besteht.

§ 7 Nr. 1 VHB 2008

LF
3

LF
4

LF
15

1.2.2 Versicherungsort

▶ Situation

Der Geräteschuppen, der hinter dem Einfamilienhaus des Versicherungsnehmers auf demselben Grundstück liegt, wird aufgebrochen. Der Dieb entwendet den Rasenmäher, zwei Fahrräder sowie Werkzeug des Versicherungsnehmers.

▶ Erläuterung

Versicherungsort ist die im Versicherungsschein bezeichnete Wohnung des Versicherungsnehmers. Zur Wohnung gehören Räume, die zu Wohnzwecken dienen und eine selbstständige Lebensführung ermöglichen. Das sind die ausschließlich vom Versicherungsnehmer oder einer mit ihm in häuslicher Gemeinschaft lebenden Person privat genutzten Flächen eines Gebäudes – Nr. 3 a). Dazu zählen auch Loggien, Balkone, an das Gebäude unmittelbar anschließende Terrassen sowie privat genutzte Räume in Nebengebäuden einschließlich Garagen auf demselben Grundstück – Nr. 3 b).

§ 6 Nr. 3 VHB 2008

Dies gilt auch für Garagen in der Nähe des Versicherungsortes – Nr. 3 d).

Versicherungsort ist die

- Miet- oder Eigentumswohnung im Mehrfamilienhaus
- Wohnung im gemieteten oder eigenen Einfamilienhaus

Zu den Nebengebäuden gehören z. B. Garagen, Schuppen, Garten- oder Gewächshäuser auf demselben Grundstück. Es muss sich aber um Gebäude handeln[1].

Für die versicherten Sachen erhält der Versicherungsnehmer Entschädigung, da der Geräteschuppen Versicherungsort ist. Der Versicherer kann nicht wegen § 7 Nr. 1 VHB 2008 (Außenversicherung) ablehnen.

Zur Wohnung gehören alle Räume, die der Versicherungsnehmer gemietet hat oder die sich in seinem Eigentum befinden, z. B. auch Balko-

1   Vgl. 1.2.4.7

ne, Loggien, an das Gebäude anschließende Terrassen, Keller- und Bodenräume.

▶ Beispiele

1. Auf der Terrasse zum Einfamilienhaus des Versicherungsnehmers zerstört ein Brand die Liegen und den Sonnenschirm,
   die dort ständig stehen. Der Versicherer leistet, weil die Terrasse zum Versicherungsort gehört (keine Außenversicherung).

§ 7 Nr. 1 VHB 2008

2. Die Frau des Versicherungsnehmers arbeitet vorübergehend
   in einer anderen Stadt und wohnt dort in einem möblierten
   Zimmer in der Wohnung von Bekannten. Das gemietete
   Zimmer ermöglicht keine selbstständige Lebensführung
   (keine eigene Küche und Bad); es ist kein Versicherungsort.
   Die Sachen der Ehefrau sind im Rahmen der Außenversicherung eingeschlossen.

Versichert ist auch Hausrat in Garagen in der Nähe des Versicherungsortes. Unter „Nähe" kann nur eine geringe Entfernung zur Wohnung
verstanden werden.

BGH VersR 2003, 641

Es muss eine räumliche Beziehung zum Versicherungsort bestehen.
Eine 1,45 km von der Wohnung entfernte Garage liegt nicht mehr in der
„Nähe" der Wohnung.

AG Senftenberg
r+s 2008, 156

Nach einem Urteil des AG Senftenberg befindet sich eine Garage, die
über 700 m Luftlinie entfernt liegt – getrennt durch eine Hauptverkehrs-
straße und mehrere Gewerbegrundstücke und außer Sicht – und Hör-
weite – nicht mehr in der Nähe des Versicherungsortes. Als positive
Beispiele nennt das Gericht eine Garage auf dem Einfamilienhausgrund-
stück oder bei einem Mehrfamilienhaus ein Garagenkomplex auf der
anderen Straßenseite.

Ob die Voraussetzung des § 6 Nr. 3 d) VHB 2008 gegeben ist, lässt sich
nicht generell oder gar nach genauen Entfernungsgrenzen festlegen,
sondern nur unter Berücksichtigung der jeweiligen örtlichen Gegebenheiten beurteilen. Mit der Garagenklausel wird vorausgesetzt, dass
dem Versicherungsnehmer zumindest ein Minimum an Beobachtungs-
und Überwachungsmöglichkeit verbleibt.[1]

Versicherungsort sind auch gemeinschaftlich genutzte, verschließbare
Räume, in denen Hausrat bestimmungsgemäß abgestellt wird (z. B.
ausgewiesene Stellflächen in Fluren, Fahrradkeller, Waschkeller). Das
gilt nur für das Grundstück, auf dem sich die versicherte Wohnung befindet – Nr. 3 c).

Zu den gemeinschaftlich genutzten Räumen gehören auch Vorkeller,
Bodenräume, Gemeinschaftsgarage, gemeinschaftlich genutzte Räume

---

1   Hinweise der Schriftleitung, r+s 2008, 157

in einem Nebengebäude auf dem Grundstück. Diese Räume müssen verschließbar – aber nicht abgeschlossen – sein (außer bei Einbruchdiebstahl und Vandalismus).

▶ Beispiele

1. Ein Kurzschluss im Wäschetrockner des Versicherungsnehmers im gemeinschaftlichen Kellerraum verursacht einen Brand, der das Gerät und die Wäsche zerstört und die Waschmaschine eines anderen Mieters beschädigt. Der Hausratversicherer des Versicherungsnehmers bezahlt den Wäschetrockner und die Wäsche; die Versicherung des anderen Mieters trägt die Reparaturkosten der Waschmaschine. Würde die Haftungserweiterung nach § 6 Nr. 3 c) VHB 2008 nicht bestehen, so müsste der Versicherer ablehnen, da sich der Wäschetrockner noch nie in der Wohnung befand.

2. Die Waschmaschine der Versicherungsnehmerin wird vorsätzlich durch einen Fremden im Gemeinschaftsraum zerstört. Für Vandalismusschäden besteht Versicherungsschutz nur nach einem Einbruch. Der Versicherer wird die Entschädigung ablehnen, wenn der Raum nicht verschlossen war. · § 3 Nr. 3 VHB 2008

3. Der Versicherungsnehmer hat die Parabolantenne auf einem 3 m hohen Stahlmast auf dem Grundstück seines Hauses angebracht. Ein Orkan reißt den Mast um. Der Versicherer wird den Schaden bezahlen, da für Rundfunk- und Fernsehantennen als Versicherungsort das gesamte Grundstück gilt. · § 6 Nr. 2 c) cc) VHB 2008

   Der Wohngebäudeversicherer wird die Leistung ablehnen, da sich die Antenne nicht am Gebäude befindet – es sei denn, der Versicherungsnehmer hat diesen Grundstücksbestandteil besonders eingeschlossen. · § 5 Nr. 1 Abs. 2 VGB 2008 · § 5 Nr. 4 c) ff) VGB 2008

4. Bei einer Entwendung eines Fahrrads aus einem gemeinschaftlich genutzten Abstellraum sind drei Fälle denkbar:

   a) Der Täter bricht die verschlossene Tür zum Abstellraum auf und entwendet das unverschlossene Fahrrad des Versicherungsnehmers. · § 3 Nr. 2 a) VHB 2008

      Der Versicherer leistet, weil ein Einbruchdiebstahl vorliegt.

   b) Der Dieb dringt durch die unverschlossene Tür zum Abstellraum ein und stiehlt das abgeschlossene Fahrrad des Versicherungsnehmers. Der ED-Begriff ist nicht erfüllt. Es besteht nur Versicherungsschutz bei Einschluss der Klausel „Fahrraddiebstahl".

§ 26 Nr. 3 a) VHB 2008

c) Der Dieb entwendet aus dem unverschlossenen Abstellraum das nicht abgeschlossene Fahrrad des Versicherungsnehmers. Es besteht kein Versicherungsschutz nach § 3 Nr. 2 a) VGB 2008. Bei Klausel 7110 kann der Versicherer bei grob fahrlässiger Verletzung der Obliegenheit die Leistung kürzen.

5. Ein Kellerbrand im Mehrfamilienhaus zerstört auch den Kinderwagen des Versicherungsnehmers, der im gemeinschaftlich genutzten Vorkeller stand. Der Versicherungsnehmer erhält die Entschädigung für den Kinderwagen.

Bei einer Entwendung gilt die Regelung von Beispiel 4 a).

§ 3 Nr. 2 a) VHB 2008

6. Ein Dieb stiehlt von der Terrasse des Versicherungsnehmers eine teure Mahagoniliege. Der Versicherer wird die Leistung ablehnen, weil der Täter nicht in einen Raum eines Gebäudes eingebrochen oder eingestiegen ist.

§ 6 Nr. 3 VHB 2008

Nicht zur Wohnung gehören Räume, die ausschließlich beruflich oder gewerblich genutzt werden – es sei denn, sie sind ausschließlich über die Wohnung zu betreten (sog. Arbeitszimmer) – Nr. 3 a).

▶ Beispiele

1. Der Versicherungsnehmer ist selbstständiger Versicherungsvertreter. Von den acht Räumen seines Einfamilienhauses nutzt er drei Räume ausschließlich für seine Versicherungsagentur mit eigener Eingangstür. Der Inhalt dieser drei Räume ist über die Hausratversicherung nicht gedeckt. Der Versicherungsvertreter muss dafür eine Firmen-Inhaltsversicherung abschließen. Auch wenn er dort einige private Sachen aufbewahrt, bleibt es bei der beruflichen Nutzung.

OLG Saarbrücken
VersR 1993, 1477

Das häusliche Arbeitszimmer des Versicherungsangestellten oder des Lehrers fällt nicht unter diesen Ausschluss, weil es ausschließlich über die Wohnung zu betreten ist und auch privat genutzt wird.

2. Der Versicherungsnehmer besitzt auf seinem Grundstück neben seiner Wohnung einen Reitstall mit 11 Boxen und einer Sattelkammer. Täter brechen in die Sattelkammer ein und entwenden Sättel und Zubehör für ca. 14 500 €. Zur Zeit des Einbruchs war der gewerbliche Betrieb eingestellt.

OLG Düsseldorf
r+s 2005, 161

Zum Versicherungsort gehören Nebengebäude, die der Versicherungsnehmer zu Wohnzwecken nutzt. Aus Sicht eines durchschnittlichen Versicherungsnehmers ist der Reitstall in dieser Größe – auch wenn er zurzeit nicht gewerblich betrieben wird – kein Nebengebäude zur privaten Wohnung. Allein dadurch, dass der gewerbliche Betrieb eingestellt ist, wird der Stall nicht Teil der Wohnung. Der Versicherer muss nicht leisten.

LF
3

LF
4

LF
15

Für Sturm- und Hagelschäden besteht außerhalb von Gebäuden kein Versicherungsschutz – außer bei Antennen und Markisen auf dem Grundstück.

§ 5 Nr. 4 b) bb)
VHB 2008

▶ Beispiele

1. Eine Orkanböe zerfetzt den Sonnenschirm, der auf der Terrasse am Einfamilienhaus des Versicherungsnehmers steht. Die Terrasse gehört zwar zum Versicherungsort, Sturm- und Hagelschäden sind aber nur in Gebäuden versichert.

   Der Versicherer wird ebenfalls ablehnen, wenn Sturm einen Baum auf die Terrasse schleudert und dadurch die Terrassenliegen zerschlagen werden.

2. Starker Hagel zerstört die Markise über der Terrasse des Versicherungsnehmers.

   Es besteht Versicherungsschutz, weil für Antennen und Markisen die Gebäudegebundenheit nicht gilt.

   Problematisch ist die Regulierung, wenn der Sturm einen Sonnenschirm auf dem Balkon zur Wohnung des Versicherungsnehmers zerstört. Wird der Balkon als „innerhalb des Gebäudes" angesehen, dann wird geleistet.[1]

3. Der Versicherungsnehmer erweitert sein Einfamilienhaus um einen Anbau. In diesem Raum stellt er seine Gartenmöbel ab, obwohl Fenster und Tür noch nicht eingebaut sind. Eine Orkanböe beschädigt die Gartenmöbel.

   § 5 Nr. 4 b) aa)
   VHB 2008

   Sachen in nicht bezugsfertigen Gebäuden oder Gebäudeteilen sind in der Sturm- und Hagelversicherung ausgeschlossen.

---

1 Vgl. dazu die Anmerkungen zu § 3 Nr. 2 a) VHB 2008. Nach einem BGH-Urteil (r+s 1994, 63) sind Balkone Teile eines Gebäudes. „Wer dorthin einsteigt, steigt jedenfalls in ein Gebäude ein."

▶ **Zusammenfassung**

Versicherungsort
§ 6 VHB 2008

Versicherungsort ist die im Versicherungsvertrag bezeichnete Wohnung des VN einschließlich Keller- und Bodenräume, Loggien, Balkone, Terrassen zur Wohnung sowie Räume in Nebengebäuden auf demselben Grundstück. – Nr. 3 a) und b)

Versicherungsschutz besteht auch in Garagen in der Nähe des Versicherungsortes – Nr. 3 d)

Versicherungsort sind auch gemeinschaftlich genutzte, verschließbare Räume, in denen Hausrat bestimmungsgemäß abgestellt wird – Nr. 3 c)

Nicht zur Wohnung gehören Räume, die ausschließlich beruflich oder gewerblich genutzt werden – es sei denn, sie sind nur über die Wohnung zu betreten – Nr. 3 a)

Für Sturm- und Hagelschäden besteht kein Versicherungsschutz außerhalb von Gebäuden – außer für Antennenanlagen und Markisen auf dem Grundstück – § 5 Nr. 4 b) bb)

Übungen

1. Aus der Gemeinschaftsgarage des Versicherungsnehmers wird tagsüber das durch ein Schloss gesicherte Fahrrad des Versicherungsnehmers gestohlen.

    Wird der Versicherer leisten?

2. Auf dem Grundstück zum Haus des Versicherungsnehmers steht der gepackte Wohnwagen, mit dem der Versicherungsnehmer am nächsten Tag in den Urlaub fahren will. Diebe brechen nachts den Wohnwagen auf und entwenden Bekleidung sowie ein tragbares Fernsehgerät mit Videorecorder.

    Besteht Versicherungsschutz?

3. Nach einem Gebäudebrand muss der Versicherungsnehmer im Lagerhaus eines Freundes die vom Feuer nicht beschädigten Möbel einlagern, damit sein Haus repariert und renoviert werden kann. In diesem Lagerhaus bricht ein Wasserrohr; das auslaufende Wasser zerstört die restlichen Möbel.

    a) Erläutern Sie den Versicherungsschutz.
    b) Gelten für den Leitungswasserschaden die Grenzen der Außenversicherung?

4. Die gemietete Garage des Versicherungsnehmers, die auf dem Nachbargrundstück liegt, wird aufgebrochen. Die Täter entwenden daraus einen Werkzeugkoffer, eine Bohrmaschine sowie einen abmontierten Dachgepäckträger seines Autos.

    Der Versicherungsnehmer fragt, ob Versicherungsschutz besteht.

5. Durch Blitzschlag brennt das Gartenhaus auf dem Grundstück des Versicherungsnehmers ab. Dadurch werden zerstört:

    ■ Gartengeräte
    ■ Campingausrüstung des Versicherungsnehmers
    ■ drei Zwergkaninchen, die der Versicherungsnehmer als Hobby hält
    ■ Fahrrad der Untermieterin

    Rauch und Ruß beschädigen auch die Markise über der Terrasse und die Gebäudewand des Einfamilienhauses des Versicherungsnehmers.

    Regulieren Sie den Schaden.

6. Der Versicherungsnehmer bewohnt als Arzt ein großes Einfamilienhaus, von dem er vier Räume als Arztpraxis nutzt. Diebe brechen in die Praxisräume ein und beschädigen dabei die Eingangstür zur Praxis. Aus der Arztpraxis stehlen sie den Personalcomputer, Arztbestecke und Medikamente. Aus diesen Räumen gehen

sie weiter in die unverschlossene Wohnung des Versicherungsnehmers und entwenden dort Schmuck und zwei wertvolle Gemälde.

Wird der Versicherer für die Schäden eintreten?

7. Ein Dieb entwendet von einem Balkon im ersten Obergeschoss
   einen Anzug, der dort zum Lüften hängt.

   Besteht Versicherungsschutz?

8. Die Versicherungsnehmerin betreibt in einem Anbau zu ihrem
   Haus eine Töpferwerkstatt. Sie verkauft die von ihr angefertigte
   Töpferware. Ein Brand zerstört die Werkstatt.

   Wird der Versicherer für den Inhalt leisten?

9. Die Tochter des Versicherungsnehmers bezieht nach ihrer Ausbildung eine Zwei-Zimmer-Wohnung im Nachbarhaus. Der Versicherungsnehmer fragt, ob der Hausrat seiner Tochter – bei entsprechender Erhöhung der Versicherungssumme – eingeschlossen ist?

10. Der Versicherungsnehmer wohnt als Mieter in einem Mehrfami-
    lienhaus. Ein Schrank, den er auf dem gemeinsam genutzten
    Dachboden abgestellt hatte, wird durch Blitzschlag beschädigt.

    Leistet der Versicherer?

11. Der Sohn des Versicherungsnehmers leiht sich für eine Feier das
    Partyzelt vom Nachbarn, das er sofort auf dem Rasen hinter dem
    Haus seiner Eltern aufstellt. Während der Feier stößt ein betrun-
    kener Gast gegen den brennenden Grill. Die glühenden Kohlen
    setzen das Zelt in Brand.

    Bezahlt der Hausratversicherer der Eltern das zerstörte Zelt?
    (Lesen Sie dazu auch § 7 Nr. 1 VHB 2008.)

12. Ein Blitz schlägt in einen Baum auf dem Grundstück des Versi-
    cherungsnehmers ein. Ein großer Ast reißt ab und fällt auf das
    Fahrrad des Versicherungsnehmers, das er auf der Terrasse hin-
    ter seinem Haus abgestellt hatte.

    Leistet der Versicherer für das beschädigte Fahrrad?
    Begründen Sie Ihre Antwort.

1.2.3   Außenversicherung

§ 7 VHB 2008

LF
3

LF
4

LF
15

▶ **Situation**

Der Versicherungsnehmer hat einen vierwöchigen Urlaub auf den Male-
diven gebucht. Dazu will er die teure Taucherausrüstung seines Sohnes, der bei ihm wohnt, mitnehmen. Er fragt, ob diese Ausrüstung in
seiner Hausratversicherung eingeschlossen ist.

▶ **Erläuterung**

Hausratsachen, die dem Versicherungsnehmer oder einer mit ihm in
häuslicher Gemeinschaft lebenden Person gehören oder die deren Gebrauch dienen, sind weltweit auch versichert, solange sie sich vorübergehend (höchstens 3 Monate) außerhalb der Wohnung befinden.

§ 7 Nr. 1 VHB 2008

Die Taucherausrüstung gehört zum Hausrat – auch wenn sie nur außerhalb der Wohnung genutzt wird. Es besteht Versicherungsschutz für
fremde Sachen bzw. für Sachen von Personen die mit dem Versicherungsnehmer in häuslicher Gemeinschaft leben.

„Vorübergehend" bedeutet, dass sich der Hausrat vorher in der Wohnung befand und anschließend wieder dorthin zurückgeschafft wird.

In einigen Sonderfällen ist allerdings der Begriff „vorübergehend" erweiternd auszulegen. Nimmt der Versicherungsnehmer beispielsweise
Bargeld aus der Wohnung mit, um dafür ein Fernsehgerät zu kaufen, so
besteht für das Bargeld wie auch für das Fernsehgerät Versicherungsschutz, obwohl das Bargeld aus der Wohnung entfernt wird und der
Fernseher sich noch nicht in der Wohnung befindet.[1]

Diese Regelung gilt z. B. auch für Lebensmittel und Kosmetika, die der
Versicherungsnehmer auf einer Reise verbrauchen wird.

▶ Beispiele

1. In Griechenland leiht sich die Versicherungsnehmerin eine
   Videokamera. Durch einen Hotelbrand wird sie zerstört. Es
   besteht kein Versicherungsschutz über die Hausratversicherung der Versicherungsnehmerin, weil die Kamera noch
   nie in ihrer Wohnung gewesen ist.

2. Der Versicherungsnehmer leiht seinem Freund für einen
   zweiwöchigen Urlaub das Notebook. Eine Explosion im Ferienhaus des Freundes zerstört dieses Notebook. Es leistet
   die Außenversicherung des Versicherungsnehmers, weil
   sich das Notebook vorübergehend außerhalb seiner Woh-

---

1   Martin, A., Sachversicherungsrecht, a. a. O. S. 794

nung befand. Diese Regelung gilt auch, wenn der Freund das Notebook vor dem Urlaub kurzfristig in seiner Wohnung aufbewahrte.

3. Der Ehegatte, der nicht Versicherungsnehmer ist, zieht nach einem Streit aus der gemeinsamen Wohnung aus und bei einer Bekannten ein. Dort werden Hausratsachen des Ehegatten durch Leitungswasser beschädigt. Hatte der Ehegatte die Absicht, innerhalb von drei Monaten zurückzukehren, wird der Versicherer des Versicherungsnehmers leisten – andernfalls erlischt die Versicherung ab Auszug (§ 11 Nr. 6 und 7 VHB 2008 gelten nicht).

4. Ein älteres Ehepaar verbringt den Winter – insgesamt vier Monate – auf Mallorca. Nach einem Monat werden sie auf Mallorca überfallen und beraubt. Die Hausratversicherung wird die Entschädigung wahrscheinlich ablehnen, da Zeiträume von mehr als drei Monaten nicht als vorübergehend gelten. Zu Beginn des Urlaubs stand bereits fest, dass sie einen Zeitraum von vier Monaten auf Mallorca verleben wollen. [Auch die §§ 16 Nr. 1 und 17 Nr. 1 c) VHB 2008 sind zu beachten.]

5. Der Versicherungsnehmer hat zusammen mit seiner Lebensgefährtin, die mit ihm in häuslicher Gemeinschaft lebt, in Spanien ein Ferienappartement gemietet. Aus dem Appartement werden durch Einbruchdiebstahl entwendet:

- Lederkostüm der Lebensgefährtin (in Spanien gekauft)
- 800 €

Die Lebensgefährtin ist mitversicherte Person. Der Versicherer wird das Kostüm bezahlen, weil es auf jeden Fall in die Wohnung gebracht werden sollte – auch wenn es sich noch nie in der Wohnung befand.

Ebenso besteht für das Bargeld Versicherungsschutz. Für derartige Fälle wird der Außenversicherungsschutz erweiternd ausgelegt.

6. Durch einen Brand im Gartenhaus des Versicherungsnehmers außerhalb des Versicherungsgrundstücks werden Möbel und Gartengeräte zerstört.

Der Versicherer wird nicht leisten, weil diese Sachen nicht vorübergehend, sondern dauernd aus der Wohnung entfernt sind bzw. noch nie in der Wohnung waren. [In einem Gartenhaus auf dem Versicherungsgrundstück wären die Sachen nach § 6 Nr. 3 b) VHB 2008 versichert.]

7. Während des Umzugs brennt der vom Versicherungsnehmer gemietete Lkw wegen einer heiß gelaufenen Bremse ab und der transportierte Hausrat wird zerstört.

Bei Wohnungswechsel besteht in der alten und neuen Wohnung Versicherungsschutz; das gilt auch für den Transport. Außerhalb der Wohnungen ist die Entschädigung aber auf 10 Prozent der Versicherungssumme, max. 10 000 €, begrenzt.

§ 11 Nr. 1 und
§ 7 Nr. 6 VHB 2008

LF 3

LF 4

8. Während des Urlaubs in Südfrankreich brechen Täter in das vom Versicherungsnehmer gemietete Ferienhaus ein. Weil die Einbrecher nichts Wertvolles finden, zerstören sie die Bekleidung des Versicherungsnehmers und seiner Familie. Der Versicherer wird die Leistung ablehnen, da Vandalismus nur nach Einbruch in die Wohnung (= Versicherungsort) versichert ist.

§ 3 Nr. 3 VHB 2008

LF 15

Als vorübergehend gilt auch Ausbildung, Wehr- oder Zivildienst des Versicherungsnehmers oder einer mit ihm in häuslicher Gemeinschaft lebenden Person – auch länger als drei Monate, bis ein eigener Hausstand gegründet wird (unselbstständiger Hausstand).

§ 7 Nr. 2 VHB 2008

▶ Beispiele

1. Nach der Ausbildung zur Versicherungskauffrau studiert die Tochter des Versicherungsnehmers in einer anderen Stadt, wo sie zur Untermiete wohnt. Brand zerstört dort Fachbücher und Kleidung der Tochter. Der Hausratversicherer der Eltern leistet, da die Tochter keinen eigenen Haushalt gegründet hat. Fachbücher sind versicherte Sachen. (Unerheblich für den Versicherungsschutz ist die zweite Ausbildung.)

Hätte die Tochter aber eine Wohnung angemietet und mit eigenen Möbeln ausgestattet, dann entfällt der Außenversicherungsschutz, weil sie einen eigenen Haushalt besitzt.

§ 7 Nr. 2 VHB 2008

Ein selbstständiger Haushalt liegt vor, wenn

- außerhalb eine eigene Wohnung eingerichtet wurde, die eine eigene Lebensführung ohne Rückgriff auf die Ressourcen der versicherten Wohnung ermöglicht[1], und
- die betreffende Person nach Beendigung der Ausbildung, des Wehr- oder Zivildienstes wahrscheinlich nicht mehr zum Versicherungsort zurückkehren wird.

2. Die Frau des Versicherungsnehmers beginnt in Köln eine zweijährige Ausbildung und bezieht dort eine möblierte Einzimmerwohnung. Ein Dieb bricht in die Kölner Wohnung ein und entwendet ihr Notebook. Die Ehefrau besitzt zwar eine eigene Mietwohnung; sie wird aber nach der Ausbildung in die (Haupt-)Wohnung zurückkehren, so dass der Versicherer das Notebook im Rahmen der Außenversicherung bezahlt.

1 Handbuch der Sachversicherung, Bd. 1, A-II-3 2008

3. Kurz vor Ende des Zivildienstes, den der Sohn des Versicherungsnehmers im Krankenhaus ableistet, wird dort sein Spind aufgebrochen und seine Lederjacke und der Krankenhauskittel entwendet. Es besteht Versicherungsschutz für die Lederjacke; für den Kittel tritt die Außenversicherung nicht ein, wenn er sich ständig im Krankenhaus befindet.

§ 7 Nr. 3 VHB 2008

Einbruchdiebstahl
Außenversicherungsschutz besteht nur, wenn der ED-Begriff nach § 3 Nr. 2 VHB 2008 erfüllt ist.

▶ Beispiele

1. Das gemietete Ferienhaus wird aufgebrochen und die Fahrräder des Versicherungsnehmers werden gestohlen. Der Versicherer zahlt, da in einen Raum eines Gebäudes eingebrochen wurde. Kein Versicherungsschutz besteht für die Gebäudebeschädigungen.

§ 3 Nr. 2 a) VHB 2008
§ 8 Nr. 1 g) VHB 2008

§ 3 Nr. 2 b) VHB 2008

2. Der Versicherungsnehmer will umziehen und mietet sich dafür einen geschlossenen Lkw. Der beladene Lkw wird nachts vor dem Haus des Versicherungsnehmers aufgebrochen. Es besteht kein Versicherungsschutz in der Außenversicherung, weil das Behältnis (Lkw) nicht in einem Raum eines Gebäudes aufgebrochen wurde.

§ 3 Nr. 2 d) VHB 2008

3. Der Tochter des Versicherungsnehmers wird in der Bahnhofshalle der tragbare CD-Spieler aus der Manteltasche gezogen. Sie bemerkt den Diebstahl. Als sie den Dieb festhalten will, schlägt er ihr ins Gesicht und verschwindet in der Menge.

Der Einbruchdiebstahl-Begriff ist erfüllt; der Versicherer leistet (räuberischer Diebstahl).

§ 7 Nr. 4 VHB 2008

Raub
Außenversicherungsschutz besteht nach § 3 Nr. 4 nur für den Versicherungsnehmer und für Personen, die mit ihm in häuslicher Gemeinschaft leben; in den Fällen gemäß § 3 Nr. 4 a) bb) gilt dies nur, wenn die angedrohte Gewalttat an Ort und Stelle verübt werden soll. Kein Versicherungsschutz besteht, wenn die Sachen erst auf Verlangen des Täters herbeigeschafft werden.

▶ Beispiele

§ 7 Nr. 4 VHB 2008

1. Die Verlobte des Versicherungsnehmers, die mit ihm in häuslicher Gemeinschaft lebt, wird auf der Straße von einem Räuber bedroht und gezwungen, ihre goldene Armbanduhr und ihren Brillantring herauszugeben. Die Verlobte ist mitversichert. Der Versicherer wird leisten.

2. Der Versicherungsnehmer hat seine Armbanduhr einem Uhrmachermeister zur Reparatur gegeben. Ein Täter schlägt den Uhrmachermeister in seiner Werkstatt nieder und entwendet auch die teure Uhr des Versicherungsnehmers.

   LF 3

   Der Hausratversicherer wird die Entschädigung ablehnen, weil weder der Versicherungsnehmer noch eine Person in häuslicher Gemeinschaft beraubt wurde. Eventuell leistet die Firmen-Inhaltsversicherung des Uhrmachermeisters.

   LF 4

   LF 15

3. Ein Erpresser hat das Kind der Versicherungsnehmerin entführt. Er droht dem Kind Gewalt an, wenn die Versicherungsnehmerin ihm nicht Geld überbringt. Die Versicherungsnehmerin hinterlegt das Geld an der vereinbarten Stelle. Es besteht kein Versicherungsschutz. Die Wegnahme der Sachen erfolgt nicht am Ort der Bedrohung.

   §§ 3 Nr. 4 c) und 7 Nr. 4 VHB 2008

Einschränkung der Außenversicherung

Sturm und Hagel: Außenversicherungsschutz besteht nur innerhalb von Gebäuden.

§ 7 Nr. 5 VHB 2008

▶ Beispiele

1. Orkanartiger Sturm drückt das Fenster des Hotelzimmers der Versicherungsnehmerin ein. Die Videokamera, die innen auf der Fensterbank liegt, fällt herunter und wird beschädigt. Der Versicherer leistet, weil sich die Kamera im Gebäude befand.

2. Das Campingzelt des Versicherungsnehmers wird durch Hagel auf einem Zeltplatz bei Dresden zerfetzt. Es besteht kein Versicherungsschutz nach § 7 Nr. 5 VHB 2008. Wird dagegen das Zelt durch Feuer zerstört oder durch einen Bruch der Hauptwasserleitung weggespült, so wird der Versicherer leisten. Für Brand, Blitzschlag, Explosion, Absturz von Flugkörpern sowie Leitungswasser bestehen keine besonderen Auflagen in der Außenversicherung.

3. Eine plötzlich auftretende Orkanböe zerfetzt die Markise auf der Terrasse zur Wohnung des Versicherungsnehmers. Der Versicherer wird leisten, weil für Markisen das gesamte Grundstück als Versicherungsort gilt (keine Außenversicherung).

   § 6 Nr. 2 b) cc) VHB 2008

   Wird dagegen der Sonnenschirm auf dem Balkon zur Wohnung des Versicherungsnehmers durch Sturm zerstört, wird die Regulierung problematisch. Der Balkon gehört zwar zum Versicherungsort; für Sturm- und Hagelschäden besteht aber nur Versicherungsschutz innerhalb von Gebäuden.

   § 5 Nr. 4 b) bb) VHB 2008

Wird der Balkon als „innerhalb des Gebäudes" angesehen, dann wird geleistet.[1]

§ 7 Nr. 6 VHB 2008

Entschädigungsgrenze: 10 % der Versicherungssumme, höchstens 10 000 €. Für Wertsachen gelten zusätzlich die Entschädigungsgrenzen nach § 13 Nr. 2.

▶ Beispiele

1. Der Versicherungsnehmer macht mit seiner Ehefrau eine Karibikkreuzfahrt auf einem Luxusschiff. Durch einen Maschinenschaden entsteht ein Brand, der sich rasch ausbreitet. Das Schiff sinkt; die Passagiere werden gerettet. Der Versicherungsnehmer verlangt Entschädigung von seiner Hausratversicherung für die untergegangene Kleidung und die Wertsachen (Wert insgesamt 10 000 €; Versicherungssumme 80 000 €). Durch die Folge eines Brandes ist das Schiff gesunken; dadurch wurden Sachen des Versicherungsnehmers zerstört bzw. kamen abhanden. Der Versicherer leistet in den Grenzen der Außenversicherung: 10 % von 88 000 € (Versicherungssumme zuzüglich 10 % Vorsorge) – das sind maximal 8 800 €.

2. Ein Räuber bedroht die Frau des Versicherungsnehmers. Er zwingt sie, 1 800 € Bargeld, das sie gerade von der Bank geholt hatte, herauszugeben (Versicherungssumme 78 000 €).

**§ 13 Nr. 2 b) aa)
VHB 2008**

Der Versicherungsnehmer erhält nur 1 500 €. Es gelten die besonderen Entschädigungsgrenzen für Wertsachen.

Zusammentreffen von Fremd- und Außenversicherung

▶ Beispiel

Der Arbeitgeber hat dem Versicherungsnehmer einen Personal-Computer zur Verfügung gestellt, mit dem der Versicherungsnehmer zu Hause arbeitet. Ein Brand zerstört den PC. Der PC ist nach § 6 Nr. 2 c) gg) und ii) VHB 2008 in der Hausratversicherung versichert. Besitzt der Arbeitgeber eine Firmen-Inhaltsversicherung nach der Pauschaldeklaration, dann ist technische und kaufmännische Geschäftsausstattung auch innerhalb Deutschlands (Außenversicherung) bis z. B. 5 000 € eingeschlossen. Es besteht Mehrfachversicherung.

Treffen Fremd- und Außenversicherung zusammen, so haftet im Verhältnis der Versicherer zueinander **allein** der Fremdversicherer im Rah-

---

1   Vgl. dazu Abschnitt 1.2.2 – Erläuterungen zu Sturm- und Hagelschäden

men seines Vertrages. Darüber hinaus kommt ggf. eine Haftung des Außenversicherers in Betracht.[1]

Die Hausratversicherung wird als Fremdversicherung den PC bezahlen.

Entschädigt wird nach dem Grundsatz: „Fremdversicherung leistet vor der Außenversicherung."

Dieser Grundsatz wird jedoch in folgenden Fällen umgekehrt[1]:

Bezieht sich die Fremdversicherung z. B. auf

- Gebrauchsgegenstände der Betriebsangehörigen
- Gegenstände von Gästen und Besuchern im Haushalt (Gast oder Besucher ist, wer sich bis zur Dauer von drei Monaten in diesem fremden Haushalt aufhält. Der Aufenthalt setzt keine ständige Anwesenheit voraus.)
- Eigentum von Gästen in Hotels
- Kraftfahrzeuge

so haftet **allein** der Außenversicherer im Rahmen seines Vertrages. Darüber hinaus kommt ggf. eine Haftung des Fremdversicherers in Betracht.

Diese Regelung ist sinnvoll, da die Sachen des Mitarbeiters oder des Besuchers seiner privaten Nutzung dienen – und nicht der Nutzung des Betriebes oder des fremden Haushalts.

▶ Beispiele

1. Der Schrank des Versicherungsnehmers wird am Arbeitsplatz aufgebrochen und sein privater Mantel und sein Geldbeutel mit 90 € werden entwendet. Es besteht Mehrfachversicherung, wenn in der Firmen-Inhaltsversicherung Gebrauchsgegenstände der Betriebsangehörigen mitversichert sind. Nach der Verbandsempfehlung leistet aber die Hausratversicherung (Außenversicherung) des Versicherungsnehmers vor der Fremdversicherung (Versicherung für fremdes Eigentum) des Betriebes.

2. Leitungswasser aus einem gebrochenen Rohr beschädigt Hausrat des Versicherungsnehmers sowie Kleidung seines Bruders, der sich seit zwei Tagen bei ihm zu Besuch aufhält. Der Bruder besitzt ebenfalls eine Hausratversicherung. Der Bruder erhält von seiner Hausratversicherung (Außenversicherung) Entschädigung für die Kleidung. Besitzt der Bruder keine Hausratversicherung, dann würde die Versicherung des Versicherungsnehmers auch für die Kleidung des Bruders eintreten (Fremdversicherung).

LF 3

LF 4

LF 15

---

1   Handbuch der Sachversicherung, Bd. 1, D-I-3, 2008

3. Ein Brand in einem Hotelzimmer zerstört die Kleidung des Versicherungsnehmers. Auch hier leistet die Außenversicherung des Versicherungsnehmers vor der Feuerversicherung (Fremdversicherung) des Hotels.

4. Der Versicherungsnehmer hat seine antike goldene Taschenuhr am 8. 1. zur Reparatur zum Uhrmacher gebracht. Die Reparatur verzögert sich erheblich, weil Ersatzteile speziell angefertigt werden müssen. Am 25. 4. wird die Taschenuhr durch Einbruchdiebstahl beim Uhrmacher entwendet. Da der Zeitraum von drei Monaten überschritten ist, besteht kein Versicherungsschutz über die Außenversicherung. Den Schaden bezahlt nur die Firmen-Inhaltsversicherung des Uhrmachers – sofern er eine derartige Versicherung mit entsprechendem Einschluss abgeschlossen hat.

Diese Regelung gilt auch, wenn der Versicherungsnehmer z. B. einem Juwelier Schmuck zum Verkauf überlassen hat und dieser Schmuck beim Juwelier durch eine versicherte Gefahr abhanden kommt oder zerstört wird.

Zusammentreffen von Hausrat- und Reisegepäckversicherung[1]

Treffen eine Reisegepäck- und eine Hausratversicherung zusammen, dann reguliert im Innenverhältnis der Versicherer, der zuerst vom Versicherungsnehmer in Anspruch genommen wird. Der andere Versicherer ist ausgleichspflichtig.

▶ Beispiel

Die gemietete Ferienwohnung wird aufgebrochen und der Versicherungsnehmerin werden entwendet:

- Bargeld 360 €
- Lederjacke (Wiederbeschaffungspreis 1 600 €; Zeitwert 1 200 €)

Die Versicherungsnehmerin besitzt eine Hausrat- und eine Reisegepäckversicherung. Nach den Bedingungen für die Reisegepäckversicherung ist Bargeld häufig ausgeschlossen. Die Jacke wird in der Regel zum Zeitwert entschädigt. Nimmt die Versicherungsnehmerin den Hausratversicherer in Anspruch, dann erhält sie den gesamten Schaden in Höhe von 1 960 € ersetzt.[2]

Der Reisegepäckversicherer braucht nur anteilig für den Zeitwert der Jacke zu leisten, wenn Bargeld ausgeschlossen ist.

1   Handbuch der Sachversicherung, Bd. 1, D-I-3 2008
2   Vgl. zur Ausgleichsregelung Neuwert und Zeitwert auch Abschnitt 2.9.1.2.2.

Er überweist 600 € (50 % von 1 200 €) an den Hausratversicherer zum Ausgleich. Diese Regelung gilt auch beim Zusammentreffen von Hausrat- und Wäscheschutzversicherung (z. B. Bekleidung des Versicherungsnehmers in der Wäscherei oder Reinigung).

Einzelne Reisegepäckversicherer schließen eine Ausgleichspflicht in ihren Versicherungsbedingungen aus. Der Hausratversicherer leistet dann allein.

LF
3

LF
4

LF
15

▶ **Zusammenfassung**

Außenversicherung
§ 7 VHB 2008

Versicherte Sachen sind weltweit auch versichert, solange sie sich vorübergehend (max. 3 Monate) außerhalb der Wohnung befinden – Nr. 1	Als vorübergehend gilt auch, wenn sich der VN oder eine Person in häuslicher Gemeinschaft zur Ausbildung, zur Wehrpflicht oder zum Zivildienst außerhalb der Wohnung aufhält und sie dort keinen eigenen Hausstand begründet hat – Nr. 2

Einschränkung der Außenversicherung

▪ ED	Außenversicherungsschutz besteht nur, wenn die in § 3 Nr. 2 genannten Voraussetzungen erfüllt sind – Nr. 3
▪ Raub	Außenversicherungsschutz besteht für den VN und für Personen in häuslicher Gemeinschaft; in den Fällen nach § 3 Nr. 4 a) bb) nur, wenn die angedrohte Gewalt an Ort und Stelle verübt werden soll. Nicht versichert sind Sachen, die erst herbeigeschafft werden – Nr. 4
▪ Sturm und Hagel	Außenversicherungsschutz besteht nur innerhalb von Gebäuden. – Nr. 5
▪ Entschädigungsbegrenzung	10 % der Versicherungssumme, höchstens 10 000 €. Für Wertsachen gelten die besonderen Entschädigungsgrenzen nach § 13 Nr. 2 – Nr. 6

Übungen

1. Die Versicherungsnehmerin schickt folgende Schadensmeldung:

„Während meines Urlaubs auf der Insel Ibiza wurde mein gemietetes Ferienappartement aufgebrochen. Es fehlten:

- 600 €
- Lederjacke (auf Ibiza gekauft)
- Schlüsselbund mit Wohnungs- und Autoschlüssel

Ich ließ sofort in Deutschland die Schlösser zur Tür meiner Mietwohnung, zur Eingangstür (Mehrfamilienhaus) und zu meinem Pkw austauschen."

a) Regulieren Sie den Schaden.
b) Wird der Hausratversicherer auch die Reparaturkosten für die beschädigte Appartementtür übernehmen?

Lesen Sie dazu § 8 Nr. 1 VHB 2008.

2. Der Versicherungsnehmer hat sich für seinen Umzug einen Lkw geliehen. Auf der Fahrt zur neuen Wohnung gerät der Lkw durch einen Reifenschaden in Brand und Hausrat wird vernichtet. Hausratschaden: 25 000 €; Versicherungssumme: 60 000 €.

Welchen Betrag ersetzt der Hausratversicherer?

3. Durch die Explosion einer Propangasflasche entsteht ein Feuer, das den Wohnwagen auf einem Campingplatz an der Ostsee zerstört. Der Versicherungsnehmer verlangt Ersatz für:

- die Fernsehantenne am Wohnwagen
- die Möbel im Wohnwagen
- das Fernsehgerät
- die Kleidung

Besteht Versicherungsschutz?

4. Auf der Fahrt nach Ungarn wird das Schlafwagenabteil des Versicherungsnehmers aufgebrochen. Der Versicherungsnehmer und seine Ehefrau werden mit Gas betäubt und ausgeraubt.

Ist der Schaden in der Außenversicherung gedeckt? Lesen Sie dazu § 3 Nr. 4 VHB 2008.

5. Die Tochter des Versicherungsnehmers und ihr Freund mieten sich während des Studiums eine Wohnung. Durch Blitzeinschlag im Gebäude werden der PC und die Stereoanlage der Tochter zerstört.

Wird die Hausratversicherung der Eltern leisten?

6. Das Hotelzimmer des Versicherungsnehmers wird aufgebrochen. Die Diebe entwenden daraus:

   - Kamera des Versicherungsnehmers (Wert 600 €)
   - Schmuck der Ehefrau (Wert 2 200 €)
   - Bargeld 800 €

   Die Versicherungssumme beträgt 40 000 €. Außerdem besprühen die Täter die Kleidung des Versicherungsnehmers und seiner Ehefrau (Schaden: 1 000 €) sowie Tapeten und Decke des Hotelzimmers mit Farbe (1 100 €).

   Wie ist die Leistung geregelt?
   Beachten Sie dazu auch die §§ 8 Nr. 1 g) und 3 Nr. 3 VHB 2008.

7. Während des Urlaubs in Los Angeles wird das gemietete Ferienhaus durch Erdbeben zerstört und Hausratsachen des Versicherungsnehmers vernichtet.

   Wird der Versicherer die Hausratsachen bezahlen?

8. Der Versicherungsnehmer wird abends auf der Straße von einem Räuber mit dem Messer bedroht. Der Versicherungsnehmer gibt ihm die goldene Armbanduhr, die der Räuber verlangt. Außerdem zwingt er den Versicherungsnehmer, mit ihm zum nächsten Geldautomaten zu gehen, um dort Geld abzuheben. Der Täter entkommt mit der Uhr und 200 € Bargeld aus dem Geldautomaten.

   Besteht Versicherungsschutz?

9. Der Sohn der Versicherungsnehmerin, der nicht mit ihr in häuslicher Gemeinschaft lebt, will für sie den wertvollen Pelz wegen einer Änderung zum Kürschner bringen. Unterwegs wird er in einen Unfall verwickelt, sein Pkw fängt Feuer. Der Brand vernichtet den Pelz der Mutter und sein Surfbrett auf dem Autodach.

   Welche Hausratversicherung wird leisten?

10. Die Markise über der Terrasse zur Wohnung des Versicherungsnehmers wird durch eine plötzlich aufkommende Orkanböe zerfetzt. Der Versicherer lehnt die Entschädigung mit der Begründung ab, die Markise habe sich nach § 5 Nr. 4 b) bb) VHB 2008 nicht im Gebäude befunden.

    Wie ist die Rechtslage?

11. Der Versicherungsnehmer hat seinem Freund vor längerer Zeit eine Videokamera geliehen. Während eines Urlaubs in Tunesien wird der Freund überfallen und die Videokamera geraubt.

    Welche Hausratversicherung wird eintreten?

12. Der Versicherungsnehmer, der in Mainz wohnt, besucht seine Eltern in Magdeburg. Durch ein Feuer in der Wohnung seiner Eltern werden auch Teile seiner Kleidung vernichtet. Sein Vater meldet den gesamten Schaden seiner Hausratversicherung.

Wie wird reguliert?

13. Der Versicherungsnehmer unternimmt eine Gruppenreise mit dem Bus durch Süditalien. Als der Versicherungsnehmer und die anderen Reisenden Palermo besichtigen, lassen sie ihre Sachen im Bus zurück. Der im Bus gebliebene Fahrer wird plötzlich von einem Jugendlichen mit dem Messer bedroht, während ein anderer Sachen der Reisenden aus dem Bus entwendet. Dem Versicherungsnehmer wird eine Kamera für 2 400 € gestohlen.

Wird der Versicherer leisten?

14. Ihr Kunde schildert Ihnen telefonisch folgenden Schaden:

„Am letzten Tag unseres Urlaubs auf Mallorca gingen wir wie immer um 18.00 Uhr zum Abendessen und verschlossen unser Hotelzimmer. Als wir zwei Stunden später zurückkamen, war unser verschlossener Koffer aufgebrochen, obwohl unsere Zimmertür keine Einbruchsspuren aufwies. Der Täter entwendete aus dem Koffer meine teure Digitalkamera, meine goldene Uhr sowie den Brilliantring meiner Ehefrau. Die örtliche Polizei vermutet, dass ein Mitarbeiter des Hotels mit einem Generalschlüssel die Tür öffnete. Werden Sie den Schaden bezahlen?"

Informieren Sie Ihren Kunden.
Lesen Sie dazu § 3 Nr. 2 VHB 2008.

1.2.4   Versicherte Gefahren und Schäden

Versicherte Gefahren und Schäden
sowie Ausschlüsse

§ 1 Nr. 1 VHB 2008

Brand, Blitzschlag,
Explosion, Implosion,
Anprall eines Luft-
fahrzeuges

Einbruchdiebstahl, Van-
dalismus nach Einbruch,
Raub oder der Versuch
einer solchen Tat

Leitungswasser,
Rohrbruch, Frost

Sturm, Hagel

Keine Leistungspflicht aus besonderen Gründen

- Führt der Versicherungsnehmer oder sein Repräsentant den Versicherungsfall vorsätzlich herbei, so ist der Versicherer von der Entschädigungspflicht frei.
- Verursacht der Versicherungsnehmer oder sein Repräsentant den Schaden grob fahrlässig, kann der Versicherer die Leistung nach der Schwere des Verschuldens kürzen (= quotales Leistungskürzungsrecht).
- Der Versicherer ist leistungsfrei, wenn der Versicherungsnehmer den Versicherer arglistig täuscht.

§ 34 VHB 2008
§ 37 VHB 2008

Ausschlüsse

Die Versicherung erstreckt sich ohne Rücksicht auf mitwirkende Ursachen nicht auf Schäden durch:

§ 1 Nr. 2 VHB 2008

a) Krieg, kriegsähnliche Ereignisse, Bürgerkrieg, Revolution, Rebellion oder Aufstand
b) innere Unruhen
c) Kernenergie, nukleare Strahlung oder radioaktive Substanzen

Die versicherten Sachen können durch die Einwirkung der versicherten Gefahr

- zerstört werden
  (technischer oder wirtschaftlicher Totalschaden)
- beschädigt werden
  (Reparatur möglich und wirtschaftlich sinnvoll)
- abhandenkommen
  (z. B. durch Einbruch oder nach einem Brand)

Auch der Folgeschaden ist versichert, wenn nach der Einwirkung einer versicherten Gefahr weitere Schäden an versicherten Sachen entstehen.

▶ Beispiele

Schäden am Hausrat durch eindringendes Regenwasser, nachdem der Sturm die Fenster eingedrückt hat.

Verderben des Inhaltes der Tiefkühltruhe, nachdem durch einen Kellerbrand das Elektrizitätsnetz des Hauses zerstört wurde.

Hausratsachen kommen abhanden, die der Versicherungsnehmer nach einem Wohnungsbrand kurzfristig ins Treppenhaus stellte.

§§ 34 und 37
VHB 2008

Keine Leistungspflicht

- Bei Vorsatz des Versicherungsnehmers oder seines Repräsentanten ist der Versicherer leistungsfrei.
- Bei grober Fahrlässigkeit wird die Leistung entsprechend der Schwere des Verschuldens gekürzt („Quotelung").
- Bei arglistiger Täuschung besteht Leistungsfreiheit.

BGH VersR 1993, 828
BGH r+s 2003, 367
BGH r+s 2007, 273

Die Rechtsprechung legt den Repräsentantenbegriff sehr eng aus. Repräsentant ist, wer aufgrund eines Vertretungs- oder ähnlichen Verhältnisses an die Stelle des Versicherungsnehmers getreten ist. Die bloße Überlassung der versicherten Sache reicht dafür nicht aus. Repräsentant kann nur sein, wer befugt ist, in einem nicht ganz unbedeutenden Umfang für den Versicherungsnehmer zu handeln (Risikoverwaltung). Es ist nicht erforderlich, dass der Dritte auch Rechte und Pflichten aus dem Versicherungsvertrag wahrzunehmen hat. Im Allgemeinen gilt selbst der Ehegatte nicht als Repräsentant des Versicherungsnehmers.

Zu den Repräsentanten rechnen ebenfalls nicht – auch wenn sie mit dem Versicherungsnehmer in häuslicher Gemeinschaft leben:

- Lebensgefährte
- volljährige Kinder
- sonstige Familienangehörige

Der Versicherer wird deshalb nur in seltenen Fällen einen Schaden wegen grob fahrlässigem oder vorsätzlichen Verhaltens des Repräsentanten in der Hausratversicherung ablehnen bzw. kürzen können.

Erteilt der Versicherungsnehmer allerdings einer Person eine Vollmacht, ihn während einer längeren Abwesenheit zu vertreten, dann kann der Vertreter Repräsentant sein. Diese Regelung gilt insbesondere für die Gebäudeversicherung.

OLG Köln
r+s 2003, 114
OLG Köln
r+s 2006, 21

LF
3

Leistungsfreiheit wegen Vorsatz gilt natürlich nur für den Versicherungsnehmer oder seinen Repräsentanten. Handelt ein Dritter vorsätzlich, dann muss der Versicherer an den Versicherungsnehmer leisten. Er kann allerdings beim Schädiger Regress nehmen.

LF
4

§ 32 Nr. 1 VHB 2008
§ 86 Nr. 1 VVG

LF
15

▶ Beispiel

Ein böswilliger Nachbar schleudert nachts einen Brandsatz in das Einfamilienhaus des Versicherungsnehmers. Das dadurch verursachte Feuer zerstört das Gebäude und den Hausrat. Die Polizei kann den Nachbarn als Täter ermitteln.

§ 86 Nr. 1 VVG
§§ 823 Abs. 1 und 249 Abs. 1 BGB

Der Versicherungsnehmer erhält von seinem Gebäude- und Hausratversicherer die Entschädigung. Beide Versicherer werden bei dem Nachbarn (zum Zeitwert) Regress nehmen.

Versucht der Versicherungsnehmer den Versicherer arglistig über Tatsachen, die für den Grund oder die Höhe der Entschädigung von Bedeutung sind, zu täuschen, ist der Versicherer ebenfalls leistungsfrei.

§ 34 Nr. 2 VHB 2008

▶ Beispiel

Der Versicherungsnehmer legt nach einem Einbruchdiebstahl fingierte bzw. manipulierte Anschaffungsbelege vor, wodurch sich seine Ersatzforderungen erheblich erhöhen. Der Versicherer ist wegen arglistiger Täuschung durch den Versicherungsnehmer von der Verpflichtung zur Leistung frei – auch wenn nicht alle Belege fingiert waren.

OLG Köln r+s 2006, 421
LG Berlin r+s 2008, 76

Bei grober Fahrlässigkeit des Versicherungsnehmers oder seines Repräsentanten ist der Versicherer berechtigt, die Leistung in einem der Schwere des Verschuldens des Versicherungsnehmers entsprechenden Verhältnis zu kürzen.

§ 34 Nr. 1 b) VHB 2008

Bei dieser Leistungskürzung („Quotelung") sind objektive und subjektive Gesichtspunkte zu berücksichtigen, wobei die Bedeutung der objektiven Kriterien zunehmen dürfte. Eine detaillierte Abstufung der groben Fahrlässigkeit könnte schwierig sein; sie wird in vielen Fällen durch ein Gericht festgestellt werden müssen. Grundsätzlich dürften Extremfälle mit einer Leistungskürzung zu 100 Prozent bzw. zu 0 Prozent selten vorkommen. Für die Regulierungspraxis erscheint es sinnvoll, von 50 Prozent auszugehen. Gelingt es dem Versicherungsnehmer, besondere entlastende Umstände zu beweisen, erhält er einen höheren Prozentsatz. Umgekehrt kann der Versicherer besondere Gesichtspunkte für die Schwere des Verschuldens des Versicherungsnehmers darlegen, um die Leistung stärker zu kürzen.[1]

Verursacht der Versicherungsnehmer z. B. unter starker Alkoholisierung einen Brand, der nicht nur seinen Hausrat, sondern ein Mehrfamilienhaus zerstört, dann dürfte objektiv die Sorgfaltspflicht schwerer verletzt sein, als wenn der Versicherungsnehmer das Fenster zu seiner Wohnung für drei Stunden „gekippt" lässt und dadurch einen Einbruchdiebstahl ermöglicht.[2]

Die Beweislast für Vorsatz oder grobe Fahrlässigkeit und für die Schwere des Verschuldens bei grober Fahrlässigkeit liegt beim Versicherer.

Grobe Fahrlässigkeit des Versicherungsnehmers ist beispielsweise gegeben:

- Rauchen und Einschlafen im Bett
- Grillen mit offenem Feuer in der Wohnung
- brennende Kerzen am Tannenbaum für längere Zeit ohne Beaufsichtigung
- offenes Fenster im Erdgeschoss bei längerer Abwesenheit des Versicherungsnehmers
- nicht abgesperrter Zulauf zur Waschmaschine bei Urlaubsantritt

Grobe Fahrlässigkeit setzt nicht nur einen objektiv besonders schwer wiegenden Verstoß gegen die im Verkehr erforderliche Sorgfalt voraus, sondern darüber hinaus ein in subjektiver Hinsicht erhöhtes Verschulden, welches als schlechthin unentschuldbar anzusehen ist.

BGH r+s 1992, 292
BGH r+s 1999, 205

Liegen aber besondere Umstände vor, die geeignet sind, dieses Fehlverhalten in einem „milderen Licht" erscheinen zu lassen, so trifft subjektiv der Vorwurf der groben Fahrlässigkeit nicht zu.

▶ Situation

Die Versicherungsnehmerin probierte zu Weihnachten mit ihrer kranken, quengelnden Tochter vor der Haustür kurz den neuen Puppenwagen aus. Dabei vergaß sie die im Adventsgesteck brennende, erst zu einem Viertel abgebrannte dicke „Kilokerze". Ihr Ehemann hielt sich zu diesem Zeitpunkt in einem anderen Zimmer auf.

Vermutlich durch den Luftzug der geöffneten Tür fing das Gesteck – unbemerkt von der Versicherungsnehmerin – Feuer:

▶ Erläuterung

OLG Düsseldorf –
4 U 49/97

Nach Ansicht des Gerichtes traf objektiv der Vorwurf der groben Fahrlässigkeit zu, weil die Versicherungsnehmerin das Haus – wenn auch

---

1 Weidner/Schuster, Quotelung von Entschädigungsleistungen bei grober Fahrlässigkeit, r+s 2007, 364
2 Felsch, J., Neuregelung von Obliegenheiten und Gefahrerhöhung, r+s 2007, 493

nur für kurze Zeit – verlassen hat, ohne die Kerze zu löschen. In subjektiver Hinsicht hat sie sich aber nicht unverzeihlich verhalten. Man kann dafür Verständnis aufbringen, dass die Versicherungsnehmerin an die brennende Kerze nicht dachte, als sie ihrem kranken, quengelnden Kind nachgab, den neuen Puppenwagen kurz auszuprobieren. Außerdem war ihr Mann noch im Haus und die Kerze erst zu einem Viertel herabgebrannt.

Das Gericht konnte in subjektiver Hinsicht ein grobes Fehlverhalten der Versicherungsnehmerin nicht feststellen, und der Hausratversicherer musste in voller Höhe leisten.

In einem ähnlichen Fall hatte die Versicherungsnehmerin in den frühen Morgenstunden des Neujahrstages in ihrer Mietwohnung auf dem Gasherd zwei Fondue-Töpfe mit Fett auf mittlerer Stufe erhitzt. Das heiße Fett entzündete sich und verursachte einen Brand, der auch auf das Gebäude übergriff. Objektiv hatte sie zwar den Brand grob fahrlässig herbeigeführt; subjektiv ist das Verhalten aber entschuldbar, weil besondere Umstände hinzukommen: das Aufräumen nach einer Silvesterfeier, das Zubettbringen von fünf „aufgedrehten" Kindern und die frühere Erfahrung, dass ein Erhitzungsversuch ohne Brand verlaufen ist. Die Versicherungsnehmerin (als Mieterin) handelte nur fahrlässig, so dass der Gebäudeversicherer keinen Regress bei ihr nehmen konnte.[1]

OLG Frankfurt/M.
r+s 2005, 421

Einige Versicherer zahlen bei grober Fahrlässigkeit in voller Höhe (ohne Quotelung), andere kürzen die Leistung erst ab einem Schaden von z. B. 5 000 €.

Schäden durch Krieg und innere Unruhen

§ 1 Nr. 2 VHB 2008

„Innere Unruhen" sind gegeben, wenn

BGH VersR 1975, 126

- zahlenmäßig nicht unerhebliche Teile des Volkes
- die öffentliche Ruhe und Ordnung stören und
- Gewalttätigkeiten gegen Personen oder Sachen verüben.

▶ Beispiele

1. Bei einer Massendemonstration mit mehreren tausend Teilnehmern in einer Großstadt kommt es zu erheblichen Ausschreitungen. Geschäfte werden geplündert, Autos zerstört und Wohnungen mit Molotow-Cocktails in Brand gesetzt. Die Hausratversicherungen werden die Regulierung der Wohnungsschäden vermutlich wegen Ausschluss „Innere Unruhen" ablehnen.

   Die Anzahl der beteiligten Personen ist nicht allein entscheidend – daneben ist auch die Organisation und Bewaff-

---

1 Vgl. dazu Abschnitt 2.9.1.2 und die Ausführungen zum Teilungsabkommen „Mieterregress".

nung der Täter, die Dauer der Übergriffe, die Beherrschbarkeit durch die Polizei sowie die Höhe der gefährdeten Sachwerte zu berücksichtigen.

Nach dem Sprachgebrauch gehören zu inneren Unruhen auch Aufruhr, Landfriedensbruch, Plünderung.

2. Der Versicherungsnehmer macht Urlaub in einem Staat in Südamerika. Während seines Aufenthaltes kommt es zum Bürgerkrieg. Er kann das Land unverletzt verlassen – sein gesamtes Gepäck wird aber durch Feuer zerstört, als die Aufständischen das Hotel, in dem er wohnt, in Brand stecken.

Der Ausschluss „Innere Unruhen" oder „Bürgerkrieg" gilt auch in der Außenversicherung. Der Versicherungsnehmer erhält keine Entschädigung für seine durch Feuer vernichteten Hausratsachen.

Schäden durch Kernenergie

Der Ersatz dieser Schäden richtet sich nach dem Atomgesetz. Die Betreiber von Kernanlagen sind zur Deckungsvorsorge durch Haftpflichtversicherungen verpflichtet.

1.2.4.1 Brand

▶ **Situation**

Die Versicherungsnehmerin schickt folgende Schadensmeldung:

> „Als wir die Kerzen unseres Tannenbaums zu Weihnachten anzündeten, fing ein trockener Ast plötzlich Feuer. Das Feuer griff auf die Gardine über. Obwohl wir sofort mit einem Eimer Wasser löschten, brannte die Gardine auf."

▶ **Erläuterung**

§ 2 Nr. 2 VHB 2008

> Brand ist ein Feuer, das ohne einen bestimmungsgemäßen Herd entstanden ist oder ihn verlassen hat und das sich aus eigener Kraft ausbreiten kann.

Der Brandbegriff ist in dem Beispiel erfüllt, da das Feuer seinen bestimmungsgemäßen Herd – die Kerze am Weihnachtsbaum – verlassen hat und die Gardine in Brand setzte. Es konnte sich aus eigener Kraft an einer versicherten Sache ausbreiten.

Ein Schadenfeuer liegt nur vor, wenn die folgenden Bedingungen erfüllt sind:

Ein Brand muss ein Feuer sein.

Ein Feuer ist immer mit einer Lichterscheinung verbunden, z. B. Flamme, Glut oder Funken. (Eine reine Hitzeentwicklung, z. B. durch elektrischen Strom, ist kein Feuer.)

Das Feuer muss ohne bestimmungsgemäßen Herd entstanden sein oder den Herd verlassen haben.

Ein Brand ohne bestimmungsgemäßen Herd liegt vor, wenn das Feuer ohne bewusstes Einwirken einer dazu berechtigten Person entstanden ist, z. B. durch Blitzschlag, Kurzschluss, Selbstentzündung oder Brandstiftung Dritter.

Ein bestimmungsgemäßer Herd dient dazu, Feuer zu erzeugen, z. B. Feuer im Ofen oder Kamin, Streichholz oder Kerzenflamme, brennende Wunderkerze oder Glut einer Zigarette. Das Feuer muss auf eine versicherte Sache übergehen.

Das Feuer muss sich aus eigener Kraft – also selbstständig – ausbreiten können.

Die herabfallende Glut einer Zigarre fällt auf ein Sofa und der Bezug beginnt zu brennen.

(Verursacht die Glut nur einen Sengfleck, dann hat das Feuer zwar seinen Herd verlassen – es konnte sich aber nicht aus eigener Kraft ausbreiten.)

Zur Einwirkung eines Brandes gehört neben der Flamme auch die Hitze, der Ruß und der Rauch eines Feuers.

Ein Feuer ohne bestimmungsgemäßen Herd liegt beispielsweise vor:

1. Der Motor der Waschmaschine läuft heiß und beginnt zu brennen.
2. Durch die Strahlungshitze eines elektrischen Heizlüfters wird eine Gardine in Brand gesetzt.
3. Ein Kurzschluss in der elektrischen Heizdecke verursacht ein Feuer.
4. Ein unbekannter Brandstifter legt Feuer.

Durch bestimmungsgemäßen Herd entsteht ein Feuer, z. B.:

1. Aus einem offenen Kamin spritzen glühende Holzstücke heraus und setzen Papier in Brand.
2. Durch die Stichflamme des Gartengrills brennt die Jacke des Versicherungsnehmers.
3. Der Braten in der Pfanne verbrennt, als die Flammen des Gasherdes hineinschlagen.
4. Eine brennende Kerze fällt um und setzt den Adventskranz in Brand.

LF
3

LF
4

LF
15

Der Brandbegriff ist nicht erfüllt:

AG Hannover
r+s 1995, 312

1. Durch Luftzug wird die Gardine gegen eine brennende Kerze geweht. Die Kerzenflamme verursacht in der Gardine aus Kunstfasern ein Loch. Das Feuer (Kerzenflamme) hat sich in der Gardine nicht ausgebreitet; die Kunstfasern sind nur geschmolzen.
2. Der Versicherungsnehmer wirft versehentlich zusammen mit Altpapier ein wertvolles Bild in den Ofen. Das Feuer hat den Herd nicht verlassen.
3. Ein Kabel verschmort durch Kurzschluss. Es gab keine Flamme.

§ 2 Nr. 5 b) VHB 2008

Sengschäden sind nur versichert, wenn sie durch Brand, Blitzschlag, Explosion, Implosion oder Absturz eines Luftfahrzeuges entstanden sind.

Sengschäden sind durch den Brandbegriff nicht gedeckt, weil das Feuer sich nicht aus eigener Kraft ausbreiten konnte. § 2 Nr. 5 b) VHB 2008 dient nur zur Klarstellung.

Für folgende Sengschäden leistet der Versicherer nicht:

1. Von einer brennenden Wunderkerze spritzen glühende Teile ab und sengen Löcher in den Teppich.
2. Die Hitze der Ofenrohre versengt die Gardine.
3. Das heiße Bügeleisen verursacht einen Sengfleck im Hemd.
4. Die umfallende Kerze sengt ein kleines Loch in das Tischtuch.

§ 2 Nr. 5 b) VHB 2008

Seng- sowie Ruß- und Rauchschäden als Folge einer versicherten Gefahr nach § 2 Nr. 1 sind aber versichert:

1. Durch den Brand des Fernsehers wird die Gardine versengt.
2. Eine abgehängte Zimmerdecke brennt. Herabtropfender Kunststoff sengt Löcher in den Teppich.
3. Durch den Ruß eines Brandes werden Hausratsachen verschmutzt.

Versicherungsschutz besteht auch für Einwirkungs- und Folgeschäden, wenn es außerhalb des Versicherungsortes brennt.

▶ Beispiele

1. In einem Mehrfamilienhaus brennt es in der Wohnung im 4. Obergeschoss. Löschwasser läuft auch in die Wohnung des Versicherungsnehmers in der 3. Etage und beschädigt Tapeten, Parkettböden und Möbel.

   Für die beschädigten Möbel tritt die Hausratversicherung des Versicherungsnehmers – als Folgeschaden eines Brandes – ein. Der Gebäudeversicherer übernimmt die Renovierungskosten für die Tapeten und Parkettböden. Trifft den

Schadenverursacher Verschulden, dann können die Versicherer bei ihm Regress nehmen.[1]

2. Ein Reifenlager auf dem Nachbargrundstück brennt. Rauch und Ruß verschmutzen die Wohnung des Versicherungsnehmers. Die Reinigungskosten am Hausrat bezahlt die Hausratversicherung des Versicherungsnehmers.

3. Ein brennendes Flugzeugteil fällt auf das Grundstück des Versicherungsnehmers und versengt die Markise zu seiner Eigentumswohnung. Der Sengschaden ist versichert.

4. Ein mit Heizöl beladener Tanklastzug brennt auf der Straße. Die extreme Hitze beschädigt das Gebäude und den Hausrat des Versicherungsnehmers. Für den Hausrat tritt der Hausratversicherer ein.

LF
3

LF
4

LF
15

Schäden durch Erdbeben sind ohne Rücksicht auf mitwirkende Ursachen ausgeschlossen.

§ 2 Nr. 5 a) VHB 2008

Der Ausschluss erstreckt sich auf alle Gefahren nach Nr. 1

1. Durch ein Erdbeben bricht eine Gasleitung. Das ausströmende Gas entzündet sich und setzt das Haus des Versicherungsnehmers in Brand. Das Feuer zerstört das Gebäude und den Hausrat.

   Brand gehört zwar zur versicherten Gefahr – der Versicherer wird aber die Entschädigung ablehnen, da Erdbeben die Schadenursache war. Versicherungsschutz besteht nur bei Einschluss der „Erweiterten Elementarschadenversicherung"[2]

   Wird dagegen durch Erdsenkung eine Gasleitung zerstört, dann besteht für den Schaden durch Brand Versicherungsschutz. Erdsenkung gehört zwar zu den Gefahren in der Versicherung weiterer Elementarschäden – Erdsenkung ist aber in § 2 Nr. 5 VHB 2008 nicht ausgeschlossen.

2. Starkregen überflutet das Grundstück des Versicherungsnehmers. Das Hochwasser dringt in den Keller ein und verursacht einen Kurzschluss im Verteilerkasten, der ein Feuer auslöst.

   Der Schaden durch die Überschwemmung ist nicht versichert – außer bei Einschluss der Versicherung weiterer Elementarschäden[2]. Für die Schäden durch den Brand leisten aber die Hausrat- und Wohngebäudeversicherer (kein Ausschluss nach § 2 Nr. 5 VHB 2008).

---

1 Vgl. hierzu Abschnitt 1.2.9.1
2 Vgl. dazu Abschnitt 1.2.4.11

§ 2 Nr. 5 c) VHB 2008 | Schäden, die an Verbrennungskraftmaschinen durch die im Verbrennungsraum auftretenden Explosionen, sowie Schäden, die an Schaltorganen von elektrischen Schaltern durch den in ihnen auftretenden Gasdruck entstehen, sind nicht versichert.

▶ Beispiele

1. Durch einen Defekt explodiert der Motor des Benzinrasenmähers in der Garage des Versicherungsnehmers; herumfliegende Teile des Motors sowie herausspritzendes Öl beschädigen Hausrat.

   Der Schaden am Motor ist ausgeschlossen, weil eine „gewollte Explosion" vorliegt.

   Für die Folgeschäden durch die Motorteile und durch das Öl besteht Versicherungsschutz.[1] Der Ausschluss bezieht sich nur auf Schäden an – und nicht durch – Verbrennungskraftmaschinen.

2. Durch einen Fehler in einem Schaltkasten wird durch den Gasdruck in elektrischen Schaltern ein Kurzschluss ausgelöst, der ein Feuer verursacht.

   Der Schaden an den elektrischen Schaltorganen ist ausgeschlossen; für den Schaden durch Brand leistet der Gebäude- und Hausratversicherer.

1.2.4.2   Blitzschlag

▶ Situation

Einfamilienhaus durch Blitzschlag stark beschädigt

Ein Baum, der durch einen Blitz getroffen wurde, zerschlug das Dach eines Einfamilienhauses. Ein Teil der Wohnungseinrichtung im Dachgeschoss wurde dadurch zerstört.

▶ Erläuterung

§ 2 Nr. 3 Satz 1 VHB 2008 | Blitzschlag ist der unmittelbare Übergang des Blitzes auf Sachen.

Der Blitz muss nicht unmittelbar in Hausratgegenstände einschlagen; es besteht auch Versicherungsschutz, wenn der Blitz auf irgendeine Sache (z. B. Baum), übergeht und dadurch Hausrat beschädigt oder zerstört wird. Der Versicherer wird deshalb für die Hausratschäden im Dachgeschoss leisten. Die Gebäudeschäden sind durch die Gebäudeversicherung gedeckt.

---

1   Boldt, H., Die Feuerversicherung, Karlsruhe 1995, S. 73

Es besteht Versicherungsschutz für

zündenden Blitzschlag

Ein Blitzschlag löst einen Brand aus

kalten Blitzschlag

Durch Blitzeinschlag reißt die Gebäudewand und verursacht Schäden an Hausratsachen

Sengschäden durch Blitzschlag

Ein einschlagender Blitz versengt den Wohnzimmerschrank

Luftdruckschäden durch Blitzschlag

Durch den Luftdruck eines einschlagenden Blitzes platzt die Fensterscheibe und die Gardine wird beschädigt

Der Versicherer leistet z. B.:

▶ Beispiele

1. Durch Blitzschlag wird die Antenne zur Wohnung des Versicherungsnehmers zerstört.

2. Ein Schornstein zerreißt durch Blitzschlag. Herabfallende Trümmer beschädigen die Markise des Versicherungsnehmers.

3. Durch den Luftdruck eines einschlagenden Blitzes wird die Antennenschüssel des Versicherungsnehmers abgerissen. (Zum unmittelbaren Übergang gehört nicht nur der Blitzstrahl, sondern auch der Luftdruck.)

4. Während eines Campingurlaubs schlägt der Blitz in das Zelt des Versicherungsnehmers ein. Der dadurch verursachte Brand zerstört das Zelt und einen Teil der Campingausrüstung. Es besteht Versicherungsschutz im Rahmen der Außenversicherung.

§ 7 Nr. 1 VHB 2008

Schäden durch Überspannung und Kurzschluss an elektrischen Einrichtungen und Geräten sind nur versichert, wenn an Sachen auf dem Grundstück, auf dem der Versicherungsort liegt, durch Blitzschlag Schäden anderer Art entstanden sind.

§ 3 Nr. 3 Satz 2
VHB 2008

Nach der Formulierung sind diese Schäden nur versichert, wenn der Blitz in das Gebäude oder in Sachen auf dem Grundstück einschlägt.

▶ Beispiel

Ein Blitz schlägt in die Stromleitung auf dem Grundstück des Versicherungsnehmers ein und beschädigt die Leitung. Die durch den Blitzschlag verursachte Überspannung zerstört das Telefon des Versicherungsnehmers. Es besteht Versicherungsschutz für das Telefon, weil an Sachen auf dem Grundstück durch Blitzschlag Schäden anderer Art entstanden sind.

§ 6 Nr. 2 c) cc)
VHB 2008

Antennenanlagen und Markisen sind auf dem gesamten Grundstück versichert.

Zu den elektrischen Einrichtungen gehören alle Geräte und Einrichtungen, die mit dem elektrischen Leitungsnetz verbunden sind, z. B. Fernsehgerät, Kühlschrank, Personal-Computer, Lampen und Durchlauferhitzer.

▶ Beispiel

Durch Blitzeinschlag wird die Fernsehantenne auf dem Dach des Einfamilienhauses des Versicherungsnehmers zerstört. Außerdem verursacht die Überspannung einen Kurzschluss im Fernsehapparat, der das Gerät beschädigt.

Der Versicherer leistet für die Fernsehantenne und für das Fernsehgerät.

Kein Versicherungsschutz besteht:

1. Durch Blitzeinschlag in eine Überlandleitung außerhalb des Grundstücks kommt es zur Überspannung und zum Kurzschluss, der den PC des Versicherungsnehmers beschädigt.
2. Das elektro-magnetische Feld eines Blitzes (Induktion) verursacht eine Überspannung in der Stromleitung und einen Kurzschluss in der Musikanlage des Versicherungsnehmers (kein Blitzeinschlag).
3. Der Versicherungsnehmer repariert eine defekte Sicherung und löst dadurch einen Kurzschluss aus, der mehrere elektrische Geräte beschädigt.
4. Der Blitz schlägt in das Gebäude des Versicherungsnehmers ein. Durch Kurzschluss wird der PC beschädigt und die Daten gelöscht. Der Versicherungsnehmer braucht acht Stunden, um diese Daten wiederherzustellen. Die Reparaturkosten für den PC sind versichert, die Daten nicht. Hier liegt ein Vermögens- und kein Sachschaden vor.

Versicherungsschutz besteht nur bei Einschluss der Klausel 7112.

In folgenden Fällen leistet der Versicherer:

1. Ein Lampenbrand löst einen Kurzschluss aus, der den Fernseher zerstört (Folgeschaden eines Brandes).
2. Eine Gasexplosion verursacht einen Kurzschluss, der mehrere elektrische Geräte beschädigt.
3. Ein Blitz schlägt in den Strommast auf dem Versicherungsgrundstück ein. Der Mast fällt um, die Leitung zerreißt und der Strom fällt aus, so dass die Vorräte in der Tiefkühltruhe verderben. Der Versicherer leistet, da der Blitz auf eine Sache (Strommast) übergegangen ist.

1.2.4.3 Explosion

▶ Situation

> **Explosion erschüttert die Südstadt**
>
> Bei einer gewaltigen Explosion in einem Mehrfamilienhaus sind am Donnerstagmittag mehrere Wohnungen zerstört und drei Personen verletzt worden. Gebäudeteile flogen bis 50 m weit. In den umliegenden Häusern platzten die Fenster. Die Feuerwehr nimmt an, dass sich Klebstoffdämpfe beim Teppichverlegen in einer Wohnung entzündet haben.

Explosion ist eine plötzliche Kraftäußerung durch Ausdehnung von Gasen oder Dämpfen.   § 2 Nr. 4 a) VHB 2008

Eine Explosion eines Behälters liegt nur vor, wenn seine Wandung in einem solchen Umfang zerrissen wird, dass ein plötzlicher Ausgleich des Druckunterschieds innerhalb und außerhalb des Behälters stattfindet.

▶ Erläuterung

Die explosive Verbrennung der Klebstoffdämpfe führte zu der zerstörenden Druckwelle. Die Verbrennung verläuft so plötzlich, dass ein Mensch Beginn und Ende der Kraftäußerung mit seinen Sinnesorganen nicht getrennt wahrnehmen kann. Die Hausratversicherungen der einzelnen Mieter werden für die Hausratschäden aufkommen, die Gebäudeversicherungen übernehmen die Gebäudeschäden.

Bei der Explosion unterscheidet man:

Verbrennungsexplosion	Behälterexplosion	
Explosive Verbrennung von:	Ein Behälter wird durch den Überdruck von Gasen oder Dämpfen zerrissen, so dass ein plötzlicher Ausgleich des Druckunterschieds innerhalb und außerhalb des Behälters stattfindet.	§ 2 Nr. 4 a) Abs. 2 VHB 2008
1. Gas-Luft-Gemisch, z. B. Propangas		
2. Dampf-Luft-Gemisch, z. B. Benzindampf		
3. Staub-Luft-Gemisch, z. B. Holzstaub, Kohlestaub		

Es besteht für folgende Fälle Versicherungsschutz für Hausratschäden:

▶ Beispiele

1. Aus einer defekten Gasleitung tritt Erdgas aus. Der Funke eines Lichtschalters zündet das Gas-Luft-Gemisch und es erfolgt eine Explosion.

2. In einem schlecht brennenden Kohleofen entstehen Gase, die sich plötzlich entzünden. Durch den Druck der Verpuf-

fung wird die Ofenklappe weggeschleudert. Es liegt eine Verbrennungsexplosion vor. Je nach Stärke und Ausbreitungsgeschwindigkeit wird in Verpuffung, Explosion und Detonation unterschieden.

3. In einer Getreidemühle kommt es zu einer Mehlstaubexplosion. Die Druckwelle beschädigt auch Hausrat im nahegelegenen Gebäude des Versicherungsnehmers.

4. Bei einem Kesselwaggon der Bahn, in dem Benzin transportiert wird, laufen die Bremsen heiß. Durch die Hitze explodiert der Waggon und das Haus des Versicherungsnehmers wird zerstört.

5. Eine Saftflasche explodiert durch den Druck der Gärgase.

6. Ein Schnellkochtopf explodiert durch Überdruck, weil das Überdruckventil defekt ist.

7. Bei Bauarbeiten explodiert eine Bombe aus dem letzten Krieg. Der Explosionsbegriff ist erfüllt; in den meisten Sprengstoffen ist der für die Zündung benötigte Sauerstoff bereits enthalten. (Der Ausschluss „Krieg" gilt nicht, da keine Einwirkung von Krieg vorliegt.)

Nicht versichert

Zerplatzen von Behältern durch Flüssigkeitsdruck

Dieser Ausschluss ergibt sich aus dem Explosionsbegriff.

▶ Beispiele

1. Eine Wasserflasche zerplatzt in der Tiefkühltruhe. Die Flasche ist durch Flüssigkeitsdruck – durch Änderung des Volumens durch Gefrieren – geplatzt und nicht durch den Überdruck von Gasen oder Dämpfen.

2. Der Schlauch einer Waschmaschine platzt durch den Wasserdruck. Der Explosionsbegriff ist nicht erfüllt. Der Versicherungsnehmer erhält aber Leistung für die Schäden durch Leitungswasser.

§ 4 Nr. 2 Abs. 2
VHB 2008

1.2.4.4   Implosion

▶ Situation

Dackel durch implodierende Bildröhre verletzt

Wahrscheinlich durch Überhitzung des Fernsehers implodierte die Bildröhre. Durch die herumfliegenden Glassplitter wurde der Dackel verletzt.

▶ Erläuterung

Implosion ist ein plötzlicher Zusammenfall eines Hohlkörpers durch   § 2 Nr. 4 b) VHB 2008
äußeren Überdruck infolge eines inneren Unterdrucks.

Bei der Implosion vollzieht sich der plötzliche Druckausgleich – im Gegensatz zur Explosion – von außen nach innen, weil in dem Hohlkörper
(z. B. Bildröhre) der Innendruck niedriger ist als der äußere Luftdruck.

Der Versicherer ersetzt die Bildröhre, die Reparaturkosten des Fernsehers bzw. den Wiederbeschaffungspreis, wenn eine Reparatur wirtschaftlich nicht sinnvoll ist und die Tierarztkosten für den Dackel. Der
Hund ist durch eine versicherte Gefahr verletzt worden.

▶ Beispiel

Durch die Hitze eines Brandes implodiert die Bildröhre. Es besteht Versicherungsschutz. Hier hat aber die versicherte Gefahr „Brand" die Implosion verursacht.

1.2.4.5 Anprall oder Absturz eines Luftfahrzeuges

▶ Situation

Jumbo verliert Rad

Ein Großraumflugzeug verlor beim Anflug auf den Flughafen ein Rad
des Fahrgestells. Das Rad zerschlug das Dach eines Einfamilienhauses
und zerstörte Möbel und Einrichtungsgegenstände.

Versichert ist der

Anprall oder Absturz eines Luftfahrzeuges, seiner Teile oder seiner La-   § 2 Nr. 1 d) VHB 2008
dung[1]

▶ Erläuterung

Das Flugzeug hat einen Teil verloren; der Hausratversicherer bezahlt die
Schäden am Hausrat.

Der Einschluss dieser Gefahr soll einen Streit zwischen Versicherungsnehmer und Versicherer über die Ursache des Schadens verhindern.
Explosions- oder Brandschäden wären auch ohne diesen Einschluss
versichert – reine Trümmerschäden durch Luftfahrzeuge dagegen nicht.

LF
3

LF
4

LF
15

---

1   Vgl. dazu Wälder, J., Anprall und Absturz von Flugkörpern in: r+s 2006, 139 f.

Den Versicherungsnehmer träfe dabei die Beweislast. Hat der Versicherer geleistet, so wird er nach § 86 Abs. 1 VVG beim Flugzeughalter Regress nehmen.

§ 1 Abs. 2 LuftVG   Nach dem Luftverkehrsgesetz sind Luftfahrzeuge: Flugzeuge, Drehflügler, Luftschiffe, Segelflugzeuge, Motorsegler, Frei- und Fesselballone, Drachen, Fallschirme, Flugmodelle – aber auch Raumfahrzeuge, Raketen und ähnliche Flugkörper.

▶ Beispiele

1. Eine unbemannte Wetterrakete zerschlägt das Gebäudedach und explodiert in der Wohnung. Der Hausrat- und der Gebäudeschaden sind versichert.

2. Ein Flugzeug stürzt auf die Mauer eines Staudammes. Durch den Aufprall bricht die Staumauer; das Wasser überflutet Wohngebäude und zerstört Hausrat. Die Hausrat- und Wohngebäudeversicherungen werden diese Schäden als unvermeidliche Folge des Flugzeugabsturzes übernehmen.

3. Beim Anflug auf den Düsseldorfer Flughafen verlor ein Flugzeug den gefrorenen Inhalt der Bordtoilette. Der grünlich schimmernde große Klumpen zerschlug das Gebäudedach und zerschmolz auf dem Teppich in einer Wohnung. Da Schäden durch die abstürzende „Ladung" eines Flugzeuges mitversichert sind, leisten der Hausrat- und der Gebäudeversicherer. Ob Menschen, die aus einem Flugzeug stürzen, auch als Landung gelten, ist strittig[1].

4. Ein Hubschrauber stürzt in der Nähe des Einfamilienhauses auf ein Feld. Herumfliegende Teile reißen die Fernsehantenne und mehrere Ziegel vom Dach. Die Antenne bezahlt der Hausratversicherer, die Dachziegel der Gebäudeversicherer.

5. Ein Flugzeug der Bundeswehr stürzte bei einem Übungsflug am Ortsrand des Dorfes B. ab. Beim Absturz streifte es zwei Bäume. Etwa 150 m vor dem Haus des Versicherungsnehmers schlug es auf, explodierte und ging in Flammen auf. Der Kerosin-Brandrauch war derart stark, dass das Haus mehrere Wochen unbewohnbar war. Eine Sanierungsfirma brauchte fünf Wochen, um die schlimmsten Schäden zu beheben. Der Schaden am Hausrat betrug 15 000 € – der Gebäudeschaden 50 000 €. Die Hausrat- und Gebäudeversicherer leisten und werden bei der Bundeswehr (zum Zeitwert) Regress nehmen.

---

1   Vgl. Wälder , J., Anprall und Absturz von Flugkörper, r+s 2006, 141.

6. In der Silvesternacht beschädigt eine Feuerwerksrakete den Mantel des Versicherungsnehmers. Der Versicherer lehnt eine Entschädigung mit der Begründung ab, ein Feuerwerkskörper sei kein Luftfahrzeug.

Nach dem Luftverkehrsgesetz gehören auch Raketen zu Luftfahrzeugen. Eine Feuerwerksrakete, die mit eigenem Antrieb ausgestattet ist und sich aus eigener Kraft in der Luft bewegt, dürfte ebenfalls unter den Begriff „Rakete" fallen.[1]

LG Saarbrücken
r+s 2007, 424

Wirft dagegen ein Unbekannter einen Silvesterknaller auf den Versicherungsnehmer und verursacht die Explosion einen Sengfleck auf dem Mantel, dann liegt ein Explosionsschaden vor. Ein Knaller ist kein Luftfahrzeug.

LF 3

LF 4

LF 15

---

1 Vgl. LG Saarbrücken, Anmerkungen von Wälder, J., r+s 2007, 426

▶ Zusammenfassung

Brand, Blitzschlag, Explosion, Implosion und
Anprall eines Luftfahrzeuges
§ 2 VHB 2008

Brand
Feuer, das ohne bestimmungsgemäßen Herd entstanden ist oder ihn verlassen hat und das sich aus eigener Kraft ausbreitet
– Nr. 2

Blitzschlag
unmittelbarer Übergang des Blitzes auf Sachen. Überspannungs- und Kurzschlussschäden sind nur versichert, wenn an Sachen auf dem Grundstück durch Blitzschlag Schäden anderer Art entstanden sind
– Nr. 3

Explosion
eine plötzliche Kraftäußerung durch Ausdehnung von Gasen oder Dämpfen
– Nr. 4 a)

Nicht versichert
§ 2 Nr. 5 a) u. b)
Sengschäden, die nicht durch Brand, Blitzschlag, Explosion, Implosion oder Absturz eines Luftfahrzeuges entstanden sind, sowie Schäden durch Erdbeben

Nicht versichert
§ 9 Nr. 2
Kurzschluss- und Überspannungsschäden an elektrischen Einrichtungen – außer nach § 2 Nr. 3 Abs. 2 oder als Folge von Brand, Implosion, Explosion oder Absturz eines Luftfahrzeuges

Nicht versichert
(ergibt sich aus der Definition)
Zerplatzen von Behältern durch Flüssigkeitsdruck; Schäden durch Erdbeben

Implosion
ein plötzlicher Zusammenfall eines Hohlkörpers durch äußeren Überdruck infolge inneren Unterdrucks
– Nr. 4 b)

Anprall oder Absturz eines Luftfahrzeuges, seiner Teile oder seiner Ladung
– Nr. 1 d)

Nicht versichert
Schäden durch Erdbeben – dieser Ausschluss gilt für alle Gefahren nach § 2

Nicht versichert
Schäden an Verbrennungskraftmaschinen, sowie Schäden an Schaltorganen von elektrischen Schaltern
– Nr. 5 c)

Übungen

1. Die Versicherungsnehmerin schickt folgende Schadensmeldung:

   „Durch einen Kurzschluss im Verteilerkasten entstand ein Feuer, das sich schnell im Flur unseres Einfamilienhauses ausbreitete. Zusammen mit unseren Nachbarn konnten wir den Brand löschen, bevor die Feuerwehr eintraf. Durch das Feuer entstanden folgende Schäden:

   a) Der Verteilerkasten und elektrische Leitungen wurden durch den Brand zerstört.
   b) Die Hitze des Feuers versengte die Eingangs- und eine Zimmertür und die Tapete.
   c) Beim Heraustragen wurde die elektronische Orgel gegen die Tür gestoßen und beschädigt.
   d) Eine Gardine brannte auf.
   e) Rauch und Ruß zogen auch ins Wohnzimmer, so dass umfangreiche Reinigungsarbeiten erforderlich werden.
   f) Unser Kanarienvogel erstickte im Rauch.
   g) Durch die Hitze ging eine große Palme, die im Flur stand, ein.
   h) Ein Flurschrank wurde durch das Feuer zerstört, bei einem anderen Schrank beschädigte die Hitze den Lack.
   i) Das Löschwasser beschädigte den Parkettboden."

   Regulieren Sie diesen Schaden nach VHB 2008.

2. In einem Verkaufsgespräch stellt der Kunde Ihnen folgende Fragen:

   a) Zahlt die Hausratversicherung, wenn es in der Nachbarwohnung brennt und das Löschwasser bei ihm Hausrat beschädigt?
   b) Wer trägt die Kosten der Feuerwehr, wenn es in seiner Wohnung brennt? Lesen Sie dazu § 31 VHB 2008.
   c) Wie ist die Leistung geregelt, wenn bei ihm die Gastherme explodiert und dadurch auch die Nachbarwohnung beschädigt wird?
   d) Wird die Hausratversicherung eintreten, wenn ein Kurzschluss in den alten elektrischen Leitungen (Altbau) den Fernseher oder die Musikanlage beschädigt?

   Beantworten Sie ihm diese Fragen.

3. Durch den Sog eines tieffliegenden Düsenflugzeuges wird der Schornstein heruntergerissen. Die herabstürzenden Steine zerstören die Markise zur Wohnung des Versicherungsnehmers.

   Wird der Versicherer leisten?

4. Dem Versicherungsnehmer fällt die Glut einer Zigarre aufs Sofa. Die Glut sengt ein Loch in den Stoffbezug und glimmt in der Füllung weiter. Kurzentschlossen greift der Versicherungsnehmer eine Blumenvase und gießt das Wasser über das Sofa, so dass die Glut erlischt. Der Sachbearbeiter der Versicherung lehnt den Schaden mit der Begründung ab, es habe gar nicht gebrannt.

   Wie würden Sie entscheiden?

5. Ein Blitz schlägt in einen Baum ein. Ein herabfallender Ast beschädigt das Fahrrad des Versicherungsnehmers, das vor dem Haus abgestellt ist.

   Besteht Versicherungsschutz für das Fahrrad?

6. Aus einer undichten Gasleitung im Hobbykeller des Einfamilienhauses des Versicherungsnehmers tritt unbemerkt Gas aus. Als der Sohn des Versicherungsnehmers den Lichtschalter im Keller einschaltet, explodiert das Gas-Luft-Gemisch.

   a) Die Druckwelle zerstört eine Zwischenwand und die Fensterscheiben im Kellergeschoss.
   b) Der Sohn wird schwer verletzt.
   c) Verletzt wird auch die Katze des Versicherungsnehmers, die von einem Stein getroffen wird.
   d) Ein Gesteinsbrocken trifft den Fernsehapparat; die Bildröhre implodiert.
   e) Mehrere wertvolle Weinflaschen gehen zu Bruch.
   f) Das Fahrrad des Untermieters wird beschädigt.

   Regulieren Sie den Schaden nach VHB 2008.

7. Der 18-jährige Sohn raucht im Bett in der Mietwohnung seiner Eltern. Beim Einschlafen fällt ihm die Zigarette auf die Bettdecke, die sofort in Flammen steht. Der Sohn kann sich retten, das Zimmer brennt aber völlig aus. Hitze, Rauch und Löschwasser beschädigen auch die Gebäudewände und -böden des Mehrfamilienhauses sowie den Hausrat in der darunter liegenden Wohnung.

   a) Welche Versicherungen werden für die Schäden eintreten?
   b) Können die Versicherungen beim Sohn Regress nehmen? Beachten Sie § 32 Nr. 1 VHB 2008.

8. Herr Meier kündigt zum 31. 7. seine Hausratversicherung bei der Südstern Versicherung. Am 1. 8. beginnt der neue Vertrag bei der Proximus Versicherung. Am 31. 7. um 22.20 Uhr bricht im Nachbargebäude ein Feuer aus, das auf das Mehrfamilienhaus, in dem Herr Meier wohnt, um 23.50 Uhr übergreift. Am 1. 8. um 0.40 Uhr beginnt die Wohnung von Herrn Meier zu brennen; eine Stunde später hat das Feuer den gesamten Hausrat zerstört.

   Wird die alte oder die neue Hausratversicherung den Schaden bezahlen? Lesen Sie dazu § 10 VVG.

9. Ein Freiluftballon mit zwei Personen verliert plötzlich an Höhe, so dass der Ballonkorb gegen den Schornstein eines Mehrfamilienhauses prallt. Die herabfallenden Steine zerschlagen die Markise des Versicherungsnehmers sowie seinen Balkontisch.

   Besteht Versicherungsschutz nach VHB 2008?

10. Die Eigentümer der Wohnungen eines Mehrfamilienhauses (Wohnungseigentümergemeinschaft) haben auf ihre Kosten und Gefahr eine Gemeinschaftsantennenanlage unter dem Dach einbauen lassen.

    Besteht dafür Versicherungsschutz in der Gebäude- oder in den jeweiligen Hausratversicherungen?

11. Ein Erdbeben löst einen Kurzschluss aus, der in dem Mehrfamilienhaus ein Feuer verursacht. Der Brand zerstört auch den Hausrat in der Mietwohnung des Versicherungsnehmers.

    Leistet der Hausratversicherer?

12. Ein Blitz schlägt in die freistehende Antenne auf dem Grundstück des Versicherungsnehmers ein. Der nachfolgende Kurzschluss beschädigt das Fernsehgerät im Wohnzimmer.

    Werden Sie den Schaden bezahlen?

13. Der Versicherungsnehmer verbringt seinen Urlaub auf einem Campingplatz an der Nordsee. Wegen eines Motorschadens muss ein Leichtflugzeug notlanden und zerstört dabei das Zelt.

    Ist der Schaden versichert?

14. Aus ungeklärter Ursache explodiert ein Dampfkessel im Keller einer Textilreinigung, die sich im Erdgeschoss eines Mehrfamilienhauses befindet. Die Druckwelle zerstört vier Kellerräume; mehrere Fensterscheiben zerspringen. Auch der Hausrat in den Kellerräumen von zwei Mietern wird stark beschädigt.

    Erläutern Sie die Regulierung.

1.2.4.6   Überspannungsschäden durch Blitz

Klausel 7111

Abweichend von § 2 Nr. 3 VHB 2008 ersetzt der Versicherer auch Überspannungsschäden durch Blitz oder durch sonstige atmosphärisch bedingte Elektrizität an elektrischen Einrichtungen. Die Entschädigung ist begrenzt auf 5 % der Versicherungssumme; eine höhere Entschädigung kann vereinbart werden.

Der Versicherungsnehmer kann diese Klausel gegen Zuschlag einschließen. Der Zuschlag beträgt ca. 0,35 ‰ der Versicherungssumme. Bei einigen Versicherungsunternehmen ist die Klausel ohne Zuschlag mitversichert.

▶ Beispiele

1. Ein Blitz schlägt in der Nähe einer elektrischen Freileitung ein. Das elektromagnetische Kraftfeld des Blitzes verursacht eine Überspannung in der Stromleitung (Induktion) und dadurch einen Kurzschluss im Fernseher und im Personal-Computer des Versicherungsnehmers. Der Schaden beträgt 3 000 € (Versicherungssumme 50 000 €). Der Versicherer bezahlt 5 % der Versicherungssumme – erhöht um
§ 9 Nr. 2 b) VHB 2008   10 % Vorsorge. Entschädigung: 5 % von 55 000 € = 2 750 €.

2. Ein Baum fällt durch Blitzeinschlag gegen die Stromleitung am Haus des Versicherungsnehmers. Die Stromleitung zerreißt, der Strom wird unterbrochen und die Entwässerungspumpe im Keller fällt aus. Da der Versicherungsnehmer auf Urlaub ist, kann das Grundwasser in den Keller eindringen. Schaden an Hausratsachen: 7 000 € (Versicherungssumme 50 000 €). Hier liegt ein Folgeschaden der versicherten Gefahr Blitzschlag vor. Der Schaden wird in voller Höhe erstattet; die Klausel 7111 wird nicht angewendet (kein Überspannungsschaden). Die Schäden am Gebäu-
§ 2 Nr. 3 VGB 2008   de bezahlt die Gebäudeversicherung.

3. Das Kaninchen des Versicherungsnehmers zerknabbert die Stromleitung zum Videorecorder und verursacht dadurch einen Kurzschluss, der das Gerät beschädigt. Es besteht kein Versicherungsschutz, da der Kurzschluss nicht durch Blitz entstanden ist.

§ 2 Nr. 4 b) VHB 2008   4. Durch Kurzschluss implodiert die Bildröhre am Fernsehgerät. Der Versicherer leistet. Es liegt zwar kein Überspannungsschaden durch Blitz vor – dafür aber die Gefahr „Implosion".

1.2.4.7 Einbruchdiebstahl, Vandalismus und Raub

▶ Situation
Einbruchdiebstahl

Einbrecher richten hohen Schaden an	§ 3 Nr. 2 VHB 2008
Etwa 30 000 € Beute haben Einbrecher in einem Einfamilienhaus in Hamburg gemacht. Sie hatten nach Angaben der Polizei die Terrassentür mit einer Eisenstange aufgebrochen. Die Diebe stahlen Schmuck, eine teure Musikanlage, ein Videogerät sowie zwei ferngesteuerte Lastwagen-Modelle.	

LF 3

LF 4

LF 15

▶ Erläuterung

Einbruchdiebstahl liegt vor:

In einen Raum eines Gebäudes einbrechen, einsteigen oder mit falschem Schlüssel oder Werkzeug eindringen	§ 3 Nr. 2 a) VHB 2008

Die Täter sind in den Raum eines Gebäudes eingebrochen; für die gestohlenen Hausratsachen besteht Versicherungsschutz (Schmuck mit Entschädigungsgrenzen). Der Hausratversicherer bezahlt auch die Reparatur der Terrassentür.

§ 13 Nr. 2 VHB 2008
§ 8 Nr. 1 g) VHB 2008

Als „Raum eines Gebäudes" gilt jeder abgegrenzte bzw. umschlossene Teil eines Gebäudes. Es ist deshalb strittig, ob Balkone, Loggien oder Veranden Räume eines Gebäudes sind. Ein Balkon ist auf jeden Fall Teil eines Gebäudes.

BGH r+s 1994, 63

Eine Loggia wird im Duden als nach einer Seite offener, überdeckter, kaum oder gar nicht vorspringender Raum im Obergeschoss eines Hauses beschrieben.[1] Eine Veranda ist nach Duden ein gedeckter, an drei Seiten verglaster Vorbau eines Wohnhauses. Im allgemeinen Sprachgebrauch könnten deshalb diese Gebäudeteile auch als Räume eines Gebäudes angesehen werden.[2] Für den Eintritt eines Versicherungsfalles müssen natürlich die weiteren Voraussetzungen eines Einbruchdiebstahls erfüllt sein. Entwendet der Dieb aus einer ebenerdigen, offenen Veranda Hausrat, dann liegt kein Einstiegdiebstahl vor, weil kein Hinder-

---

1 Fremdwörterduden, 7. Aufl., Bd. 5, Mannheim
2 ■ Nach Dietz, Hausratversicherung 84, 2. Aufl., S. 89 sind Balkone, Loggien oder Veranden keine Räume – ebenso auch das OLG Hamm (r+s 1991, 315).
  ■ Der BGH (r+s 1994, 63) hat diese Fragen nicht eindeutig beantwortet: „Balkone sind … Teil eines Gebäudes. Wer dorthin einsteigt, steigt jedenfalls in ein Gebäude ein".
  ■ Nach Martin, A., Sachversicherungsrecht, a. a. O., S. 514 sind bei großzügiger Auslegung alle Balkone und Veranden Räume eines Gebäudes.
  ■ Nach Wälder, J. (Anmerkung r+s 1994, 64 f. und 2004, 442) gehört ein Balkon in der Alltagssprache zum Raum eines Gebäudes.

nis überwunden werden musste.[1] Zu einem Raum eines Gebäudes gehören nicht nur die Räume der Wohnung oder des Hauses, sondern auch Keller- und Bodenräume zur Wohnung sowie Räume in Nebengebäuden auf dem Versicherungsgrundstück oder – über die Außenversicherung – ein Hotelzimmer oder eine Ferienwohnung.

§ 7 VHB 2008

§ 94 Abs. 1 BGB
§ 5 Nr. 2 a) VGB 2008
OLG Hamm
r+s 1991, 314
OLG Saarbrücken
r+s 1995, 108

Ein „Gebäude" ist ein mit dem Grund und Boden verbundenes Bauwerk, das von Menschen betreten werden kann und gegen äußere Einflüsse schützt. Ein Parkhaus ist ebenfalls ein Gebäude – insbesondere dann, wenn durch Schranken die Ein- und Ausfahrt verhindert werden kann. Die einzelnen Parkdecks könnten dann als abgegrenzte Räume angesehen werden. Es ist allerdings fraglich, ob ein Gebäude Sicherungseinrichtungen aufweisen muss, die geeignet sind, Unbefugte vom Betreten abzuhalten. Diese Voraussetzung ist aus dem Wortlaut der Versicherungsbedingung nicht zu erkennen. Ein Wohnwagen oder ein Wohnmobil ist kein Gebäude.

▶ Beispiele

§ 6 Nr. 3 b) VHB 2008

1. Eine Einzelgarage auf dem Versicherungsgrundstück wird aufgebrochen und ein Fahrrad gestohlen. Es besteht Versicherungsschutz; das Nebengebäude (Garage) besteht nur aus einem Raum.

2. Aus dem verschlossenen Schlafwagenabteil wird durch Einbruch Bargeld und Schmuck des Versicherungsnehmers entwendet. Der Versicherer wird ablehnen, da der Schlafwagen kein Raum eines Gebäudes ist.

3. In einem Zweifamilienhaus wohnt der Versicherungsnehmer in der Wohnung im 1. Obergeschoss, während seine Eltern in der Erdgeschosswohnung leben. Ein Täter bricht die verschlossene Tür zur Erdgeschosswohnung auf, geht durch die unverschlossene Eingangstür in die darüberliegende Wohnung des Versicherungsnehmers und stiehlt Bargeld und Schmuck. Es besteht Versicherungsschutz, weil der Täter in einen Raum eines Gebäudes einbrach. Der Einbruch muss nicht am Versicherungsort (Wohnung des Versicherungsnehmers) erfolgen.

OLG Karlsruhe
VersR 2004, 373

Das OLG Karlsruhe kam zu einer anderen Entscheidung. Nach diesem Urteil besteht Versicherungsschutz nur, wenn die Merkmale des Einbruchdiebstahls am Versicherungsort

---

1 Ob ein Raum eines Gebäudes auch verschließbar sein muss – so die Ansicht des OLG Köln (r+s 2006, 245) – ist strittig. Nach dem Urteil des OLG Köln ist ein Carport, aus dem ein mit einem Schloss gesicherter Rasenmäher entwendet wurde, kein Raum eines Gebäudes. Für die Leistung des Hausratversicherers dürfte diese Voraussetzung eher unerheblich sein. Er wird ablehnen, weil der Einbruchdiebstahlbegriff nicht erfüllt ist – weder Einbrechen noch Einsteigen.

erfüllt sind. Bricht ein Täter in eine Werkstatt ein und gelangt von dort in die darüber liegende, unverschlossene Wohnung des Versicherungsnehmers, so braucht der Versicherer für die entwendeten Gegenstände aus der Wohnung nicht zu leisten. Allerdings lagen diesem Schaden die VHB 84 zugrunde. Nach § 10 Nr. 3 VHB 84 (Versicherungsort) müssen bei Einbruchdiebstahl oder Raub alle Voraussetzungen nach § 5 VHB 84 (jetzt § 3 Nr. 2 VHB 2008) innerhalb des Versicherungsortes verwirklicht worden sein. Diese Einschränkung fehlt in § 6 Nr. 3 VHB 2008 (Versicherungsort).

„Einsteigen" liegt vor, wenn der Dieb sich auf ungewöhnliche, nach den üblichen Gegebenheiten des Bauwerks nicht vorgesehene Weise Zugang verschafft, z. B. an der Fassade hochklettert und in ein offenes Fenster einsteigt oder durch einen Kellerschacht ins Gebäude kriecht.

BGH r+s 1994, 63
OLG Frankfurt/M.
r+s 2007, 249

▶ Beispiele

1. In einem Mehrfamilienhaus besitzt jeder Mieter auf dem Dachboden einen „Lattenverschlag" (einen mit Latten und Draht abgegrenzten Raum mit Tür), der nicht bis zur Decke reicht. Ein Dieb klettert über die Lattenabtrennung, dringt von oben ein und entwendet Hausrat.

   „Einsteigen in einen Raum" ist erfüllt; ein Raum braucht nach oben nicht geschlossen zu sein.

   BGH VersR 1985, 1029

   Der Täter ist eingestiegen, da er ein Hindernis überwinden musste. Es würde ebenfalls Versicherungsschutz bestehen, wenn der Dieb die verschlossene Tür des „Lattenverschlages" aufbricht.

2. Ein Dieb springt vom Dach des Gebäudes auf den Balkon zur Wohnung des Versicherungsnehmers in der obersten Etage. Er beugt sich durch das offene Balkonfenster und entwendet eine Kamera vom Schrank.

   „Einsteigen" erfordert nicht, dass der Täter den Raum betritt. Der Versicherer wird leisten müssen.

3. Der Versicherungsnehmer lässt die Küchenfenster in seiner Wohnung im Erdgeschoss für ca. 20 Minuten zum Lüften geöffnet. Während dieser Zeit hält er sich im Wohnzimmer auf.

   OLG Köln
   r+s 1991, 209
   OLG Frankfurt/M.
   r+s 2007, 249

   Ein Dieb klettert über die vor dem Haus stehende Mülltonne in das Zimmer und entwendet vom Küchentisch einen Fotoapparat.

   Der Begriff „Einsteigen" ist erfüllt. Der Versicherer kann die Leistung nicht wegen grober Fahrlässigkeit kürzen.

LF 3

LF 4

LF 15

4. Die Frau des Versicherungsnehmers arbeitet im Garten und lässt die Terrassentür zum Einfamilienhaus offen, weil das Grundstück durch eine zwei Meter hohe Mauer geschützt ist. Ein Dieb klettert über die Mauer, geht unbemerkt von der Frau durch die Terrassentür in das Wohnzimmer und stiehlt Schmuck und Bargeld. Der Versicherer wird ablehnen, weil der Dieb nicht in einen Raum eines Gebäudes eingestiegen ist.

§ 3 Nr. 2 c) VHB 2008

„Einschleichen" liegt auch nicht vor, weil die Terrassentür zur Zeit des Diebstahls nicht verschlossen war.

§ 3 Nr. 2 a) VHB 2008

Ein Schlüssel ist falsch, wenn die Anfertigung für das Schloss nicht von einer dazu berechtigten Person veranlasst oder gebilligt worden ist, z. B. durch

- einen Dieb
- einen Besucher
- den Nachbarn
- einen Hausangestellten

Auch ein zufällig passender Schlüssel ist ein falscher Schlüssel.[1]

Andere Werkzeuge sind z. B. Dietrich, Sperrhaken, Tastbesteck oder Elektro-Pick.

Der Gebrauch eines falschen Schlüssels ist nicht schon dann bewiesen, wenn feststeht, dass versicherte Sachen abhanden gekommen sind. Der Versicherungsnehmer muss deshalb beweisen oder glaubhaft machen, dass ein Täter die Möglichkeit hatte, den Schlüssel nachzumachen.

▶ Beispiele

1. Ein Dieb macht vom Wohnungsschlüssel – ohne dass der Versicherungsnehmer etwas merkt – einen Abdruck. Mit dem nachgemachten Schlüssel öffnet der Dieb die Wohnung. Der Versicherer wird leisten, weil der Dieb mit einem falschen Schlüssel eingedrungen ist. Der Versicherungsnehmer ist aber beweispflichtig.

OLG Hamm
r+s 1986, 214
OLG Köln
r+s 2005, 335

2. Ein Mieter gibt bei Auszug zwei Schlüssel zurück, die er vom Vermieter erhalten hat. Er hat aber einen 3. Schlüssel während der Mietzeit nachgemacht. Mit diesem Schlüssel dringt er beim Nachmieter in die Wohnung ein. Die Definition falscher Schlüssel ist nicht gegeben, denn zum Zeitpunkt der Anfertigung war er als damaliger Mieter dazu berechtigt. Ein richtiger Schlüssel kann nicht nachträglich zu einem falschen werden. Es besteht kein Versicherungsschutz.

Der Versicherungsnehmer ist dafür beweispflichtig, dass ein Einbruch stattgefunden hat. Das gilt für alle versicherten Gefahren. Allerdings

---

1   Wälder, J., Verwendung falscher Schlüssel, r+s 2006,183

dürfen die Anforderungen an die Darlegung des äußeren Bildes eines Einbruchdiebstahls nicht überspannt werden.

LF 3

▶ Beispiel

LF 4

Der Versicherungsnehmer gibt an, dass Einbrecher durch Aufhebeln der Loggiatür in seine Wohnung im 1. Obergeschoss eingedrungen sind, die Wohnung durchwühlten, zwei verschraubte Möbeltresore gewaltsam herausrissen und Schmuck, Bargeld und Kameras entwendeten. Der Versicherer verweigerte die Leistung, weil nicht geklärt sei, wie die Täter auf die Loggia gelangten. Dafür gebe es keine Tatspuren.

LF 15

Nach dem BGH-Urteil genügt der Versicherungsnehmer seiner Beweislast, wenn er das äußere Bild einer bedingungsmäßen Entwendung beweist, also ein Mindestmaß an Tatsachen darlegt, die nach der Lebenserfahrung mit hinreichender Wahrscheinlichkeit den Schluss auf die Entwendung zulassen.

BGH r+s 2007, 106

Aufbrechen eines Behältnisses in einem Raum eines Gebäudes oder mit falschem Schlüssel oder mit Werkzeugen öffnen

§ 3 Nr. 2 b) VHB 2008

Ein Behältnis kann z. B. sein: Schrank, Schreibtisch, Schließfach, Container, Kiste, Koffer, Reisetasche, Pkw, Geldkassette, Aktentasche. Das Behältnis muss aber verschlossen sein.

▶ Beispiele

1. Das Schließfach in einem Raum des Bahnhofsgebäudes wird aufgebrochen und der Koffer des Versicherungsnehmers gestohlen. Der Täter hat ein verschlossenes Behältnis in einem Raum eines Gebäudes aufgebrochen; der Raum braucht nicht verschlossen zu sein. Es besteht Versicherungsschutz über die Außenversicherung. Die Reparaturkosten für das Schließfach wird der Versicherer nicht übernehmen.

vgl. OLG Hamm r+s 1991, 314

2. Ein Dieb öffnet mit einem Dietrich den verschlossenen Schreibtisch am Arbeitsplatz des Versicherungsnehmers und entwendet die Geldbörse. Der Hausratversicherer leistet (Außenversicherung).

3. Ein Dieb bricht den Kofferraum vom Pkw des Versicherungsnehmers in der Tiefgarage auf und stiehlt das Notebook. Es besteht Versicherungsschutz, weil ein Behältnis (Pkw) in einem Raum eines Gebäudes aufgebrochen wurde. Parkt der Pkw aber auf der Straße, auf einem Parkplatz oder in einem Hof, dann wird der Versicherer ablehnen.

OLG Hamm r+s 1991, 314 OLG Düsseldorf r+s 1998, 160

4. Der Versicherungsnehmer besitzt im Keller seines Einfamilienhauses einen Heizöltank mit einem Einfüllstutzen an der Gebäudeaußenwand. Ein Dieb bricht den verschlossenen Stutzen auf, pumpt das Heizöl ab und verschwindet unerkannt. Die Tat wird einem Einbruch gleichgesetzt: Das Behältnis (Heizöltank) liegt in einem Raum eines Gebäudes und wird (am Stutzen) aufgebrochen.[1] Heizöl dient dem privaten Verbrauch.

Ist der Stutzen nicht verschlossen oder liegt der Tank außerhalb des Gebäudes im Freien oder in der Erde, dann besteht kein Versicherungsschutz.

§ 3 Nr. 2 e) VHB 2008 | **Mittels richtiger Schlüssel, die der Dieb durch Einbruchdiebstahl oder durch Raub an sich gebracht hatte, in einen Raum eines Gebäudes eindringen oder dort Behältnis öffnen**

Wird ein Behältnis in einem Raum eines Gebäudes mit richtigem Schlüssel geöffnet, so besteht nur Versicherungsschutz, wenn der Täter diese Schlüssel durch Raub oder Einbruchdiebstahl an sich gebracht hat. Als Vortat wird ein „erschwerter" Diebstahl für das Öffnen z. B. eines Geldschrankes oder Schließfaches verlangt.

▶ Beispiele

1. Der Versicherungsnehmer wird auf dem Heimweg von einem Räuber niedergeschlagen. Der Täter raubt dem bewusstlosen Versicherungsnehmer die Geldbörse sowie die Wohnungsschlüssel. An dem Schlüsselbund befindet sich auch der Schlüssel zum Tresor in der Wohnung des Versicherungsnehmers. Der Räuber dringt in die Wohnung ein und stiehlt Schmuck und Geld aus dem Geldschrank. Der Versicherer leistet, da der Geldschrankschlüssel durch Raub abhanden kam.

2. Dem Versicherungsnehmer wird in der Badeanstalt der Schließfachschlüssel entwendet. Der Täter öffnet das Schließfach in der Umkleidekabine und stiehlt Geldbörse und Bekleidung des Versicherungsnehmers.

   Der Versicherer wird eine Entschädigung ablehnen, da der Schlüssel zum Schließfach nicht durch Raub oder Einbruchdiebstahl entwendet wurde.

---

1   Handbuch der Sachversicherung, Bd. 1 A-II-3 2008

> In einen Raum eines Gebäudes mittels richtiger Schlüssel eindringen, die der Dieb durch Diebstahl an sich gebracht hatte – vorausgesetzt, dass weder der VN noch der Gewahrsamsinhaber den Diebstahl des Schlüssels durch fahrlässiges Verhalten ermöglicht hatte.

§ 3 Nr. 2 f) VHB 2008

LF
3

LF
4

LF
15

Bei dieser Schlüsselklausel reicht als Vortat der einfache Schlüsseldiebstahl aus, da der Täter in einen Raum eines Gebäudes eindringt. Der Versicherungsnehmer oder der Gewahrsamsinhaber dürfen den Diebstahl nicht durch fahrlässiges Verhalten begünstigt haben.

▶ Beispiele

1. Auf dem Weg zur Arbeit stiehlt ein Dieb dem Versicherungsnehmer aus der Hosentasche Geldbörse und Wohnungsschlüssel. Mit dem Schlüssel öffnet er die Wohnung und entwendet Hausratsachen. Für die Geldbörse wird der Versicherer nicht leisten, da der ED-Begriff nicht erfüllt ist. Dagegen besteht Versicherungsschutz für die Hausratsachen aus der Wohnung, weil der Dieb durch einfachen Diebstahl den Schlüssel an sich brachte. Hätte sich am Schlüsselbund auch der Schlüssel zum Stahlschrank in der Wohnung des Versicherungsnehmers befunden, so würde der Versicherer die Entschädigung für den Diebstahl aus dem Behältnis nach § 3 Nr. 2 e) VHB 2008 ablehnen.

2. Der Versicherungsnehmer macht Urlaub im Harz. Er geht zum Abendessen und schließt sein Hotelzimmer ab. Als er nach zwei Stunden zurückkommt, ist das Zimmer verschlossen – aus dem Zimmer ist aber ein Teil seiner teuren Bekleidung entwendet.

   Der Versicherungsnehmer wird wahrscheinlich leer ausgehen. Vermutlich ist ein Hotelbediensteter mit richtigem Schlüssel eingedrungen; Nr. 2 f) ist nicht erfüllt (kein Diebstahl oder Raub des Schlüssels).

   Ein falscher Schlüssel nach Nr. 2 a) liegt aber auch nicht vor, weil er nicht von einer unberechtigten Person angefertigt wurde.

   Um Leistung zu erhalten, müsste der Versicherungsnehmer beweisen oder glaubhaft machen, dass ein Fremder z. B. von der Rezeption einen zweiten Zimmerschlüssel gestohlen hat oder mit nachgemachtem (falschem) Schlüssel eingedrungen ist.

3. Der Versicherungsnehmer hängt seine Jacke, in der sich sein Ausweis und die Wohnungsschlüssel befinden, an den Garderobenhaken der Gastwirtschaft. Ein Dieb entwendet die Schlüssel und dringt in die Wohnung des Versicherungsnehmers ein. Der Versicherer wird den Schaden

LG Köln r+s 2005, 466

nicht bezahlen, da der Versicherungsnehmer den Schlüsseldiebstahl fahrlässig begünstigte.[1]

Fahrlässig ist z. B. auch:

- Der Wohnungsschlüssel wird in einem unbewachten Kfz, in dem sich auch Hinweise auf die Wohnung befinden, zurückgelassen.
- Der Versicherungsnehmer legt den Schlüssel in den unverschlossenen Zählerkasten im Mehrfamilienhaus.
- Der Wohnungsschlüssel befindet sich in einer Sporttasche, die der Versicherungsnehmer am Rande des Sportplatzes abstellt.

4. Die 18-jährige Tochter, die beim Versicherungsnehmer wohnt, lässt ihre Tasche in dem offenen Umkleideraum der Sporthalle liegen. Ein Dieb entwendet aus der Tasche die Wohnungsschlüssel und dringt in die Wohnung der Eltern ein.

Die Tochter ist Gewahrsamsinhaberin, so dass der Versicherer den Schaden nicht bezahlt.

5. Die Versicherungsnehmerin verliert ihr Portmonee, in dem sich auch ihr Wohnungsschlüssel befindet. Bevor sie das Türschloss austauschen kann, entwendet der Täter, der das Portmonee gefunden hat, Schmuck und Bargeld aus ihrer Wohnung.

Der Versicherer wird nicht leisten, da der Schlüssel nicht gestohlen wurde.

Der Versicherungsschutz kann auch entfallen, wenn der Täter die Schlüssel durch Betrug an sich bringt, indem er z. B. behauptet, er sei Handwerker und benötige deshalb dringend die Wohnungsschlüssel.

§ 3 Nr. 2 c) VHB 2008

Einschleichen in ein Gebäude und aus einem verschlossenen Raum Sachen entwenden

Ein Dieb schleicht sich ein, wenn er heimlich – unbemerkt vom Versicherungsnehmer oder einem Dritten – den Raum eines Gebäudes betritt. Zum Zeitpunkt der Wegnahme der Sachen muss der Raum verschlossen – aber nicht abgeschlossen – sein. Es ist nicht erforderlich, dass der Täter aus einem Raum ausbrechen muss.

---

1   Dabei dürfte es sich nicht um eine (verhüllte) Obliegenheit nach § 26 Nr. 1 a) VHB 2008 handeln, weil dann eine Ablehnung der Leistung nach § 26 Nr. 3 a) problematisch ist (vgl. dazu auch BGB r+s 2008, 381).

▶ Beispiele

1. Der Versicherungsnehmer öffnet abends die Terrassentür zum Lüften. Unbemerkt schleicht sich in diesem Moment ein Dieb ein und versteckt sich. Kurz darauf schließt der Versicherungsnehmer die Terrassentür. Als der Versicherungsnehmer schläft, entwendet der Dieb Wertsachen und verschwindet durch die Eingangstür. Es liegt ein Einschleichdiebstahl vor. (Der Versicherer wird dem Versicherungsnehmer wohl nicht grobe Fahrlässigkeit vorwerfen können.)

2. Mit einem hinterlistigen Trick hat eine etwa 50 Jahre alte Frau eine 84-jährige Rentnerin bestohlen. Die Täterin hatte die Rentnerin um einen Briefumschlag gebeten, weil sie angeblich eine Nachricht für eine Nachbarin hinterlassen wollte. Die gutgläubige Frau ließ die Unbekannte für einen Moment im Wohnzimmer allein. Diese Gelegenheit nutzte die Täterin, um Geld aus dem Portmonee zu nehmen und zu verschwinden. Es besteht kein Versicherungsschutz, weil sich die Täterin nicht unbemerkt eingeschlichen hat. Der einfache Diebstahl ist nicht versichert.

3. Der Versicherungsnehmer macht Urlaub auf Mallorca. Zum Lüften öffnet er für wenige Minuten die Terassentür zu seinem Hotelzimmer. Unbemerkt schleicht sich ein Dieb ein und versteckt sich hinter einer langen Gardine. Kurz darauf verlässt der Versicherungsnehmer das Hotelzimmer, um Mittag zu essen. Der Täter stiehlt die Kamera und Bargeld, öffnet das Fenster und verschwindet. Der Versicherer leistet im Rahmen der Außenversicherung. Der Täter hat sich in einen Raum (Hotelzimmer) eines Gebäudes eingeschlichen und verborgen.[1]

§ 7 Nr. 1 VHB 2008

In einem Raum eines Gebäudes Gewalt anwenden oder androhen, um gestohlene Sachen zu behalten

§ 3 Nr. 2 d) VHB 2008

Damit sind Fälle des räuberischen Diebstahls gemeint. Der (einfache) Diebstahl hat bereits stattgefunden. Der Dieb wird auf frischer Tat ertappt und wendet anschließend Mittel des Raubes an, um die gestohlenen Sachen zu behalten.

LF 3

LF 4

LF 15

---

1 Weitere Beispiele bei Wälder, J., Einzelfälle des Einbruchdiebstahls im Urteil von Gerichten und Kommentatoren, r+s 2004, 444 f.

▶ Beispiele

1. Durch die offene Terrassentür dringt morgens ein Dieb ein und entwendet die teure Kamera, die auf dem Wohnzimmertisch liegt. In diesem Moment betritt der Versicherungsnehmer das Zimmer. Als der Täter flüchten will, rennt der Versicherungsnehmer hinter ihm her. Plötzlich stellt der Dieb dem Versicherungsnehmer ein Bein, so dass er schwer zu Boden stürzt. Der Täter entkommt. Der Versicherer leistet, weil der Täter Gewalt angewendet hat, um den Widerstand des Versicherungsnehmers auszuschalten.

2. Die Frau des Versicherungsnehmers probiert in der Umkleidekabine eines Kaufhauses ein Kleid an. Plötzlich greift eine Hand durch den Vorhang und entwendet die Handtasche. Als die Frau den Dieb festhalten will, wird sie von ihm mit einem Messer bedroht. Der Dieb kann in der Menschenmenge entkommen. Die Entwendung der Handtasche wäre als einfacher Diebstahl nicht versichert. Da aber der Täter die Frau bedrohte, um die Tasche zu behalten, besteht Versicherungsschutz.

3. Dem Sohn des Versicherungsnehmers wird in der Bahnhofshalle die Geldbörse aus der Tasche gezogen. Als der Sohn den Dieb festhalten will, schlägt dieser zu und der Sohn stürzt zu Boden. Der Täter entkommt unerkannt.

   Auch hier besteht Versicherungsschutz, weil der Täter gegen den Sohn Gewalt anwendete, um die Geldbörse zu behalten. Hätte der räuberische Diebstahl auf der Straße stattgefunden, dann würde der Versicherer nicht leisten (kein Raum eines Gebäudes).

► Zusammenfassung

Einbruchdiebstahl
§ 3 Nrn. 1 und 2 VHB 2008

liegt vor, wenn der Dieb

LF
3

LF
4

LF
15

in einen Raum eines Gebäudes einbricht, einsteigt oder mittels falscher Schlüssel oder mit Werkzeugen eindringt – Nr. 2 a)	in einem Raum eines Gebäudes ein Behältnis aufbricht oder mit falschem Schlüssel oder mit Werkzeugen öffnet – Nr. 2 b)	aus einem verschlossenen Raum eines Gebäudes Sachen entwendet, nachdem er sich dort eingeschlichen oder verborgen hat – Nr. 2 c)
in einem Raum eines Gebäudes beim Diebstahl angetroffen wird und Mittel des Raubes anwendet, um die gestohlenen Sachen zu behalten – Nr. 2 d)	in einen Raum eines Gebäudes eindringt oder dort ein Behältnis mittels richtiger Schlüssel öffnet, die er durch ED oder Raub an sich gebracht hat – Nr. 2 e)	in einen Raum eines Gebäudes mittels richtiger Schlüssel eindringt, die er durch Raub oder Diebstahl (ohne fahrlässiges Verhalten des VN oder des Gewahrsamsinhabers) an sich gebracht hat – Nr. 2 f)

Nicht versicherte Schäden   § 3 Nr. 5 VHB 2008

▪ Schäden durch weitere Elementargefahren

Vandalismus nach einem Einbruch

▶ Situation

> **Einbrecher verwüsten Wohnung**
>
> Unbekannte Einbrecher haben die Wohnung eines jungen Paares in
> Köln verwüstet. Die Einbrecher waren am Sonntagabend, als das
> Paar ausgegangen war, mit Brachialgewalt in die Wohnung einge-
> drungen. Die Täter zerschlugen im Wohnzimmer Sofa, Sessel und
> Vitrinen, zerschmetterten die Kleinmöbel, verstreuten den Inhalt
> von Schränken und Schubladen auf dem Fußboden, rissen Lampen
> von der Decke, besprühten Wände, Bilder und Teppichboden mit
> Farbe, rissen in der Küche die Regale von den Wänden, zerwarfen
> das Geschirr, zerschlugen das Bett im Schlafzimmer, zerschnitten
> die Decken und rissen den Schrank regelrecht auseinander. „So
> was von Vandalismus habe ich noch nie gesehen", sagte der Poli-
> zeisprecher. Der Schaden beträgt mindestens 40 000 €. Gestohlen
> wurde wenig: etwas Bargeld, CDs und eine Videokamera im Wert
> von insgesamt 1 500 €.

▶ Erläuterung

§ 3 Nr. 3 VHB 2008   Vandalismus liegt vor, wenn der Täter in den Versicherungsort

- einbricht, einsteigt oder mit falschem Schlüssel oder mit Werkzeu-
  gen eindringt [§ 3 Nr. 2 a)] oder
- mit richtigem Schlüssel, den er durch Raub, Einbruchdiebstahl oder
  durch Diebstahl an sich gebracht hat, in die Wohnung eindringt
  (§ 3 Nr. 2 e) und f)) und
- versicherte Sachen vorsätzlich zerstört oder beschädigt.

Kein Versicherungsschutz besteht für Vandalismusschaden:

- außerhalb des Versicherungsortes (z. B. im Hotelzimmer)
- nach Einschleichen in die Wohnung [nach § 3 Nr. 2 c) VHB 2008]

Die Täter haben die Wohnungstür eingetreten und vorsätzlich Hausratsachen vernichtet. Es besteht Versicherungsschutz; Diebstahl ist nicht
§ 8 Nr. 1 g) VHB 2008   erforderlich. Für die Gebäudeschäden (z. B. Wände, Teppichboden) tritt
ebenfalls die Hausratversicherung ein.

▶ Beispiele

  1. Mehrere Jugendliche brechen die Terrassentür zum Einfa-
     milienhaus des Versicherungsnehmers auf. Weil sie nichts
     Wertvolles finden, schütten sie Farbe auf Betten, Teppiche
     und gegen die Wände. Außerdem besprühen sie die Ge-
     bäudewand von außen mit Farbe. Für die Schäden in der
     Wohnung leistet der Versicherer nach § 3 Nr. 3 und § 8

Nr. 1 g) VHB 2008. Der Vandalismusschaden an der Gebäudeaußenwand ist nicht versichert.

2. Ein Betrunkener wirft einen Feuerwerkskörper durch das geöffnete Fenster. Der Feuerwerkskörper setzt die Wohnung in Brand. Der Schaden ist über § 3 Nr. 3 VHB 2008 nicht versichert, da kein Einbruch vorliegt. Es besteht aber Versicherungsschutz nach § 2 Nr. 2 VHB 2008 (Brand).

3. Der Ex-Mann der Versicherungsnehmerin schleicht sich in ihre Wohnung. Als sie schläft, besprüht er Möbel und Wände mit Farbe. Der Versicherer wird die Entschädigung ablehnen, da Vandalismusschäden nach Einschleichen nicht versichert sind.

4. Ein Unbekannter klingelt an der Eingangstür zur Wohnung des Versicherungsnehmers. Als der Versicherungsnehmer öffnet, wird er niedergeschlagen. Der Unbekannte zerschlägt einen Teil der Einrichtung und flüchtet unerkannt. Da der Täter nicht nach § 3 Nr. 2 a), e) oder f) in die Wohnung eindringt, liegt kein Vandalismusschaden vor. Der Versicherungsnehmer ist auch nicht beraubt worden – er geht vermutlich leer aus.[1]

5. Ein Täter bricht in das Hotelzimmer des Versicherungsnehmers ein und zerstört vorsätzlich Hausrat. Der Versicherer wird ablehnen, weil Vandalismusschäden nur in der Wohnung versichert sind. § 7 Nr. 1 VBH 2008 gilt nicht.

6. Ein junger Rehbock hat im westfälischen B. in einem Einfamilienhaus fast alle Zimmer verwüstet und einen Schaden von 20 000 € angerichtet.

   Wie die Polizei mitteilte, vermutete das Tier wahrscheinlich im Spiegelbild des Terrassenfensters einen Kontrahenten und sprang durch das geschlossene Fenster ins Innere des Hauses. Auf der Suche nach einem Ausgang durchstreifte der verletzte Bock fast alle Zimmer im Erdgeschoss und versuchte mehrmals erfolglos, durch geschlossene Fenster wieder ins Freie zu springen.

   Es liegt kein Vandalismusschaden vor, weil der Rehbock kein Täter (keine Person) ist; außerdem trifft der Begriff „Vorsatz" (nach § 823 BGB) auf ein Tier nicht zu.

7. Der Ex-Verlobte der Versicherungsnehmerin bricht in ihre Wohnung ein, als sie auf Urlaub ist. Er wirft das Fernseh- und das Videogerät aus dem Fenster und besprüht die Zimmerwände mit Farbe.

---

1   Vgl. dazu auch § 8 Nr. 1 g) VHB 2008

Für das Fernseh- und Videogerät besteht Versicherungsschutz, auch wenn die Sachen erst außerhalb der Wohnung zerstört werden. Die Tat erfolgte in der Wohnung.

Die Zimmerwände zahlt der Hausratversicherer nach § 8
Nr. 1 g) VHB 2008.

8. Ein Dieb klettert über die Grundstücksmauer zum Haus des
   Versicherungsnehmers und vergiftet den Hund auf dem
   Grundstück, weil er bellt. Anschließend bricht er in das Ge-
   bäude ein und entwendet Wertsachen.

   Der Hund ist zwar eine versicherte Sache – Vandalismus
   liegt aber nicht vor, weil die Tat vor dem Einbruch in die
   Wohnung erfolgte. Für die gestohlenen Wertsachen leistet
   der Versicherer.

   Im Haus wäre der Hund versichert.

9. Die 19-jährige Tochter des Versicherungsnehmers feiert
   während der Abwesenheit ihrer Eltern eine große Party.
   Gegen Mitternacht kommen unbekannte Jugendliche und
   zerschlagen mutwillig eine Glasvitrine und einen Glastisch.

   Der Versicherer leistet nicht, weil die Täter nicht einbrachen.

Der Versicherungsnehmer ist für einen Vandalismusschaden beweispflichtig.

▶ Beispiel

Der Versicherungsnehmer behauptet, dass Täter durch ein ge-
kipptes Fenster im 2. Obergeschoss eindrangen und einen Teil
seines Hausrats böswillig zerstörten.

OLG Frankfurt/M.
r+s 2006, 381

Der Versicherer lehnt die Entschädigung ab und das OLG
Frankfurt/M. gibt ihm Recht:

Der vom Versicherungsnehmer behauptete und nach dem
äußeren Bild mögliche Einstiegsdiebstahl ist mit erheblicher
Wahrscheinlichkeit vorgetäuscht, wenn

- für die Unredlichkeit des Versicherungsnehmers spricht, dass
  er schon in der Vergangenheit durch die Anzeige zahlreicher
  Versicherungsfälle auffällig geworden ist.
- nicht nachvollziehbar ist, warum die Täter nur Hausrat des
  Versicherungsnehmers zerstörten – nicht aber auch die Sachen, die nicht unter den Versicherungsschutz fallen (wie
  Einbauküche und sanitäre Einrichtungen).
- sich der vom Versicherungsnehmer gegen seinen Sohn ge-
  richtete Tatverdacht als nicht stichhaltig erwiesen hat.
- sonstige nachvollziehbare Gründe, die die Täter veranlassen
  könnten, in die zweite Etage eines Wohnhauses einzudringen und dort Vandalismusschäden anzurichten, nicht ersicht-

lich sind, obwohl angeblich Stehlgut im erheblichen Umfang vorhanden war.[1]

▶ **Zusammenfassung**

Vandalismus
§ 3 Nr. 3 VHB 2008

liegt vor, wenn der Täter

in den Versicherungsort nach Nr. 2 a), 2 e) oder 2 f) eindringt und versicherte Sachen vorsätzlich zerstört oder beschädigt

Nicht versicherte Schäden

Schäden

- durch weitere Elementargefahren
- außerhalb des Versicherungsortes
- nach Einschleichen in die Wohnung

---

1   Zur Beweispflicht vgl. auch das Beispiel unter § 3 Nr. 2 a) VHB 2008.

Raub

▶ Situation

§ 3 Nr. 4 VHB 2008

Brutaler Raub auf der Straße

Wie die Polizei mitteilte, war ein 33-jähriger Mann am Montagnach-
mittag auf seinem Fahrrad von der Marktstraße in Richtung Rat-
hausplatz unterwegs, als sich ihm zwei Unbekannte in den Weg
stellten und ihm ins Gesicht schlugen. Als der Überfallene zu Boden
gestürzt war, zogen ihm die Täter das Portmonee mit 300 € aus der
Tasche, raubten das rote Mountainbike im Wert von 1 000 € und
flüchteten.

▶ Erläuterung

Raub ist

§ 3 Nr. 4 a) aa)
VHB 2008

**Anwendung von Gewalt gegen den Versicherungsnehmer, um sei-
nen Widerstand gegen die Wegnahme versicherter Sachen auszuschalten**

Der Raubbegriff ist im Beispiel erfüllt; der Versicherungsnehmer erhält
von der Hausratversicherung Entschädigung im Rahmen der Außenversicherung in voller Höhe – auch für das Fahrrad.

Gewaltanwendung ist der Einsatz körperlicher oder mechanischer Ener-
gie gegen den Versicherungsnehmer oder gegen mitversicherte Personen.

Gewalt liegt nicht vor, wenn Sachen ohne Überwindung eines bewuss-
ten Widerstands entwendet werden (einfacher Diebstahl/Trickdieb-
stahl).

▶ Beispiele

1. Der 16-jährigen Tochter des Versicherungsnehmers wird
   – trotz heftiger Gegenwehr – die Umhängetasche geraubt.
   Es besteht Versicherungsschutz (Außenversicherung), da
   der Räuber Gewalt anwenden musste, um den Widerstand

§ 3 Nr. 4 a) aa)
VHB 2008
AG Bernburg
r+s 2006, 289

   auszuschalten. Wird dagegen nur die Handtasche oder der
   Fotoapparat aus der Hand gerissen, so liegt ein nicht versi-
   cherungspflichtiger Diebstahl vor, weil der Täter gegen den
   Versicherungsnehmer keine Gewalt anwendete.

2. Der Versicherungsnehmer wird nachts auf der Straße plötzlich von hinten umklammert; eine andere Person nimmt
   ihm die Armbanduhr und die Brieftasche weg. Der Versi-

cherer wird leisten, weil Gewalt gegen den Versicherungsnehmer angewendet wurde.

3. Auf dem Heimweg wird der Versicherungsnehmer nachts
   von zwei Männern überfallen. Der Versicherungsnehmer
   wehrt sich vehement. Bei der Rangelei fällt die Kamera des
   Versicherungsnehmers herunter und wird zerstört. Der Versicherer wird auch die Kamera bezahlen, weil sie infolge
   des Raubes zerstört wurde.

4. Die Versicherungsnehmerin macht Urlaub in Florida/USA.
   Als sie morgens die Terrassentür öffnet, kommen plötzlich
   zwei Männer herein, drängen sie ins Badezimmer und
   schließen sie dort ein. Die Täter entwenden Schmuck und
   Bargeld.

   Es besteht Versicherungsschutz, weil die Täter Gewalt gegen die Versicherungsnehmerin ausgeübt und ihren Widerstand ausgeschaltet haben.

5. Als der Versicherungsnehmer während des Urlaubs vor einer roten Ampel in Barcelona halten muss, wird die Seiten-
   scheibe seines Pkw eingeschlagen und eine Tasche vom
   Rücksitz entwendet. Der Versicherer wird ablehnen, weil
   die Gewalt gegen eine Sache – und nicht gegen eine versicherte Person – ausgeübt wurde.

   § 3 Nr. 4 a) aa)
   VHB 2008

6. Während eines Spaziergangs tagsüber auf einer belebten
   Straße in Neapel wird der Versicherungsnehmer überfallen.
   Ihm wird die goldene Rolex-Uhr im Wert von 8 500 € geraubt. Der Versicherer will die Leistung kürzen, weil es
   grob fahrlässig sei, in Neapel eine derart wertvolle Uhr zu
   tragen.

   § 34 Nr. 1 b) VHB 2008
   OLG Köln
   r+s 2007, 330

   Nach einem Urteil des OLG Köln hat der Versicherungsnehmer den Versicherungsfall nicht grob fahrlässig herbeigeführt: Er hat keinen wertvollen Schmuck auffällig zur Schau
   getragen und befand sich in Begleitung ortskundiger Ein-
   heimischer.

Der Versicherungsnehmer muss das äußere Bild eines Raubes eindeutig
darlegen und nachweisen. Nach der Rechtsprechung kann er im Laufe
eines Rechtsstreits auch neue Erkenntnisse vorbringen, die er aber
nachvollziehbar erklären muss.

▶ Beispiel

Der Versicherungsnehmer versuchte, nachts in Polen einen
Autoreifen, der wahrscheinlich kurz vorher durchstochen wurde, bei laufendem Motor mit einem Kompressor aufzupum-
pen. In diesem Moment sprang ein Unbekannter in das Auto

LF
3

LF
4

LF
15

und fuhr davon. Im Auto befanden sich das gesamte Urlaubs-gepäck des Versicherungsnehmers und seiner Ehefrau.

Die polnische Polizei führte eine Ortsbesichtigung durch und nahm ein ausführliches Protokoll über den Diebstahl des Kfz und des Urlaubsgepäcks auf. In der späteren Schadenanzeige gab die Ehefrau an, dass sie versuchte, den Täter beim Weg-fahren zu hindern. Der maskierte Mann habe ihr aber die Bei-fahrertür so heftig gegen den Körper gestoßen, dass sie nach hinten geschleudert wurde und hinfiel.

Der Versicherer verweigerte die Leistung, weil die Schilderung der Ehefrau im Widerspruch zum Polizeiprotokoll stand.

OLG Düsseldorf
r+s 2007, 288

Das OLG Düsseldorf gab dem Versicherer Recht: Die Ehefrau konnte nicht nachvollziehbar erklären, weshalb sie diese Ge-waltanwendung mit keinem Wort im Polizeiprotokoll er-wähnte, das sie und ihr Mann unterschrieben hatten.

§ 3 Nr. 4 a) bb)
VHB 2008

Androhung von Gewalt mit Gefahr für Leib und Leben

▶ Beispiele

§ 7 Nr. 4 VHB 2008

1. Ein Räuber bedroht den Versicherungsnehmer nachts auf der Straße mit einem Messer und zwingt ihn, die Armband-uhr herauszugeben. Der Versicherer bezahlt den Schaden im Rahmen der Außenversicherung.

2. Ein Täter dringt in die Wohnung ein, greift sich den 6-jähri-gen Sohn des Versicherungsnehmers und droht, das Kind zu verletzen, wenn der Versicherungsnehmer nicht den in der Wohnung versteckten Schmuck herausgibt. Der Versi-cherungsnehmer erhält Leistung, da das Kind eine mitversi-cherte Person ist [§ 3 Nr. 4 b) VHB 2008]. Der Ausschluss § 3 Nr. 4 c) VHB 2008 gilt nicht, da der Raub am Versiche-rungsort erfolgte.

3. Ein Räuber droht, die Wohnung in Brand zu setzen, wenn der Versicherungsnehmer ihm nicht die Wertsachen über-gibt. Der Versicherer wird wohl nach § 3 Nr. 4 a) bb) VHB 2008 nicht leisten, weil die angedrohte Gewalttat an einer Sache ausgeübt werden soll. Ein Brandschaden wäre aber nach § 2 Nr. 2 VHB 2008 gedeckt.

Wegnahme versicherter Sachen, weil die Widerstandskraft des Versicherungsnehmers durch Unfall oder durch eine nicht verschuldete sonstige Ursache wie beispielsweise Ohnmacht oder Herzinfarkt beeinträchtigt oder ausgeschaltet ist

§ 3 Nr. 4 a) cc) VHB 2008

LF 3

Der Täter nutzt z. B. die Bewusstlosigkeit des Versicherungsnehmers nach einem Autounfall aus, um ihn zu berauben.

LF 4

▶ Beispiele

LF 15

1. Der Versicherungsnehmer verliert bei Schneeglätte die Gewalt über sein Kfz, fährt gegen einen Baum und verliert das Bewusstsein. Ein Passant entwendet ihm in diesem Zustand die Brieftasche. Es besteht Versicherungsschutz – auch wenn der Versicherungsnehmer den Unfall fahrlässig verursacht hat. Das Verschulden bezieht sich nur auf eine sonstige Ursache, z. B. wenn der Versicherungsnehmer wegen zu viel Alkohol bewusstlos wird.

2. Auf der Fahrt durch Süditalien wird der Versicherungsnehmer plötzlich von einem anderen Pkw abgedrängt und gerammt. Der Versicherungsnehmer bremst, rutscht dabei mit seinem Auto gegen eine Mauer und wird kurz bewusstlos. In diesem Moment entwenden die Täter, die den Unfall verursachten, den Koffer vom Rücksitz.

   Beraubung liegt vor, weil die Täter Gewalt gegen den Versicherungsnehmer ausgeübt und außerdem seine Widerstandskraft ausgeschaltet haben.

§ 3 Nr. 4 a) aa) und cc) VHB 2008

3. Die Frau des Versicherungsnehmers öffnet die Terrassentür zum Lüften und geht mit ihren Kindern, drei und sieben Jahre alt, zum Spielen ins Kinderzimmer im ersten Obergeschoss ihres Einfamilienhauses. Ein Dieb überklettert die 1,80 m hohe Grundstücksmauer, geht durch die offene Terrassentür ins Wohnzimmer, durchwühlt die Schränke und entwendet Bargeld und Schmuck.

   Als die Frau den Dieb hört, ist sie erstarrt vor Schreck. Aus Sorge um die Kinder bleibt die Frau im Kinderzimmer. Der Dieb verschwindet unerkannt.

   Der Raubbegriff ist nicht erfüllt, weil der Täter die Frau weder bedrohte noch Gewalt anwendete. Auch ihr körperlicher Zustand ist nicht durch Unfall oder durch eine sonstige Ursache beeinträchtigt und dadurch ihre Widerstandskraft ausgeschaltet. Ihre behauptete „Lähmung", dem Dieb entgegenzutreten, beruhte nicht auf einer Beeinträchtigung ihres körperlichen Zustands, sondern nur auf ihrer Angst und Sorge um ihre Kinder und um ihre eigene Sicherheit.

OLG Frankfurt/M. r+s 2002, 340

Auch die Voraussetzungen für „Einsteigen" oder „Einschleichen" sind nicht erfüllt. Der Versicherer wird die Entschädigung ablehnen.

4. Der Pkw des Versicherungsnehmers rutscht in einen Graben. Der Versicherungsnehmer ist unverletzt; er kann aber nicht aussteigen, weil durch den Graben die Türen blockiert sind. Diesen Zustand nutzt ein Motorradfahrer aus, um aus dem Kofferraum Hausratsachen zu entwenden. Der Versicherer wird die Entschädigung ablehnen, weil nicht der körperliche Zustand des Versicherungsnehmers beeinträchtigt und dadurch seine Widerstandskraft ausgeschaltet ist.

Nicht versicherte Schäden

§ 3 Nr. 4 c) VHB 2008   Schäden durch Beraubung, wenn die Sachen erst auf Verlangen des Täters herbeigeschafft werden – außer das Heranschaffen erfolgt am Versicherungsort.

Durch diesen Ausschluss wird die Versicherung von Lösegeldforderungen oder Erpressung verhindert.

▶ Beispiele

1. Täter haben den minderjährigen Sohn des Versicherungsnehmers entführt. Sie verlangen vom Versicherungsnehmer, dass er Bargeld und Wertsachen zu einem bestimmten Ort bringt. Dafür besteht kein Versicherungsschutz.

2. Der Versicherungsnehmer und seine Ehefrau werden in der Wohnung überfallen. Die Täter entwenden Schmuck für 12 000 €. Außerdem zwingen sie den Versicherungsnehmer, von der Bank Bargeld zu holen. Seine Ehefrau behalten sie als Geisel. Den Schmuck bezahlt die Hausratversicherung; für das Bargeld besteht kein Versicherungsschutz.

Schäden ohne Rücksicht auf mitwirkende Ursachen durch weitere Elementargefahren (Überschwemmung, Erdbeben, Erdsenkung, Erdrutsch, Schneedruck, Lawinen, Vulkanausbruch).

Dieser Ausschluss gilt auch für Einbruchdiebstahl und Vandalismus.

▶ Beispiel

§ 3 Nr. 5 VHB 2008   Durch ein leichtes Erdbeben in der Eifel springt die Terrassentür auf. Ein Dieb dringt in die Wohnung des Versicherungsnehmers ein und entwendet Bargeld. Der Schaden ist nicht versichert, weil die Ursache für die offene Tür ein Erdbeben war.

▶ Zusammenfassung

Raub
§ 3 Nr. 4 VHB 2008

liegt vor, wenn

| gegen den VN Gewalt angewendet wird, um dessen Widerstand gegen die Wegnahme versicherter Sachen auszuschalten – Nr. 4 a) aa) | der VN versicherte Sachen herausgibt, weil eine Gewalttat angedroht wird – Nr. 4 a) bb) | dem VN versicherte Sachen weggenommen werden, weil seine Widerstandskraft durch Unfall oder eine sonstige unverschuldete Ursache ausgeschaltet ist – Nr. 4 a) cc) |

Dem Versicherungsnehmer stehen Personen gleich, die mit seiner Zustimmung in der Wohnung anwesend sind.

§ 3 Nr. 4 b) VHB 2008

Versicherungsschutz besteht auch im Rahmen der Außenversicherung für den Versicherungsnehmer und für Personen in häuslicher Gemeinschaft.

§ 7 Nr. 4 VHB 2008

Nicht versicherte Schäden

Schäden durch Raub, wenn die Sachen erst auf Verlangen des Täters herangeschafft werden – außer innerhalb des Versicherungsortes.

§ 3 Nr. 4 c) VHB 2008

Schäden durch weitere Elementargefahren

§ 3 Nr. 5 VHB 2008

Übungen

1. Der Pkw des Versicherungsnehmers wird in einer öffentlichen Tiefgarage aufgebrochen und die Lederjacke und die Tasche des Versicherungsnehmers entwendet.

   Besteht Versicherungsschutz?

2. Um rund 8 000 € Schmuck haben zwei Trickdiebinnen eine 86 Jahre alte Frau gebracht. Sie klingelten an der Tür und erklärten der alten Frau, dass sie eine Nachbarin besuchen wollten, die aber nicht zu Hause sei. Die eine Täterin verwickelte die Rentnerin in ein Gespräch. Als der Lebenspartner der 86-Jährigen nach Hause kam, verabschiedeten sich die beiden Frauen. Kurz darauf entdeckte der Mann, dass die Tür zu einem kleinen Schrank offen stand. Der Schmuck daraus fehlte.

   Wird der Versicherer für den Schaden eintreten?

3. Der Versicherungsnehmer stürzt mit dem Fahrrad und ist bewusstlos. Ein Passant entwendet ihm in diesem Zustand die Brieftasche mit 200 € und die Wohnungsschlüssel. Am Schlüsselbund hängt auch ein Schlüssel für ein Bankschließfach. Der Täter dringt in die Wohnung ein und stiehlt Schmuck und eine Briefmarkensammlung.

   Außerdem öffnet er das Schließfach in der Bank und hebt 500 € von dem dort befindlichen Sparbuch ab. Als der Versicherungsnehmer den Schlüsseldiebstahl bemerkt, ist der Täter bereits geflüchtet.

   Regulieren Sie diese Schäden. Beachten Sie dazu auch § 7 VHB 2008.

4. Ein Einbrecher bricht die Eingangstür zur Mietwohnung des Versicherungsnehmers auf. Dabei werden Tür und Mauerwerk beschädigt. Aus der Wohnung entwendet er 400 € Bargeld, die Videokamera des volljährigen Sohnes und den Fotoapparat des Untermieters.

   Erläutern Sie die Entschädigung.

5. Der Versicherungsnehmer und seine Ehefrau werden im Schlafwagenabteil der Eisenbahn in Italien durch Gas betäubt und ausgeraubt.

   Besteht Versicherungsschutz?

6. Die 19-jährige Auszubildende wird beobachtet, als sie bei der Bank für ihren Vater 3 000 € abhebt. Kurz darauf wird sie von den zwei Tätern mit einer Pistole bedroht. Die Männer entreißen ihr die 3 000 € und ihre private Brieftasche mit 80 €. Die Auszubildende wohnt noch bei ihren Eltern.

Wird die Hausratversicherung der Eltern leisten?

7. Eine Frau klingelt an der Tür und bittet um ein Glas Wasser. Die Versicherungsnehmerin erfüllt diesen Wunsch. In diesem Moment dringt unbemerkt eine Komplizin in die Wohnung ein. Die erste Frau verabschiedet sich, nachdem sie das Wasser getrunken hat. Während die Versicherungsnehmerin die Eingangstür schließt und in der Küche arbeitet, stiehlt die Komplizin Bargeld und Schmuck aus dem Wohnzimmer und verschwindet – wiederum unbemerkt – aus der Wohnung.

Besteht Versicherungsschutz?

8. Ein Dieb klettert auf den offenen Balkon des Versicherungsnehmers im ersten Obergeschoss. Da er die Balkontür wegen starker Sicherungen nicht öffnen kann, nimmt er nur einen Mantel mit, der auf dem Balkon zum Lüften hängt.

Wird der Versicherer den Mantel bezahlen?

9. Der Versicherungsnehmer wird mit seinem Pkw an einer Kreuzung abgedrängt. Er hält an und steigt aus, um sich zu beschweren. In diesem Moment stiehlt ein Komplize die Tasche vom Beifahrersitz und flüchtet.

Liegt ein Raubschaden vor?

10. Ein Räuber bedroht nachts den Versicherungsnehmer auf der Straße. Er raubt dem Versicherungsnehmer die Geldbörse mit 110 €, eine goldene Armbanduhr und den Schlüsselbund. Am Schlüsselbund befinden sich der Haustürschlüssel (Mehrfamilienhaus), der Wohnungsschlüssel, der Schlüssel zum Geldschrank in der Wohnung, der Garagen- sowie die Autoschlüssel. Die Garage befindet sich auf dem Grundstück des Mehrfamilienhauses. Der Versicherungsnehmer fragt, ob die geraubten Sachen und die Schlossänderungskosten versichert sind?

Antworten Sie ihm. Lesen Sie dazu § 8 Nr. 1 e) VHB 2008.

11. Betrunken sinkt der Versicherungsnehmer vor der Haustür seines Einfamilienhauses auf die Eingangsstufen. Ein Dieb entwendet ihm in diesem Zustand 110 € Bargeld und die Wohnungsschlüssel. Mit dem Schlüssel dringt er in das Haus ein und stiehlt Schmuck und eine Videokamera.

Besteht Versicherungsschutz nach VHB 2008?

12. Der Sohn des Versicherungsnehmers sitzt auf dem Klo einer öffentlichen Toilette. Plötzlich reißt jemand die Tür auf und eine Hand greift blitzschnell die Jacke des Sohnes. Der Sohn springt hoch und will den Dieb festhalten. Leider hindert ihn dabei die heruntergelassene Hose – der Dieb kann flüchten.

    Wird der Versicherer die Jacke mit Brieftasche (210 €) bezahlen?

13. Ein Einbrecher zerschlägt mit einem Stein die Scheibe der Terrassentür und dringt in die Wohnung ein. Durch den Lärm wacht der Versicherungsnehmer auf. Als der Einbrecher den Versicherungsnehmer sieht, flüchtet er ohne Beute.

    Wird der Hausratversicherer für die Scheibe leisten?

14. Während eines Kurzurlaubes in Köln stellt der Versicherungsnehmer seinen Koffer in ein Schließfach des Hauptbahnhofes. Als er in der Bahnhofsgaststätte Kaffee trinkt, wird ihm die Geldbörse sowie der Schlüssel zum Schließfach aus der Hosentasche gestohlen. Er informiert sofort die Polizei – der Koffer ist aber bereits aus dem Schließfach entwendet.

    Erhält der Versicherungsnehmer Entschädigung aus seiner Hausratversicherung?

15. Ein Dieb stiehlt dem Sohn des Versicherungsnehmers in der Diskothek das Handy. Der Sohn bemerkt den Diebstahl und läuft hinter dem Täter her. In diesem Moment bedroht ihn der Dieb mit einem Messer. Der Sohn hat Angst, sich zu wehren; der Dieb kann unerkannt in der Menge verschwinden.

    Besteht Versicherungsschutz?

16. Der Versicherungsnehmer ist stark behindert und fährt im Krankenfahrstuhl. Ein Dieb nutzt die Behinderung aus und entwendet dem Versicherungsnehmer die Geldbörse.

    Wird der Versicherer leisten, weil der körperliche Zustand des Versicherungsnehmers durch eine sonstige Ursache beeinträchtigt und dadurch seine Widerstandskraft ausgeschaltet ist?

1.2.4.8 Fahrraddiebstahl

Es besteht Versicherungsschutz für einfachen Diebstahl und gemäß den nachfolgenden Voraussetzungen.

Klausel 7110 Nr. 1

LF 3

LF 4

Obliegenheiten des Versicherungsnehmers

a) Der Versicherungsnehmer hat das Fahrrad durch ein eigenständiges Schloss zu sichern („Rahmenschlösser" gelten nicht als eigenständige Schlösser).

Klausel 7110 Nr. 2

LF 15

b) Ist das Fahrrad nicht in Gebrauch und besteht für den Versicherungsnehmer die Möglichkeit, es in einem gemeinschaftlichen Fahrradabstellraum unterzustellen, dann ist der Versicherungsnehmer verpflichtet, dieser Einstellmöglichkeit nachzukommen und das Fahrrad gemäß a) zu sichern.

Einige Versicherungsunternehmen schließen den Diebstahl von Krankenfahrstühlen und Fahrrädern mit Hilfsmotor ein, soweit sie nicht unter die Versicherungspflicht der Kraftfahrzeug-Haftpflichtversicherung fallen.

§ 2 Nr. 6 a) PflVG

Die Entschädigung ist je Versicherungsfall auf 1 % der Versicherungssumme begrenzt. Eine höhere Entschädigungsgrenze kann vereinbart werden. Der Einschluss dieser Klausel kostet etwa 0,3 ‰ bis 0,8 ‰ – häufig nach Tarifzonen (ED) gestaffelt.

Besondere Obliegenheiten im Schadenfall

a) Der Versicherungsnehmer hat den Kaufbeleg sowie sonstige Unterlagen über Hersteller, Marke und Rahmennummer des versicherten Fahrrades aufzubewahren. Verletzt er diese Bestimmungen, so kann er Entschädigung nur verlangen, wenn er diese Merkmale anderweitig nachweist.

Klausel 7110 Nr. 3

b) Der Versicherungsnehmer hat den Diebstahl unverzüglich der Polizei anzuzeigen und einen Nachweis (z. B. vom Fundbüro) zu beschaffen, dass das Fahrrad nicht innerhalb von drei Wochen wiedergefunden wurde.

Verletzt der Versicherungsnehmer eine der Obliegenheiten nach Nr. 2 und Nr. 3 b), so ist der Versicherer nach § 26 Nr. 1 b) und Nr. 3 VHB 2008 zur Kündigung berechtigt oder auch ganz oder teilweise leistungsfrei.

Klausel 7110 Nr. 4

▶ Beispiele

1. Bei einem Familienausflug werden drei Fahrräder des Versicherungsnehmers, die zusammengeschlossen waren, gestohlen. Wert pro Fahrrad 250 €; Gesamtschaden 750 €;

AG Köln r+s 1997, 298

Versicherungssumme 50 000 €. Der Versicherungsnehmer erhält 550 € (1 % der um die 10 % Vorsorge erhöhten Versicherungssumme. Die Entschädigungsgrenze gilt je Versicherungsfall).

2. Der Versicherungsnehmer besucht um 21.00 Uhr eine Gaststätte. Er stellt das Fahrrad verschlossen vor der Eingangstür ab. Als er gegen 23.30 Uhr die Gaststätte verlässt, ist das Fahrrad gestohlen. Der Versicherer wird nach Klausel 7110 leisten, weil das Fahrrad durch ein Schloss gesichert und noch in Gebrauch war.

3. Zwei Männer stoßen den Versicherungsnehmer vom Fahrrad. Als er benommen auf dem Boden liegt, flüchten die beiden Täter mit dem teuren Fahrrad (Wert 1 000 €; Versicherungssumme 40 000 €). Der Versicherer bezahlt 1 000 €, da Raub nach § 3 Nr. 4 a) aa) VHB 2008 vorliegt. Klausel 7110 wird nicht angewendet.

4. Während seines Urlaubs zeltet der Versicherungsnehmer in Dänemark. Sein Fahrrad stellt er nachts vor dem Zelt – mit einem Bügelschloss gesichert – ab. Eines Morgens ist sein Fahrrad gestohlen. Der Versicherer wird wohl nach Klausel 7110 Nr. 2 b) leisten müssen, weil der Versicherungsnehmer keine Möglichkeit hatte, das Fahrrad in einem Abstellraum unterzustellen.

5. In einem Mehrfamilienhaus stellen die Mieter ihre Fahrräder auf dem Hinterhof ab, der durch eine 2,20 m hohe Mauer geschützt wird. Der Hof kann nur durch eine Tür, die vom Treppenhaus abgeht, betreten werden. Die Keller zu den Wohnungen sind sehr klein; ein gemeinschaftlicher Fahrradabstellraum im Keller fehlt.

Ein Dieb entwendet das Fahrrad des Versicherungsnehmers, das seit mehreren Tagen verschlossen im Hof steht.

Der Versicherer wird den Schaden bezahlen. In der Klausel fehlen beim „Abstellraum" die Wörter „in einem Gebäude". Im Sprachgebrauch ist der Begriff „Hofraum" geläufig. Er ist allseits umschlossen, so dass er – ähnlich wie ein Kellerraum – erhöhten Schutz gegen Diebstahl bietet.

6. Der Versicherungsnehmer kommt morgens um 7.00 Uhr von der Nachtschicht nach Hause und stellt sein Fahrrad mit einem Bügelschloss gesichert auf dem Fußweg ab – und nicht im gemeinschaftlichen Abstellraum im Keller des Mehrfamilienhauses. Als er das Fahrrad abends im Abstellraum unterstellen will, ist es gestohlen. Der Versicherer könnte den Vertrag kündigen und die Entschädigung wegen grob fahrlässiger Obliegenheitsverletzung kürzen, weil

§ 26 Nr. 1 b) u. 3 a)
VHB 2008

der Gebrauch morgens um 7.00 Uhr beendet war und der Versicherungsnehmer das Fahrrad nicht in dem gemeinschaftlichen Abstellraum unterstellte.

7. Der Versicherungsnehmer hat sein Fahrrad tagsüber – mit einem starken Bügelschloss gesichert – vor dem Schwimmbad abgestellt. Ein Dieb versucht, das Schloss aufzubrechen. Als es ihm nicht gelingt, tritt er in das Vorder- und Hinterrad.

Der Versicherer wird für die Beschädigungen wahrscheinlich nicht leisten; der Diebstahlversuch ist in der Klausel – im Gegensatz zu § 3 Nr. 1 VHB 2008 – nicht erwähnt. Vandalismus liegt nach § 3 Nr. 3 VHB 2008 auch nicht vor, weil der Täter nicht in die Wohnung eingebrochen ist.

8. Vom verschlossenen Fahrrad des Versicherungsnehmers baut ein Dieb den Ledersattel ab.

Es besteht Versicherungsschutz, weil der Sattel als Fahrradteil mit dem Fahrrad fest verbunden ist. (Lose verbundene Teile, z. B. die Luftpumpe, dürften wie bisher nur versichert sein, wenn sie mit dem Fahrrad entwendet werden. Eine entsprechende Regelung ist in der Klausel nicht mehr aufgeführt).

9. Aus dem Eingang des Mehrfamilienhaues wird tagsüber der elektrische Krankenfahrstuhl des Versicherungsnehmers gestohlen.

Der Versicherer leistet nur, wenn der Krankenfahrstuhl

- in der Klausel 7110 des Versicherers eingeschlossen und
- nicht versicherungspflichtig ist [Höchstgeschwindigkeit bis 6 km/h nach § 2 Nr. 6 a) PflVersG] und
- durch ein Schloss gesichert war.

10. Die Tochter des Versicherungsnehmers wird von ihrer Freundin besucht. Beide Kinder fahren mit ihren Fahrrädern zum Zoo und schließen sie dort an. Als sie drei Stunden später zurückkommen, sind beide Fahrräder gestohlen. Die Eltern der Freundin haben nicht die Klausel 7110 eingeschlossen. Der Versicherer des Versicherungsnehmers wird die Leistung für das Rad der Freundin ablehnen; es befindet sich nicht vorübergehend außerhalb der Wohnung des Versicherungsnehmers und dient auch nicht seinem Gebrauch (vgl. § 7 Nr. 1 VHB 2008).

LF
3

LF
4

LF
15

1.2.4.9   Leitungswasser

▶ Situation

Wasser strömte durch mehrere Etagen

Wie die Polizei mitteilte, war das Wasser aus einem defekten Rohr in einer Wohnung im 3. Stockwerk ausgeströmt und durch alle Etagen bis in den Keller geflossen. Die Schadenshöhe ist noch nicht bekannt.

▶ Erläuterung

§ 4 Nr. 2 VHB 2008

Leitungswasser ist Wasser, das aus

- den Zu- oder Ableitungsrohren der Wasserversorgung oder damit verbundenen Schläuchen
- mit dem Rohrsystem verbundenen sonstigen Einrichtungen oder aus deren Wasser führenden Teilen
- Warmwasser- oder Dampfheizungsanlagen sowie aus Klima-, Wärmepumpen- oder Solarheizungsanlagen
- Wasserlösch- oder Berieselungsanlagen
- Aquarien oder Wasserbetten

bestimmungswidrig ausgetreten ist.

Das Wasser trat bestimmungswidrig aus einem Rohr der Wasserversorgung aus. Die jeweiligen Hausratversicherungen bezahlen die Nässeschäden bei ihren Versicherungsnehmern; den Gebäudeschaden trägt die Gebäudeversicherung.

Bestimmungswidrig läuft Leitungswasser aus, wenn es gegen den Willen des Versicherungsnehmers oder eines berechtigten Benutzers austritt. Dabei ist es unerheblich, ob Frisch- oder Schmutzwasser den Schaden verursacht.

▶ Beispiele

1. Durch eine Verstopfung des Abwasserrohrs im Mehrfamilienhaus tritt das Schmutzwasser aus der Toilette des Versicherungsnehmers im Erdgeschoss aus, zerstört Teppiche und beschädigt Möbel. Es besteht Versicherungsschutz, weil das Wasser aus einer mit dem Rohrsystem verbundenen Einrichtung bestimmungswidrig ausgetreten ist [vgl. aber § 4 Nr. 3 a) cc) VHB 2008].

   Zu einer mit dem Rohrsystem verbundenen Einrichtung gehören beispielsweise Waschmaschinen, Geschirrspüler, Durchlauferhitzer, Gasthermen, Waschbecken, Badewannen, Spülklosetts, Wassermesser u. a.

2. Der Versicherungsnehmer lässt Wasser in das Waschbecken laufen. In diesem Moment klingelt es an der Wohnungstür. Während des Gespräches mit der Nachbarin läuft das Waschbecken über. Für den Wasserschaden wird der Versicherer eintreten, weil das Wasser gegen den Willen des Versicherungsnehmers und damit bestimmungswidrig aus einer mit dem Rohrsystem verbundenen Einrichtung ausgetreten ist. Der Versicherungsnehmer dürfte wohl nur fahrlässig gehandelt haben.

3. Innerhalb der Waschmaschine bricht ein Wasserrohr. Das auslaufende Wasser zerstört den Motor der Waschmaschine. Es besteht Versicherungsschutz, weil das Wasser aus einem Wasser führenden Teil einer Einrichtung ausgetreten ist.

4. Ein Heizkörper ist undicht. Das schmutzige Wasser beschädigt den Teppich des Versicherungsnehmers und das Parkett der Mietwohnung. Der Heizkörper gehört zu einer Anlage der Heizung. Der Hausratversicherer bezahlt den Teppich; für den Schaden am Parkett besteht Mehrfachversicherung zwischen Hausrat- und Gebäudeversicherung.[1]

5. Das Regenwasserabflussrohr ist durch Laub verstopft. Während eines Gewitters läuft das aufgestaute Wasser über den Balkon in die Wohnung. Der Versicherer wird ablehnen, weil das Regenabflussrohr nicht mit dem Rohrsystem der Wasserversorgung verbunden ist.

6. Durch einen Bruch der Hauptwasserleitung auf einem fremden Grundstück läuft auch Leitungswasser in den Keller des Versicherungsnehmers und zerstört Hausratsachen. Es besteht Versicherungsschutz, weil die versicherte Gefahr am Versicherungsort aufgetreten ist. Die Schadenursache (Bruch des Wasserrohres) kann auch außerhalb des Versicherungsortes liegen.

7. Aus einer Klimaanlage tritt durch einen Defekt Kältemittel aus und zerstört den Perserteppich.

Der Versicherer wird leisten, weil das Klimagerät eingeschlossen ist.

8. Im Einfamilienhaus des Versicherungsnehmers wird das Regenwasser in einem großen Behälter im Keller gesammelt und von dort zur Toilettenspülung hochgepumpt. Durch einen Bruch dieses Toilettenzuleitungsrohres läuft Wasser aus und beschädigt Hausrat.

§ 8 Nr. 1 h) VHB 2008

OLG Bamberg
r+s 2007, 509

LF
3

LF
4

LF
15

---

1 Vgl. dazu die Erläuterungen zu § 8 Nr. 1 h) VHB 2008

Der Schaden am Hausrat müsste versichert sein, da Wasser aus einem Zuleitungsrohr der Wasserversorgung bestimmungswidrig ausgetreten ist.

§ 4 Nr. 3 b) bb)
VHB 2008

9. Beim Reinigen fällt dem Versicherungsnehmer versehentlich eine Vase gegen das große Aquarium. Die Scheibe zerplatzt und das Wasser beschädigt den Teppich und einen Beistellschrank des Versicherungsnehmers. Die teuren Südseefische verenden. Außerdem läuft das Wasser in die Nachbarwohnung unter ihm und verursacht dort ebenfalls Schäden an Hausratsachen. Der Hausratversicherer bezahlt die Schäden am Teppich und Beistellschrank des Versicherungsnehmers. Für die Fische erhält er keinen Ersatz, weil sie nicht durch das Wasser – sondern ohne Wasser – sterben. Das Aquarium ist nicht versichert – ein Einschluss ist über Glasversicherung möglich. Die Hausratversicherung des Nachbarn wird ebenfalls leisten, da Wasseraustritt aus Aquarien – auch außerhalb des Versicherungsortes – versichert ist. Da unser Versicherungsnehmer den Schaden wohl schuldhaft (fahrlässig) verursacht hat, könnte der Versicherer des Nachbarn nach § 823 BGB und § 86 (1) VVG Schadenersatz von ihm fordern – allerdings nur zum Zeitwert.

§ 4 Nr. 2 Abs. 3
VHB 2008

Dem Leitungswasser stehen gleich

- Wasserdampf
- wärmetragende Flüssigkeit (z. B. Sole, Öle, Kühl- und Kältemittel)

▶ **Beispiele**

1. Aus einem undichten Durchlauferhitzer strömt heißer Wasserdampf aus; dadurch platzt die Glasscheibe des Küchenschrankes. Es besteht Versicherungsschutz.

2. Für längere Zeit strömt heißer Wasserdampf aus einem Kochtopf, ohne dass es der Versicherungsnehmer merkt. Durch den Wasserdampf löst sich das Furnier eines Küchenschrankes. Der Versicherer wird die Leistung ablehnen. Mit der Formulierung „Dem Leitungswasser stehen gleich" ist gemeint, dass Dampf oder wärmetragende Flüssigkeiten aus den in Nr. 2 Abs. 2 aufgeführten Rohren und Einrichtungen austreten müssen.

3. Beim Kühlschrank platzt das Kälteaggregat. Austretende Kühlflüssigkeit beschädigt den Küchenschrank. Nr. 2 Abs. 2 ist ebenfalls nicht erfüllt; der Kühlschrank ist keine Klimaanlage. Der Versicherungsnehmer erhält keine Entschädigung.

4. Das Rohr der Fernheizung, das unter der Straße vor dem Grundstück des Versicherungsnehmers verläuft, bricht. Durch den heißen Wasserdampf platzen die Scheiben am Gebäude des Versicherungsnehmers und Hausrat wird beschädigt. Hausrat- und Wohngebäudeversicherer leisten, weil eine Anlage der Dampfheizung gebrochen ist. Die Heizungsanlage kann auch außerhalb des Gebäudes oder des Grundstückes des Versicherungsnehmers liegen.

LF
3

LF
4

LF
15

Mitversichert sind Bruchschäden innerhalb des Gebäudes　　　§ 4 Nr. 1 VHB 2008

- Frostbedingte Bruchschäden an sanitären Anlagen und leitungswasserführenden Installationen sowie
- frostbedingte und sonstige Bruchschäden an deren Zu- und Ableitungsrohren

soweit der Versicherungsnehmer als **Mieter** oder als **Wohnungseigentümer** diese Sachen beschafft hat und dafür die Gefahr trägt.　　§ 6 Nr. 2 c) aa) VHB 2008

Als innerhalb des Gebäudes gilt der gesamte Baukörper, einschließlich Bodenplatte.

▶ Beispiele

1. Durch einen Defekt fällt bei starkem Frost nachts die Heizung aus. Bevor es der Versicherungsnehmer bemerkt, platzt ein Heizkörper durch Frost. Der Versicherungsnehmer hat die Heizungsanlage auf seine Kosten in die Mietwohnung (Altbau) einbauen lassen. Der Versicherer leistet für die Reparatur des Heizkörpers sowie für die Schäden am Hausrat. Diese Regelung gilt auch, wenn der Wohnungseigentümer die Heizung auf seine Kosten einfügte und für die er das Risiko trägt. Hat dagegen der Vermieter der Wohnung oder des Hauses die Heizung eingefügt, so bezahlt die Gebäudeversicherung die Kosten des Heizkörpers. Die Leistung wird aber gekürzt, wenn der Versicherungsnehmer den Schaden grob fahrlässig verursachte, z. B. weil er zum Wochenende vergaß, Heizöl zu bestellen und die Heizung mangels Brennstoff ausgeht oder wenn die Heizung nicht genügend häufig kontrolliert wurde.[1]

2. Die Wasserleitung zur Dusche bricht. Der Versicherungsnehmer hat die Dusche mit ihren Zu- und Ableitungsrohren selbst in die Mietwohnung (Altbau) eingebaut. Der Versicherer übernimmt auch die Reparatur des Rohres. Bei Rohren sind Frost- und Bruchschäden versichert. (Wurde die Dusche ursprünglich vom Gebäudeeigentümer eingebracht

---

1 Vgl. Abschnitt 1.5.3.1

§ 6 Nr. 4 b) VHB 2008

und der Versicherungsnehmer hat sie nur ersetzt, dann bleibt sie in der Gebäudeversicherung versichert.)

§ 4 Nr. 1 VHB 2008

3. Der Versicherungsnehmer lässt auf seine Kosten und Gefahr eine Wasserleitung vom gemieteten Einfamilienhaus zum Gartenhaus auf dem Grundstück legen. Durch starken Frost bricht diese Wasserleitung.

Es besteht kein Versicherungsschutz in der Hausratversicherung, weil nur Rohre innerhalb des Gebäudes versichert sind.

§ 4 Nr. 1 letzter Abs.
VHB 2008

Rohre und Installationen unterhalb der Bodenplatte sind ebenfalls nicht versichert.

§ 4 Nr. 1 VHB 2008

Rohre von Solarheizungsanlagen auf dem Dach gelten als Rohre innerhalb des Gebäudes.

Bruchschäden sind an diesen Rohren natürlich nur versichert, sofern sie ein Mieter oder Wohnungseigentümer auf seine Kosten und Gefahr angebracht hat.

Nicht versicherte Schäden

§ 4 Nr. 3 a) VHB 2008

Es besteht kein Versicherungsschutz für Schäden durch

- Plansch- oder Reinigungswasser
- Schwamm
- Grund- und Hochwasser; witterungsbedingten Rückstau
- Erdbeben, Schneedruck, Lawinen, Vulkanausbruch
- Erdsenkung oder Erdrutsch – außer Leitungswasser ist die Ursache
- Öffnen der Sprinkler wegen eines Brandes, durch Druckproben oder durch Umbauten oder Reparaturarbeiten
- Leitungswasser aus Eimern, Gießkannen u. ä.

Nicht versichert sind auch Schäden

§ 4 Nr. 3 b) VHB 2008

- an Sachen in Gebäuden oder Gebäudeteilen, die nicht bezugsfertig sind
- am Inhalt eines Aquariums, die durch ausgetretenes Leitungswasser entstehen

▶ Beispiele

1. Der Versicherungsnehmer stößt versehentlich einen Eimer mit Reinigungswasser um; der helle Teppich wird dadurch verschmutzt. Der Versicherer wird nicht leisten.

2. Während eines starken Gewitterregens können die Abflusskanäle die Wassermassen nicht mehr aufnehmen, und das Wasser läuft von außen durch die Kellerfenster in den Keller. Der Versicherer wird ablehnen, da kein Leitungswasser – sondern Hochwasser – vorliegt. Versicherungsschutz besteht durch Einschluss der „Erweiterten Elementarschadenversicherung".

3. Durch eine Erdsenkung bricht ein Abwasserrohr im Keller; das Schmutzwasser zerstört Hausratsachen. Es besteht kein Versicherungsschutz – außer durch die Elementarschadenversicherung.

4. Ein Brand verursacht einen Kurzschluss, so dass die elektrische Entwässerungspumpe im Keller ausfällt. Grundwasser dringt in den Keller ein. Die Hausratschäden sind gedeckt, da hier ein Folgeschaden durch Brand vorliegt.

5. Durch den Bruch der Hauptwasserleitung wird das Einfamilienhaus des Versicherungsnehmers unterspült und das Gebäude senkt sich. Dadurch bricht ein Heizungsrohr und Hausrat wird durch das schmutzige Wasser beschädigt. Es besteht Versicherungsschutz, weil Leitungswasser die Erdsenkung verursachte.

6. Ein Orkan schleudert einen Dachziegel durch das Wohnzimmerfenster direkt gegen das Aquarium des Versicherungsnehmers. Das große Aquarium platzt und die teuren Fische verenden. Das auslaufende Wasser beschädigt das Parkett und den Estrich in der Mietwohnung. Das Parkett hat der Mieter eingebracht. Hier hat die versicherte Gefahr „Sturm" eingewirkt, so dass Aquarium und Fische durch die Hausratversicherung bezahlt werden. Der Ausschluss „Schäden am Inhalt des Aquariums" bezieht sich nur auf Leitungswasser. Auch für das Parkett tritt der Hausratversicherer ein. Die Fensterscheibe und die Reparaturkosten des Estrichs übernimmt die Gebäudeversicherung.

7. Der Versicherungsnehmer erweitert sein Einfamilienhaus durch einen Wintergarten. In diesem Raum, der noch nicht bezugsfertig ist, lagert der Versicherungsnehmer seine Campingausrüstung (Schlafsäcke, Zelt u. ä.).

Durch einen Rohrbruch der Heizung tritt Schmutzwasser aus und beschädigt die Campingausrüstung.

Der Versicherer leistet keine Entschädigung, weil sich die beschädigten Sachen in einem Gebäudeteil befanden, der noch nicht bezugsfertig war.

§ 4 Nr. 3 b) aa)
VHB 2008

LF 3

LF 4

LF 15

§ 4 Nr. 3 a) ff)
VHB 2008

8. Ein Handwerker überprüft die Sprinkleranlage in der Wohnung des Versicherungsnehmers. Bei einer Druckprobe spritzt plötzlich mit hohem Druck Wasser aus der Sprinklerdüse und beschädigt Möbel und Teppiche des Versicherungsnehmers.

Auch wenn das Wasser bestimmungswidrig ausgetreten wäre, besteht kein Versicherungsschutz, weil Schäden durch Druckproben ausgeschlossen sind. Bei Verschulden muss der Handwerker bzw. seine Firma haften.

▶ **Zusammenfassung**

Leitungswasser
§ 4 VHB 2008

1. Versichert sind Bruchschäden innerhalb des Gebäudes

§ 4 Nr. 1 VHB 2008

Frostschäden an sanitären Anlagen und leitungswasserführenden Installationen sowie Frost- und Bruchschäden an deren Zu- und Ableitungsrohren, soweit der Versicherungsnehmer als Mieter oder als Wohnungseigentümer diese Sachen beschafft hat und für die er das Risiko trägt.

§ 4 Nr. 2 VHB 2008

2. Versichert sind Nässeschäden durch Leitungswasser

Leitungswasser ist Wasser, das aus

- den Zu- oder Ableitungsrohren oder -schläuchen der Wasserversorgung
- mit dem Rohrsystem verbundenen sonstigen Einrichtungen oder aus deren wasserführenden Teilen
- Warmwasser-, Dampfheizungs-, Solarheizungs-, Wärmepumpen- oder Klimaanlagen
- Wasserlösch- oder Berieselungsanlagen
- Aquarien oder Wasserbetten

bestimmungswidrig ausgetreten ist.

Dem Leitungswasser sind gleichgestellt

- Wasserdampf
- wärmetragende Flüssigkeiten (z. B. Sole, Öle, Kühl- und Kältemittel) aus Klima-, Wärmepumpen- oder Solarheizungsanlagen

3. Nicht versicherte Schäden

Schäden durch

- Plansch- oder Reinigungswasser
- Schwamm
- Grundwasser, Hochwasser
  oder witterungsbedingten
  Rückstau
- Öffnen der Sprinkler wegen
  eines Brandes, durch Druckproben, durch Umbauten oder Reparaturarbeiten

- Erdbeben, Schneedruck, Lawinen, Vulkanausbruch
- Erdsenkung oder Erdrutsch –
  außer durch Leitungswasser
  verursacht
- Leitungswasser aus Eimern
  u. ä.

§ 4 Nr. 3 a) VHB 2008

Schäden an

- Sachen in Gebäuden oder Gebäudeteilen, die nicht bezugsfertig sind

Schäden am

- Inhalt des Aquariums, die als Folge des ausgetretenen Wassers entstehen

§ 4 Nr. 3 b) VHB 2008

LF
3

LF
4

LF
15

Übungen

1. Das 3-jährige Kind des Versicherungsnehmers wacht nachts auf, öffnet die Wasserhähne im Waschbecken und verschließt den Ablauf, um im Wasser zu spielen. Kurz darauf geht das Kind wieder ins Bett – ohne den Wasserhahn zuzudrehen. Das überlaufende Wasser beschädigt den Teppichboden in der Mietwohnung (vom Vermieter eingebracht) und die Tapeten in der darunter liegenden Nachbarwohnung. Außerdem ertrinkt das Zwergkaninchen des Versicherungsnehmers.

   Wie ist die Leistung geregelt?

2. In der Eigentumswohnung des Versicherungsnehmers platzt ein Heizungsrohr. Das herausspritzende, schmutzige Wasser beschädigt einen hellen Teppich, die Gardine und eine Tischdecke. Außerdem hebt sich durch das Wasser der Parkettboden. Der Versicherungsnehmer hat die Heizungsanlage und das Parkett auf seine Kosten und seine Gefahr einbauen lassen.

   Besteht Versicherungsschutz nach VHB 2008?

3. Der Versicherungsnehmer wohnt in einem Hochhaus, dessen Wohnungen durch eine Sprinkleranlage geschützt sind. Durch einen Brand tritt das Wasser aus den Sprinklerdüsen aus und beschädigt den Hausrat.

   Ist der Schaden versichert?

4. Während eines Gewitterregens kommt es zum Rückstau im Keller des Einfamilienhauses. Das von außen eindringende Wasser zerstört die Wohnungseinrichtung im Keller.

   Wird der Versicherer leisten?

5. Der Schlauch der Waschmaschine reißt ab. Das Schmutzwasser läuft in die Mietwohnung des Versicherungsnehmers und beschädigt den Teppichboden. Durch das Wasser löst sich auch das Furnier am Küchenschrank. Außerdem dringt das Wasser in die Zimmerböden, die durch Maschinen getrocknet werden müssen (Holzdecken mit Stroh-Lehmfüllung).

   Wie ist die Leistung geregelt?

6. Ein freistehendes Aquarium in der Nähe des Fernsehapparates platzt. Das auslaufende Wasser verursacht einen Kurzschluss im Fernsehgerät und die Bildröhre implodiert.

   Wird der Versicherer den Schaden regulieren?

7. Die Frau des Versicherungsnehmers stellt um 22.30 Uhr die Geschirrspülmaschine (ohne Aqua-Stop) in der Mietwohnung des Mehrfamilienhauses an und geht schlafen. Gegen 4.00 Uhr morgens wird sie durch Wasserrauschen geweckt – der Schlauch des Geschirrspülers ist abgerissen. Das Wasser läuft seit längerer Zeit in ihre Wohnung und in die Wohnung darunter und beschädigt Hausrat sowie Decken und Wände.

   a) Kann der Hausratversicherer wegen grober Fahrlässigkeit ablehnen?
   b) Welche Versicherungen treten für die weiteren Sachschäden ein?
   c) Werden die Versicherungen bei der Ehefrau Regress nehmen? Erläutern Sie Ihre Antwort. (Lesen Sie dazu § 86 VVG bzw. § 32 VHB 2008).

8. Der Versicherungsnehmer besitzt ein Einfamilienhaus, das durch eine zwei Meter hohe Mauer umgrenzt ist. Als seine Ehefrau im Garten arbeitet, schleicht sich durch die offene Terrassentür ein Dieb ein, der unbemerkt über die Gartenmauer geklettert ist. Er entwendet eine teure Digitalkamera und zersticht das Wasserbett. Das auslaufende Wasser zerstört das Parkett und beschädigt Schränke und Teppiche. Der Versicherungsnehmer befürchtet, dass die Entschädigung abgelehnt wird, weil die Wohnung nicht verschlossen war.

   Erläutern Sie die Rechtslage.

1.2.4.10   Sturm und Hagel

▶ **Situation**

Der Versicherungsnehmer schickt folgende Schadenanzeige:

„Ein Orkan mit Windstärke 12 schleuderte einen Ast durch die Fensterscheibe unserer Wohnung. Der Ast riss eine große Blumenvase um,
die auf der Fensterbank stand; das auslaufende Wasser verschmutzte
die Tapete und unseren Teppich. Außerdem zerschlug der Ast noch die
Scheibe unseres Wohnzimmerschrankes."

▶ **Erläuterung**

§ 5 Nr. 1–3 VHB 2008

> **Sturm** ist eine **wetterbedingte Luftbewegung von mindestens
> Windstärke 8** (Windgeschwindigkeit mind. 63 km/h).
>
> **Versichert sind Schäden,** die entstehen
>
> ■ durch die **unmittelbare Einwirkung des Sturmes oder Hagels** auf
>   versicherte Sachen
> ■ dadurch, dass der **Sturm oder Hagel Gegenstände auf versicherte
>   Sachen** werfen
> ■ als **Folge eines Sturm- oder Hagelschadens**
> ■ durch die unmittelbare Einwirkung von Sturm oder Hagel auf baulich
>   verbundene Gebäude
> ■ dadurch, dass Sturm oder Hagel Gegenstände auf baulich verbun-
>   dene Gebäude werfen

Der Orkan hat einen Gegenstand (Ast) auf eine versicherte Sache (Vase) geschleudert. Die Hausratversicherung bezahlt die Vase, die Reinigungskosten für den Teppich und die Reparatur des Schrankes; für die
Gebäudeschäden (Fensterscheibe, Tapete) tritt die Gebäudeversicherung ein.

Ist die Windgeschwindigkeit nicht feststellbar, weil sich z. B. in der
Nähe der Wohnung keine Wetterstationen oder Windmessgeräte befinden, dann wird Sturm unterstellt, wenn der Versicherungsnehmer nachweist, dass

§ 5 Nr. 2 VHB 2008

a) der Sturm in der Umgebung Schäden an Gebäuden in einwand-
   freiem Zustand angerichtet hat oder
b) der Schaden wegen des einwandfreien Zustands des Gebäudes, in
   dem sich die versicherten Sachen befanden, nur durch Sturm entstanden sein kann.

Diese Regelung ist dann besonders wichtig, wenn Sturmböen, Windho-
sen oder Tornados nur örtlich begrenzt auftreten.

Wetterbedingt bedeutet, dass der Sturm durch natürliche Luftdruckun-
terschiede entstanden ist.

Keine wetterbedingte Luftbewegung liegt z. B. vor bei

- dem Luftsog eines tieffliegenden Düsenflugzeuges (nicht versichert)
- dem Feuersturm bei einem Großbrand (Versicherungsschutz über die Feuerversicherung)
- der Druckwelle einer Explosion oder eines einschlagenden Blitzes (Versicherungsschutz durch Explosion oder Blitzschlag)

Der Versicherer leistet für

- **Einwirkungsschäden**   § 5 Nr. 1 VHB 2008
  z. B. der Sturm reißt die Antenne zur Wohnung des Versicherungsnehmers vom Dach

- **Schäden durch Gegenstände**
  z. B. der Sturm schleudert einen Dachziegel auf die Markise am Balkon des Versicherungsnehmers

- **Folgeschäden**
  z. B. der Sturm drückt eine Fensterscheibe ein. Eindringender Regen
  beschädigt Hausratsachen

- **Schäden durch Hagel**   § 5 Nr. 3 VHB 2008
  z. B. Hagel zerstört die Markise am Balkon zur Wohnung des Versicherungsnehmers

▶ **Beispiele**

1. Ein orkanartiger Sturm (Windstärke 11) zerreißt das Garten-
   zelt auf dem Grundstück des Versicherungsnehmers hinter
   seinem Einfamilienhaus.

   Der Versicherer wird die Leistung ablehnen, weil in der   § 7 Nr. 5 VHB 2008
   Sturmaußenversicherung nur Versicherungsschutz in Ge-
   bäuden besteht.

   Wird ein Sonnenschirm auf der Terrasse des Versiche-   § 5 Nr. 4 b) bb)
   rungsnehmers (= Versicherungsort) durch Sturm zerstört,   VHB 2008
   dann erhält der Versicherungsnehmer ebenfalls keine Leistung. Bei Sturm- und Hagelschaden besteht nur in Gebäuden Versicherungsschutz.

2. Ein Orkan reißt einen Strommast auf der Straße vor dem
   Haus des Versicherungsnehmers um. Dadurch fällt der
   Strom aus und die Vorräte verderben in der Tiefkühltruhe.

   Der Versicherer wird die Entschädigung ablehnen, weil es   § 5 Nr. 1 c) VHB 2008
   keine Folge eines Sturmschadens an Gebäuden ist, in de-
   nen sich die versicherten Sachen befinden[1].

---

1   Vgl. aber ein ähnliches Beispiel bei Abschnitt 1.2.4.2.

3. Hagel verstopft den Abfluss auf dem Balkon zur Wohnung des Versicherungsnehmers. Das Regenwasser kann nicht ablaufen, sickert durch die geschlossene Balkontür ins Wohnzimmer und beschädigt den Perserteppich.

OLG Köln 9 U 49/02

Der Versicherer wird wahrscheinlich ablehnen, weil Nr. 1 a) bis e) nicht erfüllt sind.

§ 6 Nr. 3 b) VHB 2008

4. Große Hagelkörner zerschlagen das Glasdach des Gartenhauses auf dem Grundstück des Versicherungsnehmers. Eindringender Regen beschädigt die Stoffauflagen für die Terrassenstühle. Die Auflagen sind versichert, weil das Gartenhaus zum Versicherungsort gehört.

§ 5 Nr. 1 d) und e)
VHB 2008

Versichert sind auch Schäden an versicherten Sachen, wenn Sturm oder Hagel auf Gebäude unmittelbar einwirken, die mit dem Gebäude, in dem sich die versicherten Sachen befinden, baulich verbunden sind.

▶ Beispiel

Eine Orkanböe reißt Dachziegel am Nachbarhaus heraus, das mit dem Gebäude des Versicherungsnehmers durch eine Brandmauer baulich verbunden ist. Im Nachbargebäude läuft durch das schadhafte Dach Regenwasser, das durch die Brandmauer in das Haus des Versicherungsnehmers dringt und dort auch Hausrat beschädigt. Es besteht Versicherungsschutz nach § 5 Nr. 1d) VHB 2008 – auch wenn der Sturm nicht unmittelbar auf das Gebäude einwirkte, in dem sich die versicherten Sachen befinden.

§ 5 Nr. 4 a) VHB 2008

Nicht versicherte Schäden

Es besteht kein Versicherungsschutz für Schäden durch

- Sturmflut
- Eindringen von Niederschlag oder Schmutz durch nicht ordnungsgemäß geschlossene Fenster und Außentüren
- weitere Elementargefahren (Überschwemmung, Erdbeben, Erdsenkung, Erdrutsch, Schneedruck, Lawinen, Vulkanausbruch)

Nicht versichert sind auch Schäden

§ 5 Nr. 4 b) VHB 2008

- an Sachen in Gebäudeteilen, die nicht bezugsfertig sind.
- an Sachen, die sich außerhalb von Gebäuden befinden. Versichert sind aber Markisen und Antennen zur Wohnung des Versicherungsnehmers auf dem gesamten Grundstück.

▶ Beispiele

1. Ein Orkan verursacht eine Sturmflut. Der Deich an der Nordsee wird überspült und Gebäude überflutet. Für Hausrat- und Gebäudeschäden besteht kein Versicherungsschutz.

2. Orkanartiger Sturm löst in den Alpen eine Schneelawine, die Gebäude und Hausrat zerstört. Der Versicherer wird eine Entschädigung ablehnen. Der Sturm hat keinen Gegenstand (Lawine) nach Nr. 1 b) auf die Gebäude geschleudert – die Lawine selbst hat die zerstörende Kraft entfaltet.

3. Schneesturm verursacht auf dem Glasdach am Bungalow des Versicherungsnehmers eine große Schneewehe. Durch die Schneelast bricht das Glas; Schnee und Wasser beschädigen Hausrat.

   Es liegt zwar ein Sturmfolgeschaden vor – Schneedruck ist aber ausgeschlossen, so dass der Versicherer nicht leistet – außer bei Einschluss der Erweiterten Elementarschadenversicherung.

4. Schwerer Sturm vergrößert die Ritzen eines schlecht schließenden Fensterrahmens und drückt Regen hindurch. Der Regen beschädigt Tapete und Teppich. Es besteht kein Versicherungsschutz, da diese Öffnungen keinen Gebäudeschaden darstellen.

   § 5 Nr. 4 a) bb)
   VHB 2008
   OLG Karlsruhe
   r+s 1995, 149

5. Das Fenster in der Wohnung des Versicherungsnehmers im 3. Obergeschoss ist nachts zum Lüften schräg gestellt. Plötzlich aufkommender Sturm drückt Schnee hindurch, der auf dem Furnier von Tisch und Schrank Wasserränder hinterlässt. Der Hausratversicherer wird nicht leisten, da der Schnee durch nicht ordnungsgemäß geschlossene Fenster eingedrungen ist.

   § 5 Nr. 4 a) bb)
   VHB 2008

6. Die Frau des Versicherungsnehmers stellt den Kinderwagen auf der Straße vor der Haustür ab. Ein Dachziegel, der von einer plötzlich auftretenden Sturmböe herausgerissen wird, beschädigt den Kinderwagen. Es besteht kein Versicherungsschutz, weil sich der Kinderwagen außerhalb eines Gebäudes befand.

   § 5 Nr. 4 b) bb)
   VHB 2008

7. Während eines Urlaubs in Griechenland zerstört ein Wirbelsturm das Wohnmobil des Versicherungsnehmers und beschädigt die Campingausrüstung und Kleidung. Der Versicherer wird die Entschädigung ablehnen, ein Wohnmobil ist kein Gebäude.

   § 7 Nr. 5 VHB 2008
   LG Berlin r+s 1999, 382

LF 3

LF 4

LF 15

§ 5 Nr. 4 b) bb)
VHB 2008

8. Ein Orkan reißt die Antennenschüssel ab, die der Versicherungsnehmer an der freistehenden Garage auf seinem Grundstück befestigt hat.

Antennenanlagen und Markisen, die ausschließlich der Versicherungsnehmer nutzt, sind auf dem gesamten Grundstück versichert – auch außerhalb von Gebäuden.

▶ **Zusammenfassung**

Sturm und Hagel
§ 5 VHB 2008

Sturm ist eine wetterbedingte Luftbewegung von mindestens Windstärke 8.

Versichert sind Schäden, die entstehen

▪ durch die unmittelbare Einwirkung des Sturmes oder Hagels auf versicherte Sachen	▪ durch die unmittelbare Einwirkung von Sturm oder Hagel auf baulich verbundene Gebäude
▪ dadurch, dass der Sturm oder Hagel Gegenstände auf versicherte Sachen wirft	▪ dadurch, dass der Sturm oder Hagel Gegenstände auf baulich verbundene Gebäude wirft
▪ als Folge eines Sturm- oder Hagelschadens	

Nicht versicherte Schäden

Schäden durch

§ 5 Nr. 4 VHB 2008

▪ Sturmflut
▪ Eindringen von Niederschlägen oder Schmutz durch nicht ordnungsgemäß geschlossene Fenster oder andere Öffnungen
▪ weitere Elementargefahren

Schäden durch

▪ Sachen in Gebäuden oder Gebäudeteilen, die nicht bezugsfertig sind
▪ Sachen, die sich außerhalb von Gebäuden befinden – außer Antennen und Markisen zur Wohnung des Versicherungsnehmers auf dem Grundstück

Übungen

1. Die Antennenschüssel zur Wohnung des Versicherungsnehmers wird von der Gebäudeaußenwand durch eine Windhose abgerissen. Das Wetteramt kann Windstärke 8 nicht bestätigen, da die Windhose nur in dem Dorf, in dem der Versicherungsnehmer wohnt, Schäden verursachte.

   Wird der Versicherungsnehmer Leistung erhalten?

2. Orkanartiger Sturm knickt das Regenabflussrohr ab, so dass das Regenwasser aus dem Rohr auf den Balkon und in die Wohnung des Versicherungsnehmers läuft.

   Besteht Versicherungsschutz?

3. Ein Hagelsturm zerfetzt die Markise am Balkon zur Mietwohnung des Versicherungsnehmers. Die Markisenhalterung fällt herunter, zerschlägt den Balkontisch und die Scheibe der Balkontür. Eindringender Hagel und Regen beschädigt Tapete und den Parkettboden in der Wohnung.

   Wie ist die Leistung geregelt?

4. Ein Fenster ist „gekippt". Sturm peitscht Regen hindurch, der Hausrat beschädigt.

   Besteht Versicherungsschutz?

5. Eine Orkanböe deckt das Dach des Einfamilienhauses des Versicherungsnehmers ab. Herabstürzende Dachziegel beschädigen das Mofa des Versicherungsnehmers, das tagsüber vor dem Gebäude abgestellt ist.

   Durch das schadhafte Dach läuft Regen in die Wohnung, der Möbel beschädigt und den verklebten Teppichboden zerstört. Außerdem läuft das Wasser in das unter Eigentumsvorbehalt gekaufte Fernsehgerät; durch den Kurzschluss implodiert die Bildröhre.

   Die Familie des Versicherungsnehmers benötigt mehrere Stunden, um die Wohnung zu reinigen. Der zerstörte Fernseher und der Teppichboden müssen zur Mülldeponie gebracht werden.

   Regulieren Sie diese Schäden.

6. Der Versicherungsnehmer schickt folgende Schadenanzeige:

   > „Als ich gestern nach Hause ging, riss eine Sturmböe mir den Hut vom Kopf. Der Sturm wirbelte den Hut in einen nahegelegenen See, in dem er unterging. Der Kaufpreis für den Hut beträgt 80 €.
   >
   > Regulieren Sie bitte den Schaden."

   Schreiben Sie dem Versicherungsnehmer.

7. Durch einen Orkan zersplittert die Terrassentür. Ein Dieb dringt durch die zerstörte Tür ein und entwendet Schmuck und Bargeld.

   Wird der Hausratversicherer leisten?

1.2.4.11   Versicherung weiterer Elementarschäden

Vertragsgrundlage[1]

- Allgemeine Hausratversicherungsbedingungen (VHB 2008)
- Besondere Bedingungen für die Versicherung weiterer Elementarschäden in der Hausratversicherung (BWE 2008)

§ 2 BWE 2008

Versicherte Gefahren und Schäden

Der Versicherer leistet Entschädigung für versicherte Sachen, die durch

- Überschwemmung des Versicherungsgrundstücks, Rückstau
- Erdbeben
- Erdsenkung, Erdrutsch
- Lawinen
- Schneedruck
- Vulkanausbruch

zerstört oder beschädigt werden oder infolge eines solchen Ereignisses abhanden kommen

§ 10 BWE 2008

Nicht versichert sind Schäden

- an versicherten Gebäuden oder versicherten Sachen, die sich in Gebäuden befinden, die nicht bezugsfertig sind
- an im Freien befindlichen Sachen. Das gilt auch in der Außenversicherung
- durch Sturmflut
- durch Grundwasser, soweit nicht an die Erdoberfläche gedrungen

Gegen Beitragszuschlag von z. B. 0,2 ‰ oder gegen einen Festbeitrag von 14 bis 30 € kann der Versicherungsnehmer weitere Elementarschäden zur Hausratversicherung abdecken. § 13 sieht eine Selbstbeteiligung vor, die z. B. 500 € beträgt.

Tarifiert wird üblicherweise nach ZÜRS (Zonierungssystem für Überschwemmungen, Rückstau und Starkregen).[2] Mit diesem EDV-Programm des GDV wird überprüft, wie hoch die Wahrscheinlichkeit einer Überschwemmung in den einzelnen Gebieten ist. Es gibt vier Tarifzonen, wobei die vierte Zone die höchste Schadenwahrscheinlichkeit aufweist (in der Gefährdungsklasse 4 treten Überschwemmungen statistisch häufiger als einmal alle 10 Jahre auf). Tarifiert wird nicht nach Ortschaften, sondern nach Straße und Hausnummer, so dass sich aus der Adresse des Versicherungsnehmers das Risiko relativ gut einschätzen lässt.

Bei Tarifzone 4 – bei einigen Versicherern auch bei anderen Tarifzonen – muss der Versicherungsnehmer einen besonderen Fragebogen ausfüllen, um die Erweiterte Elementarschadenversicherung einschließen zu

---

1   Die BWE 2008 gelten auch für die Wohngebäudeversicherung, sofern sie eingeschlossen sind.
2   Ab 2008 bietet der GDV zur Tarifierung das neue ZÜRS Geo an.

können. Häufig ist aber in Tarifzone 4 (z. B. in der Kölner Altstadt direkt am Rhein) das Risiko so hoch, dass der Versicherer ablehnen wird.

Die Erdbebenzonen werden nach Postleitzahlen in der unverbindlichen Tarifempfehlung „Erweiterte Elementar" aufgelistet. Die übrigen Gefahren werden einheitlich in die Tarifierung mit eingerechnet[1].

Meistens wird der Zuschlag zum Beitragssatz der Hausratversicherung addiert; für den Gesamtbeitrag gilt eine Versicherungsteuer von 18 %.

Bei einigen Versicherungsunternehmen wird die erweiterte Elementarschadenversicherung als selbstständiger Vertrag an die Hausratversicherung „angebündelt". Die Versicherungsteuer beträgt dann für die Elementarschadenversicherung 19 %.

Zurzeit besitzt etwa nur jeder 30. deutsche Haushalt eine Elementarschadenversicherung.

Nicht versicherbar sind Schäden durch Sturmflut und Grundwasser und an Sachen, die sich im Freien oder in nicht bezugsfertigen Gebäuden befinden.

§ 10 BWE 2008

Die Elementarschadenversicherung wird üblicherweise nicht für Wochenend-, Ferien-, Gartenhäuser und Zweitwohnungen gewährt.

Versicherungsnehmer und Versicherer können die Elementarschadenversicherung mit einer Frist von drei Monaten in Textform kündigen. Der Versicherungsnehmer kann bestimmen, dass die Kündigung erst zum Schluss des laufenden Versicherungsjahres wirksam wird.

§ 13 BWE 2008

Kündigt der Versicherer, so kann der Versicherungsnehmer auch den Hausratversicherungsvertrag innerhalb eines Monats nach Zugang der Erklärung des Versicherers zum gleichen Zeitpunkt kündigen.

Der Versicherungsnehmer erhält bei einer Kündigung Rückbeitrag (Abrechnung genau nach Tagen).

▶ Beispiele zur Erweiterten Elementarschadenversicherung

1. Während eines Gewitterregens wird das am Hang liegende Gebäude des Versicherungsnehmers überflutet und Hausratsachen beschädigt. Die Versicherung wird leisten. Die Gebäudeschäden sind nur versichert, wenn die Erweiterte Elementarschadenversicherung auch zur Gebäudeversicherung eingeschlossen wurde.

§ 3 BWE 2008

2. Der Versicherungsnehmer verbringt seinen Urlaub auf einem Zeltplatz in Norditalien. Durch einen starken Gewitterregen wird der Campingplatz überflutet und sein Zelt einschließlich des Urlaubsgepäcks weggerissen.

Überschwemmung ist nur am Versicherungsgrundstück eingeschlossen, so dass der Versicherer nicht zahlen wird. Diese Einschränkung gilt auch für Folgeschäden, wenn z. B.

§ 3 a) BWE 2008

das tiefergelegene Nachbargrundstück überflutet wird und deshalb beim Versicherungsnehmer der Strom ausfällt und Tiefkühlsachen verderben.[1]

§ 3 a) BWE 2008

3. Ein Platzregen überflutet den Balkon zur Wohnung des Versicherungsnehmers im 2. Obergeschoss. Das Wasser dringt durch die geschlossene Balkontür ins Wohnzimmer und beschädigt Hausrat.

Der Versicherer wird die Entschädigung ablehnen, weil nicht der Grund und Boden des Versicherungsgrundstücks überflutet wurde, sondern nur ein Gebäudeteil.

§ 3 b) BWE 2008

4. Nach einem Platzregen überfluten die städtischen Abflussrohre. Das Wasser drückt aus der Kanalisation in den Keller.

§ 11 BWE 2008

Es liegt ein ersatzpflichtiger Rückstau vor, wenn der Versicherungsnehmer die Rückstausicherung funktionsbereit gehalten hat.

§§ 1 u. 4 BWE 2008

5. Während des Urlaubs in Kalifornien zerstört ein starkes Erdbeben das Hotel und die Urlaubssachen des Versicherungsnehmers werden verschüttet. Für Erdbeben besteht Versicherungsschutz auch in der Außenversicherung [vgl. dazu auch § 4 b) bb) BWE 2008].

§ 2 BWE 2008

Der Versicherer leistet auch bei Hausratschäden durch eine Riesenwelle (Tsunami), wenn sie durch ein See-(= Erd-)Beben ausgelöst wurde. Nach den BWE sind auch Folgeschäden durch Erdbeben eingeschlossen.

§ 5 BWE 2008

6. Ein Bergwerkstollen bricht ein. Durch die dadurch verursachte Absenkung des Erdbodens werden Wohngebäude und Hausrat zerstört. Es besteht kein Versicherungsschutz, weil nur der naturbedingte Einsturz des Erdbodens über natürlichen Hohlräumen versichert ist.

§ 6 BWE 2008

7. Nach tagelangen Regenfällen löst sich eine Erdlawine, die das Gebäude des Versicherungsnehmers mitreißt. Für die Hausratsachen leistet der Versicherer, weil unter Erdrutsch das naturbedingte Abgleiten oder Abstürzen von Gesteins- oder Erdmassen verstanden wird.

8. Durch eine geplatzte Hauptwasserleitung vor dem Haus des Versicherungsnehmers läuft der Keller voll Wasser und zerstört Hausrat.

§ 3 BWE 2008

Die Gefahr „Überschwemmung des Versicherungsortes" ist nicht erfüllt, weil darunter die Überflutung des Grund

---

1 Vgl. zu „im Freien befindlichen Sachen" auch die Fußnote zu Beispiel 12.

und Bodens durch Ausuferung oberirdischer Gewässer oder durch Witterungsniederschläge verstanden wird.

LF
3

Es besteht aber Versicherungsschutz durch die Gefahr „Leitungswasser".

§ 4 Nr. 2 VHB 2008

LF
4

9. Der Versicherungsnehmer macht Urlaub auf Sizilien. Als der Vulkan Ätna ausbricht, wird das Hotel, in dem der Versicherungsnehmer wohnt, durch herausgeschleuderte Gesteinsbrocken zerstört und die Sachen des Versicherungsnehmers vernichtet.

LF
15

Der Versicherer leistet. Hätte Lava das Hotel in Brand gesetzt, so hätte der Versicherungsnehmer auch ohne Elementarschadenversicherung Ersatz erhalten. Die Gefahr Feuer liegt vor und Vulkanausbruch ist in den VHB nicht ausgeschlossen.

§ 9 BWE 2008

Tritt mit dem Vulkanausbruch aber auch ein Erdbeben auf, dann besteht Versicherungsschutz nur mit Einschluss der Erweiterten Elementarschadenversicherung.

§ 2 Nr. 5 a) VHB 2008

10. Der Versicherungsnehmer berichtet, dass während eines starken Unwetters innerhalb kurzer Zeit über 100 Liter Regen pro qm fielen. Das Wasser stand ca. 30 cm hoch auf seinem Grundstück. Da sein Einfamilienhaus etwas erhöht liegt, lief nur ein Teil des Wassers über die Kellertreppe in das Haus.

§ 10 c) bb) BWE 2008

Der weitaus größere Teil drückte von außen durch die Kellerwand, weil das auf dem Grundstück aufgestaute Regenwasser in das Erdreich eindrang.

Der Versicherer wird den Schaden bezahlen müssen: Führt Oberflächenwasser mittelbar zu Schäden, in dem das aufgestaute Wasser durch das Erdreich in das Gebäude eindringt, dann ist der Begriff der Überschwemmung erfüllt.[1]

BGH r+s 2005, 290

11. Für den Bau eines Straßenbahntunnels wird der Grundwasserspiegel abgesenkt. Vermutlich durch die Austrocknung des Bodens senkt sich das Haus des Versicherungsnehmers. Ein Wasserrohr bricht und das auslaufende Wasser beschädigt Hausrat.

§ 5 BWE 2008

Der Versicherer wird die Entschädigung ablehnen, weil nur die naturbedingte Absenkung des Erdbodens über naturbedingten Hohlräumen versichert ist – und nicht die Absenkung durch Austrocknung. Auch bei der Gefahr Leitungswasser ist Erdsenkung ausgeschlossen.

§ 4 Nr. 3 a) ee) VHB 2008

---

1   Vgl. Cristofolini, W., Versicherungsmagazin, Wiesbaden 2006, H. 10, S. 66

(Wegen des Kausalbeweises dürfte es dem Versicherungsnehmer schwer fallen, die Baufirma oder die Gemeinde zur Haftung heranzuziehen.)

12. Auf der Schweizer Gotthard Autobahn wird der Pkw des
    Versicherungsnehmers durch herabstürzende Steinbro-
    cken zertrümmert und das Urlaubsgepäck zerstört. Das
    Abstürzen von Gesteinsmassen ist zwar versichert – der
    Versicherer wird möglicherweise die Leistung verwei-
    gern, weil sich die Sachen im Freien befanden.[1]

§ 10 b) BWE 2008

§ 8 VHB 2008

1.3   Versicherte Kosten und Aufwendungsersatz

1.3.1   Versicherte Kosten[2]

▶ Situation

Nach einem Brandschaden fragt der Versicherungsnehmer, ob er für die
Zeit, die er für das Ausräumen und die Reinigung der Wohnung sowie
für den Abtransport der zerstörten Sachen zur Mülldeponie benötigte,
eine Vergütung bekommt.

▶ Erläuterung

Da nicht nur die Reparatur oder der Ersatz der versicherten Sachen,
sondern auch bestimmte **Kosten, die im oder nach dem Versicherungsfall** anfallen, in der Hausratversicherung gedeckt sind, erhält der
Versicherungsnehmer für seine aufgewendete Zeit eine entsprechende
Bezahlung.

§ 12 Nr. 6 Abs. 1
VHB 2008

Berechnungsgrundlage für die Entschädigung versicherter Kosten ist
der Nachweis, dass sie auch tatsächlich angefallen sind (z. B. durch
Rechnung oder durch Angabe des Zeitaufwandes).

---

1   Die Formulierung „im Freien" ist nicht eindeutig. Sie ist wohl aus § 1 Nr. 4 b) bb)
    AStB 2008 übernommen worden. Vermutlich ist damit „außerhalb von Gebäu-
    den" gemeint (vgl. § 7 Nr. 5 VHB 2008) – diese Einschränkung ist aber in den
    BWE nicht aufgeführt. Im Sinne der Verkehrsanschauung befinden sich Sachen
    im Innern eines Kfz nicht „im Freien".
2   Zur Entschädigungshöhe vgl. § 12 Nr. 4 Abs. 3 VHB 2008.

Aufräumungskosten für versicherte Sachen

§ 8 Nr. 1 a) VHB 2008

Dazu gehören z. B.:

- eigener Zeitaufwand: Vergütung ca. 8 bis 10 € pro Stunde
  (Dieser Betrag entspricht etwa dem Nettostundensatz eines angestellten Handwerkers)
- Abtransport des zerstörten Hausrates zur nächsten Mülldeponie
- eventuelle Entsorgung als Sondermüll, z. B. verursacht durch Kühlmit-
  tel aus der Klimaanlage (FCKW) oder durch Lacke oder Terpentin.

Nicht versichert sind Aufräumungskosten für Gebäudebestandteile; sie
sind durch die Gebäudeversicherung gedeckt.

§ 7 Nr. 1 a) VGB 2008

Die Reinigung der Möbel, Gardinen usw. ist eher den versicherten Re-
paratur- als den Aufräumungskosten zuzuordnen.

Bewegungs- und Schutzkosten

§ 8 Nr. 1 b) VHB 2008

Diese Kosten werden ersetzt, wenn

- durch einen Versicherungsfall
- andere (versicherte oder nicht versicherte) Sachen bewegt
- oder geschützt werden müssen,
- um die versicherte Sache wiederherstellen zu können.

▶ Beispiele

1. Um die durch einen Brand beschädigten Küchenschränke
   des Versicherungsnehmers abnehmen und reparieren zu
   können, muss die Verkleidung der Gastherme (Gebäudebestandteil) abgebaut werden.

2. In der Zimmerdecke bricht ein Wasserrohr. Da erhebliche
   Stemm- und Putzarbeiten bei der Reparatur des Rohres anfallen, müssen die darunter stehenden Schränke abgedeckt
   werden.

   Die Kosten für das Abdecken übernimmt der Gebäudeversicherer, weil andere (nicht versicherte) Sachen geschützt
   werden müssen, um ein Gebäudebestandteil (Wasserrohr)
   reparieren zu können.

   § 7 Nr. 1 b) VGB 2008

Hotelkosten

§ 8 Nr. 1 c) VHB 2008

Der Versicherer übernimmt die Hotel- oder Pensionskosten (ohne Nebenkosten, wie z. B. Frühstück, Telefon), wenn

- nach einem Versicherungsfall
- die ansonsten ständig bewohnte Wohnung
- unbewohnbar wurde und

- dem Versicherungsnehmer die Beschränkung auf einen etwa bewohnbaren Teil nicht zumutbar ist.

Die Kosten werden längstens für 100 Tage ersetzt; sie sind pro Tag auf 1 ‰ der Versicherungssumme begrenzt, soweit nichts anderes vereinbart ist.

▶ Beispiel

Nach einer Explosion ist die Wohnung des Versicherungsnehmers unbewohnbar. Er mietet für sich und seine Familie zwei Zimmer in einer Pension; Übernachtungskosten 65 € zuzüglich 18 € für Frühstück. Die Versicherungssumme beträgt 50 000 €.

§ 8 Nr. 1 c) VHB 2008

Der Versicherer ersetzt maximal 1 ‰ der Versicherungssumme zuzüglich 10 % Vorsorge = 55 € pro Tag; Frühstück und sonstige Nebenkosten werden nicht bezahlt.

Klausel 7311

In einer nicht ständig bewohnten Wohnung als Versicherungsort sind Hotelkosten nicht versichert. (Diese Klausel ist eigentlich überflüssig, weil Hotelkosten nach Nr. 1 c) nur für ständig bewohnte Wohnungen gezahlt werden.)

§ 8 Nr. 1 d) VHB 2008

Transport- und Lagerkosten

Der Versicherer übernimmt diese Kosten, wenn

- durch einen Versicherungsfall
- die Wohnung unbenutzbar wurde und
- dem Versicherungsnehmer die Lagerung des Hausrates in einem noch benutzbaren Teil nicht zumutbar ist.

Die Kosten der Lagerung ersetzt der Versicherer längstens für 100 Tage, bis die Wohnung wieder benutzbar ist.

▶ Beispiele

1. Durch einen Bruch der Hauptwasserleitung wird das Gebäudefundament unterspült. Das Einfamilienhaus senkt sich, die Mauern reißen, Wasser dringt in die Wohnräume ein und das Haus wird unbenutzbar. Damit der Hausrat bei der Reparatur des Gebäudes nicht beschädigt oder entwendet wird, muss er in ein Lagerhaus transportiert und dort für acht Wochen untergestellt werden.

2. Durch einen Brand in seiner Wohnung muss der Versicherungsnehmer ins Hotel ziehen. Im Hotel sind Hunde nicht erlaubt, so dass der Hund des Versicherungsnehmers in einem Tierheim untergebracht werden muss. Das Tier ist eine versicherte Sache, deshalb zahlt der Versicherer die Unterbringung (ohne Futter) als „Lagerkosten".

Schlossänderungskosten

§ 8 Nr. 1 e) VHB 2008

Der Versicherer leistet, wenn

- durch einen Versicherungsfall
- Schlüssel für Türen der Wohnung oder für dort befindliche Wertschutzschränke abhanden kommen.[1]

Zu einem Schlüssel gehört auch eine Code-Karte oder ein Zugangs-
Chip, weil das Material in den VHB nicht beschrieben wird.

▶ Beispiele

1. Der Versicherungsnehmer wird überfallen. Der Täter entwendet ihm mit Gewalt das Portmonee und die Schlüssel
   zur Wohnung.

2. Bei einem Leitungswasserschaden helfen auch fremde Personen, Möbel herauszutragen. Dabei kommen die Wohnungsschlüssel abhanden.

3. Während des Urlaubs gibt der Versicherungsnehmer seiner
   Mutter, die in der Nähe seines Einfamilienhauses wohnt,
   die Wohnungsschlüssel. Diebe brechen bei der Mutter ein
   und entwenden neben anderen Sachen auch die Wohnungsschlüssel des Versicherungsnehmers.

   Für die Schlossänderungskosten kommt der Hausratversicherer des Versicherungsnehmers auf.

4. Im Hallenbad wird der Spind des Versicherungsnehmers
   aufgebrochen und neben der Geldbörse auch der Schlüssel
   zu seinem Einfamilienhaus und zu seiner Garage entwendet. Der Versicherer übernimmt die Schlossänderungskosten für das Haus (= Wohnung) und zur Garage (= Versicherungsort).

§ 6 Nr. 3 a) u. b)
VHB 2008

5. Ein Dieb stiehlt dem Versicherungsnehmer in der U-Bahn
   die Aktentasche, in der sich auch die Wohnungsschlüssel
   befinden. Der Versicherungsnehmer lässt umgehend das
   Schloss zu seiner Wohnungstür austauschen und verlangt
   dafür Kostenersatz.

   Der Versicherer wird wahrscheinlich ablehnen, weil die
   Schlüssel nicht durch einen Versicherungsfall (z. B. Raub
   oder ED) abhanden gekommen sind. § 3 Nr. 2 f) VHB 2008
   trifft auch nicht zu – der Täter ist noch nicht mit dem
   Schlüssel in die Wohnung eingedrungen.

LF 3

LF 4

LF 15

---

1 Damit sind wohl nicht nur Wertschutzschränke nach § 13 Nr. 1 b) VHB 2008 gemeint, weil ein entsprechender Verweis – wie in den VHB 2005 – hier fehlt.
2 Wälder, J., Verwendung falscher Schlüssel und anderer Werkzeuge in der Ein-
   bruchdiebstahl-Versicherung, r+s 2006, 183 f.

§ 27 Nr. 5 a) VHB 2008   Der Versicherungsnehmer muss das Schloss auf eigene
Kosten austauschen. Unterlässt er die Schlossänderung,
dann kann der Versicherer wegen Gefahrerhöhung bei grober Fahrlässigkeit die Leistung kürzen.

(Einige Versicherungsunternehmen übernehmen diese
Schlossänderungskosten.)

Kein Versicherungsschutz besteht z. B. für:

- Schlossänderungskosten für die Haustür des Mehrfamilienhauses, in
  dem der Versicherungsnehmer wohnt. Die Haustür ist keine Tür zur
  Wohnung.
- Schlossänderungskosten für ein Hotelzimmer. Die Hotelzimmertür ist
  keine Wohnungstür.
- Schlüsselverlust ohne Versicherungsfall. Es sind auch keine Schadenabwendungskosten, da noch kein Versicherungsfall eingetreten ist
  oder unmittelbar bevorsteht.
- Schlossänderungskosten für Türen von Behältnissen (z. B. Wohnzimmerschrank oder Briefkasten) – außer für Wertschutzschränke.

▶ Beispiel

Der Versicherungsnehmer wird auf der Straße beraubt. Der
Täter entreißt ihm auch den Schlüssel zu seinem Schreibtisch
in der Wohnung. Der Versicherer wird die Schlossänderungskosten für den Schreibtisch nicht bezahlen.

§ 8 Nr. 1 f) VHB 2008   **Bewachungskosten**

Der Versicherer übernimmt die Bewachungskosten, wenn

- nach einem Versicherungsfall
- die Wohnung unbewohnbar wurde und
- Schließvorrichtungen und sonstige Sicherungen keinen ausreichenden Schutz bieten.

Der Versicherer leistet längstens für die Dauer von 48 Stunden.

▶ Beispiel

Eine Explosion im nahegelegenen Gaswerk zerstört die Fens-
ter- und Türscheiben im Einfamilienhaus des Versicherungsnehmers. Dadurch wird das Gebäude unbewohnbar. Bis die
Reparatur durchgeführt ist, übernimmt ein Sicherheitsdienst
die Bewachung.

Reparaturkosten für Gebäudebeschädigungen

§ 8 Nr. 1 g) VHB 2008

Der Versicherer bezahlt die Reparaturkosten für Gebäudeschäden:

- im Bereich der Wohnung durch Einbruchdiebstahl, Raub oder Versuch einer solchen Tat (z. B. Tür zur Wohnung des Versicherungsnehmers im Mehrfamilienhaus, Eingangstür oder Fenster im Einfamilienhaus) oder
- innerhalb der Wohnung durch Vandalismus nach einem Einbruch oder einer Beraubung

▶ Beispiele

1. Ein Einbrecher zerstört die Terrassentür zum Einfamilienhaus des Versicherungsnehmers. Da der Versicherungsnehmer aufwacht, flüchtet der Einbrecher ohne Beute. Die Hausratversicherung bezahlt diesen Gebäudeschaden – auch wenn der Versicherungsnehmer Eigentümer des Gebäudes ist. § 6 Nr. 4 b) VHB 2008 wird für Kosten nicht angewendet. (Die Gebäudeversicherung leistet nicht, da keine versicherte Gefahr vorliegt.)

2. Ein Täter bricht in die Wohnung des Versicherungsnehmers ein. Da er nichts Wertvolles findet, bespritzt er die Zimmerdecke und die Tapeten mit Tomatenketchup. Auch in diesem Fall leistet die Hausratversicherung für Gebäudeschäden, da der Vandalismus nach einem Einbruch erfolgte.

Kein Versicherungsschutz besteht:

- Ein Einbrecher bricht die Eingangstür zum Mehrfamilienhaus auf, in dem der Versicherungsnehmer wohnt. Der Gebäudeschaden liegt nicht im Bereich der Wohnung.
- Ein Täter besprüht die Außenwand des Einfamilienhauses mit Farbe. Der Vandalismusschaden wird nicht nach einem Einbruch innerhalb der Wohnung ausgeübt.
- Die große Terrassenscheibe wird von außen eingeworfen. Der Vandalismusbegriff ist ebenfalls nicht erfüllt. Wird die Scheibe aber zerstört, um in das Einfamilienhaus einzudringen und um Hausrat zu stehlen, liegt ein ersatzpflichtiger Schaden im Bereich der Wohnung vor.

Grundlage für die Entschädigung versicherter Kosten ist der Nachweis, dass sie tatsächlich angefallen sind. Der Versicherer ist nicht verpflichtet, nach Kostenvoranschlag oder nach Schätzung des Versicherungsnehmers abzurechnen, d. h. der Versicherungsnehmer muss die Reparaturen durchführen lassen, um die Entschädigung zu erhalten.

AG Potsdam
r+s 2008, 339
§ 12 Nr. 6 Abs. 1
VHB 2008

LF 3

LF 4

LF 15

§ 8 Nr. 1 h) VHB 2008

Reparaturkosten für Nässeschäden

Der Hausratversicherer übernimmt die Reparaturkosten

- in der gemieteten bzw. im Sondereigentum befindlichen Wohnung
- nach einem Leitungswasserschaden (Nässeschaden)
- für Bodenbeläge, Innenanstriche oder Tapeten

Zu Bodenbelägen gehören Teppichboden, Kunststoffbeläge (z. B. PVC), Parkett und Fliesen.

Da Leitungswasser in der Wohngebäudeversicherung eine versicherte Gefahr ist, sind diese Gebäudebestandteile in dieser Versicherung eingeschlossen. In der Hausratversicherung gehören Bodenbeläge, Innenanstrich und Tapeten – vom Gebäudeeigentümer eingefügt – nicht zu den versicherten Sachen. Über diese Kostenposition nach Nr. 1 h) besteht aber Versicherungsschutz auch in der Hausratversicherung. Diese Regelung berücksichtigt, dass der Mieter ein eigenes Interesse an der Beseitigung dieser Schäden hat.[1] Die Verbandsempfehlung sieht folgende Lösung vor:[2]

Treffen im Rahmen einer Leitungswasserversicherung eine Kostenposition in der Hausratversicherung und eine Gebäudeversicherung zusammen, reguliert und entschädigt den Gebäudeschaden bis 1 000 € allein der Gebäudeversicherer. Bei Überschreitung des Schwellwertes von 1 000 € wird der Gesamtbetrag nach § 78 Abs. 2 VVG aufgeteilt.

§ 5 Nr. 3 b) VGB 2008

Hat der Versicherungsnehmer als Mieter oder als Wohnungseigentümer nachträglich Parkett auf seine Kosten und sein Risiko verlegen lassen, dann ist dieser Bodenbelag in der Gebäudeversicherung ausgeschlossen. Es besteht keine Mehrfachversicherung, so dass nur der Hausratversicherer leistet.

In folgenden Fällen besteht kein Versicherungsschutz durch die Hausratversicherung:

- Löschwasser nach einem Brand zerstört das Parkett in der Mietwohnung. Hier leistet nur die Gebäudeversicherung, da ein Folgeschaden von Feuer – nicht Leitungswasser – vorliegt.
- Ein Orkan deckt das Dach des vermieteten Einfamilienhauses ab. Regen dringt ein und beschädigt Tapeten und Anstriche. Es gilt die gleiche Regelung wie bei Löschwasser (Sturmfolgeschaden).
- Bestimmungswidrig ausgetretenes Leitungswasser beschädigt Putz und Estrich in der Mietwohnung. Auch hier bezahlt der Gebäudeversicherer den Schaden allein, da Putz und Estrich nicht zu den Sachen nach Nr. 1 h) gehören.

---

1   Dietz, H., Hausratversicherung 84, Karlsruhe 1988, S. 74
2   Handbuch der Sachversicherung, Bd. 1, D-I-3, 2008

Kosten für provisorische Maßnahmen

§ 8 Nr. 1 i) VHB 2008

Der Versicherer ersetzt diese Kosten, um versicherte Sachen zu schützen.

▶ Beispiel

Durch einen Einbruch wird die Terrassentür zerstört. Bis eine neue Tür geliefert werden kann, wird eine provisorische Reparatur durchgeführt.

Eine genaue Abgrenzung zu den Schadenminderungskosten dürfte in vielen Fällen schwierig werden.

1.3.2 Aufwand zur Schadenminderung

§ 31 VHB 2008

Diese Kosten sind im Abschnitt B aufgeführt, weil sie weitgehend identisch für alle Sachversicherungen sind.[1]

Versichert sind Aufwendungen, die der Versicherungsnehmer bei Eintritt des Versicherungsfalles zur Abwendung und Minderung des Schadens für geboten halten durfte oder die er auf Weisungen des Versicherers gemacht hat.

▶ Beispiele

1. Der Versicherungsnehmer wirft eine Decke über den brennenden Fernsehapparat. Die zerstörte Decke wird ersetzt.

2. Mit einem Autofeuerlöscher versucht der Versicherungsnehmer, den brennenden Weihnachtsbaum zu löschen – leider vergebens. Der Versicherer bezahlt die Füllung des Feuerlöschers, da auch erfolglose Schadenminderungskosten erstattet werden.

   § 31 Nr. 1 a) VHB 2008

3. Nach einem Bruch der Wasserleitung weist der Versicherer den Versicherungsnehmer an, das teure Klavier und die beiden wertvollen Barockschränke aus der Wohnung zu schaffen, um Feuchtigkeitsschäden zu verhindern.

Für Schadenabwendungskosten leistet der Versicherer auch, wenn der Schaden unmittelbar bevorsteht.

§ 31 Nr. 1 b) VHB 2008

▶ Beispiel

Der Versicherungsnehmer löscht mit seinem Feuerlöscher vor seinem Einfamilienhaus aus einem Auto ausgelaufenes brennendes Benzin, damit das Feuer nicht auf seine Wohnung übergreift.

Versichert sind auch Kosten durch Niederreißen oder Ausräumen.

---

1   Vgl. Abschnitt 1.1.5

▶ Beispiele

1. Die Feuerwehr schlägt die Tür zur Wohnung des Versicherungsnehmers ein, um einen Brand löschen zu können.

2. Bei einem Feuer im Einfamilienhaus des Versicherungsnehmers helfen Nachbarn, Möbel und Teppiche vor den Flammen zu retten. (Eine „Vergütung" für die Personen, die zur Schadenminderung beigetragen haben, kann allerdings nur in Abstimmung mit dem Versicherer erfolgen.)

AG Hamburg
VersR 2000, 1141
§ 31 Nr. 1 c) VHB 2008

Verletzt der Versicherungsnehmer die Obliegenheit zur Schadenminderung grob fahrlässig, dann kann der Versicherer bei Kausalität die Leistung nach der Schwere des Verschuldens kürzen.

§ 26 Nr. 3 a) VHB 2008

Bei Vorsatz und Kausalität ist der Versicherer leistungsfrei.

Nicht versichert sind Schadenverhütungskosten bzw. -maßnahmen, z. B.

- Einbau einer Einbruchmeldeanlage als Auflage des Versicherers wegen einer sehr hohen Versicherungssumme
- Austausch des Türschlosses, nachdem der Versicherungsnehmer den Wohnungsschlüssel verloren hat (keine „Schlossänderungskosten" nach § 8 Nr. 1 e), weil der Schlüssel nicht durch einen Versicherungsfall abhanden kam.)
- nachträglicher Einbau von Fenstersicherungen

Nicht versicherter Aufwand

§ 31 Nr. 1 f) VHB 2008

Nicht versichert sind Leistungen

- der Feuerwehr oder anderer im öffentlichen Interesse zur Hilfeleistung Verpflichteter,
- wenn sie im öffentlichen Interesse erbracht werden

In der Hausratversicherung sind im Beitragsanteil für die Feuerversicherung 8 % Feuerschutzsteuer für den Brandschutz einkalkuliert[1]. Deshalb ist der Einsatz der Feuerwehr bei Bränden unentgeltlich; diese Leistung liegt im öffentlichen Interesse, da das Feuer auf andere Gebäude übergreifen könnte.[2]

---

1   Nach § 3 Feuerschutzgesetz werden von 20 % des Hausratsbeitrages (= Anteil der Feuerversicherung) 8 % Feuerschutzsteuer erhoben (d. h. 1,6 % vom Gesamtbeitrag).
2   Die Landes-Feuerwehrgesetze sehen Ausnahmen vor, bei denen eine Kostenerstattung verlangt werden kann, z. B. bei vorsätzlicher oder grob fahrlässiger Herbeiführung des Schadens – siehe auch: Handbuch der Sachversicherung Bd. 1, D-I-12 2008

Dagegen kann die Feuerwehr Gebühren erheben, wenn sie beispielsweise nach einem Leitungswasserschaden die Wohnung des Versicherungsnehmers auspumpt. Da diese Leistung nicht im öffentlichen Interesse liegt, trägt der Versicherer die Kosten.

LF
3

Kosten der Ermittlung und Feststellung des Schadens

LF
4

Dazu gehören z. B. Kosten, um

- die Höhe bzw. den Umfang des Schadens festzustellen oder
- den Zustand der beschädigten Sache zu ermitteln (Reparatur oder
  Neubeschaffung)

LF
15

Beauftragt der Versicherer z. B. nach einem Brandschaden einen externen Sachverständigen, der die Höhe des Schadens ermitteln, dabei
aber auch die Reparaturmöglichkeit der beschädigten Sachen prüfen
soll, dann trägt der Versicherer diese Kosten.

▶ Beispiel

Nach einem Einbruchdiebstahlschaden bittet der Versicherer
den Versicherungsnehmer, für die beschädigte Terrassentür
zwei Reparaturangebote („Kostenvoranschläge") einzuholen.
Erheben die Firmen dafür eine Aufwandspauschale, dann übernimmt der Versicherer diese Kosten.

Nicht versichert sind in der Regel Eigenleistungen des Versicherungsnehmers zur Schadenfeststellung, z. B. eigener Zeitaufwand für das Erstellen einer Stehlgutliste.

▶ **Zusammenfassung**

**Versicherte Kosten
§ 8 VHB 2008**

Aufräumungs-kosten – Nr. 1 a)	Bewegungs- und Schutz-kosten – Nr. 1 b)	Hotelkosten (begrenzt auf 1 ‰ der Versi-cherungssumme pro Tag und längstens für 100 Tage) – Nr. 1 c)	Transport- und Lagerkosten (längstens für 100 Tage Lage-rung) – Nr. 1 d)

Schlossänderungs-kosten, wenn Schlüssel für Türen der Wohnung oder dort befindliche Wertschutzschränke durch einen Versi-cherungsfall abhan-den kommen – Nr. 1 e)	Bewachungskosten (längstens für 48 Stunden) – Nr. 1 f)	Reparaturkosten für Gebäude-beschädigungen: ▪ bei ED und Raub im Bereich der Wohnung ▪ bei Vandalismus nach Einbruch nur innerhalb der Wohnung – Nr. 1 g)

Reparaturkosten in der Mietwohnung bei Leitungswasser-schäden an Boden-belägen, Anstrichen oder Tapeten – Nr. 1 h)	Kosten für proviso-rische Maßnahmen – Nr. 1 i)

Die Kosten nach Nr. 1 a) bis i) werden je Versicherungsfall zusammen mit der Entschädigung für versicherte Sachen bis zu 10 % auch über die Versicherungssumme hinaus ersetzt[1].

§ 12 Nr. 4 Abs. 3 VHB 2008

LF 3

Weitere Kosten sind nur versichert soweit diese ausdrücklich vereinbart sind.

§ 8 Nr. 2 VHB 2008

LF 4

Versicherte Aufwendungen

LF 15

Aufwendungen zur Abwendung und Minderung des Schadens sowie Kosten der Ermittlung und Feststellung des Schadens.

§ 31 VHB 2008

Schadenabwendungs- und Schadenminderungsaufwand, der auf Weisung des Versicherers entstanden ist, wird unbegrenzt ersetzt.

§ 12 Nr. 4 Abs. 2 VHB 2008

Nicht versicherter Aufwand

Leistungen der Feuerwehr oder anderer im öffentlichen Interesse zur Hilfeleistung Verpflichteter, wenn diese Leistungen im öffentlichen Interesse erbracht werden.

§ 31 Nr. 1 f) VHB 2008

1   Vgl. dazu Abschnitt 1.8.2.

Übungen

1. Durch einen Bruch der Wasserleitung um 2 Uhr morgens in der Mietwohnung des Versicherungsnehmers (1. Obergeschoss in einem Altbau) tritt Wasser mehrere Stunden aus, bis der Versicherungsnehmer den Schaden bemerkt.

   a) Das Leitungswasser läuft auch in die Wohnung im Erdgeschoss und beschädigt dort Hausrat.
   b) Die Feuerwehr verlangt für das Auspumpen des Kellers Kostenerstattung.
   c) Für das Ausräumen und Aufräumen der Wohnung benötigt die Familie des Versicherungsnehmers insgesamt 10 Stunden.
   d) Während des Ausräumens der Möbel kommen die Wohnungsschlüssel des Versicherungsnehmers abhanden; wahrscheinlich hat sie ein „Helfer" gestohlen.
   e) Der vom Versicherungsnehmer verlegte Teppichboden im Flur und im Schlafzimmer ist zerstört und muss zur Mülldeponie gebracht werden.
   f) Das Furnier vom Wohnzimmerschrank löst sich.
   g) Das Parkett im Wohnzimmer wird durch das Wasser stark beschädigt; einige Fliesen des Küchenfußbodens reißen.
   h) Das Wasser dringt in die Fußböden (Holzdecken mit Stroh-Lehmfüllung). Die Böden müssen durch elektrische Trockner getrocknet werden.
   i) Da die Maschinen mehrere Tage laufen, zieht der Versicherungsnehmer für diese Zeit in ein Hotel. Außerdem setzt der Versicherungsnehmer die Taxifahrt zum Hotel und alle Mahlzeiten dem Versicherer in Rechnung.

   Regulieren Sie die Schäden und Kosten.

2. Vor einer Urlaubsfahrt gibt der Versicherungsnehmer die Wohnungsschlüssel seinem Nachbarn. Bei einem Einbruch werden diese Schlüssel zusammen mit anderen Hausratsachen des Nachbarn gestohlen. Der Nachbar lässt umgehend das Schloss zur Wohnungstür des Versicherungsnehmers austauschen.

   Wer trägt die Kosten?

3. Die Eingangstür zum Einfamilienhaus des Versicherungsnehmers wird von außen mit Farbe besprüht. Außerdem zerschlagen die Täter die Lampe über der Tür.

   Wird der Versicherer leisten?

4. Diebe brechen das Schließfach in der Sporthalle auf und entwenden u. a. die Haus- und Wohnungsschlüssel des Versicherungsnehmers. Der Versicherungsnehmer lässt unverzüglich das Haustürschloss (Mehrfamilienhaus) sowie das Schloss zu seiner Mietwohnung austauschen.

   Wird die Hausratversicherung diese Kosten übernehmen?

1.4 Wohnungswechsel und Prämienänderung

§ 11 VHB 2008

▶ **Situation**

Die Versicherungsnehmerin möchte nächste Woche umziehen. Da sie zwei Räume in ihrer neuen Mietwohnung renovieren will, wird sie vorerst nur einen Teil ihres Hausrats mitnehmen und im Laufe von drei Wochen die restlichen Sachen in die neue Wohnung bringen.

Sie fragt,
- ob ihre Sachen in dieser Zeit versichert sind und
- was sie bei der Hausratversicherung beachten muss.

▶ **Erläuterung**

Der Versicherungsschutz geht bei Wohnungswechsel auf die neue Wohnung über. Während des Wohnungswechsels besteht Versicherungsschutz in beiden Wohnungen. Er erlischt spätestens 2 Monate nach Umzugsbeginn in der bisherigen Wohnung. – Nr. 1

Behält der Versicherungsnehmer zusätzlich die bisherige Wohnung, geht der Versicherungsschutz nicht über, wenn er die alte Wohnung weiterhin nutzt (Doppelwohnsitz). Für eine Übergangzeit von zwei Monaten besteht Versicherungsschutz in beiden Wohnungen. – Nr. 2

Liegt die neue Wohnung im Ausland, so geht der Versicherungsschutz nicht auf die neue Wohnung über. In der bisherigen Wohnung erlischt er spätestens zwei Monate nach Umzugsbeginn. – Nr. 3

Der Versicherungsnehmer hat den Bezug der neuen Wohnung spätestens bei Beginn des Einzugs unter Angabe der neuen Wohnfläche anzuzeigen. – Nr. 4 a)

Der Versicherungsschutz geht auf die neue Wohnung über. Diese Regelung gilt aber nur, wenn der Versicherungsnehmer die alte Wohnung aufgibt.

Für den Begriff „Wohnungswechsel" reicht es aus, dass der Versicherungsnehmer seinen Lebensmittelpunkt in eine andere Wohnung verlegt. Das gilt auch dann, wenn er nur einen kleinen Teil seines Hausrates in die neue Wohnung mitnimmt und den größeren Teil zwischenlagert.

OLG Frankfurt
r+s 2000, 426

▶ **Beispiele**

1. Der Versicherungsnehmer kauft sich eine Zweitwohnung im Harz, in der er während des Urlaubs und häufig auch am Wochenende wohnt. Der Versicherungsschutz geht nicht auf die Zweitwohnung über.

2. Ab 1. August beginnt der Versicherungsnehmer, Bücher, Möbel und Kleidung aus seiner Mietwohnung in seinen neugebauten Bungalow zu schaffen. Der Einzug verzögert sich aber, weil das Badezimmer wegen technischer Män-

gel nicht fertig wird. Am 25. Oktober zerstört ein Feuer den restlichen Hausrat in der bisherigen Mietwohnung. In dieser Wohnung endet der Versicherungsschutz am 30. September. (Nach einem Urteil des OLG Koblenz könnten die Sachen im Rahmen der Außenversicherung mit den entsprechenden Entschädigungsgrenzen versichert sein, weil sie sich weniger als drei Monate außerhalb des (neuen) Versicherungsortes befinden. Der Außenversicherungsschutz erfasst auch solche Gegenstände, die nicht schon einmal in der Wohnung waren, sondern z. B. neu angeschafft werden und in die (neue) Wohnung gebracht werden sollen.)[1]

*OLG Koblenz
r+s 2000, 381*

3. Der Versicherungsnehmer zieht in eine Wohnung in einem Zweifamilienhaus um, in der der Eigentümer im Erdgeschoss eine Tischlerei betreibt. Ein Brand in der Tischlerei greift auf die Wohnung des Versicherungsnehmers über und zerstört Hausrat.

Im ursprünglichen Antrag wie auch im Änderungsantrag, den der Versicherungsnehmer vor seinem Umzug ausfüllte, wurde nicht nach feuergefährlichen Betrieben im Gebäude gefragt. Der Versicherer kann die Entschädigung nicht wegen Gefahrerhöhung ablehnen bzw. kürzen, weil sich durch den Wohnungswechsel kein Umstand änderte, nach dem im Antrag gefragt worden ist.

*§ 27 Nr. 5 a) VHB 2008

OLG Köln
VersR 2001, 580*

4. Der Versicherungsnehmer zieht innerhalb von Dresden aus einer 80 qm großen Mietwohnung in ein Haus mit 120 qm Wohnfläche um. Er vergisst, den Wohnungswechsel mit der neuen Wohnfläche dem Versicherer mitzuteilen. Sieben Monate nach Einzug beschädigt Leitungswasser versicherte Sachen. Bei der Schadenaufnahme stellt der Versicherer fest, dass die neue Wohnfläche erheblich höher ist als im Vertrag angegeben. Der Versicherungsnehmer hat die Klausel 7712 eingeschlossen. Obwohl im Antrag nach der Wohnfläche gefragt wird, kann der Versicherer kaum wegen Obliegenheitsverletzung die Entschädigung ablehnen oder kürzen. Die Nichtanzeige der neuen Wohnfläche hat in der Regel weder Einfluss auf den Eintritt des Versicherungsfalles noch auf den Umfang der Leistung. Eventuell könnte der Versicherer den Vertrag wegen arglistiger Täuschung anfechten. Durch die unterlassene Anzeige der neuen Wohnfläche kann aber der Unterversicherungsverzicht entfallen.[2]

*§§ 19 Nr. 2 b) u. 27
Nr. 5 VHB 2008
OLG Köln
r+s 2001, 204*

§ 11 Nr. 4 c) VHB 2008

5. Der Versicherungsnehmer zieht zu seiner neuen Ehefrau und nimmt seine Kleidung, das Fernseh- und Videogerät und

---

1 Das OLG Koblenz legt die Außenversicherung sehr weit aus – vgl. Abschnitt 1.2.3
2 Vgl. dazu Abschnitt 1.5.1

mehrere Schränke mit. In der bisherigen Wohnung bleibt sein erwachsener Sohn mit den restlichen Möbeln zurück.

Der Versicherungsschutz in der bisherigen Wohnung endet spätestens zwei Monate nach Umzugsbeginn. Wohnungswechsel liegt vor; es wird nicht der Umzug des gesamten Hausrats verlangt. Entscheidend für den Wohnungswechsel ist, dass der Versicherungsnehmer seinen Lebensmittelpunkt in die neue Wohnung verlegt. Außerdem bewohnt sein Sohn – und nicht der Versicherungsnehmer – die alte Wohnung.

OLG Düsseldorf
r+s 1996, 233
OLG Köln
r+s 2000, 450

6. Der Versicherungsnehmer zieht von Konstanz nach Zürich (Schweiz). Ab 1. Juni beginnt er, einen Teil seines Hausrats in die neue Wohnung zu transportieren. Am 26. Juni zerstört ein Feuer in der Wohnung in Konstanz den restlichen Hausrat. Zu dieser Zeit hält sich der Versicherungsnehmer noch in der Wohnung in Konstanz auf, für die das Mietverhältnis zum 30. Juni enden wird.

Weil die neue Wohnung nicht in der Bundesrepublik Deutschland liegt, geht der Versicherungsschutz nicht auf die neue Wohnung über. In der bisherigen Wohnung erlischt der Versicherungsschutz aber erst zwei Monate nach Umzugsbeginn, so dass der Versicherer leistet.

§ 11 Nr. 3 VHB 2008

Steigt durch den Umzug die Wohnfläche z. B. von 80 qm auf 120 qm und erhöht der Versicherungsnehmer nicht entsprechend die Versicherungssumme, dann kann die Klausel 7712 „Kein Abzug wegen Unterversicherung" entfallen. Im Versicherungsfall kann die Entschädigung gekürzt werden.

§ 11 Nr. 4 c) und
§ 12 Nr. 5 VHB 2008

Die Anzeigepflicht nach § 11 Nr. 4 ist für den Versicherer wichtig:

- zur Beitragsberechnung bei Umzug in eine andere Tarifzone
- zur Änderung der Versicherungssumme bei geänderter Wohnfläche nach Klausel 7712 „Unterversicherungsverzicht"
- zur Überprüfung einer eventuellen Unterversicherung (wenn Klausel 7712 nicht vereinbart ist)

Der Versicherungsnehmer hat dem Versicherer in Textform (schriftlich, durch Fax oder E-Mail) mitzuteilen, ob die Sicherungen, die bisher vereinbart waren, auch in der neuen Wohnung vorhanden sind.

§ 11 Nr. 4 b) VHB 2008

▶ Beispiel

Wegen hoher Versicherungssumme und wegen erhöhter Entschädigungsgrenzen für Wertsachen hatte der Versicherer für die bisherige Wohnung des Versicherungsnehmers eine Einbruchmeldeanlage und besondere Fenster- und Türsicherungen zur Auflage gemacht.

LF
3

LF
4

LF
15

Als der Versicherungsnehmer in ein neues Haus umzieht, unterlässt er es aus Kostengründen, diese Sicherungen einzubauen – ohne es dem Versicherer mitzuteilen. Sieben Monate nach dem Bezug der neuen Wohnung werden durch Einbruchdiebstahl Wertsachen in Höhe von 34 000 € entwendet.

§§ 17 Nr. 1 d) u.
27 Nr. 5 a) VHB 2008

Der Versicherer wird die Entschädigung wegen Gefahrerhöhung bei Vorsatz ablehnen.

Beitrag

§ 11 Nr. 5 VHB 2008

Der Beitrag ändert sich ab Umzugsbeginn, wenn die neue Wohnung in einer anderen Tarifzone liegt.

Der Versicherungsnehmer kann den Vertrag bei einer Beitragserhöhung in Textform kündigen. – Nr. 5

Es ist der Tarif zugrunde zu legen, der bei Abschluss des Vertrages Gültigkeit hatte. Änderte der Versicherer zwischenzeitlich seinen Tarif (z. B. 6 Tarifzonen statt bisher 3 Zonen), dann ist der alte Tarif heranzuziehen.[1]

Die Kündigung hat spätestens einen Monat nach Zugang der Mitteilung über die Erhöhung zu erfolgen. Sie wird einen Monat nach Zugang beim Versicherer wirksam. Der Rückbeitrag wird aus dem bisherigen Beitrag berechnet, wenn der Versicherungsnehmer den Wohnungswechsel fristgemäß anzeigte[2].

▶ Beispiele

1. Am 15. 8. zieht der Versicherungsnehmer von 31141 Hildesheim (Tarifzone 2) nach 30624 Hannover (Tarifzone 5) um. Durch die höhere Tarifzone erhöht sich der Beitragssatz und der Beitrag. Den Wohnungswechsel teilt der Versicherungsnehmer dem Versicherer rechtzeitig mit.

   Am 25. 8. erhält der Versicherungsnehmer die Mitteilung des Versicherers über die Beitragserhöhung. Der Versicherungsnehmer ist nicht bereit, den erhöhten Beitrag zu zahlen und kündigt den Vertrag am 31. 8. Die Kündigung geht dem Versicherer am 2. 9. zu. Die Kündigung wird einen Monat nach Zugang wirksam: Der Versicherungsnehmer erhält deshalb ab 3. 10. Rückbeitrag für die restliche Versicherungsperiode.

2. Der Versicherungsnehmer zieht innerhalb von Dortmund aus einer Mietwohnung mit 70 qm Wohnfläche um in ein Einfamilienhaus mit 130 qm. Der Versicherungsnehmer hat die

---

1   Handbuch der Sachversicherung, Bd. 1, A-2-11 2008
2   Beispiel zum Rückbeitrag bei Abschnitt 1.6.4.

Klausel 7712 „Kein Abzug wegen Unterversicherung" eingeschlossen. Durch die höhere Wohnfläche steigt auch der
Beitrag. Eine Kündigung wegen Wohnungswechsel ist nicht
möglich, weil keine Erhöhung des Beitragssatzes vorliegt.
Ein Sonderkündigungsrecht nach § 40 Abs. 1 VVG besteht
auch nicht, wenn der Beitragssatz durch den Einschluss von
Klauseln oder sonstigen Erweiterungen steigt und sich dadurch der Umfang des Versicherungsschutzes ändert.

§ 11 Nr. 5 VHB 2008

Ein Wohnungswechsel ist kein Risikowegfall.

Als Wegfall des versicherten Interesses gilt die vollständige und dauer-
hafte Auflösung des Haushalts

§ 21 Nr. 5 a) VHB 2008

- nach Aufnahme des Versicherungsnehmers in eine stationäre Pflege-
einrichtung
- nach Aufgabe einer Zweit- oder Ferienwohnung

Auch ein dauerhafter Wegzug ins Ausland kann die Voraussetzungen
eines Risikowegfalls erfüllen. Wird der versicherte Hausrat aus anderen
Gründen vollständig und dauerhaft aufgelöst, liegt kein Risikowegfall im
Sinne der Vorschrift vor.[1]

§ 11 Nr. 3 VHB 2008

▶ Beispiele

1. Die Versicherungsnehmerin zieht zu ihrem Verlobten und
   gibt ihre bisherige Wohnung auf. Ihre Versicherung geht
   auf die neue Wohnung über. Es liegt kein Risikowegfall vor.
   Sie kann ihre Versicherung zum Ablauf oder bei Umzug in
   eine höhere Tarifzone kündigen.

§ 11 Nrn. 1 und 5
VHB 2008

2. Nach dem Tod seiner Frau zieht der Versicherungsnehmer
   in ein Appartement in ein Seniorenheim und nimmt nur
   einen kleinen Teil seines Hausrats mit. Auch hier liegt kein
   Wegfall des versicherten Interesses vor. Der Versicherungsnehmer wird nicht in einer stationären Pflegeeinrich-
   tung aufgenommen. Viele Versicherungsunternehmen he-
   ben den Vertrag aber bei geringen Versicherungswerten
   bzw. -summen auf (z. B. bis 10 000 €). Der Versicherungsnehmer kann auch wegen Überversicherung die Versicherungssumme mit sofortiger Wirkung herabsetzen.

§ 21 Nr. 5 a) aa)
VHB 2008

§ 28 VHB 2008

Als Wegfall des versicherten Interesses gilt auch der Tod des Versicherungsnehmers, wenn nicht ein Erbe die Wohnung weiter in derselben
Weise nutzt.[2]

§ 21 Nr. 5 b) VHB 2008

LF
3

LF
4

LF
15

---

1 Handbuch der Sachversicherung, Bd. 1, A-II-12, 2008
2 Vgl. Abschnitt 2.10.2

Trennung der Ehegatten – Aufgabe einer gemeinsamen Wohnung

§ 11 Nr. 6 u. 7
VHB 2008

Zieht der Versicherungsnehmer bei einer Trennung der Ehegatten aus und bleibt der Ehegatte in der bisherigen Wohnung zurück, so gelten als Versicherungsort die neue Wohnung des Versicherungsnehmers und die bisherige Ehewohnung. Dies gilt bis zu einer Vertragsänderung – längstens bis zu drei Monaten nach der nächsten Beitragsfälligkeit. Danach besteht Versicherungsschutz nur noch in der neuen Wohnung – Nr. 6 a)

Sind beide Ehegatten Versicherungsnehmer, so gilt für den Versicherungsschutz die gleiche Regelung. Allerdings erlischt anschließend der Versicherungsschutz für die neue Wohnung. – Nr. 6 b)

Ziehen beide Ehegatten in neue Wohnungen, so gilt b) entsprechend. Nach Ablauf von drei Monaten nach der nächsten, auf den Auszug folgenden Beitragsfälligkeit erlischt der Versicherungsschutz für beide neue Wohnungen. – Nr. 6 c)

Nr. 6 gilt entsprechend für eheähnliche Lebensgemeinschaften und Lebenspartnerschaften, sofern beide Partner am Versicherungsort gemeldet sind. – Nr. 7

▶ Beispiele

1. Beitragsfälligkeit 1. 1.: jährliche Zahlungsweise; Auszug des Versicherungsnehmers am 20. 1. 2008. Ändert der Ehegatte nicht den Versicherungsvertrag, dann besteht Versicherungsschutz in der bisherigen Wohnung bis zum 30. 3. 2009. Erfährt der Versicherer beim Wohnungswechsel des Versicherungsnehmers von dem zurückgebliebenen Ehegatten, dann wird der Versicherer ihm sicherlich umgehend den Abschluss einer eigenen Hausratversicherung empfehlen.

2. Die Ehefrau, die nicht Versicherungsnehmerin ist, will sich scheiden lassen und zieht aus der gemeinsamen Wohnung aus. Einen Teil des Hausrats nimmt sie mit. Ihr Ehemann (= Versicherungsnehmer) bleibt in der bisherigen Wohnung zurück.

   Der Versicherungsschutz für die Ehefrau endet mit Auszug. Auch die Hausrataußenversicherung leistet nicht, da die Sachen dauernd vom Versicherungsort entfernt werden. Die Ehefrau braucht eine eigene Hausratversicherung.

1.5 Obliegenheiten des Versicherungsnehmers

1.5.1 Anzeigepflicht des Versicherungsnehmers

§ 19 VHB 2008

▶ **Situation**

Der Versicherungsnehmer hat für sich und seine Familie ein Ferienhaus in der Nähe von Konstanz am Bodensee gekauft, das sie häufig an Wochenenden und in den Ferien nutzen werden. Das Haus liegt außerhalb der Ortschaft. Als ihn der Versicherungsagent informiert, dass er für den dortigen Hausrat einen Beitragssatz von 25 ‰ zahlen soll, wird der Versicherungsnehmer sehr ärgerlich. Er fragt, ob das Ferienhaus nicht als „ständig bewohnte Wohnung" zu einem erheblich günstigeren Tarif im Antrag angegeben werden kann. Der Versicherer wird doch wohl kaum die Nutzung überprüfen.

▶ **Erläuterung**

Anzeigepflicht des Versicherungsnehmer oder seines Vertreters

§ 19 VHB 2008

Der Versicherungsnehmer hat bis zur Abgabe seiner Vertragserklärung dem Versicherer alle ihm bekannten Gefahrumstände anzuzeigen, nach denen der Versicherer in Textform gefragt hat und die für ihn gefahrerheblich sind (Nr. 1 Abs. 1).

Rechtsfolgen bei Verletzung der Anzeigepflicht[1]

§ 19 Nr. 2 bis 6
VHB 2008

- Der Versicherer hat auf die Rechtsfolgen wie Vertragsänderung, Rücktritt oder Kündigung durch gesonderte Mitteilung in Textform hinzuweisen (Nr. 4).
- Die Rechte zur Vertragsänderung, zum Rücktritt oder zur Kündigung muss der Versicherer innerhalb eines Monats schriftlich geltend machen und begründen (Nr. 3).
- Diese Rechte sind jeweils ausgeschlossen, wenn der Versicherer den nicht angezeigten Umstand oder die unrichtige Anzeige kannte (Nr. 2 d).
- Diese Rechte erlöschen fünf Jahre nach Vertragsabschluss – außer der Versicherungsfall tritt vor Ablauf dieser Frist ein. Bei vorsätzlicher oder arglistiger Verletzung beträgt die Frist zehn Jahre (Nr. 6).

LF 3

LF 4

LF 15

---

1 Vgl. Neuhaus, K.-J., Die vorvertragliche Anzeigepflichtverletzung im neuen VVG, r+s 2008, 45 f.

§ 19 Nr. 2 a) VHB 2008

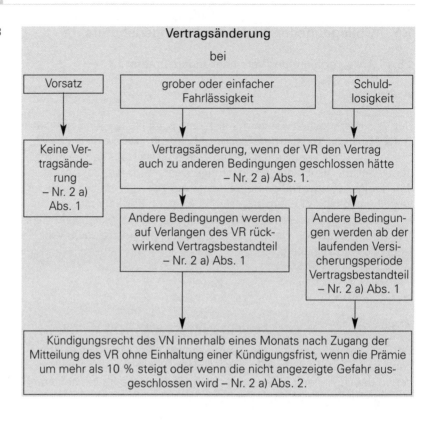

Vertragsänderung

bei

| Vorsatz | grober oder einfacher Fahrlässigkeit | Schuld-losigkeit |

Keine Vertragsänderung – Nr. 2 a) Abs. 1

Vertragsänderung, wenn der VR den Vertrag auch zu anderen Bedingungen geschlossen hätte – Nr. 2 a) Abs. 1.

Andere Bedingungen werden auf Verlangen des VR rückwirkend Vertragsbestandteil – Nr. 2 a) Abs. 1

Andere Bedingungen werden ab der laufenden Versicherungsperiode Vertragsbestandteil – Nr. 2 a) Abs. 1

Kündigungsrecht des VN innerhalb eines Monats nach Zugang der Mitteilung des VR ohne Einhaltung einer Kündigungsfrist, wenn die Prämie um mehr als 10 % steigt oder wenn die nicht angezeigte Gefahr ausgeschlossen wird – Nr. 2 a) Abs. 2.

§ 19 Nr. 2 b) VHB 2008

Rücktritt oder Kündigung

bei

| Vorsatz | grober Fahrlässigkeit | einfacher Fahrlässigkeit oder Schuldlosigkeit |

Rücktritt innerhalb eines Monats nach Kenntnis schriftlich mit Begründung – Nr. 2 b) Abs. 1, Nr. 3

Rücktritt innerhalb eines Monats nach Kenntnis schriftlich mit Begründung – außer der VN beweist, dass der Versicherer bei Kenntnis der nicht angezeigten Umstände den Vertrag zu gleichen oder anderen Bedingungen geschlossen hätte – Nr. 2 b) Abs. 2, Nr. 3

Kündigung innerhalb eines Monats nach Kenntnis mit Monatsfrist schriftlich mit Begründung – außer der VR hätte bei Kenntnis der nicht angezeigten Umstände den Vertrag zu gleichen oder anderen Bedingungen geschlossen – Nr. 2 c), Nr. 3

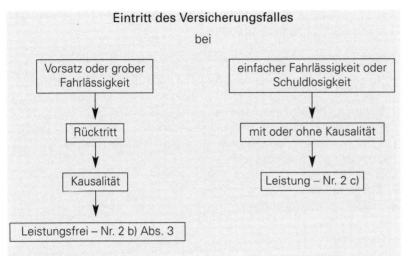

§ 19 Nr. 2 b) Abs. 3
VHB 2008

LF
3

LF
4

LF
15

Bei arglistiger Verletzung ist der Versicherer – mit oder ohne Kausalität – leistungsfrei – Nr. 2 b) Abs. 3.

Im Antrag wird ausdrücklich nach der Nutzung der Wohnung gefragt, so dass diese Frage als gefahrerheblich angesehen werden muss.

Macht der Versicherungsnehmer vorsätzlich falsche Angaben und erfährt der Versicherer davon, dann wird dieser vom Vertrag zurücktreten, d. h. der Versicherungsnehmer verliert rückwirkend den Versicherungsschutz.

Im Versicherungsfall kann der Versicherer bei Vorsatz oder grober Fahrlässigkeit des Versicherungsnehmers leistungsfrei sein, wenn die falsche Angabe auf den Eintritt des Versicherungsfalles oder auf den Umfang der Leistung Einfluss gehabt hat (Kausalität).

Kausalität wird vermutet; der Versicherungsnehmer kann den Gegenbeweis führen. Vorsätzliches oder grob fahrlässiges Verhalten des Versicherungsnehmers wird ebenfalls unterstellt. Der Versicherungsnehmer muss deshalb beweisen, dass er nur fahrlässig oder schuldlos gehandelt hat.

Erfährt der Versicherer nach Antragsannahme von der Anzeigepflichtverletzung und liegt grobe oder einfache Fahrlässigkeit vor, und hätte er den Vertrag bei Kenntnis der nicht angezeigten Umstände zu anderen Bedingungen geschlossen, dann kann der Versicherer den Vertrag anpassen, indem er einen höheren Beitrag verlangt oder den nicht angezeigten Gefahrumstand ausschließt. Diese Beitragserhöhung oder der Ausschluss werden rückwirkend – also mit Vertragsbeginn – Vertragsbestandteil. Der Versicherungsnehmer kann den Vertrag bei einer Beitragserhöhung von mehr als 10 % fristlos kündigen.

Trotz des hohen Beitrags ist es für den Versicherungsnehmer günstiger, wahrheitsgemäße Angaben zu machen, um den Versicherungsschutz nicht zu gefährden. Spätestens im Schadenfall wird der Versicherer die Nutzung der Wohnung überprüfen.

Zu den gefahrerheblichen Antragsfragen können z. B. gehören:

- Nutzung (ständig bewohnte Wohnung, nicht ständig bewohnte Wohnung)
- Sicherung der Wohnung (z. B. Zylinderschlösser, Fensterverriegelungen, Einbruchmeldeanlage)
- Gefahrerhöhende Umstände (z. B. feuergefährlicher Betrieb innerhalb des Gebäudes)
- Vorschäden
- Vorversicherer
- Bauweise des Gebäudes

▶ Beispiele

§ 19 Nr. 1 Abs. 1
VHB 2008

1. Der Versicherungsnehmer bewohnt ein reetgedecktes Fachwerkhaus. Acht Monate nach Vertragsbeginn schlägt ein Blitz in das Dach ein und das dadurch verursachte Feuer zerstört das Gebäude und den Hausrat.

   Der Hausratversicherer lehnt die Entschädigung mit der Begründung ab, der Versicherungsnehmer habe die Anzeigepflicht vorsätzlich verletzt, weil er das reetgedeckte Dach und die Außenwände teilweise aus Holz (Bauartklasse 5) im Antrag nicht angegeben hat.

   Fragt der Hausratversicherer im Antrag nicht nach der Bauartklasse (siehe Antrag Proximus), dann braucht der Versicherungsnehmer diese Angabe auch nicht zu machen. Der Versicherer wird leisten müssen.

2. Im Antrag zur Hausratversicherung beantwortet der Versicherungsnehmer die Frage nach Vorschäden mit „nein". Durch seinen Außendienstmitarbeiter erfährt der Versicherer, dass nach Antragstellung – aber vor Antragsannahme – ein großer Einbruchdiebstahlschaden eintrat. Der Versicherer vermutet Betrug und lehnt die Annahme des Antrags mit der Begründung ab, der Versicherungsnehmer habe falsche Angaben zu den Vorschäden gemacht.

§ 19 Nr. 1 Abs. 1 und 2
VHB 2008

   Der Versicherungsnehmer braucht gefahrerhebliche Umstände nur bis zur Abgabe seiner Vertragserklärung – in der Regel bis zur Antragstellung – anzuzeigen. Ein Rücktritt oder eine Kündigung ist deshalb nicht möglich.

   Nach Abgabe der Vertragserklärung bis zur Vertragsannahme ist der Versicherungsnehmer nur dann zur Mitteilung gefahrerheblicher Umstände verpflichtet, wenn der Versicherer danach in Textform gefragt hat.

§ 27 Nr. 1 VHB 2008

   Nach Abgabe der Vertragserklärung kann unter Umständen eine Gefahrerhöhung vorliegen.

Leistungsfrei ist der Versicherer nur bei Kausalität. Macht der Versicherungsnehmer z. B. zu Vorschäden oder zum Vorversicherer keine oder falsche Angaben, so wird der Versicherer leisten müssen, wenn der Versicherungsnehmer beweist, dass diese Angaben weder auf den Eintritt des Versicherungsfalles noch auf den Umfang der Leistung einen Einfluss hatten.

LF 3

LF 4

Dieser Beweis dürfte dem Versicherungsnehmer schwer fallen, wenn schon mehrere strittige Überspannungsschäden durch Blitz oder zweifelhafte Einbruchdiebstahl- oder Raubschäden oder fingierte Brandschäden vorliegen. Ein nicht angezeigter Umstand ist dann kausal, wenn er nach der Lebenserfahrung die objektive Möglichkeit des Eintritts eines Versicherungsfalles in nicht unerheblicher Weise erhöht. Der Versicherer kann den Vertrag auch wegen arglistiger Täuschung anfechten.

OLG Hamm
r+s 1993, 114

LF 15

Obwohl im Antrag nach der Wohnfläche gefragt wird, ist es fraglich, ob die Rechtsfolgen nach § 19 VHB 2008 eintreten, wenn der Versicherungsnehmer die Fläche zu niedrig angibt[1].

Die Wohnfläche ist in der Regel kein gefahrerheblicher Umstand, der die Entscheidung des Versicherers beeinflusst, den Vertrag überhaupt oder mit dem vereinbarten Inhalt abzuschließen. Ebenso dürfte die Falschangabe keinen Einfluss auf den Eintritt des Versicherungsfalles noch auf den Umfang der Leistung haben.

§ 19 Nr. 1 und 2 b)
Abs. 3 VHB 2008

Der Versicherer kann aber verlangen, dass die Klausel „Kein Abzug wegen Unterversicherung" künftig entfällt oder der Vertrag entsprechend angepasst wird.

Klausel 7712 Nr. 3
§ 19 Nr. 2 a) VHB 2008

Gibt der Versicherungsnehmer die Wohnfläche – bei Vereinbarung der Klausel 7712 – bewusst zu niedrig an, um Beitrag zu sparen, dann könnte der Versicherer versuchen, den Vertrag wegen arglistiger Täuschung anzufechten. Eine arglistige Täuschung liegt vor, wenn der Versicherungsnehmer wissentlich und willentlich falsche Angaben macht oder eine Unterrichtung in dem Bewusstsein unterlässt, dass der Versicherer bei wahrheitsgemäßen Angaben den Antrag nicht oder unter Erschwerung annimmt. Der Versicherer ist beweispflichtig. In der Regel dürfte es dem Versicherer schwer fallen, diesen Nachweis zu führen.

OLG Köln r+s 2001, 204
§ 123 BGB
§ 19 Nr. 2 e) VHB 2008

1.5.2 Gefahrerhöhung nach Antragstellung

▶ Situation

Wegen einer Versicherungssumme von 320 000 € und einer erhöhten Entschädigungsgrenze für Wertsachen hat der Versicherer dem Versicherungsnehmer bei Antragsannahme zur Auflage gemacht, eine Ein-

§ 27 VHB 2008

---

1 Vgl. dazu auch Ziff. 1.8.4.4

bruchmeldeanlage mit Anschluss an die Meldezentrale eines anerkannten Wach- und Sicherheitsunternehmens einbauen zu lassen.

Nach etwa vier Jahren fällt die Einbruchmeldeanlage durch einen Defekt aus. Aus Kostengründen unterlässt es der Versicherungsnehmer, die Anlage reparieren zu lassen.

Monate später brechen Diebe in das Einfamilienhaus des Versicherungsnehmers ein und entwenden Wertsachen in Höhe von 57 000 €. Der Versicherungsnehmer und seine Familie befanden sich auf Urlaub.

Der Schadengutachter der Versicherung stellt fest, dass die Einbruchmeldeanlage seit sechs Monaten außer Betrieb war.

▶ Erläuterung

§ 27 Nr. 1 VHB 2008

Gefahrerhöhung[1]

Eine Gefahrerhöhung liegt vor, wenn nach Abgabe der Vertragserklärung des Versicherungsnehmers die Umstände so verändert werden, dass der Eintritt des Versicherungsfalles oder eine Vergrößerung des Schadens oder die ungerechtfertigte Inanspruchnahme des Versicherers wahrscheinlicher wird.

Eine Gefahrerhöhung kann insbesondere vorliegen, wenn sich ein gefahrerheblicher Umstand ändert, nach dem der Versicherer vor Vertragsschluss gefragt hat.

§ 27 Nr. 2 VHB 2008

Pflichten des Versicherungsnehmers

a) Nach Abgabe der Vertragserklärung darf der Versicherungsnehmer ohne vorherige Zustimmung des Versicherers keine Gefahrerhöhung vornehmen oder deren Vornahme durch einen Dritten gestatten (= subjektive Gefahrerhöhung)
b) Erkennt der Versicherungsnehmer nachträglich, dass er eine Gefahrerhöhung vorgenommen oder gestattet hat, so muss er diese dem Versicherer unverzüglich anzeigen (= nachträglich erkannte Gefahrerhöhung)
c) Eine Gefahrerhöhung, die unabhängig von seinem Willen eintritt, muss der Versicherungsnehmer dem Versicherer unverzüglich anzeigen, nachdem er von ihr Kenntnis erlangt hat (= objektive Gefahrerhöhung)

---

1 Felsch, J., Neuregelung von Obliegenheiten und Gefahrerhöhung, r+s 2007, 485 f.

Rechtsfolgen bei Gefahrerhöhung (GE)

§ 27 Nr. 3–5 VHB 2008

§ 27 Nr. 3 a)
VHB 2008

LF
3

LF
4

LF
15

Kündigung durch den Versicherer

subjektive Gefahrerhöhung

bei

Vorsatz oder grober Fahrlässigkeit	einfacher Fahrlässigkeit	Schuldlosigkeit
fristlose Kündigung innerhalb eines Monats nach Kenntnis – Nr. 3 a) Abs. 1	Kündigung mit Monatsfrist innerhalb eines Monats nach Kenntnis – Nr. 3 a) Abs. 2	Kündigung nicht möglich – Nr. 3 a)

nachträglich erkannte oder objektive Gefahrerhöhung

Kündigung mit Monatsfrist innerhalb eines Monats nach Kenntnis – Nr. 3 a) Abs. 3

Das Recht zur Kündigung erlischt, wenn der Versicherer nicht innerhalb eines Monats ab Kenntnis von der Gefahrerhöhung kündigt oder wenn der Zustand, der vor der Gefahrerhöhung bestand, wiederhergestellt wird (Nr. 4).

Vertragsänderung

§ 27 Nr. 3 b) VHB 2008

Der Versicherer kann statt der Kündigung ab dem Zeitpunkt der Gefahrerhöhung innerhalb eines Monats nach Kenntnis die Prämie erhöhen oder die Gefahrerhöhung ausschließen – Nr. 3 b) Abs. 1.

Kündigungsrecht des Versicherungsnehmers innerhalb eines Monats nach Zugang der Mitteilung des Versicherers ohne Einhaltung einer Kündigungsfrist, wenn die Prämie um mehr als 10 % steigt oder wenn die Gefahrerhöhung ausgeschlossen wird. Der Versicherer hat auf dieses Kündigungsrecht hinzuweisen – Nr. 3 b) Abs. 2.

Das Recht zur Vertragsänderung erlischt, wenn der Versicherer nicht innerhalb eines Monats ab Kenntnis von der Gefahrerhöhung dieses Recht ausübt oder wenn der Zustand, der vor der Gefahrerhöhung bestand, wiederhergestellt ist – Nr. 4.

§ 27 Nr. 5 VHB 2008

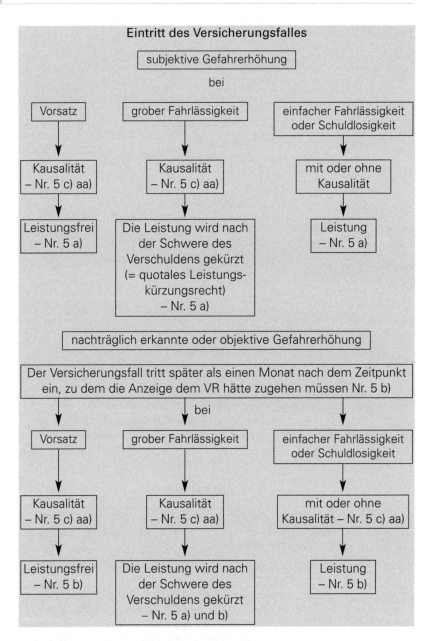

Die Leistungspflicht bleibt generell bestehen, wenn

- der Versicherungsnehmer nachweist, dass keine Kausalität besteht
  – Nr. 5 c) aa),
- zur Zeit des Eintritts des Versicherungsfalls die Frist für die Kündigung des Versicherers abgelaufen war und eine Kündigung nicht erfolgt – Nr. 5 c) bb),
- der Versicherer statt der Kündigung ab dem Zeitpunkt der Gefahrerhöhung eine höhere Prämie verlangt – Nr. 5 c) cc),

- sich die Gefahr nur unerheblich erhöhte oder nach den Umständen als mitversichert gilt – Nr. 1 c).

In der Hausratversicherung kann eine anzeigepflichtige Gefahrerhöhung insbesondere dann vorliegen, wenn

§ 17 VHB 2008

LF 3

LF 4

a) sich ein Umstand ändert, nach dem der Versicherer vor Vertragsschluss gefragt hat,
b) sich anlässlich eines Wohnungswechsels ein Umstand ändert, nach dem im Antrag gefragt worden ist,
c) die ansonsten ständig bewohnte Wohnung länger als 60 Tage oder über eine für den Einzelfall vereinbarte Frist hinaus unbewohnt bleibt und auch nicht beaufsichtigt wird; beaufsichtigt ist eine Wohnung nur dann, wenn sich während der Nacht eine dazu berechtigte volljährige Person darin aufhält,
d) vereinbarte Sicherungen beseitigt, vermindert oder in nicht gebrauchsfähigem Zustand sind. Das gilt auch bei einem Wohnungswechsel.

LF 15

Der Versicherungsnehmer hat die Einbruchmeldeanlage nicht repariert. Damit ist eine vereinbarte Sicherung „in nicht gebrauchsfähigem Zustand", so dass eine bedingungsmäßige Gefahrerhöhung vorliegt. Eine entsprechende Anzeige hat der Versicherungsnehmer nicht gemacht. Der Versicherer wird fristlos kündigen und die Leistung bei Vorsatz ablehnen.

§ 17 Nr. 1 d) VHB 2008

Bei grober Fahrlässigkeit kann der Versicherer die Leistung nach der Schwere des Verschuldens kürzen („Quotelung"). (Vorsatz muss der Versicherer beweisen; grob fahrlässiges Handeln des Versicherungsnehmers wird vermutet. Das Nichtvorliegen einer groben Fahrlässigkeit hat der Versicherungsnehmer zu beweisen).[1]

§ 27 Nr. 5 a) VHB 2008

Der Versicherungsnehmer kann sich nicht darauf berufen, dass die Gefahrerhöhung unabhängig von seinem Willen eingetreten ist („objektive" Gefahrerhöhung). Er hat zwar den Ausfall der Einbruchmeldeanlage nicht verursacht – es wäre aber seine Pflicht (Obliegenheit) gewesen, die Anlage unverzüglich in Stand setzen zu lassen. Außerdem bestünde auch bei einer objektiven Gefahrerhöhung die Anzeigepflicht.

§ 27 Nr. 2 a) u. c) VHB 2008

Eine Beitragserhöhung wegen erhöhter Gefahr, die in Nr. 3 b) vorgesehen ist, hätte der Versicherer abgelehnt. Denn nur bestimmte Sicherungen, wie z. B. eine Einbruchmeldeanlage, können einen Versicherungsfall verhüten bzw. vermindern.

§ 27 Nr. 3 b) VHB 2008

In § 17 werden die Möglichkeiten der Gefahrerhöhung aufgeführt. Durch das Wort „insbesondere" weist der Versicherer darauf hin, dass diese Aufzählung nicht vollständig ist.

§ 17 Nr. 1 VHB 2008

---

1 Vgl. Baumann/Sandkühler, Das neue VVG, München 2008, S. 64

▶ Beispiele

1. Der Versicherungsnehmer zieht von der Stadt aus einem Einfamilienhaus aufs Land in ein Fachwerkhaus außerhalb eines geschlossenen Wohngebietes. Ist im Hausratantrag weder nach der Bauweise noch nach der Lage gefragt, so muss der Versicherungsnehmer bei Wohnungswechsel diese Daten auch nicht angeben. (Viele Versicherungsunternehmen fragen weder nach der Bauartklasse noch nach der Lage.)

2. Wegen eines beruflichen Auslandsaufenthaltes ist die Wohnung für drei Monate unbewohnt. Ist eine sonst ständig bewohnte Wohnung länger als 60 Tage oder eine vereinbarte längere Frist unbewohnt und auch nicht beaufsichtigt, so liegt eine Gefahrerhöhung vor. Die Gefahrerhöhung kann aber verhindert werden, wenn beispielsweise die volljährige Tochter der Nachbarn in der Wohnung vor Ablauf der 60 Tage einmal übernachtet – die Frist beginnt dann neu zu laufen – oder der Versicherungsnehmer einen Zuschlag von 1 ‰ für jeden angefangenen weiteren Monat bezahlt.

3. Der Versicherungsnehmer verliert seine Aktentasche mit dem Schlüssel zu seiner Wohnung. Zwei Tage später dringen Diebe in die Wohnung ein und stehlen Wertsachen. Einbruchspuren sind nicht zu erkennen.

   Es liegt eine Gefahrerhöhung vor, da der Versicherungsnehmer nicht unverzüglich das Schloss zur Wohnung austauschen ließ. Der Versicherer wird die Leistung bei grober Fahrlässigkeit kürzen. Der Versicherungsnehmer erhält die Entschädigung in voller Höhe nur, wenn er beweist, dass er leicht fahrlässig oder schuldlos gehandelt hat. (Kausalität wird unterstellt – der Versicherungsnehmer müsste den Gegenbeweis führen.) Liegt Vorsatz vor, dann ist der Versicherer leistungsfrei.

4. An das Mehrfamilienhaus, in dem der Versicherungsnehmer im zweiten Obergeschoss wohnt, wird ein Gerüst angebracht. Während einer warmen Sommernacht lässt der Versicherungsnehmer ein Fenster „gekippt". Ein Dieb klettert am Gerüst hoch, öffnet das „gekippte" Fenster, dringt in die Wohnung ein und entwendet die Geldbörse und die Kamera des Versicherungsnehmers, die auf dem Wohnzimmertisch liegen.

   Der Versicherer wird wohl nicht wegen (objektiver) Gefahrerhöhung ablehnen können bzw. die Entschädigung kürzen. In der Hausratversicherung gilt ein Gerüst bei vielen Gesellschaften nicht als Gefahrerhöhung – im Gegensatz zur Gewerbe-Inhaltsversicherung.

   Grob fahrlässiges Verhalten des Versicherungsnehmers dürfte nicht vorliegen.

1.5.3 Obliegenheiten des Versicherungsnehmers vor und bei Eintritt des Versicherungsfalles

LF 3

1.5.3.1 Obliegenheiten vor Eintritt des Versicherungsfalles

§ 26 Nr. 1 VHB 2008

LF 4

Der Versicherungsnehmer hat

- alle gesetzlichen, behördlichen oder vereinbarten Sicherheitsvorschriften zu beachten
- in der kalten Jahreszeit die Wohnung zu beheizen und dies genügend häufig zu kontrollieren oder alle wasserführenden Anlagen zu entleeren

§ 16 Nr. 1 VHB 2008

LF 15

Sicherheitsvorschriften spielen in der Hausratversicherung eine geringere Rolle als in der Gebäudeversicherung. Gesetzliche Sicherheitsvorschriften betreffen beispielsweise die Errichtung und den Betrieb von Feuerstätten sowie von elektrischen Anlagen. Zu den vertraglich vereinbarten Sicherheitsvorschriften rechnet die Vorschrift, in der kalten Jahreszeit zu heizen und dies genügend häufig zu kontrollieren oder die Anlagen zu entleeren.

Der Begriff „kalte Jahreszeit" ist in den VHB nicht näher umschrieben. Wegen der regional unterschiedlichen klimatischen Gegebenheiten wurde auf die Angabe von bestimmten Monaten verzichtet. Der Versicherungsnehmer hat diese Vorschrift einzuhalten, sobald mit Frost zu rechnen ist.

▶ Beispiel

Der Versicherungsnehmer fährt Ende Oktober für vier Wochen nach Teneriffa in den Urlaub, ohne die Heizung anzustellen. Mitte November tritt starker Frost auf; die Wasserleitung bricht. Das auslaufende Wasser verursacht erhebliche Schäden am Hausrat und Gebäude. Der Versicherer wird bei grober Fahrlässigkeit die Leistung kürzen, weil der Versicherungsnehmer die Sicherheitsvorschrift verletzt hat und die Verletzung Einfluss auf den Eintritt des Versicherungsfalles und den Umfang der Leistung hat. (Grobe Fahrlässigkeit des Versicherungsnehmers wird unterstellt. Das Nichtvorliegen einer groben Fahrlässigkeit – also einfache Fahrlässigkeit oder Schuldlosigkeit – hat der Versicherungsnehmer zu beweisen. Die Beweislast für die Kürzung der Leistung nach der Schwere des Verschuldens („Quotelung") liegt beim Versicherer.)

§ 16 Nr. 1 VHB 2008

§ 26 Nr. 3 a) VHB 2008

Der Versicherer kann innerhalb eines Monats nach Kenntnisnahme von der Verletzung der Vorschrift fristlos kündigen.

§ 26 Nr. 1 b) VHB 2008

Der Versicherer hat kein Kündigungsrecht, und der Versicherungsschutz bleibt bestehen, wenn die Sicherheitsvorschrift (einfach) fahrlässig oder unverschuldet verletzt wurde.

▶ Beispiele

1. Der Versicherungsnehmer besucht mit seiner Ehefrau eine Feier bei Freunden. Als sie gegen Morgen in ihr Haus zurückkehren, steht der Keller unter Wasser. Durch einen Defekt war nachts die Heizung ausgefallen und ein Wasserrohr durch die plötzliche Außenkälte gebrochen. Der Versicherungsnehmer hat nicht schuldhaft gegen die Sicherheitsvorschriften verstoßen.

   Der Begriff „genügend häufig" kann nicht bedeuten, dass der Versicherungsnehmer stündlich die Heizung kontrolliert bzw. kontrollieren lässt.[1]

   Die Rechtslage ändert sich aber, wenn der Versicherungsnehmer während einer starken Frostperiode vergisst, Heizöl zu bestellen und am Wochenende deshalb die Heizung ausfällt. Entleert er nicht alle wasserführenden Leitungen und ein Wasserrohr bricht durch Frost, dann liegt ein Verstoß gegen die Sicherheitsvorschriften vor.

2. Neben dem Einfamililienhaus des Versicherungsnehmers befinden sich eine Garage sowie ein weiteres Nebengebäude mit einer kleinen Schwimmhalle. In dem Garagengebäude ist auch die Heizungsanlage für das Schwimmbad untergebracht. Durch starken Frost bricht ein Leitungsrohr in der Garage; das Wasser verursacht Schäden am Hausrat, der in der Garage lagert. Der Versicherer wirft dem Versicherungsnehmer grob fahrlässige Verletzung der Sicherheitsvorschriften vor. Die Garage gehört als Nebengebäude mit zum Versicherungsort, so dass der Versicherungsnehmer diese Obliegenheiten auch dort zu beachten hat – insbesondere dann, wenn an mehreren Tagen die Temperaturen deutlich unter dem Gefrierpunkt lagen. Nach dem Ausmaß des Schadens zu urteilen, ist weder ausreichend geheizt noch kontrolliert worden.[2]

OLG Karlsruhe
r+s 2006, 504

Der Versicherer kann die Leistung wegen grober Fahrlässigkeit kürzen. Kausalität liegt vor.

Eine andauernde Verletzung einer Sicherheitsvorschrift kann mit einer Gefahrerhöhung verbunden sein. Häufig hat dann auch der Versicherungsnehmer den Versicherungsfall grob fahrlässig herbeigeführt.

1 Die Kontrolle richtet sich auch nach den Außentemperaturen. Bei Frost muss sicherlich mehrmals wöchentlich – unter Umständen sogar täglich – kontrolliert werden. (vgl. OLG Frankfurt r+s 2006, 23; OLG Köln r+s 2006, 114). Bei anhaltendem starken Frost ist so häufig zu kontrollieren, dass ein Einfrieren nahezu ausscheidet. Es reicht nicht aus, die Heizungsthermostate auf „Frostsicherung" zu stellen (vgl. OLG Stuttgart r+s 2004, 151). Zu einem anderen Ergebnis kommt der BGH (r+s 2008, 377). Er hält eine derartige Kontrolldichte für überspannt. Maßstab für das Kontrollintervall kann nicht sein, wie rasch bei ausgefallener Heizung ein Frostschaden entstehen kann – das jeweils erforderliche Kontrollintervall ist anhand der Umstände des Einzelfalls zu bestimmen. Kritische Anmerkungen dazu von Weidner, U., r+s 2008, 425 f.
2 Felsch, J., r+s 2007, 489 f.

Obliegenheiten des Versicherungsnehmers vor und bei Eintritt des
Versicherungsfalles[1]

Rechtsfolgen bei Verletzung einer Obliegenheit

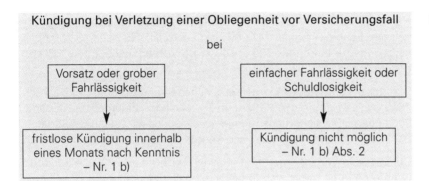

§ 26 Nr. 1 b) VHB 2008

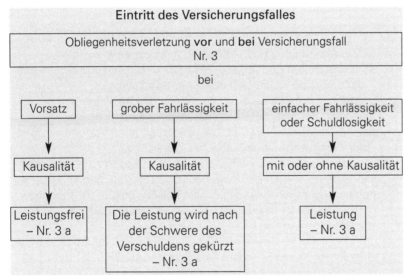

§ 26 Nr. 3 VHB 2008

LF
3

LF
4

LF
15

- Bei Verletzung der Auskunfts- oder Aufklärungsobliegenheit ist der
  Versicherer nur dann ganz oder teilweise leistungsfrei, wenn er durch
  gesonderte Mitteilung in Textform auf diese Rechtsfolgen hingewiesen hat – Nr. 3c).

- Bei arglistiger Verletzung ist der Versicherer – mit oder ohne Kausalität – leistungsfrei – Nr. 3b).

1 Vgl. auch Felsch, J. r+s 2007, 489 f.

§ 26 Nr. 2 VHB 2008   **1.5.3.2   Obliegenheiten bei Eintritt des Versicherungsfalles**

▶ **Situation**

Der Versicherungsnehmer ruft an und teilt mit, dass Einbrecher heute
Nacht die Terrassentür zu seinem Einfamilienhaus mit Gewalt aufgehebelt und Schmuck für ca. 14 000 €, ein Sparbuch (Guthaben 3 200 €), eine Lederjacke (Kaufpreis 380 €) sowie ein Notebook (Kaufpreis 1 300 €)
entwendeten.

Die Polizei nahm heute Morgen den Schaden unter dem Aktenzeichen
2009 00 7147 auf; sie bestätigte im Protokoll den Einbruch. Das Sparbuch hat der Versicherungsnehmer sofort sperren lassen. Da mit der
Bank ein Kennwort vereinbart war, konnten die Täter kein Geld abheben.

Der Versicherungsnehmer fragt, was er beachten und welche Schritte
er unternehmen muss, damit möglichst bald geleistet wird.

Er besitzt eine Hausratversicherung mit einer Versicherungssumme von
84 500 €; Klausel 7712 ist eingeschlossen.

§ 26 Nr. 2 VHB 2008   2a) Der Versicherungsnehmer hat bei Eintritt des Versicherungsfalles

- für die Abwendung und Minderung des Schadens zu sorgen,
- dem Versicherer den Schadeneintritt unverzüglich anzuzeigen und
  – soweit möglich – dessen Weisungen einzuholen,
- Schäden durch strafbare Handlungen gegen das Eigentum der zuständigen Polizeidienststelle anzuzeigen,
- dem Versicherer und der Polizei unverzüglich ein Verzeichnis der
  abhanden gekommenen Sachen einzureichen,
- die Schadenstelle möglichst so lange unverändert zu lassen, bis
  sie durch en Versicherer freigegeben worden ist. Sind Veränderungen unumgänglich, sind das Schadenbild zu dokumentieren und
  die beschädigten Teile bis zu einer Besichtigung durch den Versicherer aufzubewahren,
- dem Versicherer – soweit möglich – jede Untersuchung über Ursache und Höhe des Schadens und über den Umfang der Entschädigungspflicht zu gestatten sowie jede Auskunft dazu – auf Verlangen schriftlich – zu erteilen und die angeforderten Belege beizu-
  bringen.
- über abhanden gekommene oder zerstörte Wertpapiere das Aufgebotsverfahren einzuleiten und Sparbücher und andere Urkunden
  unverzüglich sperren zu lassen.

3a) Wird eine dieser Obliegenheiten vorsätzlich verletzt, dann verliert der Versicherungsnehmer bei Kausalität seinen Versicherungsschutz.

§ 26 Nr. 3 a) VHB 2008

LF 3

■ Bei grob fahrlässiger Verletzung kann der Versicherer bei Kausalität die Leistung nach der Schwere des Verschuldens kürzen. (Grobe Fahrlässigkeit wird unterstellt; verlangt der Versicherungsnehmer die volle Entschädigung, dann muss er einfache Fahrlässigkeit oder Schuldlosigkeit nachweisen. Die Beweislast für die Schwere des Verschuldens [„Quotelung"] liegt beim Versicherer.)[1]

LF 4

LF 15

▶ **Erläuterung**

Der Versicherungsnehmer ist dafür beweispflichtig, dass ein Versicherungsfall eingetreten ist. Sind beispielsweise Hebelspuren vorhanden, die aber nicht geeignet sind, den Aufbruch der Tür als möglich erscheinen zu lassen, dann hat der Versicherungsnehmer den Beweis „des äußeren Bildes" eines Einbruchdiebstahls nicht geführt.

OLG Hamm
VersR 2000, 357

Schwierig ist die Beweisführung für den Versicherungsnehmer, wenn der Täter z. B. mit richtigem Schlüssel oder mit einem Nachschlüssel eingedrungen ist.

Im Beispiel haben die Täter mit Gewalt die Tür aufgehebelt, so dass die Voraussetzung eines Einbruchs erfüllt ist.

Die Anzeige beim Versicherer hat unverzüglich – also ohne schuldhaftes Zögern des Versicherungsnehmers – zu erfolgen.

§ 121 (1) BGB

Schäden durch Einbruchdiebstahl, Vandalismus oder Beraubung sind ebenfalls unverzüglich sofort der Polizei zu melden. Diese Obliegenheit erfüllte der Versicherungsnehmer, als er morgens sofort die Polizei rief, nachdem er den Schaden bemerkte.

Dem Versicherer wurde der Schaden telefonisch gemeldet. Anzeigen oder Willenserklärungen sind zwar in Textform abzugeben – nach Nr. 2 a) bb) kann die Meldung auch mündlich oder telefonisch erfolgen. Der Versicherungsnehmer erhält eine Schadenanzeige, die er sorgfältig auszufüllen und zu unterschreiben hat. Insbesondere muss er die entwendeten Gegenstände genau bezeichnen und dafür in der Regel den Anschaffungspreis und -zeitpunkt sowie den beantragten Ersatz angeben. Da der Versicherungsnehmer den Wiederbeschaffungswert von Sachen gleicher Art und Güte zum Neuwert im Zeitpunkt des Versicherungsfalles erhält, werden Preissteigerungen zwischen Kauf- und Schadentag, z. B. für Schmuck und Preissenkungen, z. B. für das Notebook, berücksichtigt.

§ 35 VHB 2008
§ 26 Nr. 2 a) bb)
VHB 2008

§ 9 Nr. 1 a) VHB 2008

---

1   Vgl. Baumann/Sandkühler, Das neue VVG, a.a.o., S. 65.

Je höher der Wert der entwendeten Sache ist, desto genauer sollte auch die Beschreibung sein, z. B. bei teuren elektronischen Geräten neben der Typenbezeichnung auch die Gerätenummer oder bei wertvollem Schmuck auch eine Skizze des einzelnen Schmuckstückes. Für den Zeitaufwand, den der Versicherungsnehmer benötigt, um diese Liste der entwendeten Sachen aufzustellen, kann er keine Entschädigung verlangen.

§ 26 Nr. 2 a) ff)
VHB 2008

Der Versicherungsnehmer hat dieses Verzeichnis der entwendeten Sachen – die sog. Stehlgutliste – ebenfalls der Polizeidienststelle unverzüglich einzureichen. Dafür kann dem Versicherungsnehmer nur eine Frist von wenigen Tagen eingeräumt werden.

OLG Köln r+s 2000, 339
OLG Köln r+s 2000, 248

Allerdings ist diese Frist auch danach zu bemessen, wie viel Zeit der Versicherungsnehmer benötigt, um diese Aufstellung anzufertigen. Schickt der Versicherungsnehmer diese Liste erst nach über drei Wochen zur Polizei, dann gilt dieser Zeitraum nicht als unverzüglich. Kann der Versicherungsnehmer nicht beweisen, dass er nur fahrlässig diese Obliegenheit verletzte, dann ist der Versicherer berechtigt, die Leistung zu kürzen. Kausalität ist gegeben.

§ 31 Nr. 1 a) VHB 2008
§ 13 Nr. 1 a) bb)
VHB 2008

Sparbücher und Urkunden hat der Versicherungsnehmer unverzüglich sperren zu lassen. Diese Kosten sind im Rahmen der Schadenabwendungs- oder Schadenminderungspflicht versichert. Ebenso werden die Wiederbeschaffungskosten für entwendete Urkunden wie Personalausweis, Reisepass, Führerschein oder Sparbücher ersetzt.

Bei Wertpapieren ist das Aufgebotsverfahren einzuleiten. Dieses Verfahren ist beim zuständigen Amtsgericht zu beantragen, um durch ein Ausschlussurteil die Kraftloserklärung des Wertpapiers zu erlangen.

Der Versicherungsnehmer hat die Schadenstelle unverändert zu lassen, bis der Versicherer sie freigegeben hat. Der Versicherer oder sein Gutachter muss die Möglichkeit haben, die Ursache und Höhe des Schadens sowie den Umfang der Entschädigungspflicht, z. B. bei Unterversicherung, selbst feststellen zu können. Im Beispiel spielt diese Obliegenheit eine untergeordnete Rolle: Die Sachen sind entwendet, die Polizei hat den Einbruch bestätigt, eine Prüfung wegen Unterversicherung entfällt wegen Klausel 7712. Insbesondere bei Brand- oder Leitungswasserschäden ist es wichtig, diese Obliegenheit einzuhalten.

OLG Koblenz
r+s 2000, 337

Meldet der Versicherungsnehmer z. B. verspätet einen hohen Leitungswasserschaden und hat er in der Zwischenzeit alle beschädigten und zerstörten Gegenstände entsorgt, dann kann der Versicherer wegen grob fahrlässiger oder vorsätzlicher Obliegenheitsverletzung (mit Kausalität) die Leistung kürzen oder ablehnen.

§ 26 Nr. 2 a) ii)
VHB 2008

Für die entwendeten Sachen kann der Versicherer Belege, z. B. Kaufquittungen, Rechnungen, Fotos, Expertisen, nachträgliche Kaufbestätigungen durch den Verkäufer oder Buchungen auf einem Kontoauszug anfordern, soweit die Beschaffung dem Versicherungsnehmer billigerweise zugemutet werden kann, d. h. die Anforderungen an diese Belege dürfen nicht überspannt werden. Bei hochwertigen elektronischen Geräten, bei Schmuck und sonstigen Wertsachen sind strengere Anforderungen zu stellen als bei Kleidung oder sonstigen Sachen des täglichen Lebens. In der Regel sind Originalbelege einzureichen. Kosten für die Beschaffung notwendiger Unterlagen gehören meistens zu den Kosten der Schadenermittlung, die dann der Versicherer trägt.

OLG Koblenz
r+s 2000, 161

LF 3

§ 31 Nr. 2 a) VHB 2008

LF 4

Der Versicherungsnehmer sollte deshalb unverzüglich die Belege für die einzelnen Schmuckstücke zusammenstellen und den heutigen Wiederbeschaffungspreis – unter Umständen nach Beratung mit einem Juwelier – angeben. Ebenso ist die Originalrechnung für das Notebook und – soweit vorhanden – der Kaufbeleg für die Lederjacke einzureichen.

LF 15

Belege müssen nachprüfbar sein. Gibt der Versicherungsnehmer an, er habe wertvolle Uhren und Schmuck im Ausland erworben und bestätigt ein dubioser ausländischer Juwelier (ohne genaue Adressangabe) diesen Kauf, dann dürfte dieser Beleg kaum ausreichen. (Im Fax wurden die Uhrenmarken außerdem falsch geschrieben).

OLG Hamm
r+s 2006, 287

Legt der Versicherungsnehmer fingierte Belege vor oder macht er falsche Angaben über die Höhe des Schadens, kann der Versicherer wegen arglistiger Täuschung von der Verpflichtung zur Leistung frei sein – auch wenn sich die Täuschung nur auf einen Teil des Schadens bezieht.

§ 26 Nr. 3 b) VHB 2008
OLG Köln r+s 2006, 421
BGH r+s 2007, 198

Der Versicherungsnehmer hat die Weisungen des Versicherers zur Schadenminderung zu beachten. Der Versicherer fordert beispielsweise den Versicherungsnehmer auf, mit der Reparatur bzw. mit dem Austausch der durch den Einbruch beschädigten Terrassentür zu warten, bis ein Sachverständiger des Versicherers die Reparaturmöglichkeit geprüft hat. Lässt der Versicherungsnehmer trotzdem die Tür austauschen, bevor die Prüfung erfolgte, verstößt der Versicherungsnehmer vorsätzlich gegen eine Obliegenheit im Versicherungsfall. Der Versicherer kann die Leistung für eine neue Tür verweigern.[1]

§ 26 Nr. 2 a) cc) und gg) VHB 2008

---

1 Vgl. Günther/Spielmann, Vollständige und teilweise Leistungsfreiheit nach dem VVG 2008 am Beispiel der Sachversicherung (Teil 1), r+s 2008, 139.

1.6   Beitragsberechnung

1.6.1   Grundlagen der Beitragsberechnung

1.6.1.1 Aufbau des Tarifbeitrages

▶ Situation

Der Kunde ist nach Hamburg in ein Einfamilienhaus gezogen. Bei Antragsaufnahme zur Hausratversicherung stellt er folgende Fragen:

- Weshalb zahlt er einen höheren Beitragssatz als sein Bruder, der in
  Bonn wohnt und beim selben Versicherungsunternehmen versichert
  ist?
- Wieso ist der Versicherungsteuersatz höher als bei der ebenfalls beantragten Wohngebäudeversicherung?

▶ Erläuterung

Die Versicherungsprämie oder der Versicherungsbeitrag ist die Gegenleistung des Versicherungsnehmers für die Gefahrtragung oder für den
Ersatz des Schadens durch das Versicherungsunternehmen.

Der vom Versicherungsnehmer gezahlte Beitrag muss nicht nur die Be-
triebs- oder Verwaltungskosten (z. B. Gehälter, Provisionen, Mieten, Ab-
schreibungen) und den Gewinn, sondern insbesondere die Risiko- oder
Schadenkosten des Versicherungsunternehmens abdecken.

Die folgende Übersicht zeigt die Bestandteile des Brutto- oder Tarifbei-
trages der Hausratversicherung[1].

---

1   Der Beitragsaufbau gilt für die gesamte Schadenversicherung.

Berechnungs-grundlage	Aufbau	Verwendung
Schadenstatistik	Nettorisikobeitrag	Versicherungsleistung
	+ Sicherheitszuschlag	Ausgleich des versicherungstechnischen Risikos
Buchführung, Kostenrechnung	= Risikobeitrag (Nettobeitrag)	
	+ Betriebskosten-zuschlag	Abschluss- und Verwaltungskosten
	+ Gewinnzuschlag	
	= Brutto- oder Tarifbeitrag	
	Risikobeitrag ca. 40–55 % Betriebs-kosten ca. 25–35 % Gewinn ca. 5–20 %	

Die aufgeführten Prozentsätze für die Betriebskosten sind nur beispielsweise zu sehen; sie hängen von der Kostensituation des einzelnen Versicherungsunternehmens – besonders vom Absatzsystem (Direktvertrieb oder Verkauf über Außendienst) – ab.

Die Betriebskosten und gegebenenfalls der Gewinn werden meistens als prozentualer Zuschlag auf den Risikobeitrag aufgeschlagen.

Der Risikobeitrag wird grundsätzlich nach dem Äquivalenzprinzip berechnet. Danach soll der kalkulierte Beitrag dem übernommenen Risiko entsprechen. Die Kalkulation des Risikobeitrages erfolgt deshalb nach Risiko- oder Tarifgruppen auf der Grundlage entsprechender Schadenstatistiken.

Für jede Risikogruppe werden Schadenhäufigkeit (Schadenwahrscheinlichkeit) und durchschnittliche Schadenhöhe ermittelt:

$$\text{Schadenhäufigkeit} = \frac{\text{Anzahl der Schäden}}{\text{Anzahl der Risiken (Verträge)}}$$

$$\text{durchschnittliche Schadenhöhe} = \frac{\text{Gesamtentschädigung}}{\text{Anzahl der Schäden}}$$

Der Risikobeitrag ergibt sich aus

Risikobeitrag = Schadenhäufigkeit × durchschnittl. Schadenhöhe

▶ Beispiel

Die Schadenstatistik für eine Hausratversicherung in Tarifzone III ergibt, dass bei 100 000 Verträgen 8 000 Schäden anfallen. Die Gesamtentschädigung beträgt 5 200 000 €, die durchschnittliche Versicherungssumme 35 000 €.

Wie hoch ist der Risiko- und der Tarifbeitragssatz, wenn der Versicherer mit 10 % Sicherheitszuschlag und mit 71 % Zuschlag für Betriebskosten und Gewinn kalkuliert?

Lösung

Risikobeitrag = Schadenhäufigkeit × durchschnittliche Schadenhöhe

$$\text{Risikobeitrag} = \frac{8\,000}{100\,000} \times \frac{5\,200\,000}{8\,000}$$

Risikobeitrag =   0,08   ×   650   = 52 €

Pro Vertrag werden 52 € Risikobeitrag benötigt.

Der Beitrag wird üblicherweise in Promille ausgewiesen:

$$\begin{array}{ll} 35\,000\,€ \triangleq 1000\,‰ & \\ 52\,€ \triangleq \quad x & \end{array} \quad \frac{1000 \times 52}{35\,000} = 1,49\,‰$$

Um das Risiko abdecken zu können, benötigt der Versicherer 1,49 € pro 1 000 € Versicherungssumme.

Der Risikobeitragssatz kann auch auf folgende Weise berechnet werden:

Risikobeitragssatz = Schadenhäufigkeit × Schadenausbreitung

$$\text{Schadenausbreitung} = \frac{\text{durchschnittl. Schadenhöhe}}{\text{durchschnittl. Versicherungssumme}}$$

Risikobeitragssatz: 0,08 × 0,0186   = 0,00149
                                                      = 1,49 ‰

Risikobeitragssatz	1,49 ‰	
+ 10 % Sicherheitszuschlag	0,15 ‰	
	1,64 ‰	≜ 58,6 %
+ 71 % Kosten- u. Gewinnzuschlag	1,16 ‰	≜ 41,4 %
Tarif- oder Bruttobeitragssatz	2,80 ‰	100,0 %

In der Hausratversicherung wird der Beitrag üblicherweise in folgende Risikogruppen unterteilt:

LF
3

LF
4

LF
15

1. Tarifzonen (Einbruchdiebstahlgefahr)

Viele Versicherungsunternehmen arbeiten mit sechs Tarifzonen (H I–VI), die nach Postleitzahlen unterteilt sind. Zur Tarifzone VI gehören z. B. Hamburg und Frankfurt am Main, weil in diesen Städten das Einbruchdiebstahlrisiko besonders hoch ist.

2. Bauartklasse

Der Tarif kann in folgende Gruppen zusammengefasst werden:

- Bauartklasse I, II und Fertighäuser der Gruppe 1 und 2
- Bauartklasse III, IV und Fertighaus der Gruppe 3
- Bauartklasse V (z. B. Holzfachwerk und weiche Bedachung)

Viele Versicherungsunternehmen verzichten auf die Unterteilung des Tarifes nach Bauartklassen. Einige erheben nur einen Zuschlag für Ried-, Stroh- oder Holzdach („weiches Dach").

3. Nutzung der Wohnung

a) Hausrat in ständig bewohnten Wohnungen
b) Hausrat in nicht ständig bewohnten Wohnungen
- in einem ständig bewohnten Gebäude
- in einem nicht ständig bewohnten Gebäude innerhalb eines geschlossenen Wohngebietes
- in einem nicht ständig bewohnten Gebäude außerhalb eines geschlossenen Wohngebietes
c) Hausrat eingelagert in Lagerhäusern, Speditionen usw.
- vorübergehend eingelagert
- eingelagert, weil Hausrat aufgelöst wird

Einige Versicherungsunternehmen bieten Tarife für Ferienhäuser und -wohnungen außerhalb geschlossener Wohngebiete sowie für eingelagerten Hausrat bei Wohnungsauflösung nicht an.

Der Tarifbeitrag wird in Promille der Versicherungssumme ausgewiesen.

Tarifbeispiel: Hausrat in ständig bewohnten Wohnungen

Grundbeitragssatz					
Tarifzone					
I	II	III	IV	V	VI
1,7 ‰	2,0 ‰	2,3 ‰	2,7 ‰	3,2 ‰	3,9 ‰

Einige Versicherungsunternehmen erheben Zuschläge für Gefahrerhöhung durch einen feuergefährlichen Betrieb im Gebäude oder in unmittelbarer Nähe der Wohnung (z. B. 1,0 ‰).

Für den Einschluss von Klauseln wie Überspannungsschäden durch Blitz oder Fahrraddiebstahlschäden sowie für die Erhöhung der Entschädigungsgrenze für Wertsachen verlangen die Versicherungsunternehmen ebenfalls Zuschläge.

Rabatte werden z. B. gewährt für:

- Vertragsdauer von 3 bis 5 Jahren (Dauerrabatt)
- Selbstbeteiligung am Schaden
- einbruchhemmende Sicherungen an Türen und Fenstern
- Einbruchmeldeanlage

- junge Leute bis zum 25. Lebensjahr
- Bündelungsrabatt (bei Abschluss mehrerer Verträge bei demselben Versicherer)

Besonderheiten

§§ 1, 3 Feuersch. StG

In der Hausratversicherung wird vom Beitragsanteil für die Feuerversicherung 8 % Feuerschutzsteuer erhoben. Dieser Anteil wird mit 20 % angesetzt, so dass vom Gesamtbeitrag (ohne Versicherungsteuer) 1,6 % Feuerschutzsteuer einzuberechnen ist[1]. Steuerschuldner ist das Versicherungsunternehmen.

In der Versicherungspraxis werden die Begriffe Netto- und Bruttobeitrag auch in anderer Bedeutung verwendet:

- In der Gewinn-und-Verlust-Rechnung ist der Bruttobeitrag der gebuchte Beitrag des Erstversicherers. Unter Nettobeitrag oder Beitrag für eigene Rechnung wird der Bruttobeitrag abzüglich Rückversicherungsanteil ausgewiesen.
- Bei der Beitragsabrechnung wird häufig der Beitrag einschließlich Versicherungsteuer als Bruttobeitrag – ohne Versicherungsteuer als Nettobeitrag – bezeichnet.

---

1   In der verbundenen Wohngebäudeversicherung beträgt der Beitragsanteil für die Feuerversicherung 25 %, d. h. 2 % Feuerschutzsteuer vom Gesamtbeitrag.

1.6.1.2 Aufbau der Beitragsabrechnung

► Beispiel

Der Versicherungsnehmer löst den Versicherungsschein für die Hausratversicherung ein. Versicherungssumme: 60 000 €, Tarifbeitragssatz 2,3 ‰; 18 % Versicherungsteuer

Berechnen Sie den Beitrag:

Lösung

Jahresbeitrag (Tarifbeitrag)	138,00 €
+ 18 % Versicherungsteuer	24,84 €
Erstbeitrag	162,84 €

► Erläuterung

Erst- und Folgebeitrag

Unter Erstbeitrag ist der zeitlich erste zu einem Versicherungsvertrag zu zahlende Beitrag zu verstehen, z. B.

§ 20 Nr. 2 VHB 2008

- erster Jahresbeitrag eines mehrjährigen Vertrages
- erste Vierteljahresrate
- erster Beitrag für eine Nachversicherung

Zum Folgebeitrag gehören neben den laufenden Beiträgen z. B. auch

§ 22 Nr. 1 VHB 2008

- zweite Rate bei Ratenzahlung
- Zuschlagsbeitrag nach einer Gefahrerhöhung

Bei Zahlungsverzug treten unterschiedliche Rechtsfolgen bei Erst- und Folgebeitrag ein.

Zahlung des Beitrags

- Der Erstbeitrag ist – unabhängig vom Bestehen eines Widerrufrechts – unverzüglich nach dem im Versicherungsschein angegebenen Beginn zu zahlen.

§ 20 Nr. 2 VHB 2008

- Liegt der vereinbarte Zeitpunkt des Versicherungsbeginns vor Vertragsabschluss ist der Erstbeitrag unverzüglich nach Vertragsabschluss zu zahlen.
- Zahlt der Versicherungsnehmer nicht unverzüglich, beginnt der Versicherungsschutz erst nach Zahlung.
- Der Folgebeitrag wird zu dem vereinbarten Zeitpunkt der jeweiligen Versicherungsperiode fällig.

§ 22 Nr. 1 VHB 2008

- Die Zahlung gilt als rechtzeitig, wenn sie innerhalb des im Versicherungsscheins oder in der Beitragsrechnung angegebenen Zeitraums bewirkt ist.

LF 3

LF 4

LF 15

§ 12 VVG § 24 VHB 2008	▪ Als Versicherungsperiode gilt der Zeitraum eines Jahres. ▪ Ratenzahlung kann mit entsprechenden Zuschlägen vereinbart werden.

Die ausstehenden Raten gelten bis zu den vereinbarten Zahlungsterminen als gestundet. Die gestundeten Raten werden sofort fällig, wenn der Versicherungsnehmer in Verzug gerät.

§ 21 Nr. 3 VHB 2008 — Ein Versicherungsvertrag, der für die Dauer von mehr als drei Jahren geschlossen ist, kann vom Versicherungsnehmer zum Schluss des dritten oder jedes darauf folgenden Jahres unter Einhaltung einer Frist von drei Monaten gekündigt werden.

Versicherungsteuer

§ 7 VersStG	▪ Verkehrsteuer, die der Versicherungsnehmer schuldet und die das Versicherungsunternehmen abzuführen hat
§ 1 VersStG	▪ Die Steuerpflicht entsteht, wenn der Versicherungsnehmer bei Zahlung des Versicherungsentgelts seinen Wohnsitz im Geltungsbereich dieses Gesetzes hat oder wenn ein Gegenstand versichert ist, der sich im Geltungsbereich dieses Gesetzes befindet
§ 6 VersStG	▪ Der Steuersatz beträgt 19 % des Versicherungsentgelts. Unterliegen Beiträge oder Beitragsanteile auch der Feuerschutzsteuer, so ist der Steuersatz geringer: Hausratversicherung: 18 %[1] Wohngebäudeversicherung (alle Gefahren): 17,75 % Feuer- und Feuer-BU-Versicherung: 14 %
§ 3 VersStG	▪ Versicherungsentgelt ist der tatsächlich zu zahlende Betrag (Beitrag einschließlich Zuschläge, Rabatte)
§ 9 VersStG	▪ Wird der Beitrag ganz oder teilweise zurückgezahlt, weil die Versicherung vorzeitig endet oder die Versicherungssumme herabgesetzt wird, so ist dem Versicherungsnehmer mit dem Rückbeitrag auch die zuviel gezahlte Versicherungsteuer zu erstatten.
§ 4 VersStG	▪ Von der Besteuerung sind Lebens-, Kranken- und Rückversicherung sowie Zusatzversicherungen zur Lebensversicherung ausgenommen. Für die Unfallversicherung mit Beitragsrückgewähr gilt ein ermäßigter Steuersatz von 3,8 %. ▪ Berechnung:

$$\begin{array}{l} \text{Tarifbeitrag} \\ - \text{ Rabatte} \\ + \text{ Zuschläge} \\ \hline = \text{ Versicherungsentgelt} \\ + \text{ Versicherungsteuer} \\ \hline = \text{ zu zahlender Betrag} \end{array}$$

---

1   In der Hausratversicherung beträgt der Anteil der Feuerversicherung 20 %, d. h
für 20 % des Beitrags werden 14 % Versicherungsteuer erhoben; für die anderen
Gefahren (= 80 %) gilt eine Versicherungsteuer von 19 %. Der durchschnittliche
Versicherungsteuersatz beträgt dann für alle fünf Gefahren (mit Vandlismus) 18 %.

▶ **Beispiele zu Versicherungsteuersätzen**

- Hausratversicherung mit Einschluss von Klauseln, z. B. Fahr-raddiebstahl, Überspannungsschäden: 18 % Versicherung-steuer
- Hausratversicherung (18 % Versicherungsteuer) mit Haus-halts-Glasversicherung (19 % Versicherungsteuer)
- Hausratversicherung (18 % Versicherungsteuer) mit Privater Unfallversicherung (19 % V.-Steuer)

LF
3

LF
4

LF
15

Besonderheiten

- Versicherungsteuerpflichtig sind auch Vorbeiträge, Umlagen, Nach-schüsse, Eintrittsgelder (beim VVaG) sowie Umschreibungsgebühren
- Der Steuer unterliegen nicht Mahngebühren, Verzugszinsen sowie die Kosten für die Ausstellung eines Ersatzversicherungsscheins
- Bei einer gebündelten Versicherung, z. B. Hausrat mit Glasversiche-rung, handelt es sich um rechtlich selbstständige Verträge. Die Beiträ-ge der einzelnen Sparten sind – auch wegen der unterschiedlichen Steuersätze – getrennt auszuweisen
- Wird eine Gebühr (z. B. Ausfertigungsgebühr) nur einmal je Versiche-rungsschein erhoben, so wird bei einer gebündelten Versicherung mit unterschiedlichen Steuersätzen mit dem höheren Steuersatz gerech-net
- Nach der Preisangabenverordnung (Endpreisverordnung) sind auch die Versicherungsunternehmen verpflichtet, ihr Leistungsangebot mit vollständigen Preisangaben zu versehen.
Nach Auffassung des BaFin können die Versicherungsunternehmen in ihren Tarifen Beitragssätze (z. B. in Promille) ausweisen. Im Ange-bot (Versicherungsantrag) oder im Verkaufsgespräch des Versiche-rungsvertreters mit dem Kunden sind aber die Endpreise in Euro ein-schließlich Versicherungsteuer anzugeben. Zum Endpreis gehören auch alle Nebengebühren.

§ 3 Abs. 1 VersStG

§ 3 Abs. 1 VersStG

§ 1 Nr. 1 PAngV

Rundung

Beiträge, Zuschläge, Nachlässe und Versicherungsteuer werden üblicherweise – auch innerhalb der Beitragsberechnung – centgenau kaufmännisch gerundet.

▶ **Beispiele zur Rundung**

- Beitrag 128,456 € – aufgerundet auf 128,46 €
- Beitrag 340,344 € – abgerundet auf 340,34 €
- Beitrag 225,6647 € – abgerundet auf 225,66 €

Übungen

1. Berechnen Sie den Beitrag für die Hausratversicherung einschließlich 18 % Versicherungsteuer

Versicherungssumme	Beitragssatz
a) 80 000 €	2,0 ‰
b) 110 000 €	1,5 ‰
c) 65 000 €	2,8 ‰
d) 40 000 €	3,3 ‰

2. Der Versicherungsnehmer beantragt eine Hausratversicherung (Versicherungssumme 60 000 € zu 2,0 ‰) und eine Haushalt-Glasversicherung (49 €).

   Berechnen Sie den Beitrag einschließlich Versicherungsteuer.

3. Für eine Hausratversicherung zahlt der Versicherungsnehmer einschließlich 18 % Versicherungsteuer einen Beitrag in Höhe von 177 €.

   Wie hoch ist der Tarifbeitrag?

4. Ein Makler hat von seinen Versicherungsnehmern Beiträge in Höhe von 2 360 € einschließlich 18 % Versicherungsteuer kassiert.

   Wie viel Euro muss er nach Abzug von 16 % Courtage (Provision) an das Versicherungsunternehmen überweisen?

5. Der Versicherungsnehmer zahlt für eine Hausratversicherung 129,80 € bei einer Versicherungssumme von 50 000 €. Der Beitrag enthält 18 % Versicherungsteuer.

   Ermitteln Sie den Beitragssatz.

6. Für eine Hausratversicherung wird bei einem Beitragssatz von 2,8 ‰ und Versicherungsteuer 198,24 € gezahlt.

   Wie hoch ist die Versicherungssumme?

7. Der Versicherungsnehmer schließt für seine Eigentumswohnung (Postleitzahl 28201) eine Hausratversicherung mit 70 000 € Versicherungssumme ab.

   Berechnen Sie den Beitrag einschließlich Versicherungsteuer. Den Beitragssatz entnehmen sie der Tarifzoneneinteilung und der Beitragsübersicht.

1.6.2   Zuschläge und Nachlässe (Rabatte)

1.6.2.1 Beitragszuschläge

LF
3

LF
4

LF
15

Beitragszuschläge

Ratenzuschlag   Risikozuschlag   Zuschlag für erweiterten Versicherungsschutz

Ratenzuschlag

▶ Situation

Als Versicherungsperiode gilt im Allgemeinen der Zeitraum eines Jahres. Der Jahresbeitrag ist bei Vertragsabschluss – also immer im Voraus – fällig. Zahlt der Versicherungsnehmer den Jahresbeitrag in Raten, so entstehen dem Versicherungsunternehmen dadurch erhöhte Verwaltungskosten und Zinsausfall. Um das Beitragsinkasso zu vereinfachen, arbeiten die Versicherungsunternehmen mit festen prozentualen Zuschlägen, obwohl einheitliche Zuschläge aus Kostensicht bei hohen Beiträgen meist zu hoch und bei niedrigen Beiträgen viel zu gering sind. Bei einigen Versicherungsunternehmen wird deshalb bei hohen Beiträgen von den vorgegebenen Ratenzuschlägen abgewichen.

§ 12 VVG
§ 20 Nr. 2 VHB 2008

In der Hausratversicherung sind folgende Ratenzuschläge auf den Jahresbeitrag üblich:

Zahlungsweise	Zuschlag
halbjährlich	3 %
vierteljährlich	5 %
monatlich	5 % L

(L = Lastschriftverfahren)

Bei den meisten Versicherungsunternehmen ist auch monatliche Zahlung bei Lastschriftverfahren möglich – mit Mindestraten, z. B. 15 €. Wird der Mindestbeitrag nicht erreicht, dann muss die Zahlungsweise geändert werden. Einige Versicherungsunternehmen erheben bei monatlicher Zahlung 6–7 % Zuschlag.

Die aufgeführten Ratenzuschläge gelten für die gesamte Sach- und für die HUK-Versicherung.

Besonderheiten

- Die Lebensversicherung arbeitet mit anderen Ratenzuschlägen
  halbjährliche Zahlung   2 % Zuschlag
  vierteljährliche Zahlung   3 % Zuschlag
  monatliche Zahlung   5 % Zuschlag
  Der Ratenzuschlag entfällt, wenn Monatsbeiträge kalkuliert sind.

§ 1 Nr. 1 PAngV
- Ratenzuschläge gehören nach der Preisangabenverordnung zu den „sonstigen Preisbestandteilen". Im Preisangebot des Außendienstes oder des Versicherungsunternehmen ist deshalb auf Ratenzuschläge ausdrücklich hinzuweisen.

§ 24 VHB 2008
- Bei Ratenzahlung gelten die ausstehenden Raten als gestundet. Sie werden sofort fällig, wenn der Versicherungsnehmer in Verzug gerät. Außerdem kann der Versicherer für die Zukunft jährliche Beitragszahlung verlangen.

▶ Beispiel

Berechnung des Ratenzuschlages

Der Versicherungsnehmer beantragt eine Hausratversicherung mit 40 000 € Versicherungssumme; Beitragssatz 3,0 ‰, vierteljährliche Zahlungsweise, 18 % Versicherungsteuer.

Wie hoch ist der Vierteljahresbeitrag?

Lösung

Jahresbeitrag	120,00 €
+ 5 % Ratenzuschlag	6,00 €
	126,00 € : 4
Vierteljahresrate	31,50 €
+ 18 % Versicherungsteuer	5,67 €
Vierteljahresbeitrag	37,17 €

Die Praxis ermittelt die Beitragsraten überwiegend mit Umrechnungsfaktoren:

- halbjährliche Zahlungsweise 3 % Zuschlag
  103 % = 1,03 : 2 = 0,5150
- vierteljährliche Zahlungsweise 5 % Zuschlag
  1,05 : 4 = 0,2625
- monatliche Zahlungsweise 5 % Zuschlag
  1,05 : 12 = 0,0875

Jahresbeitrag	120,00 €	x	0,2625
Vierteljahresrate	31,50 €		
+ 18 % V.-Steuer	5,67 €		
Vierteljahresbeitrag	37,17 €		

Der Ratenzuschlag wird vom Tarifbeitrag einschließlich Zuschläge und Nachlässe – aber vor der Versicherungsteuer – ermittelt.

Übungen

1. Berechnen Sie den Beitrag für die Hausratversicherung einschließlich 18 % Versicherungsteuer.

Versicherungssumme	Beitragssatz	Zahlungsweise
a) 60 000 €	3,3 ‰	halbjährlich
b) 80 000 €	2,0 ‰	monatlich
c) 90 000 €	2,8 ‰	vierteljährlich
d) 35 000 €	1,5 ‰	halbjährlich

2. Für eine Hausratversicherung zahlt der Versicherungsnehmer bei vierteljährlicher Zahlung einschließlich Ratenzuschlag und 18 % Versicherungsteuer 43,37 €. Der Beitragssatz beträgt 2,8 ‰.

   Wie hoch ist die Versicherungssumme?

3. a) Wie viel Euro spart ein Versicherungsnehmer, wenn er statt bisher halbjährlich künftig jährlich zahlt? Der Halbjahresbeitrag beträgt einschließlich Ratenzuschlag und 18 % Versicherungsteuer 243,08 €.
   b) Muss bei der Berechnung die Versicherungsteuer berücksichtigt werden?

4. Der Versicherungsnehmer zahlt für eine Hausratversicherung (Versicherungssumme 100 000 € zu 3,3 ‰) einen Monatsbeitrag einschließlich 18 % Versicherungsteuer in Höhe von 34,40 €.

   Berechnen Sie den Prozentsatz des Ratenzuschlages, der vom üblichen Satz abweicht.

5. Der Versicherungsnehmer beantragt eine Hausratversicherung mit Haushaltsglasversicherung (Wohnfläche 120 qm) für seine Mietwohnung in 30625 Hannover. Er schließt die Klausel 7712 ein.

   Ermitteln Sie die Halbjahresrate einschließlich 18 % bzw. 19 % Versicherungsteuer.

Risikozuschläge sowie Zuschläge für die Erweiterung des Versicherungsschutzes

Risikozuschläge

Das Versicherungsunternehmen kalkuliert den Risikobeitrag für eine bestimmte Wagnis- oder Tarifgruppe mit gleichartigen Gefahrenmerkmalen. Für erhöhte Risiken reicht der kalkulierte Schadenbeitrag nicht aus. Um auch bei diesen Risiken einen Ausgleich zu erreichen, wird ein der Risikohöhe entsprechender Zuschlag erhoben. Dazu gehören beispielsweise in der Hausratversicherung Zuschläge für Gefahrerhöhung durch:

- vorübergehendes Unbewohntsein der Wohnung über die Dauer von 60 Tagen hinaus (1 ‰ Zuschlag je angefangener Monat)
- feuergefährliche Betriebe im Gebäude oder in unmittelbarer Nähe
- Bauartklasse III–IV, sofern kein eigener Beitragssatz ausgewiesen wird

Zuschläge für die Erweiterung des Versicherungsschutzes

Der Versicherungsnehmer kann vereinbaren, dass weitere Gefahren oder Sachen eingeschlossen oder die Entschädigungsgrenzen erhöht werden. Diese Haftungserweiterungen sind in der Hausratversicherung häufig in Klauseln geregelt und erfordern meistens einen Zuschlag zum Tarifbeitrag, z. B.

- Fahrraddiebstahl, Klausel 7110
- Überspannungsschäden durch Blitz, Klausel 7111
- Datenrettungskosten, Klausel 7112
- Erhöhung der Außenversicherungsgrenze, Klausel 7713
- Erhöhung der Grenze für Wertsachen
- Erweiterte Elementarschadenversicherung

Kostenzuschläge können bei kleinen Versicherungssummen und niedrigen Beiträgen gerechtfertigt sein, da der im Beitrag einkalkulierte Kostenanteil die tatsächlichen Verwaltungskosten häufig nicht abdeckt.

In der Hausratversicherung werden keine Kostenzuschläge erhoben; hier werden Mindestbeiträge festgesetzt (z. B. 35 € je Versicherungsschein).

Zuschläge werden entweder in Promille (von der Versicherungssumme) oder in Prozent (vom Tarifbeitrag in €) angegeben.

Zuschläge in Promille (von der Versicherungssumme)

▶ Beispiel

Für eine Hausratversicherung gelten folgende Daten:
Versicherungssumme 55 000 € zu 2,2 ‰;
0,2 ‰ Zuschlag für Einschluss Fahrraddiebstahl
0,3 ‰ Erhöhung der Entschädigungsgrenze für Wertsachen
18 % Versicherungsteuer

Wie hoch ist der Beitrag?

Lösung

Tarifbeitragssatz	2,2 ‰
+ Zuschlag für Fahrraddiebstahl	0,2 ‰
+ Zuschlag für Wertsachenerhöhung	0,3 ‰
Beitragssatz	2,7 ‰
55 000 € zu 2,7 ‰	148,50 €
+ 18 % Versicherungsteuer	26,73 €
Beitrag	175,23 €

Promillezuschläge sind zum Beitragssatz zu addieren.

Zuschläge in Prozent (vom Tarifbeitrag in €)

▶ Beispiel

Hausratversicherung 60 000 € zu 3,0 ‰
5 % Zuschlag wegen Gefahrerhöhung
5 % Ratenzuschlag (vierteljährliche Zahlung)
18 % Versicherungsteuer
Berechnen Sie die Vierteljahresrate.

Lösung

Tarifbeitrag	180,00 €
+ 5 % Zuschlag Gefahrerhöhung	9,00 €
	189,00 €
+ 5 % Ratenzuschlag	9,45 €
	198,45 € : 4
	49,61 €
+ 18 % Versicherungsteuer	8,93 €
Vierteljahresbeitrag	58,54 €

Prozentzuschläge werden üblicherweise nacheinander berechnet.

Der Ratenzuschlag ist vom gesamten Beitrag – also einschließlich Zuschlag für Gefahrerhöhung – zu erheben. Dagegen könnten Prozentzuschläge, die nicht voneinander abhängen (z. B. verschiedene Risikozuschläge), in einer Summe aus dem Tarif- oder Grundbeitrag berechnet werden. In der Versicherungspraxis gibt es keine einheitliche Regelung. Um die Schwierigkeiten für den Außendienst bei der Beitragsberechnung zu begrenzen, reduzieren viele Versicherungsunternehmen ihre Zuschläge bzw. setzen sie in Promille fest.

In den Übungsaufgaben sind Prozentzuschläge nacheinander zu berücksichtigen.

Übungen

1. Berechnen Sie den Beitrag einschließlich Zuschläge und 18 % Versicherungsteuer.

Versicherungssumme	Beitragssatz	1. Zuschlag	2. Zuschlag
a) 110 000 €	1,5 ‰	10 %	20 %
b) 40 000 €	2,8 ‰	30 %	5 %
c) 55 000 €	3,3 ‰	20 %	15 %

2. Zu seiner Hausratversicherung (Versicherungssumme 60 000 € zu 1,5 ‰) schließt der Versicherungsnehmer die Klausel Fahrraddiebstahl (Zuschlag 0,5 ‰) ein. Außerdem erhöht er die Grenze für Wertsachen auf 30 % (Zuschlag 0,5 ‰). Der Versicherungsnehmer zahlt vierteljährlich.

   Ermitteln Sie die Vierteljahresrate einschließlich Ratenzuschlag und 18 % Versicherungsteuer.

3. Der Versicherungsnehmer beantragt für seine Versicherung (Versicherungssumme 80 000 € zu 3,3 ‰) den Einschluss der Klausel Überspannung (0,3 ‰ Zuschlag) und des Inhalts seines Bankschließfaches (Versicherungssumme 30 000 € zu 1,5 ‰).

   Berechnen Sie den Halbjahresbeitrag einschließlich Ratenzuschlag und Versicherungsteuer.

4. Für seine Hausratversicherung (Versicherungssumme 100 000 €) zahlt der Versicherungsnehmer einschließlich Klausel Überspannungsschäden (0,3 ‰ Zuschlag), 20 % Zuschlag wegen Gefahrerhöhung, Ratenzuschlag und Versicherungsteuer einen Vierteljahresbeitrag in Höhe von 85,49 €.

   Wie hoch ist der Tarifbeitragssatz?

5. Zu seiner Versicherung (Versicherungssumme 60 000 € zu 2,8 ‰) schließt der Versicherungsnehmer Schäden durch Überspannung und Blitz (0,1 ‰ Zuschlag) ein. Er zahlt einen Jahresbeitrag in Höhe von 307,98 € einschließlich Bauartklassenzuschlag und 18 % Versicherungsteuer.

   Ermitteln Sie den Prozentsatz des Bauartklassenzuschlages.

6. Wegen eines beruflichen Auslandsaufenthaltes ist die Wohnung des Versicherungsnehmers vom 15. 2. bis 30. 9. nicht bewohnt. Der Versicherungsnehmer erhebt einen Zuschlag wegen Unbewohntseins der Wohnung über die Dauer von 60 Tagen hinaus in Höhe von 1 ‰ je angefangenem weiterem Monat (Versicherungssumme 45 000 €).

   Wie hoch ist der Zuschlag?

1.6.2.2   Beitragsnachlässe

Risikorabatt

Dieser Rabatt wird wegen günstiger Gefahrenlage oder wegen besonderer Sicherungseinrichtungen gewährt – in der Hausratversicherung, z. B. für

- eine vom VdS anerkannte Einbruchmeldeanlage (Der Zuschlag für die Erhöhung der Entschädigungsgrenze nach § 13 Nr. 2 a) VHB 2008 reduziert sich dadurch um 25 % bis 60 %)
- einbruchhemmende Sicherungen
- Selbstbeteiligung (z. B. 15 % Nachlass bei 250 € Selbstbeteiligung je Schadenfall)

Kostenrabatt

In der Hausratversicherung rechnet dazu insbesondere der Dauerrabatt. Schließt der Versicherungsnehmer den Versicherungsvertrag für eine Dauer von drei bzw. fünf Jahren ab, so gewährt ihm das Versicherungsunternehmen z. B. 10 % Rabatt. Dadurch wird der Kostenvorteil des Versicherungsunternehmens bei längerer Vertragslaufzeit berücksichtigt, weil sich die hohen Abschlusskosten (Abschlussprovision, Antragsbearbeitung) auf die gesamte Dauer verteilen. Außerdem kann auch wegen des Risikoausgleiches über eine längere Zeit der Schadenbedarf bei mehrjährigen Verträgen geringer ausgesetzt werden, so dass er zum Teil auch zum Risikorabatt gehört.

Viele gewähren einen Bündelungsrabatt, wenn der Versicherungsnehmer verschiedene Versicherungssparten bei diesem Versicherungsunternehmen – z. B. als „gebündelte Versicherung" – abschließt[1].

Einige Versicherungsunternehmen bieten einen Rabatt (25 %–30 %) für junge Leute bis zum vollendeten 25. Lebensjahr an. Dieser Nachlass wird wohl eher aus absatzpolitischen Gründen gewährt.

---

1   Vgl. 1.10.2.

Rabatt in Prozent (vom Tarifbeitrag in €)

▶ Beispiel

Hausratversicherung: Versicherungssumme 120 000 € zu 3,5 ‰.
Erhöhung der Entschädigungsgrenze für Wertsachen auf 30 %,
Zuschlag 1,0 ‰. (Dieser Zuschlag reduziert sich um 25 % wegen einer anerkannten Einbruchmeldeanlage.)

5 % Rabatt für einbruchhemmende Sicherungen, 10 % Dauerrabatt. Wie hoch ist der Halbjahresbeitrag einschließlich Ratenzuschlag und 18 % Versicherungsteuer?

Lösung

Beitragssatz:	3,50 ‰
+ Zuschlag wegen Erhöhung der Entschädigungsgrenze	0,75 ‰
(75 % von 1‰)	4,25 ‰
120 000 € zu 4,25 ‰ =	510,00 €
− 5 % Sicherungsrabatt	25,50 €
	484,50 €
− 10 % Dauerrabatt	48,45 €
	436,05 €
+ 3 % Ratenzuschlag	13,08 €
	449,13 € : 2
	224,57 €
+ 18 % Versicherungsteuer	40,42 €
Halbjahresbeitrag	264,99 €

Mehrere Prozentrabatte werden nacheinander vom jeweiligen Restbetrag berechnet.

In der Hausratversicherung werden Nachlässe selten in Promille angegeben; sie werden in einer Summe vom Beitragssatz abgezogen.

Übungen

1. Berechnen Sie den Beitrag einschließlich Rabatte und 18 % Versicherungsteuer.

Versicherungssumme	Beitragssatz	1. Rabatt	2. Rabatt
a) 80 000 €	2,8 ‰	10 %	10 %
b) 140 000 €	3,3 ‰	20 %	5 %
c) 40 000 €	2,0 ‰	30 %	8 %

2. Zu einer Hausratversicherung (Versicherungssumme 40 000 € zu 2,0 ‰) beantragt der Versicherungsnehmer eine Erhöhung der Entschädigungsgrenze für Wertsachen auf 40 % der Versicherungssumme (1,5 ‰ Zuschlag).

   Der Zuschlag vermindert sich wegen einer anerkannten Einbruchmeldeanlage um 40 %. Außerdem schließt der Versicherungsnehmer Klausel 7110 (0,4 ‰ Zuschlag) und Klausel 7111 (0,3 ‰ Zuschlag) ein. Das Versicherungsunternehmen gewährt ihm 15 % Rabatt wegen Selbstbeteiligung und 10 % Dauerrabatt.

   a) Berechnen Sie den Monatsbeitrag einschließlich 5 % Ratenzuschlag und 18 % Versicherungsteuer.
   b) Nach dem Tarif des Versicherungsunternehmens ist eine Mindestrate von 10 € (ohne Versicherungsteuer) vorgesehen. Beraten Sie den Kunden.

3. Der Versicherungsnehmer bezahlt einen Halbjahresbeitrag in Höhe von 110,26 €. Dieser Beitrag enthält einen Bauartklassenzuschlag, 10 % Dauerrabatt, 3 % Ratenzuschlag und 18 % Versicherungsteuer (Versicherungssumme 60 000 € zu 2,8 ‰).

   Ermitteln Sie den Prozentsatz des Bauartklassenzuschlags.

4. Wegen Bauartklasse V erhebt das Versicherungsunternehmen einen Beitragssatz von 5,4 ‰ (Versicherungssumme 130 000 €). Der Versicherungsnehmer erhält folgende Rabatte:

   - 15 % wegen einbruchhemmender Sicherungen
   - 30 % wegen Selbstbeteiligung von 500 €
   - 10 % Dauerrabatt

   Wie hoch ist der Jahresbeitrag einschließlich 18 % Versicherungsteuer?

5. Für eine Hausratversicherung in 01324 Dresden (Klausel 7712 ist vereinbart; Wohnfläche 130 qm) werden folgende Zuschläge erhoben: Zuschlag für Erhöhung der Entschädigungsgrenze für Wertsachen 0,6 ‰, wegen einer anerkannten Einbruchmeldeanlage reduziert sich dieser Zuschlag um 25 %, Zuschlag für Gefahrerhöhung durch eine Tischlerei innerhalb des Gebäudes 0,5 ‰. Der Versicherungsnehmer erhält 15 % Rabatt wegen Selbstbeteiligung und 10 % Dauerrabatt.

   Berechnen Sie den Halbjahresbeitrag einschließlich Ratenzuschlag und Versicherungsteuer.

1.6.3 Nachbeiträge

Nachbeiträge werden erhoben, wenn zu einem bestehenden Vertrag während der Versicherungsperiode die Versicherungssumme erhöht oder der Versicherungsschutz durch den Einschluss zusätzlicher Gefahren, Kosten oder Sachen erweitert wird. Ein Nachbeitrag wird auch berechnet, wenn der Versicherungsnehmer in eine höhere Tarifzone umzieht und sich dadurch der Beitragssatz erhöht.

Eine Änderung von grundlegenden Merkmalen des bisherigen Vertrages (z. B. Umstellung auf neue AVB mit weiteren Einschlüssen) könnte auch als Antrag auf einen neuen Vertrag angesehen werden. Da mit einem neuen Vertrag auch andere Rechtsfolgen beispielsweise bei Zahlungsverzug verbunden sind, sollte das Versicherungsunternehmen auf den Neuvertrag ausdrücklich hinweisen. Der unverbrauchte Beitrag aus dem alten Vertrag wird in diesem Fall mit dem neuen Beitrag verrechnet oder zurückvergütet[1].

Nachbeiträge werden in der Sachversicherung überwiegend nach Tagen (pro rata temporis) berechnet.

Tageberechnung

Für die Berechnung der Tage wird jeder Monat mit 30 Tagen und das Jahr mit 360 Tagen angesetzt.[2] Nach § 10 VVG beginnt die Versicherung mit Beginn des Tages, an dem der Vertrag geschlossen wird – also um 0.00 Uhr. Der Vertrag endet mit Ablauf des letzten Tages der Vertragszeit, d. h. um 24.00 Uhr.

Von dieser Vorschrift kann abgewichen werden, so dass bei einigen Versicherungsunternehmen wie bisher die Verträge um 12.00 Uhr mittags beginnen und auch zu diesem Zeitpunkt enden.[3]

Um die Tage einheitlich berechnen zu können, wird deshalb die Versicherungsperiode (z. B. bei einer Hauptfälligkeit 1. 1.) vom 1. 1., 0.00 Uhr bis zum 30. 12. desselben Jahres 24.00 Uhr angesetzt.[4] Zur Tagesberechnung kann dann weiter die „Abziehmethode" verwendet werden, d. h. es wird das frühere Datum von dem späteren „abgezogen" – zum Ergebnis muss dann aber ein Tag dazugezählt werden:

- 22. 12. (0.00 Uhr) bis 30. 12. (24.00 Uhr) = 8 + 1 = 9 Tage
- 14. 08. (0.00 Uhr) bis 30. 12. (24.00 Uhr) = 136 + 1 = 137 Tage
- 01. 01. (0.00 Uhr) bis 16. 03. (24.00 Uhr) = 75 + 1 = 76 Tage

---

1   Vgl. Abschnitt 1.6.4 und 1.6.5
2   Nach § 191 BGB wird das Jahr zu 365 Tagen gerechnet. Aus Vereinfachungsgründen zählt das Jahr in den folgenden Beitragsberechnungen nur 360 Tage.
3   Vgl. § 7 Abs. 1 VVG alt
4   Natürlich läuft die Versicherung bis zum 31. 12. 24.00 Uhr. Da der Monat aber nur 30 Tage zählt, ist für die Tageberechnung der 30. 12. 24.00 Uhr zu nehmen. Einige VU berechnen die Tage genau nach Kalender.

Nachbeitrag (Abrechnung genau nach Tagen)

▶ **1. Beispiel**

Zu einer bestehenden Hausratversicherung (Versicherungssumme 60 000 € zu 2,8 ‰, Versicherungsperiode 1. 2.–30. 1.) erhöht der Versicherungsnehmer wegen Neuanschaffungen die Versicherungssumme zum 15. 8. auf 80 000 € und schließt außerdem Fahrraddiebstahl (Zuschlag 0,5 ‰) ein.

Berechnen Sie den Nachbeitrag genau nach Tagen ab 15. 8. (p.r.t.) einschließlich 18 % Versicherungsteuer.

Lösung

Nachbeitrag für 166 Tage

01. 02.   15. 08. (0.00 Uhr)   30. 01. (24.00 Uhr)

Neuer Jahresbeitrag (80 000 € zu 3,3 ‰)	264,00 €
– alter Jahresbeitrag (60 000 € zu 2,8 ‰)	168,00 €
Jahresmehrbeitrag	96,00 €

Nachbeitrag ab 15. 8. für 166 Tage
360 Tage ≙ 96 €
166 Tage ≙ x

$$\frac{96 \times 166}{360} = \qquad 44,27\ €$$

+ 18 % Versicherungsteuer	7,97 €
Nachbeitrag zum 15. 8.	52,24 €

▶ **2. Beispiel**

Der Versicherungsnehmer ändert ab dem 20. 3. die Versicherungssumme von 30 000 € auf 40 000 € (Beitragssatz 3,0 ‰, Versicherungsperiode 1. 1.–30. 12., **halbjährliche Zahlung**). Außerdem erhöht er die Entschädigungsgrenze für Wertsachen auf 30 % (0,6 ‰ Zuschlag).

Wie hoch ist der Nachbeitrag ab dem 20. 3. einschließlich 18 % Versicherungsteuer?

Lösung

Nachbeitrag für 101 Tage

01. 01.	20. 03. (0.00 Uhr)	30. 06. (24.00 Uhr)		30. 12.

Neuer Halbjahresbeitrag (40 000 € zu 3,6 ‰)	144,00 €
+ 3 % Ratenzuschlag	4,32 €
	148,32 € : 2
	74,16 €
Alter Halbjahresbeitrag (30 000 € zu 3,0 ‰)	90,00 €
+ 3 % Ratenzuschlag	2,70 €
	92,70 € : 2
	46,35 €
	74,16 €
	− 46,35 €
Halbjahresdifferenz	27,81 €
für 101 Tage: $\dfrac{27,81 \times 101}{180} =$	15,60 €
+ 18 % Versicherungsteuer	2,81 €
Nachbeitrag ab dem 20. 3.	18,41 €

Nachbeiträge werden für die Zeit ab Änderungstag bis zum Ende der Versicherungsperiode oder bei Ratenzahlung bis zum Ende der jeweiligen Beitragsrate berechnet. Nachbeiträge unterliegen der Versicherungsteuer.

Rechenschritte

1. Berechnen des **neuen** Jahres-, Halb- oder Vierteljahresbeitrags
2. Berechnen des **alten** Jahres-, Halb- oder Vierteljahresbeitrags
3. Ermittlung der Beitragsdifferenz
4. Ermittlung der Tage für die Restlaufzeit (ab Änderungsdatum bis zum Ende der Versicherungsperiode oder bei Ratenzahlung bis zur nächsten Fälligkeit)
5. Nachbeitrag = Beitragsdifferenz x Tage
   360/180/90 Tage
6. Nachbeitrag zuzüglich Versicherungsteuer

LF
3

LF
4

LF
15

Übungen

1. Berechnen Sie den Nachbeitrag einschließlich 18 % Versicherungsteuer.

Summe		Ablauf	Ände-	Beitragssatz	
bisher €	künftig €	(24.00 Uhr)	rung	bisher	künftig
a) 60 000	75 000	30. 04.	18. 09.	1,5 ‰	1,7 ‰
b) 90 000	120 000	14. 08.	01. 12.	2,8 ‰	3,3 ‰
c) 80 000	100 000	19. 10.	15. 06.	2,0 ‰	2,5 ‰
d) 30 000	50 000	30. 06.	01. 02.	3,3 ‰	3,8 ‰

2. Der Versicherungsnehmer erhöht zum 15. 4. die Versicherungssumme von 40 000 € auf 55 000 € (Beitragssatz 3,3 ‰, Versicherungsperiode 1. 2.–30. 1.; halbjährliche Zahlung).

   Wie hoch ist der Nachbeitrag ab 15. 4. einschließlich 18 % Versicherungsteuer?

3. Wegen Erhöhung der Versicherungssumme von 35 000 € auf
   50 000 € und Einschluss der Klausel Fahrraddiebstahl (0,2 ‰ Zuschlag) hat der Versicherungsnehmer einen Nachbeitrag einschließlich 18 % Versicherungsteuer von 11,50 € zu zahlen (Tarifbeitragssatz 2 ‰).

   Zu welchem Termin erfolgte die Änderung? (Versicherungsperiode
   1. 10.–30. 9.)

4. Der Versicherungsnehmer vereinbart zu seiner Hausratversicherung (Versicherungssumme 45 000 € zu 2,8 ‰, Versicherungsperiode 1. 2.–30. 1.) ab 1. 8. die Erhöhung der Versicherungssumme auf 60 000 €, den Einschluss der Klausel 7110 (Zuschlag 0,5 ‰)
   und Selbstbeteiligung (Rabatt 15 %).

   Ermitteln Sie den Nachbeitrag ab 1. 8.

5. Der Versicherungsnehmer vereinbart zu seiner Hausratversicherung in 80337 München
   (140 qm Wohnfläche mit Klausel 7712) ab 10. 8.:
   ▪ Klausel 7110 (mit 1 % Entschädigungsgrenze)
   ▪ Klausel 7111 (mit 5 % Entschädigungsgrenze)
   ▪ 5 Jahre Laufzeit
   (Versicherungsperiode: 1. 2.–30. 1.)

   Berechnen Sie den Nachbeitrag ab 10. 8. einschließlich Versiche-
   rungsteuer.
   Den Beitragssatz sowie die Zuschläge entnehmen Sie bitte dem
   Tarif.

1.6.4 Rückbeiträge

Endet der Versicherungsvertrag vor Ablauf oder wird er während der Versicherungsperiode geändert, so erhält der Versicherungsnehmer den noch nicht verbrauchten Beitrag zurück, z. B.:   § 25 VHB 2008

- Kündigung nach Versicherungsfall   § 33 Nr. 2 VHB 2008
- Kündigung nach Umzug in eine höhere Tarifzone   § 11 Nr. 5 c) VHB 2008
- Beendigung des Versicherungsvertrages durch Tod des Versicherungsnehmers   § 21 Nr. 5 b) VHB 2008
- Beseitigung einer Mehrfachversicherung   § 29 Nr. 4 VHB 2008
- Wegfall des versicherten Interesses   § 25 Nr. 1 b) VHB 2008
- Beitragerstattung bei Widerruf, Rücktritt, Anfechtung   § 25 Nr. 2 VHB 2008

Der Beitrag wird auch zurückgezahlt bzw. verrechnet bei Herabsetzung der Versicherungssumme (§ 28 Nr. 1 VHB 2008) oder des Beitragssatzes (z. B. durch Umzug in eine niedrigere Tarifzone § 11 Nr. 5 a) VHB 2008) oder Gewährung von Rabatten während der Versicherungsperiode.

▶ 1. Beispiel

Der Versicherungsnehmer zieht von Tarifzone II nach Tarifzone IV um und meldet den Wohnungswechsel bei Umzugsbeginn seinem Versicherer. Der Beitragssatz erhöht sich von 2 ‰ auf 3,3 ‰. Der Versicherungsnehmer kündigt den Vertrag nach § 11 Nr. 5 b) VHB 2008.

Die Kündigung geht dem Versicherungsunternehmen am 14. 4. zu. (Versicherungssumme 60 000 €, Versicherungsperiode 1. 2.–30. 1.)

a) jährliche Zahlung
b) halbjährliche Zahlung

Lösung

Die Kündigung wird einen Monat nach Zugang beim Versicherungsunternehmen wirksam. Ermitteln Sie ab 15. 5. den Rückbeitrag.

LF 3

LF 4

LF 15

a) Jährliche Zahlung

Rückbeitrag für 256 Tage

```
├───────────────┬───────────────────────────────┤
01. 02.        15. 05. (0.00 Uhr)              30. 01. (24.00 Uhr)
               Wirksamwerden
               der Kündigung
```

60 000 € zu 2 ‰	120,00 €
für 256 Tage: $\dfrac{120 \times 256}{360} =$	85,33 €
+ 18 % Versicherungsteuer	15,36 €
Rückbeitrag	100,69 €

b) Halbjährliche Zahlung

Rückbeitrag für 76 Tage

```
├───────┬───────────────┬───────────────────────┤
01. 02.  15. 05.       30. 07. (24.00 Uhr)      30. 09.
1. Rate  (0.00 Uhr)    2. Rate
```

60 000 € zu 2 ‰	120,00 €
+ 3 % Ratenzuschlag	3,60 €
	123,60 € : 2
	61,80 €
für 76 Tage: $\dfrac{61,80 \times 76}{180} =$	26,09 €
+ 18 % Versicherungsteuer	4,70 €
Rückbeitrag	30,79 €

Rückbeiträge werden – wie Nachbeiträge – für die Restlaufzeit berechnet. Mit dem Rückbeitrag erhält der Versicherungsnehmer die zu viel gezahlte Versicherungsteuer zurück.

▶ 2. Beispiel

Wegen erheblicher Überversicherung bittet der Versicherungsnehmer, die Versicherungssumme (nach § 28 Nr. 1 VHB 2008) von 80 000 € auf 70 000 € ab 1. 8. herabzusetzen (Beitragssatz 2,7 %, Versicherungsperiode 1. 4.–30. 3., vierteljährliche Zahlung, 3 Jahre Laufzeit). Ermitteln Sie den Rückbeitrag ab 1. 8.

(Rechenschritte wie bei Berechnung des Nachbeitrags Abschnitt 1.6.3)

Lösung

Rückbeitrag für 60 Tage

01. 04.   30. 06. 01. 08.   30. 09.   30. 12.   30. 03.

alter Vierteljahresbeitrag (80 000 € zu 2,7‰)	216,00 €
– 10 % Dauerrabatt	– 21,60 €
	194,40 €
+ 5 % Ratenzuschlag	+ 9,72 €
	204,12 € : 4
	= 51,03 €
neuer Vierteljahresbeitrag (70 000 € zu 2,7 ‰)	189 €
– 10 % Dauerrabatt	– 18,90 €
	170,10 €
+ 5 % Ratenzuschlag	+ 8,51 €
	178,61 € : 4
	= 44,65 €
	51,03 €
	– 44,65 €
Vierteljahresdifferenz	6,38 €
für 60 Tage: $\dfrac{6,38 \times 60}{90} =$	4,25 €
+ 18 % Versicherungsteuer	0,77 €
Rückbeitrag ab 1. 8.	5,02 €

LF 3

LF 4

LF 15

Übungen

1. Berechnen Sie den Rückbeitrag einschließlich 18 % Versicherung-steuer.

Versicherungs-summe	Beitrags-satz	Versicherungs-periode	Kündigung wirksam ab
a) 40 000 €	2,8 ‰	15. 05.–14. 05.	31. 08.
b) 70 000 €	1,5 ‰	20. 02.–19. 02.	15. 10.
c) 90 000 €	2,0 ‰	10. 06.–09. 06.	01. 02.

2. Nach mehreren Schäden kündigt das Versicherungsunternehmen nach dem letzten Versicherungsfall den Vertrag zum 31. 5. (24.00 Uhr) Vertragsdaten: 35 000 € Versicherungssumme zu 3,3 ‰, 0,6 ‰ Zuschlag für Einschluss Fahrraddiebstahl, 30 % „Junge Leute"-Rabatt, halbjährliche Zahlung, Versicherungsperiode 16. 3.–15. 3.

   Wie hoch ist der Rückbeitrag einschließlich 18 % Versicherung-steuer?

3. Ab 1. 10. gewährt das Versicherungsunternehmen dem Versiche-rungsnehmer 5 % Rabatt wegen Einbau von einbruchhemmenden Sicherungen. Zum selben Termin wird der Zuschlag für die Erhö-hung der Entschädigungsgrenze für Wertsachen um 40 % wegen Installierung einer anerkannten Einbruchmeldeanlage reduziert. (Versicherungssumme 90 000 € zu 3,0 ‰, 1,5 ‰ Zuschlag für die Erhöhung der Entschädigungsgrenze für Wertsachen; Versiche-rungsperiode 1. 4.–30. 3.).

   Ermitteln Sie den Rückbeitrag einschließlich 18 % Versicherungsteuer.

4. Wegen erheblicher Überversicherung bittet der Versicherungsneh-mer um Herabsetzung der Versicherungssumme von 100 000 € auf 80 000 € (Beitragssatz 3,3 ‰, Versicherungsperiode 20. 2.–19. 2.). Das Versicherungsunternehmen zahlt ihm 25,96 € einschließlich 18 % Versicherungsteuer zurück.

   Zu welchem Termin wurde die Minderung des Beitrages wirksam?

5. Am 16. 3. stirbt der Versicherungsnehmer. In den folgenden Wo-chen lösen die Erben den Haushalt auf und bitten anschließend um Rückbeitrag (Versicherungssumme 60 000 € zu 2,8 ‰, Versiche-rungsperiode 1. 2.–30. 1., halbjährliche Zahlung). Das Versiche-rungsunternehmen rechnet nach § 21 Nr. 5 b) VHB 2008 den Bei-trag anteilig ab.

   Wie hoch ist der Rückbeitrag?

6. Der Versicherungsnehmer zieht am 10. 7. von 29229 nach 60314; dadurch erhöht sich der Beitragssatz (Versicherungssumme 80 000 €, Versicherungsperiode ab dem 1. 4., vierteljährliche Zahlung). Der Versicherungsnehmer kündigt den Vertrag; die Kündigung geht dem Versicherungsunternehmen am 30. 7. zu.

   Berechnen Sie den Rückbeitrag nach § 11 Nr. 5 b) VHB 2008.

1.6.5 Verrechnung des unverbrauchten Beitrags bei Neuordnung

Ändert der Versicherungsnehmer den Vertrag während der Versicherungsperiode, z. B. durch Erhöhung der Versicherungssumme und durch Einschluss weiterer Gefahren oder Sachen, so verlegen einige Versicherungsunternehmen die Hauptfälligkeit auf diesen Änderungstag.

Eine Verschiebung der Hauptfälligkeit findet immer statt, wenn ein neuer Vertrag geschlossen wird, weil wesentliche Vertragsinhalte geändert werden. Der unverbrauchte Beitrag des bisherigen Vertrages wird dann auf den neuen angerechnet.

▶ Beispiel

Eine Hausratversicherung (Versicherungssumme 45 000 € zu 2,8 ‰, Versicherungsperiode 1. 2.–30. 1.) wird ab dem 15. 8. neu geordnet. Der Versicherungsnehmer beantragt:

- Erhöhung der Versicherungssumme auf 55 000 €
- Einschluss Klausel 7110 Fahrraddiebstahl, 0,5 ‰ Zuschlag
- Einschluss Klausel 7111 Überspannungsschäden, 0,3 ‰ Zuschlag
- 3 Jahre Laufzeit, 10 % Dauerrabatt

Die neue Versicherungsperiode beginnt am 15. 8. 0.00 Uhr, d. h. der „alte" Vertrag endet am 14. 8. 24.00 Uhr.

Wie hoch ist der neue Beitrag, wenn der unverbrauchte Teil aus dem bisherigen Vertrag verrechnet wird?

Lösung

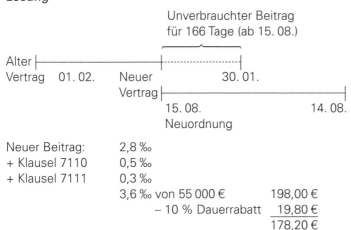

Neuer Beitrag:	2,8 ‰		
+ Klausel 7110	0,5 ‰		
+ Klausel 7111	0,3 ‰		
	3,6 ‰ von 55 000 €	198,00 €	
	– 10 % Dauerrabatt	19,80 €	
		178,20 €	

Unverbrauchter Beitrag des alten Vertrages:

45 000 € zu 2,8 ‰   126 €

für 166 Tage: $\dfrac{126 \times 166}{360} =$ 58,10 €

Zahlung am 15. 8.:   Neuer Jahresbeitrag: 178,20 €
                       – unverbrauchter Beitrag   58,10 €
                                                        120,10 €
                       + 18 % Versicherungsteuer   21,62 €
                       Zahlung am 15. 8.   141,72 €

Wird der Vertrag geändert und eine neue Versicherungsperiode vereinbart, so ist der unverbrauchte Beitragsteil von dem neuen Beitrag ab-
zuziehen. Der unverbrauchte Beitrag wird üblicherweise genau nach
Tagen berechnet.

Rechenschritte

1. Berechnen des neuen Jahres-, Halb- oder Vierteljahresbeitrags

2. Berechnen des alten Jahres-, Halb- oder Vierteljahresbeitrags

3. Ermittlung der Tage für die Restlaufzeit (ab Änderungsdatum bis
   zum Ende der Versicherungsperiode oder bei Ratenzahlung bis zur
   nächsten Fälligkeit)

4. Berechnung des unverbrauchten Beitrags (aus dem alten Beitrag);
   $\dfrac{\text{unverbrauchter}}{\text{Beitrag}} = \dfrac{\text{Jahres-, Halb- oder Vierteljahresbeitrag x Tage}}{360/180/90}$

5. Berechnen des Nach- oder Rückbeitrags:
   neuer Beitrag
   – unverbrauchter Teil
   = Nach- oder Rückbeitrag

6. Nach- oder Rückbeitrag zuzüglich Versicherungsteuer

Übungen

1. Berechnen Sie den Beitrag nach Neuordnung des Vertrages einschließlich 18 % Versicherungsteuer.

Bisheriger Vertrag			Neuordnung		
Versicherungs-summe €	Bei-trags-satz	Versicherungs-periode	Versicherungs-summe €	Bei-trags-satz	Versicherungs-periode
a) 60 000	1,5 ‰	01. 01.–30. 12.	75 000	1,8 ‰	15. 10.–14. 10.
b) 60 000	2,0 ‰	20. 08.–19. 08.	85 000	2,6 ‰	01. 02.–30. 01.
c) 130 000	3,3 ‰	10. 04.–09. 04.	110 000	2,8 ‰	20. 01.–19. 01.
d) 80 000	2,8 ‰	15. 10.–14. 10.	100 000	2,0 ‰	01. 04.–30. 03.

2. Eine Hausratversicherung (Versicherungssumme 30 000 € zu 2,8 ‰, Versicherungsperiode 15. 10.–14. 10.; jährliche Zahlungsweise) wird zum 1. 9. neu geordnet. Der Versicherungsnehmer beantragt:

   ■ Erhöhung der Versicherungssumme auf 50 000 €
   ■ Einschluss „Fahrraddiebstahl", 0,2 ‰ Zuschlag
   ■ Erhöhung der Entschädigungsgrenzen für Wertsachen; 0,4 ‰ Zuschlag
   ■ 3 Jahre Laufzeit; 10 % Dauerrabatt
   ■ vierteljährliche Zahlung

   Neue Versicherungsperiode 1. 9.–30. 8.

   Wie hoch ist der neue Beitrag ab 1. 9. unter Berücksichtigung des unverbrauchten Beitrags des alten Vertrags?

3. Durch Umzug von Tarifzone I in Tarifzone IV steigt der Beitragssatz zum 15. 6. Außerdem erhöht der Versicherungsnehmer die Versicherungssumme von 50 000 € auf 65 000 €, vereinbart die Erhöhung der Entschädigungsgrenze für Wertsachen (0,2 ‰ Zuschlag) und ändert die Zahlungsweise von halb- auf vierteljährlich. (Bisherige Versicherungsperiode 1. 3.–30. 2.; neue Versicherungsperiode 15. 6.–14. 6.)

   Ermitteln Sie den neuen Vierteljahresbeitrag einschließlich 18 % Versicherungsteuer mit Verrechnung des nicht verbrauchten Beitrags. Die Beitragssätze entnehmen Sie dem Tarif.

4. Der Versicherungsnehmer ändert seine bisherige Hausratversicherung (Versicherungssumme 40 000 € zu 1,5 ‰, Versicherungsperiode 1. 1.–30. 12.). Er vereinbart:

   ■ Erhöhung der Versicherungssumme auf 60 000 €
   ■ Einschluss Klausel Überspannung, 0,2 ‰ Zuschlag
   ■ Einschluss Klausel Fahrraddiebstahl, 0,4 ‰ Zuschlag
   ■ 15 % Rabatt wegen Selbstbeteiligung

   Der neue Beitrag beträgt nach Verrechnung des unverbrauchten Teils 111,63 € (einschließlich Versicherungsteuer).

   Zu welchem Termin erfolgte die Änderung?

1.7   Versicherungswert, Versicherungssumme

1.7.1   Versicherungswert

▶ Situation

Während des Beratungsgesprächs fragt der Versicherungsnehmer, wie viel er im Schadenfall für seinen Laptop erhält, den er vor drei Jahren für 2 000 € einschließlich Mehrwertsteuer gekauft hat.

▶ Erläuterung

§ 9 Nr. 1 VHB 2008

a) Versicherungswert ist der Wiederbeschaffungspreis von Sachen gleicher Art und Güte zum Neuwert.
b) Für Antiquitäten und Kunstgegenstände ist der Versicherungswert der Wiederbeschaffungspreis von Sachen gleicher Art und Güte.
c) Sind Sachen für ihren Zweck im Haushalt des Versicherungsnehmers nicht mehr zu verwenden, ist der Versicherungswert der für den Versicherungsnehmer erzielbare Verkaufspreis (gemeiner Wert).
d) Soweit die Entschädigung für Wertsachen auf bestimmte Beträge begrenzt ist, werden bei der Ermittlung des Versicherungswertes höchstens diese Beträge berücksichtigt.

§ 9 Nr. 1 a) VHB 2008

a) Das Versicherungsunternehmen ersetzt den Wiederbeschaffungswert von Sachen gleicher Art und Güte. Da PCs dieser Bauart wahrscheinlich nicht mehr hergestellt werden und moderne – mit höherer Speicherkapazität und Geschwindigkeit – vielleicht nur 1000 € kosten, erhält der Versicherungsnehmer diesen Wiederbeschaffungspreis. Ein Abzug für die bessere Art und Güte wird in der Praxis aber nicht vorgenommen.

Die gesetzliche Mehrwertsteuer (Umsatzsteuer) ist für den Versicherungsnehmer als Privatverbraucher grundsätzlich Bestandteil des Wiederbeschaffungspreises.

Die Mehrwertsteuer wird aber nur ersetzt, wenn der Versicherungsnehmer

§ 12 Nr. 3 VHB 2008
§ 249 Abs. 2 BGB

▪ die Mehrwertsteuer tatsächlich zahlt bzw.
▪ nicht vorsteuerabzugsberechtigt ist.

▶ Beispiele

1. Der Versicherungsnehmer ist Eigentümer eines Einzelhandels für EDV-Geräte und Zubehör. Der Laptop, den der Versicherungsnehmer in seine Wohnung mitgenommen hat, wird dort durch Einbruchdiebstahl entwendet. Für Arbeitsgeräte am Versicherungsort besteht Versicherungsschutz. Da der Versicherungsnehmer aber als Unternehmer vorsteuerabzugsberechtigt ist, erhält er den Wiederbeschaffungspreis ohne Mehrwertsteuer (Umsatzsteuer), da er die gezahlte

§ 6 Nr. 2 c) gg)
VHB 2008

Mehrwertsteuer mit der eingenommenen Vorsteuer beim Verkauf seiner Güter verrechnen kann. Er kauft beispielsweise EDV-Geräte und Zubehör beim Großhändler oder Hersteller für 10 000 € zuzüglich 19 % Umsatzsteuer ein.

Einkaufsrechnung

EDV-Geräte und Zubehör netto	10 000 €
+ 19 % Umsatzsteuer (Vorsteuer)	1 900 €
Rechnungsbetrag	11 900 €

Nach einiger Zeit hat er diese Geräte und Zubehör für 16 000 € zuzüglich 19 % Umsatzsteuer verkauft.

Verkaufsrechnungen (insgesamt)

EDV-Geräte netto	16 000 €
19 % Umsatzsteuer	3 040 €
Rechnungsbetrag	19 040 €

Die gezahlte Umsatzsteuer (Vorsteuer) beim Einkauf (1 900 €) kann er mit der eingenommenen Umsatzsteuer beim Verkauf (3 040 €) verrechnen. Die Zahllast in Höhe von 1 140 € überweist er an das Finanzamt. Für ihn ist die Umsatzsteuer ein durchlaufender Posten.

2. Durch einen Wasserrohrbruch wird das Sofa in der Wohnung des Versicherungsnehmers zerstört. Der Wiederbeschaffungspreis beträgt 1 500 € zuzüglich 19 % Mehrwertsteuer – insgesamt 1 785 €.

Statt des Sofas kauft der Versicherungsnehmer einen Fernsehapparat für denselben Preis. Der Versicherungsnehmer erhält den Kaufpreis einschließlich Mehrwertsteuer, weil er die Steuer tatsächlich gezahlt hat. Er braucht nicht dieselbe Sache wiederzukaufen. Eine Abrechnung nach Kostenvoranschlag oder nach Gutachten reicht aber nicht aus, um die Mehrwertsteuer ersetzt zu bekommen.

Verneint der Versicherungsnehmer die Frage in der Schadenanzeige zum Vorsteuerabzug, obwohl er als Unternehmer vorsteuerabzugsberechtigt ist, dann kann von einer vorsätzlichen Obliegenheitsverletzung (mit Kausalität) ausgegangen werden. Der Versicherer ist von der Verpflichtung zur Leistung frei.

OLG Karlsruhe
r+s 2008,149
§ 26 Nr. 3 a) VHB 2008

b) Für Antiquitäten und Kunstgegenstände gibt es keinen Neuwert. Deshalb wird der Wiederbeschaffungswert von Sachen gleicher Art und Güte ersetzt.

§ 9 Nr. 1 b) VHB 2008

Problematisch ist die Ermittlung des Versicherungswertes von Kunstgegenständen von relativ unbekannten Künstlern. Maßgeblich ist der Versicherungswert zum Zeitpunkt des Versicherungsfalles – und nicht der Kaufpreis, den der Versicherungsnehmer in der Vergangenheit für das Kunstwerk bezahlt hat.

LF 3

LF 4

LF 15

▶ Beispiel

Der Versicherungsnehmer erwarb vor vielen Jahren vier Originalbilder des Künstlers D für 54 200 DM (= 27 712 €). Bei einem Einbruch werden auch diese Bilder entwendet. Ein gerichtlicher Gutachter ermittelt nach gründlichen Recherchen, dass Arbeiten dieses Malers in größeren Auktionshäusern nicht nachzuweisen sind und dass für diese Bilder keine Verkaufspreise existieren. Wegen der fehlenden „Marktpräsenz"

LG Köln r+s 2005, 467 des Künstlers schätzt er den Wert der vier Bilder auf insgesamt 8 000 bis 9 000 €. Eine höhere Entschädigung kann der Versicherungsnehmer nicht verlangen – auch wenn er früher erheblich mehr gezahlt hat.

c) Die Hausratversicherung ist eine Neuwertversicherung. Auch für

§ 9 Nr. 1 c) VHB 2008 gebrauchte Sachen wie „alte" Möbel, Kleidung oder technische Geräte wird bei Zerstörung durch eine versicherte Gefahr kein Abzug für Alter und Abnutzung vorgenommen – vorausgesetzt, die Sachen sind im Haushalt des Versicherungsnehmers noch zu verwenden.

▶ Beispiel

Der Versicherungsnehmer hat in seinem Einfamilienhaus im Keller einen Raum als Gästezimmer ausgebaut und entsprechend eingerichtet. Dieses Zimmer wird nur selten genutzt. Zerstört ein Brand die Einrichtung des Gästezimmers, dann erhält der Versicherungsnehmer den Neuwert – auch wenn der Raum beim Eintritt des Versicherungsfalles nicht genutzt wurde. Die Sachen waren noch zu ihrem Zweck (als Gästezimmer) im Haushalt des Versicherungsnehmer zu verwenden.

§ 9 Nr. 1 c) VHB 2008 Sind die Sachen aber nicht mehr zu ihrem Zweck zu verwenden, dann erstattet der Versicherer nur den für den Versicherungsnehmer erzielbaren Kaufpreis (gemeiner Wert).

▶ Beispiele

1. Eine alte, defekte Schreibmaschine wird durch einen Brand zerstört. Da der Versicherungsnehmer für diese Maschine beim Verkauf (vor Eintritt des Versicherungsfalls) vermutlich kein Geld bekommen hätte, wird er auch keine Entschädigung erhalten.

OLG Düsseldorf
r+s 2000, 52 2. Dem Versicherungsnehmer wird eine 80 Jahre alte Jagdwaffe (Drilling) durch Einbruchdiebstahl entwendet. Diese Waffe war aber nicht schussbereit, weil die Hähne und weitere Teile fehlten. Der Versicherungsnehmer verlangt dafür den Wiederbeschaffungswert von 15 000 €. Die Waffe ist eine versicherte Sache. Da sie aber zu ihrem Zweck nicht mehr zu verwenden war, wurde der für sie erzielbare

Verkaufspreis in Höhe von 3 000 € ersetzt – ermittelt aus den Gebrauchtwaffenanzeigen in Fachzeitschriften und aus den Angeboten von Gebrauchtwaffenmärkten und Waffenbörsen.

d) Bei Wertsachen ist die Entscheidung begrenzt, so dass der Versicherer im Schadenfall auch nur diese Beträge ersetzt.

§ 9 Nr. 1 d) und
§ 13 Nr. 2 VHB 2008

▶ Beispiel

Der Versicherungsnehmer wird auf der Straße niedergeschlagen, nachdem er von seinem Bankkonto Geld abgehoben hatte. Der Täter flüchtete mit 2 000 € Bargeld. Die versicherte Gefahr Raub liegt vor. Der Versicherungsnehmer erhält aber nur 1 500 € Entschädigung, weil die Leistung für Bargeld auf diesen Betrag begrenzt ist.

§ 13 Nr. 2 b) aa)
VHB 2008

In der Außenversicherung ist außerdem die Entschädigung auf 10 % der Versicherungssumme, max. 10 000 €, beschränkt.

§ 7 Nr. 6 VHB 2008

1.7.2   Versicherungssumme

▶ Situation

Der Versicherungsnehmer beschwert sich, dass der Versicherer schon wieder die Versicherungssumme und damit die Prämie erhöht, obwohl er keine neuen Hausratsachen gekauft hat.

▶ Erläuterung

Anpassung der Versicherungssumme

Die Versicherungssumme erhöht oder vermindert sich mit Beginn eines jeden Versicherungsjahres entsprechend der prozentualen Änderung des Preisindex für „Verbrauchs- und Gebrauchsgüter ohne Nahrungsmittel und ohne normalerweise nicht in der Wohnung gelagerte Güter" aus dem Verbraucherpreisindex für Deutschland (VPI). Maßgebend ist der vom Statistischen Bundesamt jeweils für September veröffentlichte Index. Der Versicherungsnehmer kann innerhalb eines Monats nach Zugang der Mitteilung durch Erklärung in Textform widersprechen. Damit wird die Anpassung nicht wirksam.

§ 9 Nr. 3 b) VHB 2008

§ 9 Nr. 3 d) VHB 2008

Die Erhöhung der Versicherungssumme ist auch zum Vorteil des Versicherungsnehmer, um eine Unterversicherung zu vermeiden.

Die Hausratversicherung ist eine Vollwertversicherung zum Neuwert, d. h. der Versicherer ersetzt den vollen Wert, wenn die Versicherungssumme dem Versicherungswert entspricht. Steigen die Preise für Haus-

§ 9 Nr. 2 a) VHB 2008

ratsachen, dann erhöht sich dadurch auch ihr Wiederbeschaffungswert; der Versicherungswert liegt damit über der Versicherungssumme. Ohne entsprechende Erhöhung der Versicherungssumme gerät der Versicherungsnehmer in eine Unterversicherung.

Die Versicherungssumme wird automatisch nach einem besonderen Index (Hausratindex) aus dem Verbraucherpreisindex für Deutschland erhöht oder vermindert. Der Warenkorb, nach dem der Verbraucherpreisindex der Lebenshaltungskosten ermittelt wird, enthält neben den Ausgaben für Bekleidung, Ernährung, Möbel und Hausrat z. B. auch Kosten für Miete, Heizung, Strom, Körperpflege, Verkehr, Auto, Bildung. Diese Kosten stehen in keinem Zusammenhang mit den versicherten Sachen und der Versicherungssumme. Deshalb wird zur Anpassung der Versicherungssumme der auf die Hausratversicherung zugeschnittene Ausschnittindex („Hausratindex") gewählt. Nahrungsmittel sind ebenfalls herausgenommen. Sie sind zwar in der Hausratversicherung eingeschlossen – ihr Anteil an der Versicherungssumme ist aber verschwindend gering. Dagegen beträgt der Anteil der Nahrungsmittel am Warenkorb ca. 23 %. Starke Preisänderungen bei Nahrungsmittel wirken sich deshalb auch erheblich auf den Verbraucherpreisindex – kaum aber auf die Hausratversicherungssumme – aus.

§ 9 Nr. 3 b) VHB 2008　　Der Veränderungsprozentsatz wird nur bis zur ersten Stelle hinter dem Komma berücksichtigt. Die Versicherungssumme wird auf volle 100 € aufgerundet und dem Versicherungsnehmer bekanntgegeben.

§ 9 Nr. 3 c) VHB 2008　　Der Beitrag ist aus der neuen Versicherungssumme zu berechnen.

„Hausratindex" Sept. 2006:　104,0
„Hausratindex" Sept. 2007:　105,1 (Basis: 2000 = 100) Differenz = 1,1[1]

Prozentuale Änderung:　　　　104,0 = 100 %
　　　　　　　　　　　　　　　　　　1,1 =　x

$$\frac{100 \times 1,1}{104,0} = 1,06\ \%$$

§ 9 Nr. 3 b) VHB 2008　　Der Preisindex ist um 1,06 % gegenüber dem Vorjahr gestiegen. Der Veränderungsprozentsatz wird nur bis zur ersten Stelle nach dem Komma berücksichtigt, so dass sich eine Erhöhung von 1,0 % ergibt.

▶ Beispiel

Versicherungssumme:　　78 000 €
Erhöhung um 1,0 %:　　　78 780 €

Die neue Versicherungssumme wird auf volle 100 € aufgerundet: 78 800 €.

§ 9 Nr. 3 d) VHB 2008　　Erhöht sich der Beitrag durch die Summenanpassung, so kann der Versicherungsnehmer den Vertrag nicht kündigen. Er kann aber innerhalb

1　Fiktive Zahl: In 2007 erfolgte keine Summenanpassung.

eines Monats nach Mitteilung über die Erhöhung der Anpassung in Textform widersprechen.

Widerspricht der Versicherungsnehmer mehrmals einer Summenerhöhung, dann kann der Versicherer verlangen, dass die Klausel 7712 „Kein Abzug wegen Untersicherung" entfällt. Macht der Versicherer von diesem Recht Gebrauch, so kann der Versicherungsnehmer den Vertrag zum Ende des laufenden Versicherungsjahres kündigen.

Klausel 7712 Nr. 3

Bei einer erheblichen Überversicherung hat der Versicherungsnehmer das Recht, die Versicherungssumme mit sofortiger Wirkung herabzusetzen.

§ 28 Nr. 1 VHB 2008

▶ Beispiele

1. Nach einer Beitragsanpassung nach § 9 Nr. 3 VHB 2008 kündigt der Versicherungsnehmer den Vertrag mit Hinweis auf § 40 VVG (Kündigung bei Prämienerhöhung). Eine Kündigung nach § 40 VVG ist nicht möglich, da sich durch die Erhöhung der Versicherungssumme auch der Umfang des Versicherungsschutzes erhöht. Der Versicherungsnehmer kann nur der Anpassung widersprechen.

2. Nach einer Beitragsanpassung bittet der Versicherungsnehmer wegen erheblicher Überversicherung, die Versicherungssumme um 10 000 € zum 1. 8. mit entsprechendem Rückbeitrag herabzusetzen. Eine Minderung der Versicherungssumme ist möglich. Der Beitrag wird zeitanteilig (p.r.t.) zurückerstattet.

§ 28 Nr. 1 VHB 2008

3. Ein Außendienstmitarbeiter fragt, ob denn auch die Versicherungssumme pro Quadratmeter Wohnfläche (Klausel 7712) entsprechend dem Preisindex angepasst wird.

In § 9 Nr. 3 VHB 2008 – (Versicherungssummen-Modell) ist diese Anpassung nicht vorgesehen. Nach einer zweiten Version der Hausratbedingungen[1] erhöht oder vermindert sich der Betrag pro Quadratmeter Wohnfläche entsprechend dem Prozentsatz, um den sich der Preisindex ändert. „Kein Abzug wegen Unterversicherung" ist bei dieser Version in § 9 Nr. 4 VHB 2008 (qm-Modell) bereits eingeschlossen.

Die Versicherungssumme erhöht sich um einen Vorsorgebetrag von 10 Prozent.

§ 9 Nr. 2 b) VHB 2008

Diese Vorsorgeversicherung soll insbesondere die Preissteigerungen innerhalb des Jahres – bis zur nächsten Summenanpassung – auffangen.

Die Versicherungssumme wird generell um 10 % Vorsorge erhöht. Das gilt für die Entschädigungsformel als auch für die Entschädigungsgren-

Klausel 7110

1 Handbuch der Sachversicherung, Bd. 3, 01/08 VHB 2008 (qm-Modell)

zen in Prozent oder Promille der Versicherungssumme, z. B. bei der Klausel „Fahrraddiebstahl" oder bei den Hotelkosten.

▶ Beispiel

Der Versicherungsnehmer schließt für Fahrraddiebstahl eine Entschädigung von 1 % der Versicherungssumme ab (Versicherungssumme 60 000 €). Ihm wird das Fahrrad gestohlen (Wiederbeschaffungswert: 680 €).

Er erhält maximal 660 € (1 % von 60 000 € zuzüglich 10 % Vorsorge).

Entschädigungsgrenzen in Euro werden durch die Vorsorge nicht erhöht.

▶ Beispiel

Während eines Urlaubs wird das gesamte Reisegepäck einschließlich Schmuck des Versicherungsnehmers und seiner Ehefrau durch einen Hotelbrand vernichtet. (Schaden: 12 100 €; Versicherungssumme 110 000 €).

In der Außenversicherung ist die Entschädigung auf 10 Prozent der Versicherungssumme, höchstens auf 10 000 €, begrenzt.

Nach der prozentualen Grenze hätte der Versicherungsnehmer die Entschädigung in voller Höhe erhalten. In diesem Fall gilt aber die Entschädigungsgrenze in Euro, so dass die Leistung des Versicherers auf 10 000 € begrenzt ist. Für Wertsachen gelten zusätzliche Entschädigungsgrenzen.

1.8 Entschädigungsberechnung, Unterversicherung

1.8.1 Entschädigung für versicherte Sachen

Bei der Schadenaufnahme nach einem Brand im Einfamilienhaus stellt der Versicherungsnehmer folgende Fragen:

a) Ersetzt das Versicherungsunternehmen eine kleine wertvolle Vase, die bei den Löscharbeiten gestohlen wurde?
b) Das Löschwasser hat auch das Furnier des Esstisches zerstört. Die Reparatur kostet 600 €, ein neuer Tisch 1 100 €. Kann man die Reparatur ablehnen und einen neuen Tisch verlangen?
c) Durch die Hitze und den Ruß des Feuers wurde ein Ölgemälde im Wert von ca. 32 000 € beschädigt. Nach Aussage eines Kunstexperten kann das Gemälde zwar restauriert werden – der Wert wird aber sinken, weil ein Fachmann die Reparatur sofort erkennt. Wird der Minderwert berücksichtigt?
d) Der Brand hat sechs von acht Lederstühlen zerstört. Gleiche oder ähnliche Stühle werden nicht mehr hergestellt. Werden sechs oder acht Stühle bezahlt?

Ersetzt werden   § 12 Nr. 1 VHB 2008

- bei zerstörten oder abhanden gekommenen Sachen der Versicherungswert bei Eintritt des Versicherungsfalles
- die notwendigen Reparaturkosten bei beschädigten Sachen
- eventuell eine Wertminderung

Restwerte werden angerechnet.   § 12 Nr. 2 VHB 2008

Nach den §§ 9 Nr. 1 und 12 VHB 2008 bekommt der Versicherungsnehmer folgende Entschädigung

a) Der einfache Diebstahl der Vase ist nach § 3 Nr. 2 VHB 2008 nicht   § 12 Nr. 1 a) VHB 2008
versichert. Da die Vase aber infolge einer versicherten Gefahr (Feuer) abhanden gekommen ist, erhält der Versicherungsnehmer dafür den Wiederbeschaffungspreis.
b) Entscheidend für die Frage, ob ein Teil- oder Totalschaden vorliegt,   § 12 Nr. 1 b) VHB 2008
sind die Reparaturfähigkeit und die Reparaturwürdigkeit der Sache. Reparaturfähigkeit liegt dann vor, wenn ein Sachverständiger feststellt, dass das Furnier des Tisches erneuert werden kann. Ergeben sich durch die Reparatur Unterschiede im Furnier, z. B. bei einem großen Schrank, bei dem nur eine Tür beschädigt und repariert wurde, so wird dieser „Schönheitsfehler" durch eine entsprechende Wertminderung ausgeglichen, wenn der weitere Gebrauch dieser Sache dem Versicherungsnehmer zumutbar ist. Bei der Reparaturwürdigkeit ist das Verhältnis der Reparaturkosten zum Wiederbeschaffungspreis zu prüfen. Die Reparaturkosten in Höhe von 600 €

liegen unter dem Wiederbeschaffungspreis von 1 100 €, so dass das Versicherungsunternehmen nur die Reparaturkosten ersetzen wird.

§ 12 Nr. 1 b) Abs. 2 VHB 2008

Wird durch den Schaden die Gebrauchsfähigkeit einer Sache nicht beeinträchtigt und ist dem Versicherungsnehmer die Nutzung ohne Reparatur zumutbar (sog. Schönheitsschaden), so ist diese Beeinträchtigung durch die Zahlung eines Betrages auszugleichen, der dem Mindestwert entspricht.

▶ Beispiel

Eine Dunstabzugshaube brennt. Glühender Kunststoff tropft auch auf die Arbeitsplatte aus Holz und verursacht einen kleinen, ca. 0,5 cm großen Sengfleck. Für den Versicherungsnehmer ist die Nutzung der Arbeitsplatte ohne Reparatur wohl zumutbar. (Eventuell kann er den kleinen Sengfleck selbst abschleifen).

§ 12 Nr. 1 b) VHB 2008

c) Durch die Reparaturkosten wird der Schaden am Ölgemälde nicht vollständig beseitigt, so dass der Versicherungsnehmer eine entsprechende Wertminderung erhält. Die Höhe der Wertminderung wird üblicherweise durch Vergleich des Gebrauchszustandes vor Eintritt des Schadens und nach Durchführung der Reparatur ermittelt.

§ 12 Nr. 2 VHB 2008

d) Das Versicherungsunternehmen wird acht Stühle bezahlen und dem Versicherungsnehmer einen Restwert für die verbliebenen zwei Stühle anrechnen, wenn er sie im Haushalt noch nutzen kann.

Ein Restwert kann auch angerechnet werden, wenn die Reparatur einer beschädigten Sache technisch schwierig und/oder wirtschaftlich kaum sinnvoll ist.

▶ Beispiel

Durch einen Bruch des Heizungsrohres wird der handgeknüpfte Teppich des Versicherungsnehmers so stark verschmutzt, dass die Flecken auch nach mehrmaligem Waschen noch zu sehen sind. Der Versicherungsnehmer will den Teppich behalten und in seinen Partykeller legen. Der Versicherer könnte von der Entschädigungszahlung einen (geringen) Restwert abziehen.

Die Anrechnung einer Wertminderung ist hier kaum möglich, da die sichtbaren Flecken die Gebrauchsfähigkeit eines teuren Teppichs stark beeinträchtigen und über einen bloßen Schönheitsschaden hinausgehen.

1.8.2 Entschädigungsberechnung für Kosten

▶ **Situation**

Durch eine Gasexplosion mit nachfolgendem Brand wird die Wohnung des Versicherungsnehmers zerstört. Der Schaden an Hausratsachen beträgt 48 000 €. Zusätzlich fallen insbesondere Aufräumungskosten wegen Sondermüllentsorgung in Höhe von 8 500 € an. Die Versicherungssumme in Höhe von 50 000 € entspricht dem Versicherungswert.

Welche Entschädigung wird das Versicherungsunternehmen leisten?

▶ **Erläuterung**

Versicherte Kosten werden bis zu 10 % auch über die durch 10 % Vorsorge erhöhte Versicherungssumme hinaus ersetzt.

§ 12 Nr. 4 Abs. 3 VHB 2008

Der Versicherungsnehmer erhält:

Hausratschaden:	48 000 €
+ versicherte Kosten	8 500 €
Gesamtentschädigung	56 500 €

Die **maximale Entschädigung** liegt bei:

Versicherungssumme:	50 000 €
+ 10 % Vorsorge	5 000 €
	55 000 €
+ 10 % für Kosten	5 500 €
	60 500 €

§ 12 Nr. 4 Abs. 3 VHB 2008

Es besteht aber keine Entschädigungsgrenze für Kosten, wenn der Hausratschaden und die Kosten kleiner sind als die nach §§ 9 Nr. 2 b) und 12 Nr. 4 Abs. 3 erhöhte Versicherungssumme.

▶ **Beispiel**

Versicherungssumme	50 000 € + 10 % Vorsorge
Versicherungswert	55 000 €
Hausratschaden	45 000 €
Kosten	12 500 €
	57 500 €

Lösung

Der Versicherungsnehmer erhält 57 500 €, da die Grenze von 60 500 € noch nicht erreicht ist. Es besteht auch keine Unterversicherung, weil die Versicherungssumme zuzüglich 10 % Vorsorge dem Versicherungswert entspricht.

Sind die Kosten aber in der Höhe (z. B. Hotelkosten maximal 1 ‰ der Versicherungssumme) oder für die Dauer (z. B. Transport- und Lagerkosten maximal 100 Tage) begrenzt, dann gelten diese Grenzen auch für die Entschädigung.

§ 12 Nr. 4 Abs. 2
VHB 2008

Entstehen Schadenabwendungs- und Schadenminderungskosten auf Weisung des Versicherers, dann werden sie unbegrenzt ersetzt. In der Praxis dürfte das eher selten vorkommen.

1.8.3   Entschädigungsgrenzen bei Wertsachen

§ 13 Nr. 1 a) VHB 2008

Wertsachen werden in fünf Positionen eingeteilt und damit deutlich vom sonstigen Hausrat abgegrenzt.

In der Nr. 1 a) bb) werden als Wertsachen auch „Urkunden einschließlich Sparbücher und sonstige Wertpapiere" aufgeführt. Wertpapiere sind Urkunden, deren Versicherungswert den Materialwert übersteigt, weil sie ein Recht verbriefen, das ohne das Papier nicht oder nur eingeschränkt realisiert werden kann.[1]

Zu den Urkunden gehören z. B. auch Ausweispapiere aller Art sowie Fahr- und Eintrittskarten.[2]

§ 13 Nr. 1 a) ee)
VHB 2008

Bei Antiquitäten (Sachen über 100 Jahre alt) sind Möbelstücke ausgenommen. Die Gründe dürften darin liegen, dass Möbel einen großen Anteil an der Versicherungssumme haben und dem täglichen Gebrauch dienen.

§ 13 Nr. 2 a) VHB 2008

Die Entschädigungsgrenze für alle Positionen beträgt 20 % der Versicherungssumme zuzüglich 10 % Vorsorge; eine höhere Grenze kann vereinbart werden.

§ 13 Nr. 2 b) VHB 2008

Daneben gelten noch besondere Grenzen für Wertsachen außerhalb verschlossener Wertschutzschränke, die mindestens 200 kg wiegen oder fachmännisch verankert oder in der Wand oder im Fußboden bündig eingelassen (Einmauerschrank) und durch die VdS Schadenverhütung GmbH oder durch eine gleichermaßen qualifizierte Prüfstelle anerkannt sind.[3]

- **Bargeld 1 500 €** – Nr. 2 b) aa)
- **Urkunden einschließlich Sparbücher, Wertpapiere 3 000 €**
  – Nr. 2 b) bb)

---

1   Martin, A., Sachversicherungsrecht, a.a.o. S. 1237
2   Boldt, H., Die Feuerversicherung, Karlsruhe 1995, S. 200
    Zum Versicherungsschutz bei Entwendung von Kredit- und EC-Karten vgl. Cristofolini, W. in : Versicherungsmagazin Heft 10/02, S. 62 f.
3   Zur Klassifizierung der Wertschutzschränke und die entsprechende Zeichnungsempfehlung vgl. Sicherungsrichtlinien für Haushalte, VdS 691, 2003-12 (05)

- Schmuck, Edelsteine, Perlen, Briefmarken, Münzen, Sachen aus Gold und Silber 20 000 € – Nr. 2 b) cc)[1]

▶ Beispiele

1. Täter brechen den durch die VdS Schadenverhütung GmbH anerkannten Wertschutzschrank in der Wohnung des Versicherungsnehmers auf und entwenden Schmuck in Höhe von 26 000 € (Versicherungssumme 100 000 €). In verschlossenen Wertschutzschränken gilt nicht die Grenze von 20 000 € nach Nr. 2 b) cc); hat der Versicherungsnehmer aber die Entschädigungsgrenze für Wertsachen von 20 % nach Nr. 2 a) nicht erhöht, dann erhält er nur 22 000 € (20 % von 110 000 €) Entschädigung.

2. Bei einem Einbruchdiebstahl wird Schmuck (unverschlossen) für 19 800 € sowie eine Uhr mit einem Gehäuse aus massiven (18-karätigem) Gold im Wert von 3 100 € entwendet. Der Versicherer bezahlt 20 000 € mit dem Hinweis auf die Entschädigungsgrenze nach § 13 Nr. 2 b) cc).

   Der Versicherungsnehmer ist mit dieser Regelung nicht einverstanden. Nach seiner Ansicht gehöre die Uhr nicht zu einer „Sache aus Gold", weil nur der Rahmen und nicht die gesamte Uhr einschließlich Uhrwerk aus Gold bestehe. Nach einer Entscheidung des OLG Köln setzt der Begriff „Sache aus Gold" nicht voraus, dass die Sache ausschließlich aus Gold besteht. Es reicht aus, wenn wesentliche Teile aus massivem Gold (z. B. der Rahmen) gefertigt wurden. Dagegen gehört eine Uhr mit Goldauflage nicht zu einer Wertsache.[2]

OLG Köln
r+s 2006, 244
BGH r+s 1983, 102

LF 3

LF 4

LF 15

---

1 Es gibt keine Verbandsempfehlungen mehr für die Entschädigungsgrenzen. Sie liegen bei den Versicherungsunternehmen z. B.:
   - für Bargeld zwischen 1 000 € und 2 000 €
   - für Urkunden usw. zwischen 2 500 € und 3 500 €
   - für Schmuck usw. zwischen 20 000 € und 25 000 €
   Häufig sind die Entschädigungsgrenzen auch davon abhängig, welchen Versicherungsschutz – Standard-, Normal- oder Komfortdeckung – der Versicherungsnehmer wählt.
2 Vgl. Hinweis der Schriftleitung in r+s 2006, 245.

Entschädigungsgrenzen für Wertsachen § 13 VHB 2008

(für die versicherten Gefahren und Schäden nach § 1 Nr. 1 VHB 2008)

Wertsachen nach Nr. 1 a)	Besondere Grenzen außerhalb verschlossener besonderer Wertschutzschränke nach Nr. 2 b)	Grenze je Versicherungsfall nach Nr. 2 a)
Bargeld, Geldkarten	1 500 €	20 % der Versicherungssumme[1]
Urkunden einschließlich Sparbücher, sonstige Wertpapiere	3 000 €	
Schmuck, Edelsteine, Perlen, Briefmarken, Münzen, Medaillen, Sachen aus Gold oder Platin	20 000 €	
Pelze, handgeknüpfte Teppiche und Gobelins, Kunstgegenstände, Sachen aus Silber	– – –	
Sachen über 100 Jahre alt (Antiquitäten) – außer Möbel	– – –	

▶ Beispiel

Durch Feuer werden in der Wohnung des Versicherungsnehmers vernichtet (Wertsachen unverschlossen):

   1 800 € Bargeld
   3 300 € Wertpapiere
   8 000 € Schmuck
19 000 € Möbel, sonstiger Hausrat

Die Versicherungssumme in Höhe von 50 000 € entspricht dem Versicherungswert.

---

1   Die Entschädigungsgrenze kann auf Antrag um je 5 % bis auf 50 % der Versicherungssumme erhöht werden. Höhere Grenzen sind bei vielen Versicherungsunternehmen auf Direktanfrage möglich.

Lösung

Bargeld maximal	1 500 €	
Wertpapiere maximal	3 000 €	
Schmuck	8 000 €	< 20 000 €
	12 500 €	

Die allgemeine Grenze für Wertsachen beträgt 20 % der Versicherungssumme zuzüglich 10 % Vorsorge:

20 % von 55 000 € = 11 000 €

Gesamtentschädigung:

Wertsachen:	11 000 €
Hausrat (ohne Wertsachen)	19 000 €
	30 000 €

LF
3

LF
4

LF
15

1.8.4   Unterversicherung

1.8.4.1 Unterversicherung bei Hausrat

Ist die Versicherungssumme niedriger als der Versicherungswert der versicherten Sachen zum Zeitpunkt des Schadens und ist kein Unterversicherungsverzicht vereinbart, so wird der Schaden nur im Verhältnis Versicherungssumme zum Versicherungswert ersetzt.   § 12 Nr. 5 VHB 2008

Die Versicherungssumme erhöht sich um einen Vorsorgebetrag von 10 Prozent.   § 9 Nr. 2 b) VHB 2008

$$\text{Entschädigung} = \frac{\text{Schaden} \times (\text{V.-Summe} + 10 \text{ \% Vorsorge})}{\text{Versicherungswert}}$$ § 12 Nr. 5 VHB 2008

Ein Restwert wird vom Schaden abgezogen.   § 12 Nr. 2 VHB 2008

▶ Beispiel

Versicherungssumme:	40 000 €	Schaden:	11 000 €
Versicherungswert:	50 000 €	Restwert:	1 000 €

Lösung

Schaden:	11 000 €
– Restwert	1 000 €
	10 000 €

$$\text{Entschädigung:} \quad \frac{10\,000 \text{ €} \times 44\,000 \text{ €}}{50\,000 \text{ €}} = \underline{\underline{8\,800 \text{ €}}}$$

In der Versicherungspraxis ist die Rundung der Entschädigung nicht geregelt. Viele Schadensachverständige und Versicherungsunternehmen runden die Entschädigung auf volle € auf.

Liegen aber Rechnungen oder andere Belege vor, so wird meistens der genaue Betrag ausgezahlt.

In den Aufgaben wird die Entschädigung auf den Cent genau berechnet.

1.8.4.2 Unterversicherung bei Kosten

§ 12 Nr. 6 Abs. 2
VHB 2008

Für die Entschädigung versicherter Kosten wird eine Unterversicherung ebenfalls angerechnet.

§§ 8 und 31 VHB 2008

$$\text{Entschädigung für Kosten: } \frac{\text{Kosten} \times (\text{Versicherungssumme} + 10\ \% \text{ Vorsorge})}{\text{Versicherungswert}}$$

▶ Beispiel

Ein Einbrecher beschädigt die Terrassentür am Einfamilienhaus des Versicherungsnehmers:
Reparaturkosten   1 200 €
Versicherungssumme   60 000 €
Versicherungswert   80 000 €

Lösung

Die Reparatur der Tür ist nach § 8 Nr. 1 g) VHB 2008 versichert.

$$\text{Entschädigung: } \frac{1\,200\ € \times 66\,000\ €}{80\,000\ €} = \underline{990\ €}$$

§ 12 Nr. 6 Abs. 2
VHB 2008

Unterversicherung wird auch für Schadenminderungs- und Schadenermittlungskosten berechnet.

1.8.4.3 Unterversicherung bei Wertsachen

▶ Situation

Der Versicherungsnehmer meldet folgende Sachen, die bei einem Einbruch aus seiner Wohnung entwendet wurden:

- ▪   2 200 € Bargeld   ⎫
- ▪   4 800 € Wertpapiere   ⎬   Wertsachen nach
- ▪ 11 500 € Schmuck   ⎭   § 13 Nr. 1 a) VHB 2008
- ▪   1 100 € Videogerät
- ▪   2 400 € Bekleidung

Die Wertsachen wurden unverschlossen aufbewahrt.

Bei Aufnahme des Schadens stellt der Schadenregulierer fest, dass der Versicherungswert mit 90 000 € über der Versicherungssumme in Höhe von 50 000 € liegt. Nach Angaben des Versicherungsnehmers sind im Versicherungswert insgesamt 21 000 € Wertsachen enthalten.

Welche Gesamtentschädigung erhält der Versicherungsnehmer?

LF 3

LF 4

LF 15

▶ Erläuterung

Die Entschädigungsberechnung für Wertsachen wird in folgenden Schritten vorgenommen:

1. Schritt: Ermittlung des Versicherungswertes. Da die Entschädigung für Wertsachen auf 20 % der Versicherungssumme begrenzt ist, wird auch nur dieser Prozentsatz beim Versicherungswert berücksichtigt[1].
   § 9 Nr. 1 d) VHB 2008

2. Schritt: Berechnung der Unterversicherung für die Wertsachenpositionen und für den Hausrat.

3. Schritt: Berücksichtigung der besonderen Entschädigungsgrenzen für Wertsachen.
   § 13 Nr. 2 a) u. b) VHB 2008

4. Schritt: Ermittlung der Gesamtentschädigung.

Regulierung des Schadens

1. Schritt: Ermittlung des Versicherungswertes

Die Grenze für Wertsachen beträgt 20 % der Versicherungssumme zuzüglich 10 % Vorsorge:
20 % von 55 000 € = 11 000 €
§ 13 Nr. 2 a) VHB 2008

Versicherungswert
Hausrat (ohne Wertsachen):   69 000 €
Wertsachen nach § 13 Nr. 2 a):   11 000 € (statt 21 000 €)
80 000 €

Diese Regelung ist zum Vorteil des Versicherungsnehmers, da sich dadurch der Versicherungswert mindert und die Entschädigung erhöht.

---

1   Hat der Versicherungsnehmer die Entschädigungsgrenze für Wertsachen gegen Beitragszuschlag, z. B. auf 30 % der Versicherungssumme erhöht, so geht auch dieser Prozentsatz in die Ermittlung des Versicherungswertes ein.

**2. Schritt: Berechnung der Unterversicherung für Wertsachen-
positionen und Hausrat**

Bargeld: $\dfrac{2\,200\,€ \times 55\,000\,€}{80\,000\,€} = 1\,512{,}50\,€$

Wertpapiere: $\dfrac{4\,800\,€ \times 55\,000\,€}{80\,000\,€} = 3\,300{,}00\,€$

Schmuck: $\dfrac{11\,500\,€ \times 55\,000\,€}{80\,000\,€} = 7\,906{,}25\,€$

Hausrat: $\dfrac{3\,500\,€ \times 55\,000\,€}{80\,000\,€} = 2\,406{,}25\,€$

**3. Schritt: Berücksichtigung der besonderen Entschädigungs-
grenzen für Wertsachen**

Bargeld maximal:	1 500,00 €
Wertpapiere maximal:	3 000,00 €
Schmuck:	7 906,25 € < 20 000 €
	12 406,25 €

Die Grenze liegt bei 20 % der Versicherungssumme: 11 000 €

4. Schritt: Gesamtentschädigung

Wertsachen:	11 000,00 €
Hausrat:	2 406,25 €
	13 406,25 €

Klausel 7712

1.8.4.4 Kein Abzug wegen Unterversicherung

Vereinbart der Versicherungsnehmer eine Versicherungssumme von
z. B. 650 € pro qm Wohnfläche, so nimmt das Versicherungsunternehmen abweichend von § 12 Nrn. 5 und 6 keinen Abzug wegen Unterversicherung vor[1].

Die **Wohnfläche** ist die Grundfläche aller Räume einer Wohnung ein-
schließlich Hobbyräume. Bei der Berechnung bleiben Treppen, Balkone,
Loggien und Terrassen sowie Keller- und Bodenräume unberücksichtigt.
Die Wohnfläche nach Mietvertrag entspricht häufig nicht der Flächen-

---

1   Es besteht auch die Möglichkeit, für hochwertige Haushalte einen höheren Be-
     trag pro qm Wohnfläche festzulegen, z. B. wenn die Entschädigungsgrenzen für
     Wertsachen erhöht werden:
     ■ 20 % bis 30 % Begrenzung für Wertsachen: 700 €/qm
     ■ 30 % bis 40 % Begrenzung für Wertsachen: 800 €/qm
     ■ 40 % bis 50 % Begrenzung für Wertsachen: 1000 €/qm

berechnung nach VHB. Bei der Fläche im Mietvertrag zählen Balkone und Loggien in der Regel mit der Hälfte der qm-Fläche mit, Keller- und Bodenräume dagegen nicht. Hat der Versicherungsnehmer einen Kellerraum als Hobbyraum ausgebaut, so ist er bei der Wohnfläche nach Kl. 7712 zu berücksichtigen.

LF 3

LF 4

LF 15

▶ Beispiel

Der Versicherungsnehmer fragt, welche Wohnfläche er angeben soll, um den Unterversicherungsverzicht zu bekommen. Er hat die Grundfläche seiner Dachgeschosswohnung nachgemessen und kommt auf 102 qm. In seinem Mietvertrag stehen aber nur 97 qm – ermittelt nach der Verordnung zur Berechnung der Wohnfläche vom 25. 11. 2003.

Welche Fläche soll er im Antrag angeben?

Die Wohnflächendifferenz ist auf die besondere Anrechnung der Grundflächen unter Dachschrägen und von Balkonen zurückzuführen.

Nach § 4 Verordnung zur Berechnung der Wohnfläche sind Grundflächen:

1. von Räumen mit einer lichten Höhe von mindestens zwei Metern vollständig

2. von Räumen mit einer lichten Höhe von mindestens einem Meter und weniger als zwei Metern zur Hälfte

3. von unbeheizbaren Wintergärten zur Hälfte

4. von Balkonen, Loggien, Dachgärten und Terrassen zu einem Viertel, höchstens jedoch bis zur Hälfte anzurechnen

Liegt die lichte Höhe unter einem Meter, erfolgt keine Anrechnung.

Maßgebend für die Ermittlung der Wohnfläche für Klausel 7712 ist die Erläuterung im Antrag – also die Grundfläche aller Räume (von Wand zu Wand).

In der Praxis wird aber meistens die Wohnfläche gemäß Mietvertrag akzeptiert – zumal es dem Versicherungsnehmer nicht zuzumuten ist, seine Wohnung genau auszumessen.

In den VHB 2008 (qm-Modell) ist der Verzicht auf Unterversicherung bereits enthalten, da sich die Versicherungssumme zwingend aus dem vereinbarten Betrag pro qm Wohnfläche (z. B. 650 €) multipliziert mit der im Versicherungsschein genannten Wohnfläche der versicherten Wohnung errechnet.

§ 9 Nr. 2 a) VHB (qm-Modell)

Der Versicherer nimmt bei der Entschädigung keinen Abzug wegen Unterversicherung vor, wenn

§ 9 Nr. 3 a) VHB 2008
(qm-Modell)

- bei Eintritt des Versicherungsfalles die Wohnfläche der im Versicherungsschein genannten Wohnfläche entspricht,
- die vereinbarte Versicherungssumme den vom Versicherer vorgegebenen Betrag pro qm Wohnfläche, multipliziert mit der im Versicherungsschein genannten Wohnfläche nicht unterschreitet,
- nicht ein weiterer Hausratversicherungsvertrag für denselben Versicherungsort ohne Unterversicherungsverzicht besteht.

§ 9 Nr. 4 VHB 2008
(qm-Modell)

Bei diesem Bedingungswerk wird der Betrag pro qm – und nicht die Versicherungssumme – an die Preisentwicklung angepasst (z. B. 650 €). Der neue Betrag pro qm wird auf den nächsten vollen Euro aufgerundet und dem Versicherungsnehmer mit der neuen Versicherungssumme bekannt gegeben.

§ 9 Nr. 3 b) VHB
2008 (VS-Modell)

Der Vorteil dieser Methode liegt darin, dass sich auch für das Neugeschäft der Betrag pro qm mit dem Preisindex ändert. Beim Versicherungssummen-Modell müsste jedes Jahr der Betrag pro qm für die neuen Verträge im Tarif geändert werden, während sich die Versicherungssummen bedingungsgemäß an die Preisentwicklung anpassen.

Die Ermittlung der Versicherungssumme nach qm-Wohnfläche kann zu einer zu niedrigen Versicherungssumme führen.

▶ Beispiele

Versicherungssumme: 65 000 € (100 qm); Kl. 7712 ist vereinbart; Versicherungswert: 90 000 €

a) Hausratschaden:	35 000 €
Kosten § 8 Nr. 1 VHB 2008:	7 500 €
Entschädigung:	42 500 €

Der Versicherungsnehmer erhält volle Entschädigung.

b) Hausratschaden:	80 000 €
Kosten:	7 500 €
Schaden insg.:	87 500 €

Maximale Entschädigung ist die Versicherungssumme + 10 % Vorsorge + 10 % für Kosten: 78 650 €. Der Versicherungsnehmer muss – trotz Unterversicherungsverzicht – 8 850 € des Schadens und der Kosten selbst tragen.

Ist der Wert des Hausrates höher als 650 € pro qm, so muss der Versicherungsnehmer auch eine entsprechend höhere Versicherungssumme ansetzen. Das ist besonders auch für die Entschädigungsgrenze für Wertsachen nach § 13 Nr. 2 a) wichtig.

Einige Versicherungsunternehmen gewähren die Klausel 7712 deshalb erst ab 700 € oder 750 € pro qm. Vereinzelt wird im Antrag die Grundsumme pro qm nach der Ausstattung des Haushaltes (einfach, gut, sehr gut) von 650 € bis 750 € gestaffelt, so dass der Versicherungsnehmer die Versicherungssumme entsprechend auswählen kann.

Liegt der Wert des Hausrates unter der Versicherungssumme von 650 € pro qm Wohnfläche (z. B. bei jungen Leuten oder bei einfach eingerichteten Wohnungen), dann sollte auch die Versicherungssumme entsprechend niedriger vereinbart werden. Die Klausel 7712 wird dann aber in der Regel nicht gewährt.

In der Versicherungspraxis ist die Rundung der Versicherungssumme nicht einheitlich geregelt. Einige Versicherungsunternehmen runden auf 500 €, andere auf 100 € auf. Einzelne Versicherungsunternehmen dokumentieren die Versicherungssumme ohne zu runden (z. B. 48 750 €).

In den Aufgaben wird die Versicherungssumme – in Anlehnung an § 9 Nr. 3 b) Abs. 3 VHB 2008 – auf 100 € aufgerundet.

Versicherungsnehmer und Versicherer können mit einer Frist von drei Monaten zum Ende des laufenden Versicherungsjahres verlangen, dass die Klausel künftig entfällt. Von diesem Recht wird der Versicherer Gebrauch machen, wenn der Versicherungsnehmer mehrmals der Summenanpassung widerspricht.

Klausel 7712 Nr. 3

1.8.5 Wiederherbeigeschaffte versicherte Sachen

§ 18 VHB 2008

▶ Situation

Dem Versicherungsnehmer wird das Fahrrad aus dem verschlossenen Keller durch Einbruch entwendet. Zwei Monate nach dem Einbruchdiebstahl findet die Polizei das Fahrrad.

Der Versicherungsnehmer hat inzwischen die Entschädigung zum Wiederbeschaffungspreis (Neuwert) in Höhe von 800 € erhalten (Zeitwert: 400 €).

Er fragt, ob er die Entschädigung zurückzahlen muss?

▶ Erläuterung

Da der Versicherer bereits eine Entschädigung in voller Höhe des Versicherungswertes (Neuwert) zahlte, hat der Versicherungsnehmer ein Wahlrecht, das er innerhalb von zwei Wochen nach einer schriftlichen Aufforderung durch den Versicherer ausüben muss:

§ 18 Nr. 3 a) VHB 2008
- Er behält die Entschädigung und stellt das Fahrrad dem Versicherer zur Verfügung oder
- er zahlt die Entschädigung zurück und behält das Fahrrad.

§ 9 Nr. 1 a) VHB 2008
Der Versicherungsnehmer wird wohl die Entschädigung behalten, da er den Neupreis (Wiederbeschaffungswert) bekam und der tatsächliche Wert (Zeitwert) des Fahrrades erheblich darunter liegt.

§ 18 Nr. 3 b) VHB 2008
Hätte der Versicherer nur eine Teilentschädigung gezahlt (z. B. wegen Unterversicherung), dann kann der Versicherungsnehmer die Sache behalten und muss die Entschädigung zurückzahlen.

§ 18 Nr. 4 VHB 2008
Wäre das Fahrrad beschädigt worden, dann könnte der Versicherungsnehmer die Reparaturkosten verlangen, wenn er das Fahrrad behält.

§ 14 VHB 2008

1.8.6 Zahlung und Verzinsung der Entschädigung

▶ **Situation**

Ein Feuer hat die Wohnung mit dem gesamten Hausrat des Versicherungsnehmers zerstört. Bei Schadenaufnahme gibt der Versicherungsnehmer dem Schadenregulierer eine Liste aller vernichteten Hausratsachen, er fragt:

- Wann wird die Entschädigung gezahlt?
- Erhält er eventuell Zinsen, wenn das Geld erst nach einigen Wochen eingeht?

▶ **Erläuterung**

§ 14 Nr. 1 VHB 2008
Die Entschädigung wird fällig, wenn die Feststellungen des Versicherers zum Grunde und zur Höhe des Anspruchs abgeschlossen sind.

Einen Monat nach Meldung des Schadens kann der Versicherungsnehmer eine Abschlagszahlung verlangen.

§ 14 Nr. 2 VHB 2008
Die Entschädigung ist nach Meldung des Schadens mit 1 % unter dem Basiszinssatz gemäß § 247 BGB zu verzinsen[1] – mindestens mit 4 %, höchstens mit 6 %.

Die Verzinsung entfällt, soweit die Entschädigung innerhalb eines Monats nach Meldung des Schadens gezahlt wird.

Zinsen werden zusammen mit der Entschädigung fällig.

Wird die Entschädigung in Teilbeträgen ausgezahlt, so kann die Verzinsung auch nach der kaufmännischen Zinsformel berechnet werden.[2]

---

1   Im Nov. 2008 betrug der Basiszinssatz nach § 247 BGB 3,19 %.
2   Jeder Monat wird mit 30 Tagen und das Jahr mit 360 Tagen gerechnet.

Aus der Zinsformel $Z = \dfrac{K \times p \times t}{100 \times 360}$ lässt sich durch Umstellen die kaufmännische Zinsformel ableiten:

$$Z = \frac{K \times t}{100} \times \frac{p}{360}$$

statt mit $\dfrac{p}{360}$ zu multiplizieren, wird mit dem Kehrwert dividiert:

$$Z = \underbrace{\frac{K \times t}{100}}_{\text{Zinszahl}} : \underbrace{\frac{360}{p}}_{\text{Zinsteiler}}$$

Zinsen = Zinszahlen : Zinsteiler (Zinsdivisor)

Abweichend von der Tageberechnung nach Abschnitt 1.6.3 (VVG-Rege-
lung) wird hier die Differenz der Zinstage ermittelt, d. h. der erste Tag
des Zeitraums wird nicht mitgezählt, z. B. 21. 2.–28. 2. = 7 Tage (und
nicht 8 Tage, wie in Abschnitt 1.6.3 erläutert).

▶ Beispiel

Nach einem Einbruch-Diebstahlschaden leistet der Hausratversicherer folgende Abschlagszahlungen:

15. 03.:	40 000 €	Schadenanzeige:	21. 2.
28. 03.:	65 000 €	Basiszinssatz:	3 %
02. 05.:	5 710 €		
	110 710 €		

Berechnen Sie die Gesamtentschädigung einschließlich Zinsen
nach der kaufmännischen Zinsformel.

Lösung

Entschädigung	Verzinsung	Tage	Zinszahl
40 000 €	keine Verzinsung, da innerhalb eines Monats	–	
65 000 €	21. 02.–28. 03.	37	24 050
5 710 €	21. 02.–02. 05.	71	4 054

Summe Zinszahlen 28 104

Zinssatz: 4 %   § 14 Nr. 2 b) VHB 2008

Zinsteiler: $\dfrac{360}{4} = 90$

Zinszahlen: 28 104 : 90 = 312,27 €

Entschädigung:	110 701,00 €
Zinsen:	312,27 €
	111 022,27 €

LF 3

LF 4

LF 15

Für die Ermittlung der Zinszahlen gilt:

- Die Abschlagszahlungen werden auf volle €-Beträge abgerundet.
- Die Zinszahlen werden jeweils auf ganze Zahlen auf- bzw. abgerundet.

§ 14 Nr. 3 und 4
VHB 2008

Hemmung und Aufschiebung der Zahlung

Bei Berechnung der Fristen für die Fälligkeit der Entschädigung und die Dauer der Verzinsung ist der Zeitraum nicht zu berücksichtigen, in dem wegen Verschuldens des Versicherungsnehmers die Entschädigung nicht ermittelt oder nicht gezahlt werden kann.

Der Versicherer kann die Zahlung aufschieben, solange

a) Zweifel an der Empfangsberechtigung des Versicherungsnehmers bestehen
b) ein behördliches oder strafgerichtliches Verfahren gegen den Versicherungsnehmer läuft.

§ 30 VHB 2008

Zweifel an der Empfangsberechtigung des Versicherungsnehmers können beispielsweise bei einer Versicherung für fremde Rechnung bestehen.[1]

Wird gegen den Versicherungsnehmer wegen eines Anfangsverdachtes einer Brandstiftung ermittelt, dann führt ein derartiges Verfahren grundsätzlich zur fehlenden Fälligkeit. Es besteht dann auch kein Anspruch auf Abschlagszahlung.

§ 15 VHB 2008

1.8.7 Sachverständigenverfahren

▶ **Situation**

Ein Brand in der Wohnung des Versicherungsnehmers zerstört auch zwei handgeknüpfte Perserteppiche – jeweils 12 m² groß. Das Versicherungsunternehmen will dafür insgesamt 4 500 € bezahlen. Mit diesem Betrag ist der Versicherungsnehmer nicht einverstanden, da es sich um wertvolle alte Teppiche aus Wolle mit Seide handelte, die er von seinem Vater geerbt hat. Er schätzt den Wert auf etwa 11 000 €. Einen Zivilprozess möchte der Versicherungsnehmer aber wegen der hohen Kosten nicht gegen das Versicherungsunternehmen führen.

Sachverständigenverfahren

§ 15 Nr. 1 VHB 2008

Der Versicherungsnehmer kann nach Eintritt des Versicherungsfalles verlangen, dass die Höhe des Schadens durch ein Sachverständigenverfahren festgestellt wird. Ein solches Verfahren können Versicherer

---

1   Vgl. dazu die 16. Aufgabe bei den „Fallsituationen zur Vertiefung."

und Versicherungsnehmer auch gemeinsam vereinbaren. Dieses Verfahren kann durch Vereinbarung auf weitere Feststellungen zum Versicherungsfall ausgedehnt werden (z. B. auf die Ermittlung des Versicherungswertes oder auf die Schadenursache).

§ 15 Nr. 2 VHB 2008

LF 3

Jede Partei benennt in Textform einen Sachverständigen.

§ 15 Nr. 3 a) VHB 2008

LF 4

Beide Sachverständige benennen in Textform vor Beginn ihrer Feststellungen einen dritten Sachverständigen als Obmann.

§ 15 Nr. 3 c) VHB 2008

Weichen die Feststellungen der Sachverständigen voneinander ab, so übergibt sie der Versicherer unverzüglich dem Obmann.

§ 15 Nr. 5 VHB 2008

LF 15

Dieser entscheidet über die strittigen Punkte innerhalb der Grenzen der Feststellungen und übermittelt seine Entscheidung beiden Parteien gleichzeitig.

Die Feststellung der Sachverständigen oder des Obmanns sind verbindlich. Jede Partei trägt die Kosten ihres Sachverständigen; die Kosten des Obmanns tragen beide je zur Hälfte.

§ 15 Nr. 5 VHB 2008
§ 15 Nr. 6 VHB 2008

▶ Erläuterung

Setzt beispielsweise der Sachverständige des Versicherungsnehmers den Wert mit 10 500 € an – der des Versicherungsunternehmens nur mit 8 500 € und erfolgt keine Einigung, dann entscheidet der Obmann innerhalb dieser Beträge.

In der Versicherungspraxis wird das Sachverständigenverfahren nur selten durchgeführt. Kleinere Schäden werden nach Rechnungen oder nach der Schadenaufstellung des Versicherungsnehmers abgerechnet. Bei mittleren bis größeren Schäden nimmt ein Schadenregulierer des Versicherungsunternehmens oder ein freier Sachverständiger den Schaden am Versicherungsort auf. Über den Umfang und die Höhe stimmt sich der Mitarbeiter des Versicherers oder der Gutachter in den meisten Fällen mit dem Versicherungsnehmer ab.

Durch das Sachverständigenverfahren werden die Obliegenheiten des Versicherungsnehmers (z. B. im Versicherungsfall) nicht berührt.

§ 15 Nr. 7 VHB 2008
§ 26 Nr. 2 VHB 2008

Übungen

1. Durch Einbruch werden aus der Mietwohnung des Versicherungsnehmers entwendet (Wertsachen unverschlossen):

   - Bargeld   1 600 €
   - Sparbücher   3 750 €
   - goldene Armbanduhr   3 900 €
   - Goldkette   1 000 €
   - Münzsammlung   6 400 €

   Die Einbrecher beschädigen die Eingangstür zur Wohnung (Reparaturkosten 450 €) und den verschlossenen Schreibtisch in der
   Wohnung (230 €). Die Versicherungssumme in Höhe von 60 000 €
   entspricht dem Versicherungswert.

   Ermitteln Sie die Entschädigung.

2. Ein Wasserrohr in der Mietwohnung des Versicherungsnehmers
   bricht. Folgende Schäden entstehen:

   - Durch die Feuchtigkeit verzieht sich das Holz des Parkettfußbo-
     dens (Reparaturkosten 1 400 €)
   - Das Furnier eines Schrankes löst sich (Reparaturkosten 900 €;
     Wiederbeschaffungspreis des Schrankes 800 €)
   - Durch das eindringende Wasser implodierte der Fernseher
     (Kaufpreis vor sechs Jahren 850 €; Wiederbeschaffungspreis
     950 €)

   Regulieren Sie den Schaden.

3. Während des Urlaubs auf Mallorca vernichtet ein Hotelbrand folgende Sachen des Versicherungsnehmers:

   - Bargeld   1 580 €
   - Schmuck   2 300 €
   - Wäsche und Bekleidung   8 000 €

   Versicherungssumme 70 000 €. Es besteht keine Unterversicherung.

   Welche Entschädigung erhält der Versicherungsnehmer?

4. Der Versicherungsnehmer vereinbart die Unterversicherungsver-
   zichtklausel 7712 mit 650 € Versicherungssumme pro m² Wohnfläche (Wohnfläche 95 m²) und eine Erhöhung der Entschädigungsgrenze auf 25 %.

   Durch eine Explosion werden zerstört:

   - ein Gemälde   11 000 €
   - ein Gobelin   4 000 €
   - zwei Plastiken, insgesamt   3 100 €

- Einrichtungsgegenstände   34 000 €
- Wäsche und Bekleidung   14 000 €

Der Versicherungswert beträgt 85 000 €.

Ermitteln Sie die Entschädigung.

5. Einbrecher entwenden aus dem Einfamilienhaus des Versicherungsnehmers (Wertsachen unverschlossen):

- Bargeld   2 200 €
- Sparbücher   3 900 €
- Pelze   6 400 €
- Tafelsilber   3 950 €
- Antiquitäten   4 800 €
- Fotoapparat   1 000 €
- Lederjacke   475 €

Außerdem beschädigten die Einbrecher die Terrassentür (Reparaturkosten 400 €) und entwenden die Wohnungsschlüssel (Schlossänderung 65 €). Der Versicherungsnehmer hat 60 000 € Versicherungssumme vereinbart. Der Wert des gesamten Hausrats (ohne Wertsachen) liegt bei 70 000 €; Wertsachen sind für 21 000 € vorhanden.

Regulieren Sie den Schaden.

6. Der Versicherungsnehmer macht mit seiner Ehefrau Urlaub für vier Wochen auf einem Kreuzfahrtschiff in der Karibik. Nach drei Tagen bricht ein Feuer im Maschinenraum aus, das nicht gelöscht werden kann. Die Passagiere werden gerettet; ihre Sachen gehen aber mit dem Schiff unter. Der Versicherungsnehmer verlangt von seiner Hausratversicherung Ersatz für:

- Bargeld   2 400 €
- Schmuck   6 250 €
- Wäsche und Bekleidung   4 800 €

Versicherungssumme 80 000 €; Versicherungswert Hausrat (ohne Wertsachen) 75 000 €, Wertsachen: 35 000 €. Die Entschädigungsgrenze für Wertsachen ist auf 30 % der Versicherungssumme erhöht.

7. Ein Hausratversicherer entschädigt in mehreren Teilbeträgen. Ermitteln Sie die Gesamtentschädigung einschließlich Zinsen.

a) Schadenmeldung am 31. 8.
   Basiszinssatz: 6 %
   Entschädigungen
   am 17. 09.: 9 000,00 €
   am 09. 10.: 11 500,00 €
   am 15. 11.: 3 667,82 €

b) Schadenmeldung am 21. 2.
   Basiszinssatz: 1,5 %
   Entschädigungen
   am 23. 04.: 15 000,00 €
   am 17. 05.: 36 000,00 €
   am 23. 05.: 6 050,43 €

Die Zinsen sind mit der kaufmännischen Zinsformel zu berechnen.
(Für Tagesberechnung gilt die Erläuterung in Abschnitt 1.8.6)

8. Ein Feuerschaden wird dem Versicherungsunternehmen am
   16. 6. angezeigt. Das Versicherungsunternehmen leistet am 8. 7.
   15 000 €, am 31. 7. 11 000 € und am 26. 8. 6 611,44 €.

   Berechnen Sie die Gesamtentschädigung einschließlich Zinsen
   (Basiszinssatz: 7 %). Die Zinsen sind mit der kaufmännischen Zinsformel zu berechnen. (Tagesberechnung nach Abschnitt 1.8.6)

9. Durch Einbruchdiebstahl werden dem Versicherungsnehmer gestohlen (Wertsachen unverschlossen):

   ▪ Bargeld   1 800 €
   ▪ Schmuck   14 200 €
   ▪ Hausrat   7 100 €

   Die Versicherungssumme beträgt 55 000 €. Der Schadenregulierer ermittelt einen Versicherungswert in Höhe von 80 000 € einschließlich 23 000 € für Wertsachen. Der Versicherer entschädigt
   in Teilbeträgen (Schadenmeldung 10. 3., Basiszinssatz: 4,5 %)
   Entschädigungen

   am 14. 04.:   10 000 €
   am 28. 04.:   6 000 €
   am 10. 06.:   Rest

   a) Ermitteln Sie die Restzahlung. (Tagesberechnung nach Ab-
      schnitt 1.8.6)
   b) Wie hoch ist die Gesamtentschädigung einschließlich Zinsen?

10. Durch Einbruchdiebstahl sind dem Versicherungsnehmer in der
    vergangenen Nacht Bargeld, Schmuck, eine Briefmarkensamm-
    lung sowie zwei Pelze gestohlen worden. Er fragt Sie, welche
    Schritte er unternehmen muss, um die Entschädigung zu erhal-
    ten.

    Beraten Sie ihn. Lesen Sie dazu auch § 26 Nr. 2 a) VHB 2008.

11. Der Versicherungsnehmer macht Urlaub auf einem Segelschiff
    auf der Ostsee. Während eines Orkans kentert das Schiff. Der
    Versicherungsnehmer kann sich retten; Wäsche, Bekleidung, Ka-
    meras und Wertsachen für insgesamt 9 200 € versinken im Meer.

    Werden Sie leisten? (Versicherungssumme 45 000 €)

1.9 Deckungserweiterungen und neue Deckungskonzepte

Die meisten Versicherungsunternehmen bieten inzwischen Versicherungsschutz an, der über die VHB 2008 hinausgeht. Diese Deckungserweiterungen betreffen insbesondere die versicherten Sachen, Kosten, Gefahren und Schäden sowie die Außenversicherung und die Entschädigungsgrenzen für Wertsachen.

Erweiterung der versicherten Sachen, z. B.:

- Handelsware
- Inventar in ausschließlich beruflich genutzten Räumen
- Segelboote bis maximal 10 qm Segelfläche

Erweiterung der versicherten Kosten, z. B.:

- Transport- und Lagerkosten bis 10 % der Versicherungssumme und bis zu einem Jahr
- Schlüsselverlust bis 1 000 €
- Schlossänderungskosten für Wertbehältnisse
- Schlossänderungskosten infolge Diebstahls oder Verlustes
- Regulierungskosten wie Telefon, Porto und Schadenverzeichnis bei Schäden ab 5 000 €, pauschal 150 €
- Verdienstausfall als Folge eines Hausratschadens
- Rückreisekosten aus dem Urlaub bei Schäden ab 5 000 € bis 1 % der Versicherungssumme
- Hotelkosten inklusive Frühstück bis 25 € pro Tag zusätzlich, höchstens 2 500 €
- Telefonmissbrauch nach einem Einbruch (z. B. bis 1 000 €)
- Wegegeld und Telefonkosten für Wiederbeschaffung von Dokumenten nach einem Versicherungsfall
- Tierarztkosten nach einem Versicherungsfall (z. B. bis 10 % der Versicherungssumme)
- Umzugskosten nach einem Versicherungsfall, wenn die Wohnung auf Dauer unbewohnbar wurde
- Kosten für die Beseitigung von Verstopfungen
- Kosten im Sachverständigenverfahren – § 15 VHB 2008

Erweiterung der versicherten Gefahren und Schäden, z. B.:

- Sengschäden
- Schäden durch Anprall eines Fahrzeuges, seiner Teile oder seiner Ladung
- Schäden durch Überschallknall, innere Unruhen und Streik
- Schäden durch Rauch
- Schäden an Kühl- und Gefriergut infolge Stromausfalls
- Diebstahl aus verschlossenen Schiffskabinen und Zugabteilen

- Diebstahl von Hausrat aus verschlossenen Kfz, Anhängern oder Wohnwagen bis 1 Prozent der Versicherungssumme bzw. bis 500 €
- Diebstahl von Gartenmöbeln und Arbeitsgeräten auf dem Versicherungsgrundstück bis 1 Prozent der Versicherungssumme bzw. bis 1 000 € oder 2 500 €
- Diebstahl von Wäsche und Bekleidung auf dem Versicherungsgrundstück bis 1 Prozent der Versicherungssumme bzw. bis 1 000 €
- Diebstahl versicherter Sachen (ohne Wertsachen) bei stationärem Krankenhausaufenthalt aus dem Krankenzimmer bis 500 €, Bargeld bis 150 €
- Diebstahl von Hausrat außerhalb der Wohnung
- Diebstahl von Krankenfahrstühlen und Gehhilfen
- Diebstahl von Kinderwagen
- Diebstahl von Waschmaschinen und Wäschetrocknern
- Trickdiebstahl
- Scheck- und Kreditkartenmissbrauch bis 500 €
- Fahrraddiebstahl ohne Nachtzeitklausel

- Schäden durch räuberische Erpressung, z. B. erzwungenes Geldabheben – Grenzen nach § 13 Nr. 2 b) VHB 2008
- Vandalismusschäden auch ohne vorherigen Einbruch
- bestimmungswidriger Wasseraustritt aus im Haus verlaufenden Regenfallrohren
- Wasserverlust infolge eines versicherten Rohrbruchs bis 250 € je Schadenfall
- Schäden durch Plansch- und Reinigungswasser
- Bestimmungswidriges Austreten von gewässerschädlichen Stoffen aus Anlagen des Versicherungsnehmers für Schäden an versicherten Sachen
- Hausratschäden bei Transportmittelunfall (z. B. auch im gemieteten Umzugswagen)
- Schäden am privaten Computer durch ein unmittelbar von außen her einwirkendes Ereignis
- Schäden durch Wind (auch weniger als Windstärke 8)
- zufallsbedingte Beschädigung versicherter Sachen (Allgefahrenversicherung)
- Schäden durch Phishing beim Online-Banking bis 1 000 €
- kein Einwand der groben Fahrlässigkeit

Erweiterung der Außenversicherung, z. B.:

- Außenversicherung bis zu sechs Monaten
- ständige Außenversicherung für Sportausrüstungen bis zu 5 % der Versicherungssumme
- ständige Außenversicherung für Arbeitsgeräte am Arbeitsplatz bis zu 5 % der Versicherungssumme

- ständige Außenversicherung für ausgelagerten Hausrat bis 10 000 € (z. B. in Ferienwohnungen)
- Außenversicherungsschutz für Schließfächer des Versicherungsnehmers in Tresorräumen von Geldinstituten bis zu 2 500 € je Versicherungsfall

- Außenversicherung bis zu 20 %
  der Versicherungssumme,
  höchstens 20 000 €
- Beschädigung an aufgegebe-
  nem Reisegepäck

- Ersatzkäufe für verzögert aus-
  geliefertes Reisegepäck

Abweichende Entschädigungsgrenzen für Wertsachen, z. B.:

- Wertpapiere und Sparbücher
  bis zu 5 000 €
- Teppiche, Gobelins, Ölgemälde,
  Aquarelle, Grafiken und Plastiken sowie Antiquitäten zählen
  erst ab einem Einzelwert von
  2 500 € zu den Wertsachen

- Keine Entschädigungsgrenze in
  Euro für Schmuck, Edelsteine,
  Perlen, Briefmarken, Münzen
  und Medaillen sowie Sachen
  aus Gold und Platin

Einige Versicherer bieten die Hausratversicherung ohne Versicherungssumme an. Beitragsbasis ist die Wohnfläche (in qm). Es besteht unbe-
grenzte Deckung (z. B. bis 300 qm Wohnfläche). Unterversicherung
wird bei richtig angegebener Wohnfläche nicht angerechnet. Für Wertsachen gelten Entschädigungsgrenzen.

Wird kein Versicherungsfall gemeldet, so gewähren einzelne Versicherungsunternehmen einen Schadenfreiheitsrabatt. Dieser Nachlass
steigt beispielsweise von 5 % bei zwei schadenfreien Jahren bis auf
25 % bei zehn Jahren. Einzelne Versicherer rabattieren den Beitrag um
30 %, wenn der Versicherungsnehmer in ein Seniorenheim umzieht.

Viele Versicherungsunternehmen bieten den Versicherungsschutz in einem Drei-Stufen-Modell an:

Standard-, Mindest- oder Basisdeckung

Es besteht Versicherungsschutz nach den VHB 2008 – häufig mit
Selbstbehalt bis z. B. 250 € je Versicherungsfall.

Einzelne Versicherungsunternehmen kürzen die Entschädigungsgrenze
für Wertsachen, z. B. für

- Bargeld auf 500 €
- Wertpapiere und Urkunden auf 1 500 €
- Schmuck auf 10 000 €

Sicherheits-, Normal- oder Komplettdeckung

Der Tarif enthält neben der Grunddeckung nach VHB 2008 auch den
Einschluss von Klauseln, z. B. Fahrraddiebstahl, Überspannungsschäden
durch Blitz, Wasseraustritt aus Aquarien und Wasserbetten. Ein Selbstbehalt ist meistens nicht vorgesehen.

Spezial-, Optimal- oder Maximaldeckung

Dieses Servicepaket schließt die Klauseln mit höheren Entschädigungsgrenzen und – je nach Gesellschaft – weitere der aufgeführten Erweiterungen des Versicherungsschutzes ein.

Am weitesten gehen einige Gesellschaften, bei denen der Hausrat gegen nahezu alle Gefahren und Schäden versichert ist (Allgefahrendeckung). Neben den Gefahren nach VHB 2008 und der erweiterten Elementarschadenversicherungsbedingung besteht auch Versicherungsschutz gegen die zufallsbedingte Beschädigung versicherter Sachen.

Einzelne Gesellschaften bieten Versicherungsschutz für Heim und Haus in einer Kompakt-Police mit einem Bedingungswerk an.

Diese Versicherungsbedingungen umfassen beispielsweise die Hausrat-, Glasbruch-, Gebäude-, Haftpflicht- und Rechtsschutzversicherung. In der Sachversicherung enthalten sie die Gefahren und Schäden nach den VHB 2008 und den Elementarschadenversicherungsbedingungen. Deckungserweiterungen bestehen bei den versicherten Sachen (z. B. Einschluss von Segelbooten bis 10 qm Segelfläche), bei den versicherten Gefahren (z. B. Anprall von Fahrzeugen, Diebstahl von Gartenmöbeln und Arbeitsgeräten, bestimmungswidriger Austritt aus im Haus verlaufenden Regenfallrohren, Rückstau von Abwasser aus der Kanalisation) und bei den Kosten (z. B. Schlossänderungskosten für Wertbehältnisse, Bewachungskosten). Die wichtigsten Klauseln sind ebenfalls eingeschlossen.

Für Schadenmeldungen oder Fragen zum Versicherungsschutz steht ein 24-Stunden-Service-Telefon zur Verfügung. Diesen Home-Service (Hotline oder Notrufnummer) über ein 24-Stunden-Telefon bieten eine Reihe von Gesellschaften an.

Der Home-Service

- gibt Hinweise und berät im Schadenfall
- nimmt die Schadenmeldung auf und leitet sie weiter
- vermittelt ausgesuchte Handwerksbetriebe.

Einzelne Versicherungsunternehmen beauftragen bei Kleinreparaturen z. B. bis 2 500 € selbst einen Vertragshandwerker und rechnen mit ihm auch ab.

Über ein Assistance-Center kann der Versicherungsnehmer auch gegen eine jährliche Aufschaltgebühr von etwa 300 € seine Einbruchmeldeanlage überwachen lassen. Wird ein Alarm ausgelöst, gehen die Mitarbeiter nach einem zuvor gemeinsam festgelegten Aktionsplan vor. Beispielsweise wird erst ein Kontrollanruf vorgenommen und anschließend der Nachbar oder der Sicherheitsdienst benachrichtigt.

Für junge Leute bis 25 Jahre gilt bei vielen Versicherungsunternehmen ein Sondertarif mit Nachlässen von 15 % bis 30 %. Einige Gesellschaften bieten für diese Zielgruppe ein Versicherungspaket an, das den Grundversicherungsbedarf für Jugendliche deckt, die aus dem Elternhaus ausgezogen sind. Das Paket enthält beispielsweise eine Unfall-, Haftpflicht-, Hausrat-, Verkehrsrechtsschutz- und eine Berufs- oder Erwerbsunfähigkeitsversicherung. In der Hausratversicherung basiert der Grundbeitrag häufig auf einer etwa 30 qm großen Wohnung. Wer eine größere Wohnung besitzt, muss auch entsprechend mehr Beitrag zahlen.

1.10 Zusammengefasste Versicherungen

1.10.1 Verbundene (kombinierte) Versicherung

Die Hausratversicherung gehört zur verbundenen Versicherung, weil mehrere Gefahren in einem Versicherungsvertrag aufgrund eines Bedingungswerkes zusammengefasst sind. Es wird für alle Gefahren nur ein Beitrag ausgewiesen. Der Versicherungsnehmer kann die Gefahren nur zusammen abschließen.

1.10.2 Gebündelte Versicherungen

Bei der gebündelten Versicherung werden in einem Antrag mehrere Gefahren bzw. unterschiedliche Sparten aufgeführt, z. B.

- Hausratversicherung mit Haushalt-Glas-, Privat-Haftpflicht-, Unfall- und Rechtsschutzversicherung[1]
- Wohngebäudeversicherung mit Glas-, Haus- und Grundbesitzer-Haftpflichtversicherung (für Mehrfamilienhäuser) sowie Mietverlustversicherung (für gewerblich genutzte Räume).[2]

Obwohl nur ein Versicherungsschein ausgestellt wird, sind es rechtlich verschiedene Verträge mit eigenen Beiträgen. Kommt der Versicherungsnehmer in Zahlungsverzug, so sind in der Mahnung nach § 38 Abs. 1 VVG die Beiträge einzeln aufzuführen.

▶ Zusammenfassung

Verbundene (kombinierte) Versicherung

- Deckung mehrerer Gefahren
- ein Antrag, ein Versicherungsschein, **eine** Prämie
- **ein** Bedingungswerk
- **ein** Vertrag

Beispiele

- Verbundene Hausratversicherung (VHB 2008)
- Verbundene Wohngebäudeversicherung (VGB 2008)

Gebündelte Versicherung (Bündelung)

- Deckung verschiedener Gefahren
- ein Antrag, ein Versicherungsschein, **mehrere** Prämien
- **mehrere** Bedingungswerke
- **mehrere** Verträge, **einzeln kündbar**

Beispiel

- Familienschutzversicherung mit Hausrat-, Haushalt-Glas-, Haftpflicht-, Unfall- und Rechtsschutzversicherung

LF 3

LF 4

LF 15

---

1 Für die Hausratversicherung wird 18 %, für die anderen Versicherungen 19 % Versicherungsteuer erhoben.
2 Für die Wohngebäudeversicherung wird 17,75 %, für die anderen Versicherungen 19 % Versicherungsteuer berechnet.

1.11 Haushalt-Glasversicherung (AGIB 2008)

▶ Situation

Der Versicherungsnehmer fragt, ob folgender Schaden in der Hausratversicherung eingeschlossen ist: Beim Lüften schlug die Terrassentür
seines Einfamilienhauses zu und die Isolierscheibe zerbrach. Das Aus-
wechseln der Scheibe kostet 470 €.

▶ Erläuterung

Die Scheibe ist in der Hausratversicherung weder eine versicherte Sache, noch hat eine versicherte Gefahr auf sie eingewirkt.

Für derartige Schäden ist eine Haushalt-Glasversicherung abzuschließen.
Die Glasversicherung unterscheidet sich in einem wesentlichen Punkt
von den anderen Sachversicherungssparten. In der Glasversicherung
liegt ein Versicherungsfall vor, wenn das Schadenereignis – das Zerbrechen der Scheibe – eintritt, die Schadenursache ist – bis auf die Ausschlüsse – unbedeutend.

1.11.1 Versicherte Sachen

§ 3 Nr. 1 AGIB 2008

Versichert sind Gebäude- und Mobiliarverglasung der Wohnung oder
des Einfamilienhauses – unabhängig davon, ob der Versicherungsnehmer Eigentümer oder Mieter ist.

Zur **Gebäudeverglasung** zählen Glasscheiben von Fenstern, Türen,
Balkonen, Terrassen, Wintergärten, Dächern, Brüstungen und Duschka-
binen.

Die **Mobiliarverglasung** umfasst Glasscheiben von Bildern, Schränken,
Vitrinen, Stand-, Wand-, Schrankspiegel – außerdem Glasplatten, Glasscheiben und Sichtfenster von Öfen, Elektro- und Gasgeräte, sowie
künstlerisch bearbeitete Glasscheiben, -platten und -spiegel bis zu dem
vereinbarten Betrag (z. B. bis 250 €)

Durch gesonderte Vereinbarung, häufig gegen Zuschlag, kann der Versicherungsnehmer einschließen:

- Glaskeramik-Kochflächen, je Fläche, z. B.   25 €
- Aquarien/Terrarien, z. B. bis 500 l   10 €
  über 500 l   20 €

§ 3 Nr. 2 AGIB 2008

- Scheiben und Platten aus Kunststoff
- Glasbausteine und Profilbaugläser,
- Lichtkuppeln aus Glas oder Kunststoff
- Scheiben von Sonnenkollektoren einschließlich deren Rahmen
- sonstige Sachen, die im Versicherungsschein ausdrücklich benannt
  sind.

Nicht versicherte Sachen

§ 3 Nr. 3 AGlB 2008

- optische Gläser, Hohlgläser, Geschirr, Beleuchtungskörper und Handspiegel
- Photovoltaikanlagen
- Sachen, die bereits bei Antragsstellung beschädigt sind
- Scheiben und Platten aus Glas oder Kunststoff, die Bestandteil elektronischer Daten-, Ton-, Bildwiedergabe- und Kommunikationsgeräte sind (z. B. Bildschirme von Fernsehgeräten, Computer-Displays).

▶ Beispiele

1. Dem Versicherungsnehmer rutscht der schwere Glasaschenbecher aus der Hand. Beim Aufprall auf den Glastisch zerplatzen der Aschenbecher und die Scheibe des Tisches. Für die Scheibe des Tisches besteht Versicherungsschutz (Mobiliarverglasung). Der Glasaschenbecher ist keine Scheibe, sondern ein Hohlglas und damit keine versicherte Sache.

2. Beim Putzen des Fensters in der Mietwohnung zerschlägt die Frau des Versicherungsnehmers versehentlich die Scheibe. Die Glasversicherung leistet (Gebäudeverglasung). Die private Haftpflichtversicherung tritt nicht ein, da bei Mietsachschäden Glasbruch ausgenommen ist, gegen den sich der Versicherungsnehmer versichern kann. Hätte die Ehefrau im Treppenhaus (Mehrfamilienhaus) die Scheibe zerschlagen, dann besteht Versicherungsschutz in der PHV. Die Glasversicherung leistet dann nicht, weil die Scheibe nicht zur Wohnung des Versicherungsnehmers gehört.

3. Eine Orkanböe schleudert einen Ast durch das geschlossene Fenster des Einfamilienhauses. Es besteht nur in der Gebäudeversicherung Versicherungsschutz, weil Schäden durch Sturm in der Glasversicherung ausgeschlossen sind.

§ 1 Nr. 2 b) cc)
AGlB 2008

4. Beim Putzen fällt dem Versicherungsnehmer die Leiter gegen den Fensterrahmen und die Randverbindung der Isolierverglasung wird beschädigt. Dadurch dringt Feuchtigkeit zwischen die Mehrscheiben-Verglasung und die Fensterscheibe wird „blind".

Der Glasversicherer wird den Schaden ablehnen, weil die Scheibe nicht zerbrach. Die Beschädigung der Randverbindungen ist nicht versichert.

§ 1 Nr. 2 a) bb)
AGlB 2008

5. Dem Versicherungsnehmer rutscht eine Weinflasche aus der Hand, die auf eine Glasplatte fällt. Aus der Platte bricht ein Stück Glas heraus.

§ 1 Nr. 2 a) aa)
AGlB 2008

Der Versicherer leistet nicht, weil kein Bruch der Scheibe – sondern nur ein „Muschelausbruch" – vorliegt.

6. Das neunjährige Kind des Nachbarn schießt einen Fußball in die Terrassenscheibe des Versicherungsnehmers. Die Scheibe zerbricht. Der Glasversicherer leistet und nimmt nach § 86 Abs. 1 VVG Regress beim Kind bzw. bei den Eltern, wenn die Haftungsvoraussetzungen nach § 828 Abs. 2 bzw. § 832 Abs. 1 BGB erfüllt sind.

§ 3 Nr. 3 d) AGIB 2008

7. Der Versicherungsnehmer stößt versehentlich gegen die Stehlampe, die in das Fernsehgerät fällt und den Bildschirm zerstört. Der Bildschirm ist nicht versichert.

(Hätte ein Brand die Scheibe zerstört, dann würde der Hausratversicherer eintreten).

§ 4 AGIB 2008

1.11.2   Versicherte Kosten

§ 4 Nr. 1 AGIB 2008

Der Versicherer ersetzt Schadenminderungs- und Entsorgungskosten sowie die Kosten für eine Notverschalung oder -verglasung. (Die Aufwendungen zu Abwendung und Minderung des Schadens sind in Abschnitt B § 13 AGIB 2008 geregelt.)

§ 4 Nr. 2 AGIB

Durch Vereinbarung können eingeschlossen werden:

- Kran- und Gerüstkosten
- Erneuerung von Anstrichen, Schriften, Folien
- Beseitigung und Wiederanbringen von Gittern, Markisen
- Beseitigung von Schäden an Umrahmungen, Mauerwerk, Schutz- und Alarmeinrichtungen

In der Haushalt-Glasversicherung schließen viele Versicherungsunternehmen Kran- und Gerüstkosten bis 250 € je Schadenfall beitragsfrei ein.

▶ Beispiele

1. Im Einfamilienhaus des Versicherungsnehmers bricht eine große Balkonscheibe im 1. Obergeschoss. Da die Scheibe nicht über die Treppe im Gebäude transportiert werden kann, muss sie von außen mit einem Hubwagen eingesetzt werden.

§ 4 Nr. 2 a) AGIB 2008

Diese Kosten sind, wenn der Versicherungsnehmer sie eingeschlossen hat, versichert.

2. Durch ein Feuer im Erdgeschoss platzen die Fensterscheiben. Um die Scheiben einsetzen zu können, müssen die geschmiedeten Eisengitter vor den Fenstern ab- und anschließend wieder angebaut werden.

§ 1 Nr. 2 b) aa)
AGIB 2008

Die Kosten für die Scheiben sowie für die Montage der Gitter übernimmt die Gebäudeversicherung, weil Brand in der Glasversicherung ausgeschlossen ist.

3. Bei einem Einbruch wird die Terrassenscheibe zerstört. Da der Versicherungsnehmer nicht anwesend ist, lässt die Polizei eine Notverglasung anbringen. Diese Kosten übernimmt der Hausratversicherer, weil Schäden durch Einbruchdiebstahl in der Glasversicherung nicht versichert sind. Auch die neue Scheibe bezahlt der Hausratversicherer.

§ 8 Nr. 1 g) und i) VHB 2008
1 Nr. 2 b) bb) AGLB 2008

4. Der Versicherungsnehmer besitzt eine Gebäudefeuerversicherung (ohne Sturm und Hagel) und eine Hausrat- mit Glasversicherung. Eine Orkanböe zerstört die Scheibe.

Nicht versichert sind Schäden durch Sturm – aber nur soweit dafür anderweitig Versicherungsschutz besteht. Der Versicherungsnehmer hat für sein Einfamilienhaus keine Sturmversicherung abgeschlossen, so dass die Glasversicherung eintritt.

§ 1 Nr. 2 b) cc) AGLB 2008

Durch die Ausschlüsse nach § 1 Nr. 2 b) soll eine Mehrfachversicherung (Doppelversicherung) vermieden werden.

§ 29 VHB/VGB 2008

LF 3

LF 4

LF 15

▶ **Zusammenfassung**

Vertragsgrundlage: Allgemeine Bedingungen für die Glasversicherung (AGlB 2008)

Versicherte Gefahren und Schäden

§ 1 Nr. 1 AGlB 2008	Entschädigung für das Zerbrechen versicherter Sachen

Versicherte Sachen

§ 3 Nr. 1 AGlB 2008

- fertig eingesetzte oder montierte Scheiben, Platten und Spiegel aus Glas
- Künstlerisch bearbeitete Glasscheiben, -platten und -spiegel bis zur vereinbarten Entschädigungsgrenze

durch besondere Vereinbarung

§ 3 Nr. 2 AGlB 2008

- Scheiben und Platten aus Kunststoff
- Lichtkuppeln aus Glas oder Kunststoff
- Platten aus Keramik
- Scheiben von Sonnenkollektoren einschließlich Rahmen
- Glasbausteine und Profilgläser
- sonstige Sachen, die im Versicherungsschein benannt sind, z. B. Aquarien/Terrarien

Nicht versicherte Sachen

§ 3 Nr. 3 AGlB 2008

- optische Gläser, Hohlgläser, Geschirr, Beleuchtungskörper und Handspiegel
- Photovoltaikanlagen
- Sachen, die bereits bei Antragsstellung beschädigt sind
- Scheiben und Platten aus Glas oder Kunststoff, die Bestandteil elektronischer Daten-, Ton-, Bildwiedergabe- und Kommunikationsgeräte sind (z. B. Bildschirme von Fernsehgeräten, Computer-Displays)

Nicht versicherte Gefahren und Schäden

§ 1 Nr. 2 u. § 2 AGlB 2008

- Beschädigungen von Oberflächen
- Undichtwerden der Randverbindungen von Isolierverglasungen
- Schäden durch Brand, Blitzschlag, Explosion, Implosion, Anprall oder Absturz eines Luftfahrzeuges, Einbruchdiebstahl, Vandalismus, Sturm, Hagel, Überschwemmung, Erdbeben, Erd-

fall, Erdrutsch, Schneedruck, Lawinen oder Vulkanausbruch soweit dafür anderweitig Versicherungsschutz besteht
- Schäden durch Krieg, kriegsähnliche Ereignisse, Bürgerkrieg, Revolution, Rebellion oder Aufstand sowie innere Unruhen oder Kernenergie

Versicherte Kosten

§ 4 Nr. 1 AGlB 2008
§ 13 Abschnitt B
AGlB 2008

- Schadenabwendungs- und Schadenminderungskosten
- Kosten für Notverglasung oder Notverschalung
- Entsorgungskosten

durch besondere Vereinbarung

§ 4 Nr. 2 AGlB 2008	Kran- und Gerüstkosten	Kosten für die Erneuerung von Anstrich, Schriften u. ä.	Kosten für die Beseitigung und das Wiederanbringen von Schutzgittern, Markisen	Kosten für die Beseitigung von Schäden an Umrahmungen, Beschlägen, Mauerwerk

1.11.3 Beitragsberechnung[1]

Der Beitrag kann berechnet werden

- nach der Gesamtfläche der Gebäudeverglasung
- nach qm Wohnfläche
- pauschal pro Wohnung oder Einfamilienhaus

▶ Beispiel

Der Versicherungsnehmer beantragt zu seiner Hausratversicherung (96 qm Wohnfläche, Beitragssatz 2,8 ‰; Klausel 7712 ist vereinbart) eine Haushalt-Glasversicherung (Beitrag bis 100 qm 43 €, Wohnung in einem Mehrfamilienhaus). Er schließt außerdem eine Glaskeramik-Kochfläche (25 €) und ein Aquarium (10 €) ein.

Wie hoch ist der Beitrag einschließlich 10 % Dauerrabatt und 18 % bzw. 19 % Versicherungsteuer?

Lösung

Hausratversicherung

96 qm × 650 €/qm = 62 400 € zu 2,8 ‰ =		174,72 €
	− 10 % Rabatt	17,47 €
		157,25 €
	+ 18 % Versicherungsteuer	28,31 €
		185,56 €

Haushalt-Glasversicherung

Tarifbeitrag		43,00 €
+ Keramik-Kochfläche		25,00 €
+ Aquarium		10,00 €
		78,00 €
	− 10 % Rabatt	7,80 €
		70,20 €
	+ 19 % Versicherungsteuer	13,34 €
		83,54 €

gesamter Beitrag: 269,10 €

---

1 Die meisten Versicherungsunternehmen ermitteln den Beitrag nach qm Wohnfläche.

1.11.4   Entschädigung; Unterversicherung

Die AGIB 2008 sehen für die Entschädigung zwei Alternativen vor:
Alternative 1 Entschädigung als Sachleistung,
Alternative 2 Entschädigung als Geldleistung.[1]

§ 7.1 Nr. 1 AGIB 2008

Bei **Alternative 1** gewährt der Versicherer im Versicherungsfall eine Sachleistung, zu der er den Auftrag erteilt. Sachleistung bedeutet, dass auf Veranlassung und Rechnung des Versicherers die zerstörten oder beschädigten Sachen entsorgt und in gleicher Art und Güte an den Schadensort geliefert und wieder eingesetzt werden (Naturalersatz).

§ 7.2 Nr.1 AGIB 2008

Bei **Alternative 2** erhält der Versicherungsnehmer eine Geldleistung, mit der er die Entsorgung der zerstörten oder beschädigten Sachen sowie deren Wiederbeschaffung in gleicher Art und Güte bezahlen kann. Die Mehrwertsteuer wird nicht ersetzt, wenn der Versicherungsnehmer zum Vorsteuerabzug berechtigt ist oder die Mehrwertsteuer nicht gezahlt hat.

§ 7 Nr. 1 AGLB 2008

Ist eine Versicherungssumme vereinbart, dann liegt eine Unterversicherung vor, wenn der Versicherungswert zum Zeitpunkt des Versicherungsfalles höher ist als die Versicherungssumme. Die Entschädigung wird dann im Verhältnis Versicherungssumme zum Versicherungswert gekürzt.

Viele Versicherer verzichten auf den Einwand der Unterversicherung, weil in der Haushaltsglasversicherung keine Versicherungssumme festgesetzt wird. Der Beitrag wird üblicherweise nach Wohnfläche oder pauschal nach Wohnung oder Einfamilienhaus berechnet.

Die Versicherer, bei denen die AGIB eine Unterversicherung enthalten, ziehen dafür als Grundlage die Beitragsermittlung heran.

Eine Unterversicherung wird angerechnet, wenn im Versicherungsfall festgestellt wird, dass die für die Beitragsberechnung maßgebliche Glas- oder Wohnfläche von den tatsächlichen Verhältnissen abweicht und deshalb die Prämie zu niedrig ermittelt wurde. Der Versicherer ersetzt dann den Schaden nur im Verhältnis der gezahlten Prämie zu der, die tatsächlich zu zahlen gewesen wäre (Unterversicherung).

▶ Beispiel

Wohnfläche nach Antrag: 85 qm, Jahresbeitrag: 60 €
Tatsächliche Wohnfläche: 102 qm, Jahresbeitrag: 65 €
Glasschaden: 195 €

---

1   Handbuch der Sachversicherung 01/08, Bd. 3 AGIB 2008, S. 5 f.

Lösung

$$\text{Entschädigung} = \frac{\text{Schaden} \times \text{gezahlte Prämie}}{\text{zu zahlende Prämie}}$$

$$\text{Entschädigung:} \quad \frac{195 \times 60}{65} = 180 \,€$$

1.11.5 Anpassung der Versicherung   § 6 AGIB 2008

Der Versicherer passt den Umfang der Versicherung an die Glaspreis-
entwicklung an. Die Prämie erhöht oder vermindert sich jeweils zum
1. Januar eines jeden Jahres entsprechend dem Prozentsatz, um den   § 6 Nr. 2 AGIB 2008
sich die vom Statistischen Bundesamt veröffentlichten Preisindizes für
Verglasungsarbeiten verändert haben.

Für Wohnungen, Einfamilien- und Mehrfamiliengebäude gilt das Mittel
aus den Indizes für Einfamilien- und Mehrfamiliengebäude. Der Veränderungsprozentsatz wird auf eine Stelle hinter dem Komma gerundet.
Maßgebend sind die für den Monat Mai veröffentlichten Indizes.

▶ Beispiel

Index (Basis 2000 = 100) 5/06   5/07   Veränderung

Einfamiliengebäude   112,0 128,9 $\dfrac{100 \times 16,9}{112,0} = 15,09\,\%$

Mehrfamiliengebäude   112,0 128,9 $\dfrac{100 \times 16,9}{112,0} = \underline{15,09\,\%}$

$$30,18\,\% : 2 = 15,09\,\%$$

Der Mittelwert wird eine Stelle hinter dem Komma gerundet: <u>15,1 %</u>.

Der Versicherer kann die Prämie um 15,1 % erhöhen.

Innerhalb eines Monats nach Zugang über die Erhöhung des Beitrags   § 6 Nr. 3 AGIB 2008
kann der Versicherungsnehmer in Textform zum Anpassungszeitpunkt
kündigen. Die Mitteilung des Versicherers, in der auf das Kündigungsrecht hinzuweisen ist, muss mindestens einen Monat vor Wirksamkeit
der Anpassung der Prämie dem Versicherungsnehmer zugehen.

Übungen

1. Leistet die Haushalt-Glasversicherung, wenn folgende Sachen zerbrechen?

   a) Scheibe der Zimmertür
   b) Glasscheibe des Elektroofens
   c) Weinglas
   d) Bildröhre des PC
   e) Glaskeramik-Kochfläche
   f) Scheibe im Wohnzimmerschrank
   g) Brillenglas

2. Als der Versicherungsnehmer eine große Deckenlampe in seiner Eigentumswohnung anbringen will, fällt sie herunter und trifft das Aquarium. Lampe und Aquarium platzen. Das auslaufende Wasser beschädigt den Schrank, auf dem das Aquarium stand, den Teppich und den Parkettboden. Die Zierfische verenden. Der Versicherungsnehmer hat in der Haushalt-Glasversicherung das Aquarium eingeschlossen.

   Regulieren Sie die Schäden.

3. a) Berechnen Sie den Halbjahresbeitrag einschließlich 10 % Dauerrabatt, 3 % Ratenzuschlag und Versicherungsteuer:
   - Hausratversicherung: Versicherungssumme 75 000 € zu 2,0 ‰; 0,5 ‰ Zuschlag für Einschluss Fahrraddiebstahl (Klausel 7110)
   - Haushalt-Glasversicherung: Jahresbeitrag 60 €; 20 € für Einschluss Aquarium; 25 € für Glaskeramik-Kochfläche.
   b) Der Fernseher des Versicherungsnehmers implodiert durch Kurzschluss. Durch den
   dadurch verursachten Brand entstehen weitere Schäden:
   - das Aquarium platzt durch die Hitze
   - die Fische verenden
   - Möbel werden zerstört
   - der Glastisch springt
   - eine Fensterscheibe platzt
   - die zerstörten Hausratsachen müssen zur Mülldeponie gebracht werden

   Besteht Versicherungsschutz aus den beiden Verträgen?

4. Die Frau des Versicherungsnehmers hat beim Reinigen die Fensterscheibe im Treppenhaus des Mehrfamilienhauses zerschlagen. Der Vermieter verlangt die Bezahlung der Reparaturkosten in Höhe von 340 €.

Der Versicherungsnehmer bittet um Auskunft, ob seine Haushalt-Glasversicherung die Rechnung bezahlt.

Antworten Sie ihm ausführlich.
Gehen Sie dabei auch auf die Privathaftpflichtversicherung ein.

5. Beim Tapezieren in seiner Mietwohnung fällt dem Versicherungsnehmer die Leiter um. Sie zerschlägt die Fensterscheibe, eine große Blumenvase und beschädigt einen Beistellschrank. Außerdem verschmutzt das Blumenwasser die Tapete und den Teppich. Der Versicherungsnehmer hat eine Hausrat- und eine Haushalt-Glasversicherung abgeschlossen.

Werden die Schäden bezahlt?

6. a) Im Versicherungsfall stellt der Versicherer fest, dass der Versicherungsnehmer statt 120 m² (49 € Beitrag) nur 90 m² (43 € Beitrag) angegeben hat.
   Ermitteln Sie die Entschädigung für die Haushalt-Glasversicherung (Glasschaden 245 €).
   Der Versicherer berechnet eine Unterversicherung auf der Grundlage der Beitragsberechnung.

   b) Ab 15. 11. ändert der Versicherungsnehmer die Verträge (Versicherungsperiode 1. 4.–30. 3., halbjährliche Zahlung):
   Hausratversicherung:
   Erhöhung der Versicherungssumme von 54 000 € auf 72 500 €; Beitragssatz 2,0 ‰
   Haushalt-Glasversicherung:
   Erhöhung des Beitrags von 43 € auf 49 €.

Wie hoch ist der Nachbeitrag ab 15. 11. einschließlich Versicherungsteuer?

7. Ihr Kunde, Franz Meiser, teilt Ihnen telefonisch folgenden Schadenfall mit:

   „Gestern explodierte unser Schnellkochtopf. Die Explosion beschädigte unsere Einbauküche und zerstörte die Glaskeramik-Kochfläche des Herdes sowie die Fensterscheibe unserer Mietwohnung. Der Vermieter verlangt, dass wir die Fensterscheibe bezahlen. Wird die Hausrat- und die Glasversicherung diese Schäden übernehmen?"

Informieren Sie Ihren Kunden.

8. Ihr Versicherungsnehmer, Fritz Fehlig, beschwert sich bei Ihnen. Er versteht nicht, weshalb er in der Haushalt-Glasversicherung ab 1. Januar einen Mehrbeitrag von 11,36 € zahlen soll, obwohl der Preisindex für Lebenshaltungskosten kaum gestiegen ist.

Erläutern Sie ihm ausführlich die Berechnung der Beitragserhöhung. Folgende Daten liegen Ihnen vor:

Bisheriger Beitrag Glasversicherung Einfamilienhaus: 111,36 € (einschl. Versicherungsteuer).

Index:	05/07	05/08 (fiktive Werte)
Einfamiliengebäude	128,9	142,8
Mehrfamiliengebäude	128,9	141,2

9. Ein Auszubildender aus dem ersten Ausbildungsjahr fragt Sie, welche Vorteile die gebündelte Versicherung für Versicherungsnehmer und Versicherer hat.

   Erläutern Sie ihm die Vorteile.

10. Eine Orkanböe zerstört das Terrassenfenster im Einfamilienhaus des Versicherungsnehmers. Zum Ausbau der Scheibe muss ein Schutzgitter demontiert und anschließend wieder angebracht werden. Der Versicherungsnehmer besitzt bei Ihnen eine Hausrat- mit Glasversicherung; die Gebäudeversicherung besteht bei einer anderen Gesellschaft.

    Werden Sie die Schäden bezahlen?

11. Durch den Druck einer Schneelawine platzen die Fensterscheiben am Haus der Versicherungsnehmerin. Die Kundin besitzt eine Gebäude- sowie eine Hausratversicherung mit Glasversicherung – aber keine erweiterte Elementarschadenversicherung.

    Wird der Versicherer leisten?

Wiederholungsaufgaben

1. Sind folgende Sachen nach § 6 VHB 2008 versichert? Erläutern Sie
   kurz Ihre Antwort.

   a) Holzvertäfelung, die der Versicherungsnehmer in seine Eigen-
      tumswohnung eingefügt hat
   b) Schlagbohrmaschine, die der Versicherungsnehmer aus seiner
      Werkstatt mitbrachte
   c) Faltboot im Keller
   d) Katze des Versicherungsnehmers
   e) Parabolantenne, die der Mieter auf eigene Kosten beschafft hat
   f) Motorboot in der Garage
   g) Palme auf dem Balkon
   h) Weinflaschen in der Garage, die der Versicherungsnehmer neben-
      beruflich verkauft

2. Die Explosion einer Propangasflasche in der Garage auf dem Grundstück des Versicherungsnehmers zerstört:

   a) ein Surfbrett mit Segel
   b) ein Go-Cart mit Benzinmotor
   c) einen ausgebauten Automotor
   d) ein unter Eigentumsvorbehalt gekauftes Fahrrad
   e) ein geliehenes Moped
   Regulieren Sie den Schaden.

3. Nach einem Feuer in der Mietwohnung bittet der Versicherungsnehmer um Entschädigung der Kosten für:

   a) das Auffüllen des Autofeuerlöschers
   b) die Reinigung der Möbel, Gardinen und Teppiche
   c) den Abtransport der Reste eines Schrankes, des versengten
      Teppichs und von zwei zerstörten Zimmertüren zur Mülldeponie
   d) die Reparatur des Parkettbodens
   e) die Renovierung der Zimmer
   f) die Wiederherstellung der zerstörten Disketten seines Privat-PC
   g) sechs Hotelübernachtungen
   Welche Kosten werden von der Hausratversicherung erstattet?

4. Der Versicherungsnehmer ist Pächter eines Kiosk. Als er aus seinem
   Auto Zigaretten und Spirituosen in den Kiosk einräumen will, wird er
   von zwei Räubern überfallen. Sie entwenden ihm 24 Stangen Ziga-
   retten, 11 Flaschen Schnaps, seine Brieftasche mit 210 € privatem
   Bargeld und Führerschein, die goldene Armbanduhr sowie die
   Schlüssel zum Kiosk, zur Wohnung und zum Geldschrank in der
   Wohnung. Er lässt unverzüglich diese Schlösser austauschen.

   Wird der Hausratversicherer die Kosten und geraubten Sachen bezahlen?

5. Ein Orkan verursacht Schaden am Hausrat in Höhe von 66 000 €. An Aufräumungs-, Bewegungs- und Schutzkosten fallen zusätzlich 6 400 € an. Die Versicherungssumme beträgt 50 000 €, der Versicherungswert 70 000 €.

   Berechnen Sie die Entschädigung.

6. Der Versicherungsnehmer muss nach einem Brand in seinem Einfamilienhaus mit seiner Familie ins Hotel ziehen. Er bittet um Regulierung der Übernachtungskosten in Höhe von 70 € pro Nacht zuzüglich 20 € für Frühstück für 28 Tage. Da er mehrmals mit seinem Pkw Wäsche und Bekleidung ins Hotel bringen musste, setzt er auch Kilometergeld an (42 km zu 0,30 €/km). Die Versicherungssumme beträgt 65 000 €; sie entspricht dem Versicherungswert.

   Welchen Betrag erhält der Versicherungsnehmer?

7. Frau M. meldet folgenden Schaden:

   „Als ich gestern das Fleisch in der Pfanne anbraten wollte, entzündete sich plötzlich das Fett. Ich wollte die brennende Pfanne in den Vorgarten werfen; dabei griff das Feuer auf eine Gardine über und die Küche brannte aus.

   Besteht Versicherungsschutz für:

   a) die Pfanne und das Fleisch
   b) die zerstörte Kücheneinrichtung
   c) den Kanarienvogel, der im Rauch erstickte
   d) die angesengte Zimmertür in meiner Mietwohnung
   e) die Schäden durch Löschwasser in der Mietwohnung unter mir
   f) die durch den Rauch und die Hitze beschädigte Gebäudefassade?

   Geben Sie Frau M. umfassende Auskunft.

8. Ein Versicherungsinteressent möchte eine Hausratversicherung nach den VHB 2008 abschließen. In seiner Eigentumswohnung (100 m² Wohnfläche) befinden sich u. a. eine wertvolle Stereo-Anlage (Wert 6 000 €), ein PC mit Zusatzgeräten, ein großes Aquarium sowie antike Möbel (Wert der Möbel ca. 25 000 €). Seine Ehefrau hat Schmuck (Wert ca. 18 000 €) und zwei Bilder von Picasso (Wert ca. 10 000 €) geerbt. Außerdem besitzt der Versicherungsnehmer ein Fahrrad (Kaufpreis: 1 200 €).

   a) Beraten Sie den Kunden ausführlich:
      1. über die Höhe der Versicherungssumme
      2. über den Einschluss von Klauseln

   b) Im Beratungsgespräch stellt der Kunde folgende Fragen:
      1. Besteht bei einem Bruch des Aquariums Versicherungsschutz für das Aquarium und für die wertvollen Fische?
      2. Wer bezahlt die Schäden durch das Wasser aus dem Aquarium in der Wohnung unter ihm?

3. Muss er den Schmuck seiner Ehefrau im Stahlschrank verwahren, damit das Versicherungsunternehmen bei Einbruchdiebstahl oder Raub leistet?
4. Welchen Preis bekommt er für seinen PC, der vor vier Jahren 3 000 € gekostet hat?
5. Bezahlt die Hausratversicherung auch die Einbauschränke und das Parkett, wenn diese Sachen durch Feuer oder Leitungswasser zerstört oder beschädigt werden?
6. Ist sein Fahrrad versichert, wenn er damit zur Arbeit fährt und es dort entwendet wird?

Beantworten Sie diese Fragen.

9. In das Einfamilienhaus wird während der Abwesenheit des Versicherungsnehmers eingebrochen:

a) Die Diebe zerstören beim Eindringen das Wohnzimmerfenster und den Rollladen.
b) Aus dem verschlossenen Wohnzimmerschrank entwenden sie Schmuck und Wertpapiere; die Schranktür wird dabei beschädigt.
c) Die Täter töten den kleinen Hund des Versicherungsnehmers, weil er bellt.
d) Tapeten und Möbel in der Wohnung sowie die Außenwand des Gebäudes werden mit Farbe besprüht.

Regulieren Sie den Schaden nach VHB 2008.

10. Ein in der Wand verlegtes Wasserrohr in der Eigentumswohnung des Versicherungsnehmers bricht. Der Versicherungsnehmer verlangt Entschädigung für

a) den zerstörten Teppich und für die Reparatur des Parkettbodens
b) die Aufarbeitung eines Schrankes, bei dem sich das Furnier löste
c) das Aufstemmen der Gebäudewand, um das Rohr reparieren zu können sowie für die nachfolgenden Renovierungskosten
d) das ausgelaufene Wasser (20 m³ zu 2,50 €/m³)

Erläutern Sie die Entschädigung nach VHB 2008.

11. Der Versicherungsnehmer ist Arzt. In seinem Haus nutzt er vier Räume als Arztpraxis mit eigenem Eingang, die restlichen fünf als Wohnung. In der Praxis bricht ein Feuer aus, das dort den Schreibtisch, mehrere Schränke und Akten der Patienten sowie den PC und Disketten zerstört. Rauch und Ruß verschmutzen in der Wohnung Gardinen, Teppiche und Tapeten.

Welche Schäden übernimmt die Hausratversicherung?

12. Ein Versicherungsnehmer bewohnt bisher eine Mietwohnung in 06406 Bernburg. Er bezieht nunmehr ein Einfamilienhaus in 22111 Hamburg und verlagert seinen Hausrat nach und nach in die neue Wohnung. Der Kunde fragt,

- ob seine Sachen während des Umzugs und in der neuen Wohnung im Rahmen der Hausratversicherung gemäß den VHB 2008 versichert sind
- welche Angaben das Versicherungsunternehmen benötigt
- ob er eine höhere Prämie zahlen muss

Beantworten Sie in einem Brief die Anfrage des Kunden.

13. Die 21 Jahre alte Tochter des Versicherungsnehmers studiert in Leipzig und bewohnt dort ein Zimmer zur Untermiete. Ein Dieb dringt mit einem falschen Schlüssel in die Wohnung ein und bricht die verschlossene Tür zu ihrem Zimmer auf. Aus ihrem Zimmer entwendet er den Fotoapparat und 300 € Bargeld, das sie kurz davor aus dem Geldautomaten geholt hatte.

a) Besteht Versicherungsschutz für den Fotoapparat und das Bargeld über die Hausratversicherung der Eltern?
b) Wird die Versicherung auch für die beim Einbruch beschädigte Zimmertür leisten?

14. Herr Maus meldet folgenden Schaden: Gestern brannte in der nahegelegenen Farbenfabrik die Lagerhalle. Rauch und Ruß verschmutzten unsere auf dem Grundstück aufgehängte Wäsche so stark, dass sie weder durch Waschen noch durch Reinigen wieder benutzbar wurde. Der Schaden beläuft sich auf ca. 190 €.

Wird der Schaden reguliert?

15. Bei einem Sommergewitter schlug der Blitz in den Kamin des Wohnhauses von Herrn Lutz. Dabei wurde ein Stück Mauerwerk abgesplittert, welches das Glasdach der Terrasse durchschlug und dabei den gedeckten Kaffeetisch verwüstete. Er stellte kurze Zeit danach fest, dass sein Antennenverstärker ausgefallen war.

Welcher Schaden ist ersatzpflichtig?

16. a) Ein Kunde, der in 30559 Hannover ein Einfamilienhaus bewohnt, möchte eine Hausratversicherung abschließen. Die Wohnfläche beträgt 142 m². Er vereinbart:

- Klausel 7110 Fahrraddiebstahl (1 % Entschädigung)
- Klausel 7111 Überspannungsschäden (5 % Entschädigung)
- Klausel 7712 Kein Abzug wegen Unterversicherung
- dreijährige Vertragsdauer, 10 % Dauerrabatt
- halbjährliche Zahlung

Berechnen Sie die erste Rate einschließlich 18 % Versicherungsteuer. Die Zuschläge und den Beitragssatz entnehmen Sie dem Tarif.

b) Kurz darauf erbt der Versicherungsnehmer wertvollen Schmuck, zwei handgeknüpfte Seidenteppiche und Silberbesteck. Er erhöht deshalb zum 20. 4. die Entschädigunggrenze für Wertsachen auf 40 % der Versicherungssumme. Dieser Zuschlag reduziert sich wegen einer anerkannten Einbruchmeldeanlage um 25 %.

Wie hoch ist der Nachbeitrag ab 20. 4. (Versicherungsperiode 1. 2.–30. 1.)?

c) Welches Problem kann sich für den Versicherungsnehmer – trotz Klausel 7712 – im Versicherungsfall ergeben?

17. a) Der Versicherungsnehmer zieht zum 20. 5. von 45661 Ravensburg nach 20148 Hamburg-Rotherbaum. Er beantragt:

- Erhöhung der Versicherungssumme (Klausel 7712 ist vereinbart; Wohnfläche bisher 80 qm; künftig 120 qm)
- Einschluss Klausel Fahrraddiebstahl Entschädigungsgrenze 1 %
- dreijährige Vertragsdauer
- Änderung der Zahlungsweise von bisher halbjährlicher auf jährliche Zahlung

Die neue Versicherungsperiode beginnt ab 20. 5. (bisherige Versicherungsperiode 15. 1.–14. 1.).

Ermitteln Sie den Beitrag ab 20. 5. einschließlich 18 % Versicherungsteuer unter Anrechnung des unverbrauchten Beitrages.

b) Am 12. 7. brechen Diebe in die Wohnung ein. Sie beschädigen die Wohnungstür (Schaden 225 €) und entwenden aus der Wohnung (Wertsachen unverschlossen):

- Bargeld   1 600 €
- Wertpapiere   3 240 €
- Münzsammlung   3 150 €
- zwei Pelze   12 100 €

Außerdem zerschlagen die Täter vorsätzlich das Aquarium (Wert 700 €), so dass die Zierfische verenden (Wert 220 €). Das auslaufende Wasser beschädigt den Teppich des Versicherungsnehmers (Reinigungskosten 40 €) und das Parkett (Reparaturkosten 340 €). Der Versicherungswert beträgt 90 000 €.

Regulieren Sie den Schaden.

18. Durch Feuer in der Wohnung des Versicherungsnehmers werden zerstört (Wertsachen unverschlossen):

- Bargeld   2 600 €
- Schmuck   9 000 €
- Pelz   4 000 €
- handgeknüpfter Teppich   6 000 €
- antike Möbel   16 000 €
- Bekleidung   7 500 €

Versicherungssumme	50 000 €	
Versicherungswert Hausrat (ohne Wertsachen)		75 000 €
Versicherungswert Wertsachen nach § 13 Nr. 1 VHB 2008		40 000 €
insgesamt:		115 000 €

Besondere Vereinbarungen sind nicht getroffen.
Berechnen Sie die Entschädigung nach VHB 2008.

19. Der Versicherungsnehmer Fricke verbringt seinen Jahresurlaub an der Küste der Dominikanischen Republik. Als sich ein Hurrikan nähert, müssen der Versicherungsnehmer und die anderen Hotelgäste ins Landesinnere flüchten – ohne ihr Reisegepäck mitnehmen zu können. Durch den Hurrikan wird das Hotelgebäude stark beschädigt. Der Versicherungsnehmer stellt folgende Forderungen:

- vernichteter Hausrat (Wäsche, Kleidung, Videokamera, Fotoapparat, Koffer)   5 300 €
- Kleidung, die er anschließend kaufen musste   700 €
- zusätzliche Übernachtungskosten nach dem Hurrikan   60 €

Regulieren Sie den Schaden. Die Versicherungssumme beträgt 45 000 €.

20. Die Frau des Versicherungsnehmers wird nach einem Theaterbesuch abends auf der Straße überfallen. Trotz heftiger Gegenwehr entwenden ihr die Räuber:

- Bargeld   130 €
- eine goldene Armbanduhr   2 300 €
- Pelzmantel   6 050 €
- Handtasche   230 €

In der Handtasche befinden sich die Hausschlüssel. Der Versicherungsnehmer lässt unverzüglich das Haustürschloss des Mehrfamilienhauses (1 400 € Zentralschließanlage) und das Schloss zur Wohnungstür (110 €) austauschen. Die Versicherungssumme beträgt 50 000 €, der Versicherungswert 80 000 €.

Ermitteln Sie die Entschädigung.

21. Ein Versicherungsnehmer beschwert sich, dass der Versicherer schon wieder die Versicherungssumme und damit die Prämie erhöht hat, obwohl keine neuen Hausratsachen dazugekommen sind.

    a) Erläutern Sie dem Versicherungsnehmer den Sinn der Anpassung der Versicherungssumme nach § 9 Nr. 3 VHB 2008.
    b) Warum werden bei der Anpassung nach § 9 Nr. 3 b) VHB 2008 Nahrungsmittel aus dem Preisindex herausgenommen?

22. Zwei Jugendliche stoßen den Versicherungsnehmer vom Fahrrad. Bevor der Versicherungsnehmer reagieren kann, sind die Jugendlichen mit dem Rad (Wert 1 300 €) verschwunden.

    Der Versicherungsnehmer teilt Ihnen mit, dass das Fahrrad normalerweise in einer gemieteten Einzelgarage abgestellt wird, die sich in der Nähe des Versicherungsgrundstücks befindet. Die Klausel 7110 „Fahrraddiebstahl" ist nicht vereinbart.

    Werden Sie das Fahrrad ersetzen?

23. Ein Einbrecher zerstört die Terrassenscheibe zum Einfamilienhaus Ihrer Kundin Scherer. Frau Scherer hat bei Ihnen eine Gebäudeversicherung abgeschlossen; die Hausrat- mit Glasversicherung besteht bei einer anderen Gesellschaft.

    Frau Scherer bittet um Regulierung.

Fallsituationen zur Vertiefung

Sie sind Mitarbeiter/-in der Versicherungsagentur Bähre:

1. Aufgabe

Situation

Sie besuchen Ihren neuen Kunden Peter Schneider, der bei Ihnen eine Hausratversicherung für seine 70 qm große Mietwohnung abschließen möchte. Herr Schneider ist begeisterter Briefmarkensammler; nach einem Gutachten liegt der Wert seiner Sammlung bei ca. 14 600 €. Weitere Wertsachen besitzt er nicht. Die Wohnung ist normal eingerichtet. Vor zwei Wochen hat er sich ein Fahrrad für 450 € gekauft, mit dem er zur Arbeit und zum Einkaufen in die Stadt fährt.

Aufgabe

Beraten Sie Herrn Schneider über die Höhe der Versicherungssumme und den Einschluss von Klauseln.

2. Aufgabe

Situation

Sohn Marcus Ihres Kunden Hartmut Winkler hat ausgelernt. Marcus wird in Kürze eine eigene Zweizimmerwohnung mit 48 m² Wohnfläche in 44579 Celle beziehen und möchte dafür eine Hausratversicherung abschließen. Da die Wohnung vorerst nur spärlich möbliert ist, schätzt er, dass eine Versicherungssumme von 15 000 € ausreicht. Sein Fahrrad, das 490 € gekostet hat, möchte er gegen Diebstahl versichern. Er fragt Sie, wie viel die Hausratversicherung bei dreijähriger Laufzeit kostet. Da er zurzeit wenig verdient, wünscht er vierteljährliche Zahlung.

Aufgabe

Berechnen Sie den Betrag. (Nehmen Sie dazu den Tarif Ihrer Gesellschaft oder den Tarif des aktuellen Bedingungswerkes.)

3. Aufgabe

Situation

Ihr neuer Kunde Jens Ritter möchte wissen, ob sein großes Aquarium mit wertvollen Südseefischen eingeschlossen ist. Das Aquariumwasser hat wegen der Südseefische einen hohen Salzgehalt.

Aufgabe

Beraten Sie ihn.

4. Aufgabe

Situation

Ihre Kundin Britta Möller wünscht umfassenden Versicherungsschutz. Sie wohnt in der zweiten Etage eines Mehrfamilienhauses in Hannover und hat soeben den Antrag auf eine Hausrat- und Haushalt-Glasversicherung unterschrieben. Von Ihrem Bruder, der ein Einfamilienhaus in Hameln an der Weser bewohnt, hat sie gehört, dass der Einschluss der erweiterten Elementarschadenversicherung sinnvoll sein kann.

Aufgabe

Beraten Sie Frau Möller.

5. Aufgabe

Situation

Sie nehmen bei Herrn Stefan Grasser in 28217 Bremen den Antrag auf eine Hausratversicherung auf. Herr Grasser bewohnt seine Eigentumswohnung mit 90 qm Wohnfläche im 3. OG eines Mehrfamilienhauses.

Er wünscht:

- Klausel 7110 „Fahrraddiebstahl" mit 2 % Entschädigungsgrenze
- Klausel 7111 „Überspannungsschäden durch Blitz"
- Erhöhung der Entschädigungsgrenze für Wertsachen auf 40 % der Versicherungssumme
- Klausel 7712 „Kein Abzug wegen Unterversicherung"

Er erzählt Ihnen, dass sein Versicherer den Hausratversicherungsvertrag nach Versicherungsfall gekündigt hat. Leider sind seinen beiden Söhnen, die in Hamburg studieren, in den vergangenen zwei Jahren drei Fahrräder gestohlen worden (Entschädigung insgesamt 2 100 €). Außerdem ist bei ihm vor vier Monaten eingebrochen und Wertsachen für ca. 17 000 € entwendet worden. Die Täter haben mit einer Zange den Schließzylinder in der Wohnungstür abgedreht.

Aufgabe

Werden Sie den Antrag annehmen? Begründen Sie Ihre Entscheidung.

6. Aufgabe

Situation

Ihr Kunde Ralf Bremert ruft aufgeregt an. Er hat vorgestern ein Mahnschreiben mit einer Zahlungsfrist von zwei Wochen erhalten, weil er vergessen hatte, den fälligen Beitrag zur Hausratversicherung zu überweisen. Heute Morgen ist ein Wasserrohr in seiner Mietwohnung gebrochen; das Wasser hat erheblichen Schaden an Teppichen und Möbeln verursacht. Er befürchtet, dass die Versicherungsgesellschaft wegen des ausstehenden Beitrages die Entschädigung ablehnt. Aus Ihren Versicherungsunterlagen entnehmen Sie, dass Herr Bremert seit vier Jahren bei Ihnen versichert ist und bisher pünktlich den Beitrag zahlte.

Aufgabe

Informieren Sie Herrn Bremert über die Rechtslage.

7. Aufgabe

Situation

Ihre Kundin, Frau Silvia Techner, teil Ihnen schriftlich mit, dass ihre Mutter, für die auch bei Ihnen eine Hausratversicherung besteht, vor zwei Tagen verstorben ist. Frau Techner wird zusammen mit ihrem Bruder den Haushalt ihrer Mutter in den nächsten Wochen auflösen. Den Mietvertrag der Mutter haben sie bereits gekündigt.

Sie möchte wissen, ob

a) in dieser Zeit der Hausrat ihrer Mutter noch versichert ist
b) sie den Vertrag schriftlich kündigen muss
c) sie Rückbeitrag erhält

Aufgabe

Beraten Sie Frau Techner.

8. Aufgabe

Situation

Sie besuchen Ihren Kunden Jörg Söhmel. Herr Söhmel hat für seine Eigentumswohnung von einem Tischler mehrere Einbauschränke für ca. 20 000 € anfertigen lassen. Die anderen Wohnungseigentümer möchten nicht die Gebäudeversicherungssumme wegen dieser Schränke erhöhen. Herr Söhmel fragt Sie, ob diese Einbauschränke in der Hausratversicherung eingeschlossen sind. Da er die Klausel 7712 „Kein Abzug wegen Unterversicherung" abgeschlossen hat, ist er der Meinung, dass er die Versicherungssumme nicht zu erhöhen braucht.

Aus Ihren Versicherungsunterlagen entnehmen Sie:

- Versicherungssumme: 71 500 € (Wohnfläche 110 qm)
- Klauseln: 7111, 7712

Aufgabe

Was empfehlen Sie Herrn Söhmel?

9. Aufgabe

Situation

Ihr Versicherungsnehmer, Martin Schnabel, möchte als Rentner mit seiner Frau drei Monate (November, Dezember und Januar) Urlaub auf Mallorca machen. Er fragt Sie, ob er bei der Hausratversicherung etwas zu beachten hat.

Aufgabe

Informieren Sie ihn.

10. Aufgabe

Ihr Versicherungsnehmer Timo Günther zieht am 1. 8. von 22081 Hamburg nach 31785 Hameln in eine 100 qm große Mietwohnung um.

Bisherige Vertragsdaten:

Klauseln:	7110 (1 %), 7712
Beginn:	1. 1. 2007
Ablauf:	30. 12. 2009
Zahlungsweise:	halbjährlich
Beitragsrate (ohne Versicherungsteuer):	113,28 €
Versicherungssumme:	52 000 € (80 qm)

Berechnen Sie den Rückbeitrag einschließlich Versicherungsteuer. (Die Klauseln und die Zahlungsweise bleiben unverändert.)

11. Aufgabe

Situation

Ihr Versicherungsnehmer Marcus Hitmann schildert Ihnen telefonisch folgenden Schaden:

„Als ich gestern im Garten unseres Einfamilienhauses arbeitete, sah ich eine Person im Wohnzimmer. Ich lief sofort zum Haus, denn weder meine Frau noch mein Sohn konnten in der Wohnung sein. Als ich in das Zimmer kam, wollte der Dieb gerade mit dem Schmuckkoffer meiner Frau verschwinden. Der Dieb ist wahrscheinlich über die Gartenmauer geklettert, denn die Gartentür war verschlossen. Durch die offene Terassentür hat er sich dann – von mir unbemerkt – in das Wohnzimmer eingeschlichen. Als er mich bemerkte, zog er ein Messer, bedrohte mich und rannte dann plötzlich mit dem Schmuckkoffer davon. Obwohl ich sofort die Polizei rief, blieb der Täter verschwunden.

Ich gehe davon aus, dass Sie für den Schaden leisten."

Vertragsdaten von Versicherungsnehmer Hitmann:

- Klausel 7712 ist vereinbart
- Versicherungssumme 84 500 € (130 qm)

Aufgabe

Informieren Sie Ihren Versicherungsnehmer; gehen Sie dabei auch auf die Obliegenheiten ein, die Herr Hitmann nach dem Versicherungsfall zu erfüllen hat.

12. Aufgabe

Situation

Sie befinden sich in der Mietwohnung Ihres Kunden Detlef Winter. Herr Winter hat in seiner Altbauwohnung auf seine Kosten vor 12 Jahren eine Gasheizung einbauen lassen, für die er auch die Gefahr trägt. Vergangene Nacht ist – vermutlich durch Korrosion – ein Heizungsrohr undicht geworden und das gesamte Wasser ausgelaufen. Das Wasser hat die Tapete und den Perserteppich verschmutzt, sowie den Parkettfußboden beschädigt. Durch den Fußboden ist das Wasser in die darunter liegende Wohnung des Mieters Fromme gelaufen und verursachte dort einen Wasserfleck an der Decke. Außerdem wurde bei Herrn Fromme durch das herabtropfende Wasser das Furnier des Wohnzimmerschrankes zerstört. Der Fußboden (Holzdecke mit Stroh/Lehmfüllung) muss durch Trocknungsmaschinen getrocknet werden. Herr Winter fragt Sie, wie er sich verhalten soll:

Nachbar Fromme sowie der Vermieter verlangen von ihm Schadenersatz. Zahlt alles seine Hausratversicherung?

Aufgabe

Beraten Sie Herrn Winter.

13. Aufgabe

Sie erhalten folgendes Schreiben Ihrer alten Kundin Frieda Niemöller.

Situation

Frieda Niemöller   Berlin
Bergstr. 15
12559 Berlin

Hausratversicherung Nr. 567.817
Beraubung in Polen

Sehr geehrte Damen und Herren,

vom 15. bis 20. Juni machte ich mit meinem Kegelclub Urlaub in Polen. Als ich in einem Restaurant in Danzig zur Toilette ging, hielt mich plötzlich ein Mann von hinten fest. Ein anderer entriss mir – obwohl ich mich wehrte – die Handtasche.

Ich schrie laut um Hilfe, doch bevor meine Kegelschwestern mir helfen konnten, waren die Täter verschwunden. Die Polizei hat die Anzeige nur widerwillig aufgenommen.

Folgender Schaden ist entstanden:

Handtasche (Kaufbeleg vom 18. 2.)	160 €
Geldbörse (ohne Beleg)	40 €
Bargeld (ohne Beleg)	210 €
Personalausweis (Wiederbeschaffungskosten)	25 €
Handy (Handyvertrag vom 16. 3.)	140 €
Telefonkosten für das Handy	90 €
(Die Täter telefonierten mit meinem Handy.)	

Außerdem hatte ich mein neues Gebiss, weil es am Gaumen drückte, in die Handtasche gesteckt. Die Krankenversicherung will nur 800 € von 2 050 € der Zahnarztkosten für ein neues Gebiss übernehmen. Die Abrechnung füge ich bei. Teilen Sie mir bitte umgehend mit, in welcher Höhe Sie die Schäden bezahlen.

Mit freundlichen Grüßen

Frieda Niemöller

Aufgabe

Schreiben Sie Frau Niemöller einen Brief, in dem Sie ihr die Entschädigung erläutern. Klausel 7712 ist vereinbart, die Versicherungssumme beträgt 39 000 €.

14. Aufgabe

Situation

Ihr Kunde Jörg Wesseling fragt, ob folgender Schaden versichert ist:

„Heute Nachmittag schlug der Blitz in mein Einfamilienhaus ein, zerstörte die Antennenschüssel auf dem Dach und riss mehrere Dachziegel heraus. Ein Dachziegel zerschlug die Balkonmarkise und beschädigte mein vor dem Haus abgestelltes Fahrrad. Durch die Überspannung wurden mehrere Steckdosen aus der Wand gerissen; durch Kurzschluss implodierte der Fernseher. Ich versuchte, mit meinem Nachbarn das Dach abzudichten, um ein Eindringen des Regens zu verhindern."

Herr Wesseling besitzt bei Ihnen nur die Hausratversicherung mit Klausel 7712; die Gebäudeversicherung besteht bei einer anderen Versicherungsgesellschaft.

Aufgabe

Erläutern Sie ihm die Regulierung.

15. Aufgabe

Situation

Ihr Versicherungsnehmer Sven Tewes ruft aus Griechenland an:

Diebe haben seine gemietete Ferienwohnung aufgebrochen und seine in Griechenland gekaufte Lederjacke (325 € nach Kaufbeleg), 410 € Bargeld sowie den vom griechischen Nachbarn geliehenen Fotoapparat (Wert ca. 210 €) gestohlen.

Die Eingangstür wurde erheblich beschädigt (Reparaturkosten ca. 110 €). Außerdem zerstörten die Einbrecher mutwillig die Taucherausrüstung von Herrn Tewes (Kosten ca. 900 €). Für die Taxifahrt zur Polizei zahlte er 20 €.

Herr Tewes fragt, ob diese Schäden in seiner Hausratversicherung gedeckt sind.

Aufgabe

Regulieren Sie diesen Schaden.

16. Aufgabe

Situation

Die Ehefrau Ihres Versicherungsnehmers Peter Müller teilt Ihnen mit, dass Einbrecher den von ihrer Mutter geerbten Schmuck im Werte von 14 000 € gestohlen haben. Ein Gutachten ihres Juweliers über den Wert des Schmucks liegt ihr vor. Sie erwartet schnelle Regulierung und bittet, ihr die Schadenanzeige an folgende Adresse zu senden:

Britta Müller
Rabenweg 13
59071 Hamm

Bei Durchsicht Ihrer Vertragsunterlagen fällt Ihnen auf, dass die Adresse nicht mit der auf dem Versicherungsschein übereinstimmt. Sie rufen deshalb Ihren Versicherungsnehmer Peter Müller an. Herr Müller erzählt Ihnen, dass er in Scheidung lebt und seine Frau aus der Wohnung ausgezogen ist. Wegen Streitigkeiten mit seiner Frau hat er ihren Schmuck nicht herausgegeben. Dieser Schmuck ist gestern durch Einbruchdiebstahl aus seiner Wohnung entwendet worden.

Aufgabe

Er verlangt ebenfalls die Entschädigung. An wen werden Sie leisten?
(Lesen Sie dazu § 30 VHB 2008.)

Vertragsdaten:

- Versicherungssumme   78 000 €
- Klausel   7712

17. Aufgabe

Situation

Ihr Versicherungsnehmer wohnt im Erdgeschoss eines Mehrfamilienhauses. Ein Dieb bricht in die Wohnung über ihm ein. Weil er nichts
Wertvolles findet, zersticht er das Wasserbett dieses Mieters und verschwindet unerkannt. Das Wasser läuft auch in die Wohnung Ihres Versicherungsnehmers und verursacht Schäden an Einrichtung, Wäsche
und Bekleidung. Der Versicherungsnehmer verlangt Entschädigung.

Antworten Sie ihm.

18. Aufgabe

Situation

Ihre Versicherungsnehmerin Frau Klose macht Ferien auf einem Campingplatz auf der Insel Rügen. Beim Kaffeekochen stößt sie versehentlich gegen den Gaskocher. Der Gaskocher fällt gegen ihr Vorzelt und
setzt die Plane in Brand. Das Feuer zerstört das Zelt, die gesamte Bekleidung sowie 380 € Bargeld. Durch den Brand wird auch das vom
Zeltplatzpächter geliehene Fahrrad beschädigt. Frau Klose zieht für zwei
Tage in eine Pension – bis zum Kauf eines neuen Zeltes.

Sie fragt, ob die Sachen sowie die Pensionskosten in ihrer Hausratversicherung eingeschlossen sind (Versicherungssumme 45 500 €).

Regulieren Sie den Schaden.

19. Aufgabe

Situation

Ihr Kunde Wittig meldet folgenden Schaden:

„Wir wohnen in einer Mietwohnung im Erdgeschoss eines Mehrfamilienhauses. Heute Nacht riss eine Orkanböe die Markise, die uns gehört,
herunter. Die Markise beschädigte unseren Tisch auf der Terrasse und
zerschlug die Scheibe zur Terrassentür. Besteht Versicherungsschutz?"

Herr Wittig hat bei Ihnen eine Hausrat- mit Glasversicherung abgeschlossen.

Antworten Sie ihm.

20. Aufgabe

Ihre Außendienstmitarbeiterin Helga Behre schildert Ihnen folgenden Schaden:

Kunde Schumacher besitzt ein Einfamilienhaus. Im Dach über seinem Wohnzimmer sind mehrere große Glasplatten eingebaut. Sturm wehte gestern erhebliche Mengen Schnee auf das Dach. Durch die Last des nassen Schnees brach heute Morgen das Glasdach. Glas und Schnee zerstörten ein Fernsehgerät und beschädigten einen Schrank. Im Fernseher wurde ein Kurzschluss ausgelöst, der einen Brand verursachte. Das Feuer zerstörte das Wohnzimmer und beschädigte das Gebäude. Der Versicherungsnehmer besitzt eine Hausrat- und Wohngebäudeversicherung; die Erweiterte Elementarschadenversicherung hat er nicht vereinbart.

Frau Behre meint, dass die Schäden in der Sturmversicherung ausgeschlossen sind.

Erläutern Sie ihr die Rechtslage.

Wohngebäudeversicherung

Lernziele

In diesem Kapitel erwerben Sie die Kenntnisse und Fertigkeiten für folgende Leistungsziele:

Sie

- nehmen eine fallbezogene Risikoanalyse vor

- beschreiben versicherte Sachen und grenzen diese vom Hausrat ab

- zeigen die versicherten Kosten und den versicherten Mietausfall auf

- erläutern die versicherten Gefahren und Schäden und deren Ausschlüsse

- beschreiben die Erweiterung des Versicherungsschutzes durch Klauseln

- erklären den Gleitenden Neuwert

- beschreiben Neu-, Zeitwert und gemeinen Wert

- ermitteln eine bedarfsgerechte Versicherungssumme

- wenden den Tarif an und berechnen den Beitrag

- prüfen im Versicherungsfall die Leistungspflicht und wenden gesetzliche und vertragliche Regelungen an

- wickeln den Versicherungsfall bei Voll- und Unterversicherung ab und ermitteln die Entschädigung für versicherte Sachen, Kosten und Mietausfall

- erläutern den Forderungsübergang, führen Regresse durch und berücksichtigen dabei das Teilungsabkommen Mieterregress

- wenden das Regressverzichtsabkommen der Feuerversicherer an

- beschreiben Deckungserweiterungen und neue Deckungskonzepte

- prüfen eine Mehrfachversicherung bzw. die Verträge mit mehreren Versicherern (Neben- und Doppelversicherung) und rechnen mit den beteiligten Gesellschaften ab

- erläutern gesetzliche und vertragliche Regelungen bei Veräußerung und Vererbung

2. Wohngebäudeversicherung

LF
3

LF
4

LF
15

2.1.1 Bedeutung der Wohngebäudeversicherung

▶ Situation

Markus Schneider kauft für sich und seine Familie ein Einfamilienhaus.
Der Verkäufer macht ihn darauf aufmerksam, dass für das Gebäude
eine Feuerversicherung besteht.

Herr Schneider möchte von Ihnen wissen:

- Muss er das Versicherungsunternehmen über den
  Eigentumswechsel informieren?
- Wird der Versicherer für einen Feuerschaden leisten,
  der nach Verkauf eintritt?
- Kann er die Feuerversicherung kündigen?

Die Antworten finden Sie im Abschnitt 2.10.1 und in den §§ 95 bis 98
VVG und § 18 VGB 2008.

Markus Schneider überlegt, ob

- eine Gebäudeversicherung überhaupt erforderlich ist
- eine Feuerversicherung ausreicht oder
- ein umfassender Versicherungsschutz für sein Gebäude
  zu empfehlen ist?

Zeigen Sie Herrn Schneider, z. B. anhand von Zeitungsberichten, Gefahren und Schäden auf, die seinem Gebäude drohen könnten.

▶ Erläuterung

Versicherungsschutz für das Wohngebäude

Standarddeckung nach VGB 2008[1]

- Brand
- Blitzschlag
- Explosion
- Implosion
- Anprall eines Luftfahrzeuges
- Leitungswasser
- Rohrbruch

- Frost
- Sturm
- Hagel

- Feuer-Rohbauversicherung
  (bis 6 Monate)

---

1 Vgl. dazu auch Abschnitt 2.8.

Erweiterung des Versicherungsschutzes durch Einschluss, z. B.

- Photovoltaikanlagen
- Grundstücksbestandteile
- Mietausfall für gewerblich genutzte Räume

Klauseln, z. B.

Überspannung	Einschluss von Nutzwärmeschäden	Fahrzeuganprall
Klausel 7160	Klausel 7161	Klausel 7165
Regenfallrohre innerhalb des Gebäudes	Kosten für die Beseitigung von Rohrverstopfungen	Weitere Zuleitungsrohre auf dem Versicherungsgrundstück
Klausel 7166	Klausel 7167	Klausel 7260
Weitere Zuleitungsrohre außerhalb des Versicherungsgrundstücks	Erweiterte Versicherung von Ableitungsrohren auf dem Versicherungsgrundstück	Erweiterte Versicherung von Ableitungsrohren außerhalb des Versicherungsgrundstücks
Klausel 7261	Klausel 7262	Klausel 7263
	Sonstige Bruchschäden an Armaturen	Gebäudebeschädigungen durch unbefugte Dritte
	Klausel 7265	Klausel 7361
Kosten für die Dekontamination von Erdreich	Aufwendungen für die Beseitigung umgestürzter Bäume	Wasserverlust
Klausel 7362	Klausel 7363	Klausel 7364
Graffitischäden	Selbstbehalt	
Klausel 7366	Klausel 7761	

Weitere Elementarschäden (BWE 2008), die eingeschlossen werden können

- Überschwemmung
- Rückstau
- Erdbeben
- Erdsenkung
- Erdrutsch
- Schneedruck
- Lawinen
- Vulkanausbruch

Weitere Versicherungen

LF
3

Bauherren-Haftpflichtversicherung

Versichert ist die gesetzliche Haftpflicht als Bauherr bei Um- oder
Neubauten, wenn die Bausumme eine bestimmte Höhe übersteigt
(z. B. 50 000 € – bis zu dieser Summe besteht Versicherungsschutz
über die Privat-Haftpflichtversicherung).

LF
4

Bauleistungsversicherung

LF
15

Versichert sind unvorhergesehen eintretende Sachschäden am versicherten Bauvorhaben während der Bauzeit.

Gewässerschaden-Haftpflichtversicherung

Versichert ist die gesetzliche Haftpflicht des Versicherungsnehmers
als Inhaber eines Heizöltanks (Anlagenrisiko).

Haus- und Grundbesitzer-Haftpflichtversicherung

Versichert ist die gesetzliche Haftpflicht des Versicherungsnehmers
als Besitzer eines Mehrfamilienhauses oder vermieteten Einfamilienhauses oder eines unbebauten Grundstücks.

Die Wohngebäudeversicherung ist nach der industriellen Sachversicherung der zweitgrößte Versicherungszweig der Sachversicherung.

2007 betrugen die Beitragseinnahmen 4,1 Mrd. €; das entspricht einem
Anteil von 28,9 % der gesamten Sachversicherungsbeiträge. Die Schadenquote lag bei 99,6 %[1] – vor allem durch Sturm verursacht.

Für die Wohngebäudeversicherung werden üblicherweise die VGB (Allgemeine Wohngebäude-Versicherungsbedingungen) zugrunde gelegt.

Sie gelten für[2]:

- reine Wohngebäude (Ein-, Zwei- und Mehrfamilienhäuser)
- gemischt genutzte Gebäude, die mindestens zur Hälfte Wohnzwecken dienen
- dazugehörende Garagen und unbedeutende Nebengebäude

Nicht nach VGB 2008, sondern nach AFB, AStB und AWB sind Wohngebäude mit mehr als 50 % gewerblicher Nutzung zu versichern (Fir-
men-Gebäude-Tarif). Bei vielen Versicherungsunternehmen ist die Anwendung der VGB 2008 für Wohngebäude mit landwirtschaftlicher Nutzung ebenfalls nicht zulässig.

---

1   Verhältnis des Schadenaufwandes zu den verdienten Beiträgen.
2   Handbuch der Sachversicherung, Bd. 1, A-II-14, 2008

2.1.2 Aufbau der Allgemeinen Wohngebäude-Versicherungs-bedingungen (VGB 2008 – Wert 1914)

Die VGB 2008 enthalten – wie auch die VHB 2008 und alle Sachversicherungsbedingungen – den Abschnitt A (spartenspezifischer Teil) und den Abschnitt B (versicherungsrechtlicher Teil).

Auch die Anordnung ist identisch: Im Abschnitt A werden – abweichend von der bisherigen Einteilung – in den §§ 1 bis 4 zuerst die versicherten Gefahren und deren Ausschlüsse behandelt. Für den Unterricht erscheint es aus methodischen und didaktischen Gründen sinnvoller, wie bisher mit den versicherten und nicht versicherten Sachen zu beginnen.[1]

Der Gesamtverband empfiehlt nach wie vor zwei Bedingungswerke für die Wohngebäudeversicherung: die VGB 2008 – Wert 1914 und die VGB 2008 – Wohnflächenmodell. Beim Wohnflächenmodell wird keine Versicherungssumme ermittelt. Der Beitrag wird nach der Wohnfläche berechnet.[2]

---

1   Vgl. Abschnitt 1.1.5
2   Vgl. Abschnitt 2.6.3 und Handbuch der Sachversicherung, Bd. 1, A-II-21, 2008

2.2 Umfang des Versicherungsschutzes nach den VGB 2008

2.2.1 Versicherte Sachen

▶ Situation

Wasser strömte in mehrere Etagen

Erheblicher Schaden ist am Sonnabendnachmittag bei einem Wasserrohrbruch in einem Haus in der Goethestraße entstanden. Wie die Polizei am Sonntag mitteilte, war das Wasser aus einem defekten Rohr in einer Wohnung im fünften Stockwerk ausgeströmt und durch alle Etagen bis in den Keller geflossen. Die Wohnungstür im fünften Stock musste aufgebrochen werden, weil der Mieter nicht zu Hause war. Das Wasser beschädigte Gebäudedecken, Fußböden und Hausrat der Mieter. Die Schadenhöhe war am Sonntag noch nicht bekannt.

▶ Erläuterung

Die Gebäudeversicherung leistet, weil die versicherte Gefahr „Leitungswasser" auf das versicherte Gebäude einwirkte. Für die Schäden am Hausrat tritt die jeweilige Hausratversicherung der Mieter ein.

§ 5 Nr. 1 und
§ 3 Nr. 3 VGB 2008

Versichert sind die im Versicherungsschein bezeichneten Gebäude mit ihren Gebäudebestandteilen und Gebäudezubehör einschließlich unmittelbar an das Gebäude anschließender Terrassen.

§ 5 Nr. 1 VGB 2008

Gebäude

- mit dem Erdboden verbundenes Bauwerk
- dient überwiegend der Nutzung zu Wohnzwecken
- schützt gegen äußere Einflüsse

§ 5 Nr. 2 a) VGB 2008
§ 94 (1) BGB

Ein Bauwerk ist eine aus Bauteilen und Baustoffen hergestellte, mit dem Grund und Boden verbundene bauliche Anlage. Dies setzt meistens eine feste Verbindung zwischen Gebäude und Grundstück voraus, z. B. durch einen Keller oder eine Betonplatte. Es genügt in der Regel nicht, dass eine Sache lediglich durch ihr Eigengewicht auf dem Boden aufliegt. So ist beispielsweise ein Wohnwagen – auch wenn die Räder abgeschraubt sind – kein Gebäude im Sinne der Wohngebäudeversicherung[1].

Ein Gebäude bietet Schutz z. B. gegen Niederschläge, wenn es überdacht ist; eine allseitige Umschließung ist nicht erforderlich. So rechnet beispielsweise ein Pkw-Unterstellplatz, der nach mehreren Seiten offen ist (Carport), zu einem Gebäude im Sinne der Bedingungen.

§ 3 Nr. 2 a) VHB 2008 — Der Gebäudebegriff nach VGB kann nicht ohne weiteres auf die Hausratversicherung übertragen werden. Bei Einbruchdiebstahl muss der Täter in einen Raum eines Gebäudes einbrechen oder einsteigen. Das setzt voraus, dass nach VHB der Raum eines Gebäudes z. B. durch eine Mauer oder Balkonbrüstung abgegrenzt oder umschlossen ist.

§ 5 Nr. 1 VGB 2008 — Stehen auf einem Grundstück mehrere Wohngebäude, so sind sie einzeln aufzuführen. Für jedes Gebäude wird eine Position mit eigener Versicherungssumme gebildet. Im Versicherungsfall ist positionsweise zu prüfen, ob Unterversicherung besteht.

Diese Regelung gilt nicht für freistehende Garagen auf dem Versicherungsgrundstück. Sie sind zwar im Antrag anzugeben, werden aber mit dem Wohngebäude in einer Position versichert.[2]

Mitversichert sind unmittelbar an das Gebäude anschließende Terrassen auf dem Versicherungsgrundstück – natürlich nur bei einer versicherten Gefahr.

▶ Beispiel

Durch einen Orkan herausgerissene Dachziegel beschädigen mehrere Terrassenfliesen und zerstören den Tisch, der auf der Terrasse steht.

§ 5 Nr. 4 b) bb) VHB 2008 — Für die Reparatur der Terrasse tritt der Gebäudeversicherer ein. Der Hausratversicherer lehnt die Entschädigung ab, weil der Tisch sich außerhalb des Gebäudes befand.

Beim Bau des Gebäudes werden zahlreiche Teile eingefügt; diese Gebäudebestandteile bilden mit dem Gebäude eine Einheit. Sie sind in der Gebäudeversicherung eingeschlossen. Nach BGB und VGB 2008 werden Gebäudebestandteile definiert:

---

1   Vgl. aber Martin, A.: Sachversicherungsrecht, München 1992, D III 4. Ein begehbarer Stahlcontainer kann ein Gebäude i. S. d. § 1 Nr. 2 AERB sein, OLG Saarbrücken, VersR 2002, 93. Auch ein allein durch seine Schwerkraft auf einem Grundstück stehender Bierpavillon ist ein mit dem Grundstück verbundenes Bauwerk i. S. d. § 836 BGB (bei Haftung des Gebäudebesitzers) OLG Düsseldorf, r+s 1999, 855.
2   Auch eine angebaute Garage, die mit dem Wohngebäude eine gemeinsame Wand besitzt, ist im Antrag aufzuführen – AG Köln r+s 2008, 427.

Gebäudebestandteile

- sind in das Gebäude eingefügte Sachen
- werden bei Trennung zerstört oder im Wesen verändert
- verlieren durch ihre feste Verbindung mit dem Gebäude ihre Selbstständigkeit

§ 5 Nr. 2 b) VGB 2008
§ 94 (2) BGB
§ 93 BGB

LF 3

LF 4

▶ Beispiele für Gebäudebestandteile

Türen, Fenster, Decken- und Wandvertäfelung, Tapeten, individuell gefertigte Einbaumöbel, Heizungsanlagen, Anlagen der Warmwasserversorgung, sanitäre Einrichtungen, verklebte Teppich- und PVC-Böden, Fliesen, Balkongeländer, Dachrinnen

§ 5 Nr. 2 b) VGB 2008

LF 15

*wenn Mieter
Tapete eingebracht
hat → Hausrat*

EFH immer Gebäudevers

Für die Zuordnung einer Einbruchmeldeanlage gilt folgende Verbandsempfehlung:[1]

- Sofern eine Einbruchmeldeanlage bereits in die Bauplanung des Gebäudes einbezogen oder vom Gebäudeeigentümer nachträglich installiert wurde, wird die Anlage dem Gebäude zugeordnet.
- Sofern die Anlage nachträglich vom Mieter eingebracht wurde, wird sie dem Inhalt (Hausrat) zugeordnet. Ausnahme: Zwischen den Vertragsparteien steht von vornherein fest, dass die Einbruchmeldeanlage nach Auszug des Mieters im Gebäude verbleibt.

Diese Regelung gilt unabhängig von der baulichen Ausführung der Einbruchmeldeanlage im Einzelfall.

Für den Versicherungsschutz ist es wichtig zu unterscheiden, wer die Sachen eingebracht hat. Fügt der Versicherungsnehmer als Mieter oder Wohnungseigentümer Teile in die Wohnung auf seine Kosten und sein Risiko ein, dann sind diese Sachen in seiner Hausratversicherung eingeschlossen – außer er tauscht die Sachen nur aus. Häufig gehören diese Sachen zu den Scheinbestandteilen, die nur vorübergehend mit dem Gebäude verbunden sind und beim Auszug vom Mieter wieder entfernt werden.

§ 6 Nr. 2 c) aa)
VHB 2008
§ 5 Nr. 4 b) VGB 2008

§ 95 (1) BGB

Mitversichert sind nach VGB

Einbaumöbel/-küchen, die individuell für das Gebäude raumspezifisch geplant und gefertigt sind.

§ 5 Nr. 2 b) VGB 2008

Dazu gehören z. B. ein von einem Tischler für eine Nische gefertigter Einbauschrank oder eine für die besonderen Raumverhältnisse individu-

---

1   Handbuch der Sachversicherung, Bd. 1, D-II-5 2008. Der GDV unterscheidet bei dieser Zuordnung nur Gebäudeeigentümer und Mieter (Pächter) – nicht aber Wohnungseigentümer.

ell angefertigte Einbauküche, die der Versicherungsnehmer als Gebäudeeigentümer einfügen lässt. Bringt der Versicherungsnehmer als Mieter oder als Wohnungseigentümer auf seine Kosten und sein Risiko Einbaumöbel oder -küchen in die Wohnung ein, dann gehören sie zum
Hausrat.

§ 6 Nr. 2 c) aa)
VHB 2008
§ 5 Nr. 3 b) VGB 2008

§ 5 Nr. 2 c) VGB 2008

Zubehör im Gebäude oder außen angebracht

ZB gelagerte Fliesen und Werkzeug

- bewegliche Sachen
- zur Instandhaltung des Gebäudes oder
- zur überwiegenden Zweckbestimmung des Gebäudes (d. h. überwiegend zu Wohnzwecken)

§ 97 Abs. 1 BGB

Zubehör dient dem wirtschaftlichen Zweck des Gebäudes und steht zu
ihm im entsprechenden räumlichen Verhältnis. Entscheidend für die Zuordnung einer beweglichen Sache zum Gebäudezubehör oder zum
Hausrat ist die Verkehrsanschauung.

Hebt der Versicherungsnehmer beispielsweise Fassadenfarbe im Keller
auf, um die Gebäudeaußenwand ausbessern zu können, dann gehört
die Farbe zum Gebäudezubehör.

Kauft der Gebäudeeigentümer für die Mietwohnungen in seinem Mehrfamilienhaus serienmäßig hergestellte Anbauküchen, dann gehören sie
eigentlich zum Zubehör zu Wohnzwecken und damit zur Gebäudeversicherung. Nach der Verbandsempfehlung sind diese Anbauküchen aber
den Hausratversicherungen der Mieter zuzurechnen.[1] Diese Anbauküchen dienen eher dem Nutzen der Mieter und weniger dem wirtschaftlichen Zweck des Gebäudes. Durch den Einschluss von Zubehör in der
Gebäudeversicherung kann sich vor allem bei der Versicherung von Einfamilienhäusern eine Mehrfachversicherung mit der Hausratversicherung ergeben.

§ 6 Nr. 4 b) VHB 2008

Heizöl dient dem Zweck eines Gebäudes und ist als Zubehör in der Gebäudeversicherung eingeschlossen. Gleichzeitig ist es eine versicherte
Sache zum Verbrauch in der Hausratversicherung in einem Einfamilienhaus.[2] Bei einem Mehrfamilienhaus dagegen kann das Heizöl nicht einer bestimmten Wohnung zugeordnet werden, so dass dafür nur in der
Gebäudeversicherung Versicherungsschutz besteht. Das gilt auch für
die Gemeinschaftswaschmaschine oder die Gemeinschaftsantenne.

§ 6 Nr. 2 a) VHB 2008

Versichertes Zubehör muss sich im Gebäude befinden oder außen angebracht sein. Das Heizöl im Tank auf dem Grundstück ist deshalb nicht
versichert. Diese Regelung gilt auch für eine elektrische Wasserpumpe
auf dem Versicherungsgrundstück, die das Wasser für die Toilettenspülung im Gebäude liefert. Die Pumpe gehört zwar zum Gebäudezubehör;

---

1 Handbuch der Sachversicherung, Bd. 1, A-II-4 2008
2 Zum Diebstahl von Heizöl vgl. Abschnitt 1.2.1.2

sie befindet sich aber nicht im Gebäude. Zubehör muss der Instandhaltung des Gebäudes oder Wohnzwecken dienen. Für den Rasenmäher in der Garage besteht deshalb kein Versicherungsschutz, weil er der Instandhaltung des Grundstückes dient – es sei denn, der Versicherungsnehmer mäht damit den Rasen auf seinem Flachdach. Der Rasenmäher ist aber in der Hausratversicherung eingeschlossen.

Zum **Zubehör zur Instandhaltung** gehören alle Sachen, die der Wartung, Pflege, Reinigung und Reparatur des versicherten Gebäudes dienen, z. B. Dachziegel, Ersatzfliesen, Werkzeug, Fassadenfarbe[1].

Unter **Zubehör zur Zweckbestimmung des Gebäudes** – also zu Wohnzwecken – fallen beispielsweise Gemeinschaftswaschmaschine, Balkonkästen, Brennstoffvorräte, Handfeuerlöscher, Hausbriefkästen (auch außen am Gebäude angebracht), Treppenhauslampen, Antennenanlagen.[2]

Der GDV empfiehlt in der Sturmversicherung für außen angebrachte Antennenanlagen, soweit diese in der Hausratversicherung mitversichert sind, folgende Regelung:[3]

Treffen eine Hausrat- und eine Gebäudesturmversicherung zusammen, reguliert und entschädigt den Gebäudeschaden allein der Gebäudeversicherer bis zu einem Entschädigungsbetrag von 1 000 €. Bei Überschreitung dieses Schwellenwertes wird der Gesamtbetrag nach § 78 Abs. 2 VVG aufgeteilt. In der Regel trägt dann jeder Versicherer die Hälfte des Schadens.

> Mitversichert sind auf dem Grundstück Klingel- und Briefkastenanlagen sowie Müllboxen.

§ 5 Nr. 2 c) VGB 2008

▶ Beispiele

1. Ein Betrunkener zündet Altpapier an, das in der freistehenden Müllbox auf dem Grundstück zum Abholen durch die Müllabfuhr abgelegt wurde. Der Brand beschädigt die Müllbox. Der Gebäudeversicherer bezahlt die Reparaturkosten.

2. Jugendliche zerschlagen vorsätzlich die freistehende Klingel- und Briefkastenanlage auf dem Versicherungsgrundstück. Es besteht kein Versicherungsschutz in der Gebäu-

---

1   Dietz, H., Wohngebäudeversicherung, a. a. O., S. 66
2   Eine eindeutige Zuordnung zum Zubehör oder zu Gebäudebestandteilen ist manchmal schwierig. Ein eingemauerter Hausbriefkasten ist Gebäudebestandteil – ebenso auch eine fest eingebaute Überdachung, die der Verband aber als Beispiele für Zubehör aufführt (in: Ihre Wohngebäudeversicherung – und was Sie darüber wissen sollten).
3   Handbuch der Sachversicherung, Bd. 1, D-I-3 2008; vgl. dazu auch die Ausführungen zu § 6 Nr. 2 c) cc) VHB 2008 in Abschnitt 1.2.1.2

LF
3

LF
4

LF
15

deversicherung für Vandalismusschäden. Auch der Hausratversicherer wird ablehnen, weil Vandalismus nur nach Einbruch in der Wohnung versichert und die Klingel- und Briefkastenanlage keine versicherte Sache ist.

Durch besondere Vereinbarung können eingeschlossen werden:

§ 5 Nr. 4 a) VGB 2008

Eine auf dem Hausdach befestigte Photovoltaikanlage (Aufdachmontage)

Zur Photovoltaikanlage gehören Solarmodule, Montagerahmen, Befestigungselemente, Mess-, Steuer- und Regeltechnik, Wechselrichter und Verkabelung.

Mit Photovoltaikanlagen wird Strom erzeugt. Sie dienen nicht nur Wohnzwecken, wenn der Strom gegen Bezahlung in das Stromnetz eingespeist wird. Einige Versicherungsunternehmen schließen deshalb Photovoltaikanlagen nur bei Eigennutzung nach VGB ein. Bei gewerblicher Nutzung kann eine Elektronik- und eine Elektronik-BU-Versicherung (Ertragsausfallversicherung) bzw. eine spezielle Photovoltaikversicherung abgeschlossen werden. Die Elektronik-/Photovoltaikversicherung leistet bei unvorhergesehenen Beschädigungen oder Zerstörungen (z. B. auch bei Bedienungsfehlern oder Überspannung) sowie bei Diebstahl, Raub oder Vandalismus. Kein Versicherungsschutz besteht für sog. „innere" Betriebsschäden. (Die Gefahr wirkt nicht von außen auf das Bauteil ein.)

§ 3 Nr. 1–3 VGB 2008

Solarheizungsanlagen dienen dagegen nur der Erwärmung von Wasser. Bruchschäden an Rohren der Solarheizung – auch außerhalb des Gebäudes auf dem Dach – sowie Nässeschäden durch diese Anlagen sind nach VGB versichert. Die Solarmodule (-platten) dürften auch als Zubehör zur Zweckbestimmung des Gebäudes – also zu Wohnzwecken – in den anderen Gefahren nach VGB eingeschlossen sein.

Sonstige Grundstücksbestandteile auf dem Versicherungsgrundstück

§ 5 Nr. 4 c) VGB 2008

- Carports
- Grundstücksmauern und -zäune
- Hof- und Gehwegbefestigungen

- Hundehütte
- Gewächs- und Gartenhäuser
- Masten- und Freileitungen
- Wege- und Gartenbeleuchtungen

Bei vielen Versicherungsunternehmen sind diese Sachen einzeln anzugeben.

Schwimmbecken im Freien gehören auch zu den Grundstücksbestandteilen – sie sind aber bei vielen Versicherungsunternehmen nicht versicherbar.

Nicht versichert

Sachen, die ein Mieter oder ein Wohnungseigentümer nachträglich auf seine Kosten beschafft oder übernommen hat und für die er die Gefahr trägt. Die Versicherung dieser Sachen kann vereinbart werden.	§ 5 Nr. 3 b) u. 4 b) VGB 2008

Der Ausschluss ist sinnvoll, da diese Gegenstände in der Hausratversicherung eingeschlossen sind. Hat diese Sachen aber ursprünglich der Gebäudeeigentümer eingebracht und tauscht der Mieter sie nur aus, dann bleiben sie in der Gebäudeversicherung versichert. Diese Regelung gilt auch für Wohnungseigentümer.

§ 6 Nr. 2 c) aa) VHB 2008

§ 6 Nr. 4 b) VHB 2008

▶ Beispiele

1. Der neue Mieter übernimmt vom Vormieter eine teure Einbauküche, die für diesen Raum extra angefertigt wurde. Obwohl die Einbauküche als Gebäudebestandteil angesehen werden kann, besteht Versicherungsschutz über die Hausratversicherung. Der neue Mieter muss seine Hausratversicherungssumme entsprechend erhöhen.

§ 6 Nr. 2 c) aa) VHB 2008

2. Der Mieter in der Dachgeschosswohnung bringt mit Genehmigung des Gebäudeeigentümers eine Photovoltaikanlage zur Stromerzeugung für seine Wohnung auf einem Teil des Daches an.[1]

In der Hausratversicherung besteht kein Versicherungsschutz, weil sich die Photovoltaikanlage ständig außerhalb der Wohnung befindet. (Das gilt auch für vom Mieter außen angebaute Rollläden sowie Vordächer.) Er bittet deshalb den Vermieter, diese Anlage in der Gebäudeversicherung gesondert einzuschließen. Die Versicherung von Sachen, die ein Mieter oder Wohnungseigentümer auf seine Kosten und seine Gefahr in das Gebäude einfügt, kann vereinbart werden. Der Mieter könnte für diese Sachen eventuell auch die Klausel 7212 „In das Gebäude eingefügte Sachen" zu seiner Hausratversicherung beantragen.

§ 5 Nr. 4 a) und b) VGB 2008

3. Ein Mieter hat in seiner Altbauwohnung die gesamten sanitären Anlagen des Badezimmers erneuert. Da der Mieter diese Gebäudebestandteile, die ursprünglich der Gebäudeeigentümer einbrachte, nur austauscht, bleiben sie in der Wohngebäudeversicherung eingeschlossen. Diese Regelung gilt auch für höher- oder geringerwertigere Sachen.

§ 5 Nr. 3 b) VGB 2008
§ 6 Nr. 4 b) VHB 2008

Nicht versichert sind elektronisch gespeicherte Daten und Programme.	§ 5 Nr. 3 c) VGB 2008

LF 3

LF 4

LF 15

---

1   Zum Versicherungsschutz einer Solarheizungsanlage bei Bruch- und Nässeschäden (Leitungswasser) vgl. § 4 Nr. 1 und 2 VHB 2008.

Sie können durch Klausel 7168 eingeschlossen werden. Versichert sind dann die infolge eines Versicherungsfalles tatsächlich entstandenen, notwendigen Kosten für die technische Wiederherstellung – und nicht Wiederbeschaffung – von elektronisch gespeicherten, ausschließlich für die private Nutzung bestimmte Daten und Programme.

▶ Zusammenfassung

Versicherte und nicht versicherte Sachen, Versicherungsort
§ 5 VGB 2008

Versichert sind

§ 5 Nr. 1 VGB 2008 § 5 Nr. 2 b) VGB 2008	Gebäude wie im Versicherungs-schein bezeichnet – mit seinen Gebäudebestandteilen einschließlich unmittelbar an das Gebäude anschließender Terrassen	für das Gebäude individuell geplante und gefertigte Einbaumöbel und -küchen
§ 5 Nr. 2 c) VGB 2008	Zubehör im Gebäude oder außen angebracht: ■ zur Instandhaltung bzw. ■ zur Zweckbestimmung (Wohnzwecken) des Gebäudes	Müllboxen sowie Klingel- und Briefkastenanlagen auf dem Versicherungsgrundstück
§ 5 Nr. 2 e) VGB 2008	Versicherungsgrundstück ist das Flurstück, auf dem das versicherte Gebäude steht (Versicherungsort)	

Ausschlüsse

§ 5 Nr. 3 a) VGB 2008 § 5 Nr. 3 b) VGB 2008	Photovoltaikanlagen sowie deren zugehörige Installationen	In das Gebäude nachträglich eingefügte – nicht aber ausgetauschte – Sachen, die ein Mieter oder ein Wohnungseigentümer auf seine Kosten beschafft oder übernommen hat und für die er die Gefahr trägt
§ 5 Nr. 3 c) VGB 2008	Elektronisch gespeicherte Daten und Programme	

Gesondert versicherbar

Auf dem Hausdach befestigte Photovoltaikanlagen (Aufdachmontage) sowie deren zugehörige Installationen	In das Gebäude nachträglich eingefügte – nicht aber ausgetauschte – Sachen, die ein Mieter oder Wohnungseigentümer auf seine Kosten beschafft oder übernommen hat und für die er die Gefahr trägt	§ 5 Nr. 4 a) VGB 2008 § 5 Nr. 4 b) VGB 2008 § 5 Nr. 4 c) VGB 2008
Grundstücksbestandteile, d. h. mit dem Grund und Boden des Versicherungsgrundstücks fest verbundene Sachen		

Nicht versichert

▪ Laden- und Schaufensterscheiben (Sturm- und Hagelversicherung) ▪ Gebäude oder Gebäudeteile, die nicht bezugsfertig sind (Leitungswasser, Sturm- und Hagelversicherung)	§ 4 Nr. 4 b) bb) VGB 2008 § 3 Nr. 4 b) u. § 4 Nr. 4 b) aa) VGB 2008

Zuordnung der Sachen zur Gebäude- oder zur Hausratversicherung

Zuordnung von Bodenbelägen
(nach Verbandsempfehlung sowie VHB 2008 und VGB 2008)
Diese Regelung gilt sinngemäß auch für Holzdecken, Wandverkleidung, Tapeten.
Die Gebäude- und Wohnungseigentümer nutzen ihre Wohnungen selbst.

auf unbewohnbarem Unterboden, z. B. Estrich

fest verklebt
(zerstörungsfreies Trennen nicht möglich)
durch

Gebäudeeigentümer	Wohnungseigentümer	Mieter
Gebäudeversicherung [Verbandsempfehlung und § 5 Nr. 2 b) VGB 2008]	Gebäudeversicherung: Der erste bewohnbare Bodenbelag wird dem Gebäude zugeordnet (Verband)[1]. Hausratversicherung, soweit der Eigentümer den Bodenbelag auf seine Kosten beschafft oder übernommen hat und dafür die Gefahr trägt [§ 6 Nr. 2 c) aa) VHB 2008, § 5 Nr. 3 b) VGB 2008] und er den Belag nicht nur ersetzt [§ 6 Nr. 4 b) VHB 2008, § 5 Nr. 3 b) VHB 2008].	Hausratversicherung, soweit der Mieter den Bodenbelag auf seine Kosten beschafft oder übernommen hat und dafür die Gefahr trägt [§ 6 Nr. 2 c) aa) VHB 2008, § 5 Nr. 3 b) VGB 2008] und er den Belag nicht nur ersetzt [§ 6 Nr. 4 b) VHB 2008, § 5 Nr. 3 b) VGB 2008]. Gehen die Sachen nach Mietvertrag in das Eigentum des Gebäudeeigentümers / Vermieters über, dann gehören Sie zum Gebäude (Verband).

lose verlegt
durch

Gebäudeeigentümer	Wohnungseigentümer	Mieter
Gebäudeversicherung (Verband)	Gebäudeversicherung: Der erste bewohnbare Bodenbelag wird dem Gebäude zugeordnet (Verband).[1] Hausratversicherung, soweit § 6 Nr. 2 c) aa) VHB 2008 bzw. § 5 Nr. 3 b) VGB 2008 zutreffen und kein Ersatz vorliegt [§ 6 Nr. 4 b) VHB 2008 bzw. § 5 Nr. 3 b) VGB 2008]	Hausratversicherung, soweit § 6 Nr. 2 c) aa) VHB 2008 bzw. § 5 Nr. 3 b) VGB 2008 zutreffen und kein Ersatz vorliegt [§ 6 Nr. 4 b) VHB 2008 bzw. § 5 Nr. 3 b) VGB 2008]

1 Handbuch der Sachversicherung, Bd. 1, D-II-4, 2008

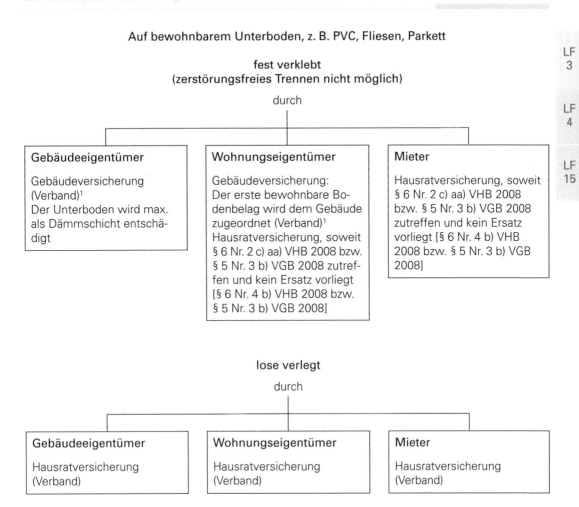

Auf bewohnbarem Unterboden, z. B. PVC, Fliesen, Parkett

fest verklebt
(zerstörungsfreies Trennen nicht möglich)

durch

Gebäudeeigentümer	Wohnungseigentümer	Mieter
Gebäudeversicherung (Verband)[1] Der Unterboden wird max. als Dämmschicht entschädigt	Gebäudeversicherung: Der erste bewohnbare Bodenbelag wird dem Gebäude zugeordnet (Verband)[1] Hausratversicherung, soweit § 6 Nr. 2 c) aa) VHB 2008 bzw. § 5 Nr. 3 b) VGB 2008 zutreffen und kein Ersatz vorliegt [§ 6 Nr. 4 b) VHB 2008 bzw. § 5 Nr. 3 b) VGB 2008]	Hausratversicherung, soweit § 6 Nr. 2 c) aa) VHB 2008 bzw. § 5 Nr. 3 b) VGB 2008 zutreffen und kein Ersatz vorliegt [§ 6 Nr. 4 b) VHB 2008 bzw. § 5 Nr. 3 b) VGB 2008]

lose verlegt

durch

Gebäudeeigentümer	Wohnungseigentümer	Mieter
Hausratversicherung (Verband)	Hausratversicherung (Verband)	Hausratversicherung (Verband)

1   Handbuch der Sachversicherung, Bd. 1, D-II-4, 2008

Zuordnung von individuell für das Gebäude
raumspezifisch geplanter und gefertigter Einbaumöbel und -küchen

eingefügt vom

Gebäudeeigentümer	Wohnungseigentümer	Mieter
Gebäudeversicherung [Verband, § 5 Nr. 2 b) VGB 2008]	Gebäudeversicherung: (Verband)[1] Hausratversicherung, soweit der Eigentümer sie auf seine Kosten beschafft oder übernommen hat und dafür die Gefahr trägt [§ 6 Nr. 2 c) aa) VHB 2008, § 5 Nr. 3 b) VGB 2008] und er die Möbel nicht nur ersetzt (§ 6 Nr. 4 b) VHB 2008, § 5 Nr. 3 b) VGB 2008)	Hausratversicherung, soweit der Mieter sie auf seine Kosten beschafft oder übernommen hat und dafür die Gefahr trägt und er die Möbel nicht nur ersetzt. § 6 Nr. 2 c) aa) VHB 2008 Gehen die Möbel nach Mietvertrag in das Eigentum des Gebäudeeigentümers / Vermieters über, dann gehören sie zum Gebäude (Verband)

Anbaumöbel oder -küchen, die serienmäßig produziert und nicht individuell für das Gebäude gefertigt, sondern lediglich mit einem gewissen Einbauaufwand an die Gebäudeverhältnisse angepasst worden sind, gehören zur Hausratversicherung – unabhängig davon, ob sie der Eigentümer, Vermieter oder Mieter einbringt.

[Handbuch der Sachversicherung: D-II-4, 2.1c) 2008, § 6 Nr. 2 c) bb) VHB 2008]

Für Einbruchmeldeanlagen gilt folgende Verbandsregelung:

- Wurde sie bereits bei der Bauplanung des Gebäudes einbezogen oder vom Gebäudeeigentümer nachträglich installiert, wird die Anlage dem Gebäude zugeordnet.
- Wurde die Anlage nachträglich vom Mieter eingebracht, wird sie dem Inhalt (Hausrat) zugeordnet.

  Ausnahme: Zwischen den Vertragsparteien steht von vornherein fest, dass die Einbruchmelde-anlage nach Auszug des Mieters im Gebäude verbleibt.
  (Handbuch der Sachversicherung, Bd. 1, D-II-5, 2008)

---

1   Handbuch der Sachversicherung, Bd. 1, D-II-4, 2008

Reparaturkosten von Bodenbelägen, Innenanstrichen und Tapeten nach Leitungswasserschaden (Nässeschaden)

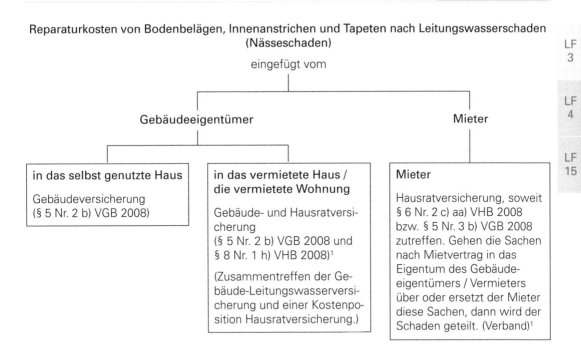

eingefügt vom

Gebäudeeigentümer

in das selbst genutzte Haus

Gebäudeversicherung
(§ 5 Nr. 2 b) VGB 2008)

in das vermietete Haus / die vermietete Wohnung

Gebäude- und Hausratversicherung
(§ 5 Nr. 2 b) VGB 2008 und § 8 Nr. 1 h) VHB 2008)[1]

(Zusammentreffen der Gebäude-Leitungswasserversicherung und einer Kostenposition Hausratversicherung.)

Mieter

Mieter

Hausratversicherung, soweit § 6 Nr. 2 c) aa) VHB 2008 bzw. § 5 Nr. 3 b) VGB 2008 zutreffen. Gehen die Sachen nach Mietvertrag in das Eigentum des Gebäudeeigentümers / Vermieters über oder ersetzt der Mieter diese Sachen, dann wird der Schaden geteilt. (Verband)[1]

1 Handbuch der Sachversicherung, Bd. 1, D-I-3, 2008
Bei einem Schaden bis 1 000 € reguliert und entschädigt der Gebäudeversicherer allein. Über 1 000 € wird der Schaden nach § 78 Abs. 2 VVG aufgeteilt.

Übungen

1. Durch Blitzeinschlag beginnt der Dachstuhl eines Mehrfamilienhauses zu brennen. Das Feuer richtet folgende Schäden an:

   a) Der Dachstuhl mit drei Parabolantennen, die die jeweiligen Mieter beschafft haben, wird zerstört.

   b) Ersatzziegel und eine Leiter für den Schornsteinfeger werden vernichtet.

   c) Durch das Feuer verbrennen auch Möbel der Mieter, die sie auf dem Gemeinschaftsboden abgestellt haben.

   d) Herabfallende Dachziegel zerschlagen eine Markise, beschädigen die Fliesen auf dem Balkon und zerstören den dort abgestellten Kinderwagen des Mieters.

   e) Löschwasser beschädigt in der oberen Wohnung Tapeten, Teppich- und Parkettböden sowie Möbel des Mieters.

   Regulieren Sie nach VGB 2008. Gehen Sie auch auf den Versicherungsschutz der Hausratversicherungen ein.

2. Der Versicherungsnehmer ist Eigentümer eines Einfamilienhauses, das er selbst nutzt. Er fragt, ob er die teure Einbauküche (Wert 12 000 €) in der Wohngebäude- oder in der Hausratversicherung einschließen soll?

   Antworten Sie ihm.

3. Ein Mieter will auf seine Kosten das Badezimmer für 10 000 € renovieren. Er vereinbart mit dem Vermieter, dass dafür die Miete für die nächsten 10 Jahre nicht erhöht wird. Künftige Reparaturen an den neuen sanitären Anlagen wird der Vermieter übernehmen.

   Ist der Umbau in der Hausrat- oder in der Wohngebäudeversicherung zu berücksichtigen? Lesen Sie dazu auch § 93 BGB.

4. **Windhose hinterlässt große Verwüstungen**

   Eine Windhose hat Mittwochabend im Norden der Stadt eine rund zweieinhalb Kilometer lange Schneise der Verwüstung hinterlassen. Der plötzlich auftretende Wirbelsturm entwurzelte zahlreiche Bäume, die auf Dächer von Einfamilienhäusern, auf Grundstücksmauern und auf geparkte Autos fielen. Durch die Windhose wurden auch Dachpfannen, Antennen und Gebäudeverkleidungen von Mehrfamilienhäusern abgerissen. In der Berliner Straße stürzte ein Baugerüst um; mehrere Fensterscheiben und eine Leuchtwerbung gingen zu Bruch. Nach Auskunft des Wetteramtes herrschte im Innern des Luftwirbels eine Windgeschwindigkeit von 80–90 km/h; die ungeheure Kraft wurde aber vor allem durch den Luftwirbel auf relativ kleinem Raum verursacht.

   Werden die Gebäudeversicherungen für die Schäden eintreten?

5. **Brandstifter festgenommen**

Ein 30-jähriger stark angetrunkener Mann ist noch am Tatort festgenommen worden. Ein Zeuge hatte beobachtet, wie der Täter einen Kiosk mit Benzin anzündete. Das Feuer griff auf das Wohngebäude, an das der Kiosk angebaut war, über. Der Kiosk gehörte der Ex-Verlobten des Täters, die sich vor kurzem von ihm getrennt hatte. Die Polizei schätzt die Schäden am Kiosk und dessen Inhalt sowie am Gebäude auf etwa 170 000 €.

Wird die Wohngebäudeversicherung leisten?

6. **Defekt in Klimaanlage löst Feuer aus**

Ein elektrischer Defekt in einer Klimaanlage hat Donnerstag früh zu einem Brand in einem Wohn- und Geschäftshaus am Celler Tor geführt. Das Feuer brach in einer Decke zwischen der zweiten und dritten Etage aus. Bevor der Brand gelöscht werden konnte, rissen Feuerwehrleute die Decke auf einer Fläche von 30 qm auf. Löschwasser lief durch die Etagen und beschädigte das Gebäude sowie Hausrat in den Wohnungen und die Einrichtung und die Waren eines Geschäftes. Rauch, Ruß und Hitze des Feuers richteten weitere Schäden an der Fassade des Nachbargebäudes sowie an zwei geparkten Pkw an.

Besteht Versicherungsschutz nach VGB 2008?

7. Der Versicherungsnehmer ist Eigentümer eines Einfamilienhauses. Er fragt, ob folgende Sachen in der Wohngebäudeversicherung eingeschlossen sind:

- Rasenmäher
- Gewächshaus
- Heizungsanlage
- Fassadenfarbe
- Öltank auf dem Grundstück
- Balkonkästen, am Balkon befestigt

Antworten Sie ihm.

8. Versicherungsnehmer Müller baut in sein Einfamilienhaus eine aufwändige Einbruchmeldeanlage mit elektrischen Fenster- und Türsicherungen, Außenwarnleuchte und -sirene sowie Notstromversorgung mit entsprechenden Leitungen ein. Er fragt Sie, ob die Hausrat- oder die Wohngebäudeversicherung leistet, wenn die Anlage

a) durch Blitzschlag zerstört
b) von Einbrechern beschädigt wird?

Informieren Sie ihn.

9. Ihr Kunde Jörg Schnabel fragt, ob die Umwälzpumpe im Keller seines Einfamilienhauses als Zubehör versichert ist. Sie wird für das Schwimmbecken im Garten benötigt.

Informieren Sie ihn.

10. Der Verwalter eines Mehrfamilienhauses mit acht Eigentumswohnungen ruft Sie an:

„Die Eigentümerin Pätzka im Erdgeschoss will mit Genehmigung der Wohnungseigentümergemeinschaft einen Wintergarten an ihre Wohnung für ca. 18 000 € anbauen lassen. Außerdem hat ein Tischler bereits für 6 400 € mehrere Einbauschränke in ihre Wohnung eingefügt. Frau Pätzka fragt, ob der Wintergarten und die Einbauschränke in ihrer Hausrat- oder in der Wohngebäudeversicherung zu versichern sind. Wie ist die Rechtslage?"

Das Gebäude ist bei Ihnen zum Gleitenden Neuwert versichert. Beraten Sie den Verwalter.

11. Kunde Pöhlmeier will sein Einfamilienhaus um einen 90 qm großen Anbau erweitern, in dem er eine chemische Reinigung betreiben wird. Der Anbau hat einen eigenen Eingang. Die Wohnfläche seines Hauses beträgt 162 qm.

Er fragt, ob der Anbau in der Wohngebäudeversicherung und die Maschinen der Reinigung einschließlich Einrichtung in der Hausratversicherung versicherbar sind.

Herr Pöhlmeier besitzt bei Ihnen eine Hausrat- und eine Wohngebäudeversicherung.

Antworten Sie ihm.

2.2.2 Versicherte Gefahren und Schäden

Versicherte Gefahren und Schäden $\qquad$ § 1 Nr. 1 VGB 2008

LF
3

LF
4

LF
15

- Brand
- Blitzschlag
- Explosion
- Implosion
- Anprall oder Absturz eines
  Luftfahrzeuges, seiner Teile
  oder Ladung

- Leitungswasser
- Sturm
- Hagel

Entschädigt werden versicherte Sachen, die durch die versicherten Gefahren § 1 Nr. 1 VGB 2008

- **zerstört,**
  (technischer oder wirtschaftlicher Totalschaden)
- **beschädigt** werden
  (Reparatur möglich und wirtschaftlich sinnvoll)
  oder
- **abhanden kommen**
  (z. B. Diebstahl von Gebäudezubehör nach einem Brand)

Versichert sind

- Einwirkungsschäden und
- Folgeschäden

▶ Beispiel

Ein Kellerraum in einem versicherten Mehrfamilienhaus brennt. Nachbarn und Mieter helfen beim Löschen, bis die Feuerwehr eintrifft. Dabei tragen sie auch die gemeinschaftlich genutzte Waschmaschine aus dem Keller und stellen sie auf dem Fußweg vor dem Gebäude ab. Kurze Zeit später ist sie verschwunden.

Der Gebäudeversicherer leistet: eine versicherte Sache (Zubehör zu Wohnzwecken) ist als Folge der versicherten Gefahr „Brand" abhanden gekommen.

Die versicherten Gefahren und Schäden sind bereits ausführlich bei der Hausratversicherung behandelt worden; sie sind weitgehend identisch.

Versicherte Gefahr „Feuer"

Ein wesentlicher Unterschied besteht im Vergleich zur Hausratversicherung bei der Gefahr „**Brand**":

§ 2 Nr. 5 d) VGB 2008

In der Wohngebäudeversicherung sind Schäden durch Nutzfeuer oder durch Wärme zur Bearbeitung ausgeschlossen. Das gilt auch für Sachen, in denen oder durch die Nutzfeuer oder Wärme erzeugt, vermittelt oder weitergeleitet wird („Betriebsschadenausschluss").

▶ Beispiele

1. Durch Rußablagerung beginnt der Schornsteinabzug zu brennen. Der Schaden im Schornstein ist nicht versichert, weil durch ein Nutzfeuer Wärme durch den Kaminabzug weitergeleitet wird. (Bei regelmäßiger Reinigung durch den Bezirksschornsteinfeger dürfte ein derartiger Brand nicht auftreten).

   Sollte das Feuer auf andere Gebäudeteile übergreifen, besteht dafür Versicherungsschutz, weil sich der Ausschluss nur auf die Sache bezieht, die dem Nutzfeuer oder der Wärme ausgesetzt ist.

2. Der gemeinschaftliche Wäschetrockner, den der Vermieter den Mietern zur Verfügung stellt, brennt beim Trocknen. Das Feuer zerstört die Maschine sowie die Wäsche eines Mieters, die sich zum Trocknen darin befindet.

   Der Gemeinschaftswäschetrockner ist als Zubehör zu Wohnzwecken in der Gebäudeversicherung eingeschlossen. Wurde der Brand durch Überhitzung ausgelöst, weil z. B. der Thermostat ausfiel, dann wird der Gebäudeversicherer wegen „Wärme zur Bearbeitung" ablehnen. Der Mieter erhält aus seiner Hausratversicherung Entschädigung für die verbrannte Wäsche, weil nach den VHB Nutzwärmeschäden nicht ausgeschlossen sind.

Versicherte Gefahr „Leitungswasser"

§ 3 Nr. 1 VGB 2008

In der Wohngebäudeversicherung sind frostbedingte und sonstige Bruchschäden an Rohren der Wasserversorgung und Heizungsanlagen sowie frostbedingte Bruchschäden an leitungswasserführenden Installationen – wie in der Hausratversicherung – eingeschlossen. In der

§ 4 Nr. 1 VHB 2008

Hausratversicherung bezieht sich dieser Versicherungsschutz aber nur auf Rohre und Installationen, die der Versicherungsnehmer als Mieter oder als Wohnungseigentümer auf seine Kosten beschafft oder übernommen hat und für die er die Gefahr trägt.

Üblicherweise lässt der Gebäudeeigentümer (Vermieter) bzw. die Wohnungseigentümergemeinschaft die Rohre der Wasserversorgung einbauen, so dass dafür der Gebäudeversicherer zuständig ist. Wasserführende Installationen sind auch nur dann in der Hausratversicherung versichert, wenn sie der Versicherungsnehmer als Mieter oder Wohnungseigentümer zusätzlich in die Wohnung auf seine Kosten und Gefahr einfügt. Tauscht er sie nur aus, dann bleiben sie in der Gebäudeversicherung eingeschlossen. Die Gefahr „Leitungswasser" verursacht in der Gebäudeversicherung eine höhere Schadenquote als Feuer bzw. Sturm und Hagel.

§ 6 Nr. 4 b) VHB 2008

LF 3

LF 4

LF 15

1. Bruchschäden innerhalb von Gebäuden

§ 3 Nr. 1 VGB 2008

Der Versicherer leistet Entschädigung für innerhalb von Gebäuden eintretende

a) frostbedingte und sonstige Bruchschäden an Rohren
   aa) der Wasserversorgung (Zu- oder Ableitungen) oder den damit verbundenen Schläuchen
   bb) der Warmwasser- oder Dampfheizung sowie Klima-, Wärmepumpen- oder Solarheizungsanlagen
   cc) von Wasserlösch- oder Berieselungsanlagen

   sofern diese Rohre nicht Bestandteil von Heizkesseln, Boilern oder vergleichbaren Anlagen sind.

b) frostbedingte Bruchschäden an folgenden Installationen:
   aa) Badeeinrichtungen, Waschbecken, Spülklosetts, Armaturen sowie deren Anschlussschläuche
   bb) Heizkörper, Heizkessel, Boiler oder Teile von Warmwasserheizungs-, Dampfheizungs-, Klima-, Wärmepumpen- oder Solarheizungsanlagen

   Als innerhalb des Gebäudes gilt der gesamte Baukörper, einschließlich Bodenplatte. Rohre von Solarheizungsanlagen auf dem Dach gelten als Rohre innerhalb des Gebäudes. Rohre und Installationen unter der Bodenplatte sind nicht versichert.

2. Bruchschäden außerhalb von Gebäuden

§ 3 Nr. 2 VGB 2008

Der Versicherer leistet Entschädigung für außerhalb von Gebäuden eintretende frostbedingte und sonstige Bruchschäden an den Zuleitungsrohren der Wasserversorgung oder an den Rohren der Warmwasserheizungs-, Dampfheizungs-, Klima-, Wärmepumpen- oder Solarheizungsanlagen soweit

- diese Rohre der Versorgung versicherter Gebäude oder Anlagen dienen;
- die Rohre sich auf dem Versicherungsgrundstück befinden und
- der Versicherungsnehmer die Gefahr trägt.

Für Ableitungsrohre außerhalb des Gebäudes auf dem Versicherungsgrundstück besteht kein Versicherungsschutz. Ein entsprechender Einschluss durch die Klausel 7262 ist bei vielen Versicherungsunternehmen möglich.

§ 3 Nr. 1 u. 2
VGB 2008

Ein Rohrbruch liegt vor, wenn

- ein Rohr bricht (z. B. durch Frost, Erschütterung oder Materialermüdung) oder
- Korrosion Risse oder Löcher im Rohr verursacht.

Tritt dagegen Wasser aus einer undichten Rohrverbindung aus, so liegt kein Bruch vor. Die Rohrreparatur wird dann nicht bezahlt – die Schäden durch das Wasser, z. B. an Parkett oder Tapeten, sind aber nach § 3 Nr. 3 VGB 2008 versichert.

Die Schäden durch bestimmungswidrig austretendes Leitungswasser (Nässeschäden) sind bei § 4 Nr. 2 VHB 2008 erläutert. Der Gebäudeversicherer leistet natürlich nur für Nässeschäden am Gebäude, an Gebäudebestandteilen und -zubehör.

§ 4 VGB 2008

Versicherte Gefahr „Sturm und Hagel"

Auch für die Gefahren „Sturm und Hagel" wird auf § 5 VHB 2008 verwiesen. Diese Formulierung ist weitgehend identisch mit § 4 VGB.

§ 1 Nr. 1 b) VGB 2008

Die Gefahren Feuer, Leitungswasser, Sturm und Hagel können auch einzeln versichert werden.

§ 3 Nr. 4 a) gg) und ii)
VGB 2008
§ 4 Nr. 4 a) cc)
VGB 2008

In der Leitungswasserversicherung sind Schäden durch Brand, Blitzschlag, Explosion, Implosion, Anprall eines Luftfahrzeuges sowie Sturm und Hagel und in der Sturmversicherung nur Schäden durch Feuer ausgeschlossen. Durch diese Ausschlüsse wird eine Mehrfachversicherung vermieden, wenn die einzelnen Gefahren bei verschiedenen Versicherern versichert sind.

Die Feuerversicherung hat den Vorrang, wenn ein Brand z. B. als Folge eines Leitungswasser- oder Sturmschadens auftritt. Diese Regelung ist vorteilhaft für den Versicherungsnehmer, weil nicht alle eine Leitungswasser- und Sturm/Hagelversicherung abgeschlossen haben. Dagegen besitzen nahezu alle Gebäudeeigentümer eine Feuerversicherung.[1]

---

1   Bis 1994 galten in einzelnen Bundesländern bzw. in einigen Regionen die Monopol- und Pflichtrechte, d. h. die Gebäudeeigentümer waren verpflichtet, ihr Gebäude gegen Feuer zu versichern. Auch nach § 21 Abs. 5 Nr. 3 WEG braucht die Verwaltung einer Wohnungseigentümergemeinschaft nur eine Feuerversicherung nachzuweisen.

▶ Beispiele

LF
3

LF
4

LF
15

1. Ein Orkan reißt mehrere Dachziegel des versicherten Gebäudes heraus. Regenwasser dringt ein und verursacht einen Kurzschluss im Verteilerkasten. Der Kurzschluss löst einen Brand aus, der sich auf mehrere Räume ausbreitet.

   Die Versicherungsnehmerin hat bei Ihnen nur die Gebäudefeuerversicherung abgeschlossen; Sturm- und Hagel sowie Leitungswasser sind bei der Global-Versicherung-AG versichert.

   Für die Sturmschäden tritt die Globalversicherung ein. Die Gebäudeschäden durch das Feuer bezahlen wir, weil diese Schäden in der Sturmversicherung ausgeschlossen sind.

2. Ein Blitz schlägt in das versicherte Gebäude ein, und das Dachgeschoss beginnt zu brennen. Durch das Feuer platzt ein Wasserzuleitungsrohr. Das auslaufende Wasser verursacht weitere Schäden in den darunterliegenden Räumen.

   Den gesamten Schaden bezahlt der Feuerversicherer, weil in der Sturm- und Leitungswasserversicherung diese Schäden auch als Folge von Brandschäden ausgeschlossen sind. (Ein entsprechender Ausschluss ist in der Feuerversicherung – vgl. § 2 Nr. 5 VGB 2008 – nicht aufgeführt.)[1]

---

1   Vgl. dazu auch Abschnitt 2.2.3, Beispiel 6.

Versicherungsumfang § 3 Nrn. 1 u. 2 VGB 2008 Rohrbruch, Frost und Klauseln[1]

Lage	Sache	Rohre – § 3 Nr. 1 u. 2 VGB 2008				Sanitäre Anlagen und wasserführende Installation – § 3 Nr. 1 b
		Zuleitung		Ableitung		
		Versorgung versicherter Gebäude	nicht zur Versorgung versicherter Gebäude	Entsorgung versicherter Gebäude	nicht zur Entsorgung versicherter Gebäude	
innerhalb vers. Gebäude		**F / B**	**F / B**	**F / B**	**F / B**	**F** Klausel 7265 (Armaturen) **B**
außerhalb vers. Gebäude	auf dem Versicherungsgrundstück	**F / B**	Klausel 7260 **F / B** (nicht gewerblich)	**F / B**	**X**	**X**
außerhalb vers. Gebäude	außerhalb des Versicherungsgrundstücks	Klausel 7261 **F / B** (nicht gewerblich)	**X**	Klausel 7262 **F / B** (nicht gewerblich)	**X**	**X**

F/B = Frost- und sonstige Bruchschäden, F = Frostschäden, B = Bruchschäden, X = nicht versichert

1   In Anlehnung an Dietz, H., Wohngebäudeversicherung, a. a. O. S. 180.

▶ Beispiele zu versicherten Gefahren und Schäden

1. Ein Feuer in einer benachbarten Autowerkstatt verursacht ölhaltigen Ruß und giftige Dämpfe, die in das Einfamilienhaus des Versicherungsnehmers eindringen. Erst nach wochenlangen Reinigungs- und Renovierungsarbeiten kann der Versicherungsnehmer mit seiner Familie das Haus wieder bewohnen.

   Der Gebäudeversicherer bezahlt die Reinigungs- und Renovierungskosten am bzw. im Gebäude sowie den ortsüblichen Mietwert als Folge der versicherten Gefahr Brand. Der Hausratversicherer übernimmt die Schäden am Hausrat sowie die Hotelkosten.   § 2 Nr. 1 a) VGB 2008

   § 2 Nr. 1 a) VHB 2008
   § 32 Nr. 1
   VGB/VHB 2008

   Trifft den Brandverursacher Verschulden, dann werden beide Versicherer (zum Zeitwert) Regress nehmen. (Das Regressverzichtsabkommen ist dabei zu beachten – vgl. Abschnitt 2.9.2.)

2. Ein Blitz schlägt in den Schornstein des Nachbargebäudes ein. Herunterfallende Ziegel zerstören einen Teil des verglasten Wintergartens des Versicherungsnehmers.

   Es besteht Versicherungsschutz durch die Gebäudeversicherung des Versicherungsnehmers: Der Blitz traf unmittelbar auf eine Sache auf. Die herausgerissenen Steine als Folge des Blitzschlages zerschlugen die versicherten Scheiben des Wintergartens.   § 2 Nr. 3 Abs. 1
   VGB 2008

3. Während eines heftigen Gewitters kommt es wegen atmosphärisch bedingter Überspannung in der Stromleitung zu einem Kurzschluss in der elektronischen Heizungssteuerung im Gebäude des Versicherungsnehmers. Der Kurzschluss löst einen Brand aus, der die Heizung zerstört und die Kellerräume beschädigt.

   Der Kurzschlussschaden an der Heizungssteuerung ist nicht versichert – außer mit Klausel 7160 –; für die weiteren Schäden durch Feuer wird geleistet, weil ein Brand ohne bestimmungsgemäßen Herd entstanden ist.   § 2 Nr. 3 Abs. 2
   VGB 2008
   § 2 Nr. 2 VGB 2008

4. Ein Jugendlicher zerschlägt ein Kellerfenster, steckt den Gartenschlauch durch die Öffnung, dreht den Wasserhahn auf und verschwindet unerkannt. Das Wasser läuft über eine Stunde in den Keller, bevor der Versicherungsnehmer den Schaden bemerkt.

   Es besteht Versicherungsschutz, weil Leistungswasser aus einem mit der Wasserversorgung verbundenen Schlauch bestimmungswidrig – gegen den Willen des Versicherungsnehmers – ausgetreten ist.   § 3 Nr. 3 VGB 2008

LF 3

LF 4

LF 15

§ 3 Nr. 3 VGB 2008

5. Der Versicherungsnehmer stellt den Rasensprenger in seinem Garten an – und vergisst, dass die Terrassentür geöffnet ist. Wasser vom Rasensprenger spritzt durch die offene Terrassentür und durchnässt Tapete und Teppichboden. Der Versicherer wird wahrscheinlich ablehnen, weil das Wasser bestimmungsgemäß (nach dem Willen des Versicherungsnehmers) aus dem Rasensprenger ausgetreten ist – auch wenn die Folge ungewollt war.

6. An der Küchenwand bildet sich ein Wasserfleck. Der Versicherungsnehmer vermutet einen Rohrbruch. Er ruft einen Handwerker, der die Wand aufschlägt. Das in der Wand verlegte Wasserrohr ist nicht defekt; Regenwasser ist von außen durch kaum sichtbare Risse in der Gebäudewand eingedrungen.

Suchkosten bei einem Rohrbruch sind zwar versichert. Hier liegt aber kein Rohrbruch vor, so dass der Versicherer die Kostenübernahme ablehnen wird.

§ 5 Nr. 2 c) VGB 2008
§ 6 Nr. 2 c) cc)
VHB 2008

7. Eine orkanartige Böe reißt die Antenne am Einfamilienhaus des Versicherungsnehmers ab. Es kann Mehrfachversicherung mit der Hausratversicherung bestehen.

8. Hagel verstopft den Abfluss am Balkon des Versicherungsnehmers. Das Wasser kann nicht ablaufen, dringt durch die Balkontür in die Wohnung des Versicherungsnehmers ein und beschädigt den Parkettboden.

§ 4 Nr. 1 a) u. c)
VGB 2008
OLG Köln r+s 2003, 65

Der Versicherer wird die Entschädigung ablehnen, weil weder ein Schaden durch die unmittelbare Einwirkung des Hagels auf versicherte Sachen noch als Folge eines Hagelschadens an versicherten Sachen vorliegt.

§ 4 Nr. 1 c) VGB 2008

Hätte der Hagel die Balkonscheibe zerschlagen und wäre dann in das Zimmer eingedrungen, müsste der Versicherer leisten.

9. In einer Mietwohnung (Mehrfamilienhaus) bricht ein Heizungsrohr. Das auslaufende Wasser beschädigt den Parkettfußboden und die Decke der darunter liegenden Wohnung.

Der Gebäudeversicherer trägt die Kosten für

§ 3 Nr. 1 a) aa) und Nr. 3
VGB 2008

■ die Reparatur des Rohres und des Parketts,
■ die Renovierung der Decke,
■ die Trocknung des Gebäudes.

§ 8 Nr. 1 h) VHB 2008

Für das Parkett und den Anstrich bzw. die Tapete besteht eine Ausgleichspflicht für die Hausratversicherungen; ein Schaden über 1 000 € wird aufgeteilt.

10. Bei der Reparatur eines Rohrbruchs stellt der Klempner fest, dass wahrscheinlich alle Wasserleitungen im Gebäude durch Korrosion beschädigt sind.

Der Versicherungsnehmer verlangt, dass der Versicherer die Kosten für den Austausch des gesamten Leitungsnetzes als Schadenabwendungskosten übernimmt, weil weitere Rohrbrüche drohen.

Die Leistungspflicht des Versicherers umfasst nur die Reparaturkosten dieses Rohrbruchs. Der Versicherungsnehmer hat die wasserführenden Einrichtungen stets in ordnungsgemäßem Zustand zu erhalten und Mängel oder Schäden unverzüglich beseitigen zu lassen. Er kann diese Kosten nicht als Schadenabwendungskosten auf den Versicherer abwälzen.

§ 16 Nr. 1 a) und § 26 Nr. 1 u. 3 VGB 2008 OLG Karlsruhe r+s 1996, 279

11. Innerhalb der Gastherme bricht ein Wasserrohr. Das austretende Wasser beschädigt die Tapete und den Fußboden im Einfamilienhaus des Versicherungsnehmers.

Die Reparatur des Rohres ist nicht versichert, weil es Bestandteil eines Warmwassergerätes ist. Für den Nässeschaden wird geleistet, weil Leitungswasser bestimmungswidrig ausgetreten ist.

§ 3 Nr. 1 a) VGB 2008 § 3 Nr. 3 VGB 2008

12. Das Wohnhaus des Versicherungsnehmers liegt im Gebirge. Steinschlag zerstört den Gastank auf dem Grundstück des Versicherungsnehmers. Das austretende Gas entzündet sich und das Feuer beschädigt das Haus.

Der Schaden am Gastank ist nicht versichert. Für den Schaden durch das Feuer am Gebäude besteht Versicherungsschutz. Der Brand ist ohne einen bestimmungsgemäßen Herd entstanden und hat sich aus eigener Kraft ausgebreitet. Steinschlag bzw. Erdrutsch ist bei „Feuer" nicht ausgeschlossen – es sei denn, ein Erdbeben löste den Steinschlag aus.

§ 2 Nr. 5 VGB 2008

13. Ein herabfallender Ast zerschlägt auf dem Dach das Rohr zur Solarheizungsanlage. Die Reparatur ist versichert, weil Rohre zur Solarheizungsanlage auf dem Dach als innerhalb des Gebäudes gelten.

§ 3 Nr. 1 VGB 2008

14. Der Versicherungsnehmer besitzt im Keller seines Hauses ein Schwimmbecken, das durch eine auf dem Versicherungsgrundstück gelegene Wasserquelle versorgt wird. Dieses Zuleitungsrohr bricht und das austretende Wasser verursacht erhebliche Nässeschäden im Keller.

Der Versicherer lehnt eine Entschädigung mit der Begründung ab, dass kein Rohr der öffentlichen Wasserversorgung gebrochen ist.

OLG Karlsruhe
r+s 2004, 419

Nach einem Urteil des OLG Karlsruhe muss der Versicherer leisten. Der durchschnittliche Versicherungsnehmer kann aus den Bedingungen bei verständiger Würdigung nicht entnehmen, dass es sich bei den Zu- und Ableitungsrohren um die öffentliche Wasserversorgung handeln muss. Ebenso wenig wird danach unterschieden, ob auf dem Versicherungsgrundstück zwei Wasserversorgungssysteme (für Wasser der öffentlichen Wasserversorgung und für Quellwasser) bestehen.

15. Im Mehrfamilienhaus des Versicherungsnehmers läuft in der vermieteten Wohnung im Erdgeschoss aus einem defekten Heizkörper Wasser aus und beschädigt den Parkettboden, den der Versicherungsnehmer als Gebäudeeigentümer eingefügt hat.

§ 6 Nr. 4 b) VHB 2008

§ 8 Nr. 1 h) VHB 2008

Der Nässeschaden am Parkett ist in der Gebäudeversicherung eingeschlossen. In der Hausratversicherung des Mieters gehört das Parkett nicht zu den versicherten Sachen. Versicherungsschutz besteht aber über die Kostenposition „Reparaturkosten für Nässeschäden in Miet- und Eigentumswohnungen". Nach der Verbandsempfehlung wird der Schaden geteilt.[1]

16. Der Versicherungsnehmer besitzt eine Hausrat- mit Glasversicherung sowie eine Gebäudeversicherung für sein Einfamilienhaus. Außerdem hat er für die Hausrat- und die Glasversicherung die Erweiterte Elementarschadenversicherung eingeschlossen. Er fragt, welche Versicherung eintritt, wenn z. B. ein Orkan die große Wohnzimmerscheibe zerstört.

§ 1 Nr. 2 b) cc)
AGlB 2008
§ 4 Nr. 1 a) VGB 2008

Versicherungsschutz besteht nur durch die Gebäudeversicherung. In der Glasversicherung sind die Gefahren nach § 1 VGB (außer Leitungswasser) und § 1 VHB ausgeschlossen, soweit dafür mit diesen Versicherungen Versicherungsschutz besteht. Dadurch wird eine Mehrfachversicherung vermieden.

§ 1 Nr. 2 b) bb)
AGlB 2008

§ 3 Nr. 3 VHB 2008
§ 8 Nr. 1 g) VHB 2008

Brechen beispielsweise durch Erdbeben die Fensterscheiben sowie die Scheiben des Wohnzimmerschrankes, dann leistet die Elementarschadenversicherung. Schwieriger ist die Regulierung, wenn ein Täter böswillig die Terrassenscheibe von außen zerschlägt. Vandalismus ist zwar in der Glasversicherung ausgeschlossen – in der Gebäudeversicherung besteht dafür aber kein Versicherungsschutz, und der Hausratversicherer leistet bei Vandalismus nur für versicherte Sachen. Auch bei der Kostenposition „Gebäudeschäden" tritt der Hausratversicherer nur für Vandalismusschaden innerhalb der Wohnung nach einem Einbruch ein. Der Glasversicherer wird deshalb den Schaden bezahlen müssen, weil anderweitig kein Versicherungsschutz besteht.

---

1   Vgl. dazu die Erläuterungen zu § 8 Nr. 1 h) VHB 2008

2.2.3 Nicht versicherte Schäden

Ausschlüsse für alle versicherten Gefahren		
Vorsätzliches Verhalten des Versicherungsnehmers oder seines Repräsentanten	Der Versicherungsnehmer unternimmt nichts, um das Übergreifen eines Brandes vom Nachbargrundstück auf die versicherten Gebäude zu verhindern.	§ 34 Nr. 1 a) und § 37 VGB 2008
Führt der VN oder sein Repräsentant den Schaden grob fahrlässig herbei, wird die Leistung nach der Schwere des Verschuldens gekürzt.	Der Hausverwalter verursacht grob fahrlässig einen Brand. (Gilt der Hausverwalter als Repräsentant, wird der Schaden „gequotelt".)	§ 34 Nr. 1 b) VGB 2008
Kriegsereignisse jeder Art, innere Unruhen	Nicht kalkulierbare Risiken	§ 1 Nr. 2 a) u. b) VGB 2008
Kernenergie	Der Ersatz von Schäden durch Kernenergie richtet sich nach dem Atomgesetz.	§ 1 Nr. 2 c) VGB 2008
Ausschlüsse bei Brand, Blitzschlag, Explosion, Implosion, Absturz eines Luftfahrzeuges		
Betriebsschäden/Schäden durch Nutzfeuer	Ein Brand entsteht durch Rußablagerungen in einem Schornstein.	§ 2 Nr. 5 d) VGB 2008
Sengschäden – außer durch Brand, Blitzschlag, Implosion oder Explosion oder Absturz eines Luftfahrzeuges	Eine Zigarette fällt auf den Parkettboden und hinterlässt einen Sengfleck.	§ 2 Nr. 5 b) VGB 2008
Kurzschluss- oder Überspannungsschäden an elektrischen Einrichtungen, es sei denn, durch Blitzschlag sind Schäden anderer Art auf dem Versicherungsgrundstück entstanden.	Eine Gewitterwolke verursacht eine atmosphärisch bedingte Überspannung in der Freileitung und dadurch einen Kurzschluss an der Einbruchmeldeanlage.	§ 2 Nr. 3 Abs. 2 VGB 2008

LF 3

LF 4

LF 15

Schäden, die an Verbrennungskraftmaschinen durch die im Verbrennungsraum auftretenden Explosionen entstehen	Der Zylinderkopf des Benzingenerators zur Stromerzeugung explodiert (Zubehör zu Wohnzwecken). (Der Schaden am Generator ist ausgeschlossen; Folgeschäden sind versichert.)	§ 2 Nr. 5 c) VGB 2008
Schäden durch Erdbeben	Durch Erdbeben explodiert eine Gasleitung.	§ 2 Nr. 5 a) VGB 2008
Ausschlüsse bei Leitungswasser, Rohrbruch, Frost, Sturm und Hagel Schäden an versicherten Gebäuden, die nicht bezugsfertig sind	Ein Sturm beschädigt das Dach eines noch nicht bezugsfertigen Gebäudes. Bei dem wegen Umbaus unbewohnten Gebäude bricht ein Wasserrohr.	§ 3 Nr. 4 b) § 4 Nr. 4 b) aa) VGB 2008
Schäden durch Brand, Blitzschlag, Explosion, Implosion, Anprall eines Luftfahrzeuges, seiner Teile oder Ladung	Ein Flugzeug verliert ein Rad, das das Dach des Gebäudes und ein dort liegendes Wasserrohr zerstört. Das auslaufende Wasser verursacht weitere Schäden. (Den gesamten Schaden zahlt die Feuerversicherung.)	§ 3 Nr. 4 a) gg) § 4 Nr. 4 a) cc) VGB 2008
Ausschlüsse bei Leitungswasser Schäden durch Regenwasser aus Fallrohren	Bei einem Starkregen drückt das Wasser aus dem Fallrohr und läuft über den Balkon ins Zimmer.	§ 3 Nr. 4 a) aa) VGB 2008
Schäden durch Plansch- oder Reinigungswasser	Beim Reinigen mit viel Wasser wird der Parkettboden beschädigt.	§ 3 Nr. 4 a) bb) VGB 2008
Schäden durch Grundwasser, Hochwasser, Witterungsniederschläge oder durch diese Ursachen hervorgerufenen Rückstau	Starkregen überflutet den Keller des Versicherungsnehmers.	§ 3 Nr. 4 a) dd) VGB 2008
Schäden durch Öffnen der Sprinkler oder Bedienen der Berieselungsdüsen	Bei Reparaturarbeiten wird ein Sprinkler geöffnet; Wasser tritt aus und beschädigt den Fußboden.	§ 3 Nr. 4 a) hh) VGB 2008

	Schäden	Beispiel	Fundstelle
	Schäden durch Erdsenkung oder Erdrutsch – außer als Folge von Leitungswasser Schäden durch Erdbeben, Schneedruck, Lawinen, Vulkanausbruch	Nach sintflutartigem Regen entsteht ein Erdrutsch, der die Rückwand eines am Hang gelegenen Einfamilienhauses eindrückt (Senkt sich aber das Gebäude nach einem Wasserrohrbruch, dann besteht Versicherungsschutz).	§ 3 Nr. 4 a) ee) und ff) VGB 2008
	Schäden durch Leitungswasser aus Eimern usw.	Ein Eimer mit Wasser kippt um.	§ 3 Nr. 4 a) jj) VGB 2008
	Schäden durch Schwamm (auch nicht als Folge von Leitungswasser)	Wegen unzureichender Lüftung bildet sich Schwamm im Badezimmer.	§ 3 Nr. 4 a) cc) VGB 2008
	Schäden durch Sturm, Hagel	Sturm schleudert einen Dachziegel durch das Fenster gegen den Heizkörper. Aus dem Heizkörper tritt Wasser aus, das das Parkett beschädigt. (Den gesamten Schaden zahlt die Sturmversicherung).	§ 3 Nr. 4 a) ii) VGB 2008
Ausschlüsse bei Sturm, Hagel	Schäden durch Sturmflut	Ein Deich an der Nordsee bricht durch eine Sturmflut; die Flut zerstört das Gebäude.	§ 4 Nr. 4 a) aa) VGB 2008
	Schäden durch weitere Elementargefahren	Beim Abgang einer Lawine lässt der Luftdruck die Fensterscheibe eines Wohngebäudes zersplittern.	§ 4 Nr. 4 a) dd) VGB 2008
	Schäden durch Eindringen von Regen, Hagel, Schnee oder Schmutz durch nicht ordnungsgemäß geschlossene Fenster, Außentüren oder andere Öffnungen	Schnee dringt durch ein offen stehendes Dachfenster ein.	§ 4 Nr. 4 a) bb) VGB 2008
	Schäden an Laden- und Schaufensterscheiben	gewerbliches Risiko	§ 4 Nr. 4 b) bb) VGB 2008

LF 3

LF 4

LF 15

▶ Beispiele zu den nicht versicherten Schäden/Ausschlüssen

1. Die Versicherungsnehmerin zündet die Kerzen am Tannenbaum an und verlässt das Zimmer, um das Abendessen zu-
zubereiten. Plötzlich zieht Rauch durch das Haus. Als die
Versicherungsnehmerin die Wohnzimmertür öffnet, brennt
bereits der ganze Raum.

§ 34 Nr. 1 b) VGB 2008   Wer die Kerzen an einem trockenen Tannenbaum ohne
Aufsicht brennen lässt, handelt grob fahrlässig. Der Versicherer wird die Leistung kürzen.[1]

2. Der 25 Jahre alte Sohn, der in München arbeitet und auch
dort wohnt, besucht seine Eltern in Hannover. Eines
Abends, als seine Eltern im Theater sind, zündet er den offenen Kamin im Einfamilienhaus an. Weil das Kaminholz
nicht richtig brennen will, schüttet er Benzin in die Glut. Die
herausschießende Stichflamme setzt die Gardine in Brand.
Obwohl er sofort die Feuerwehr ruft, ist der Hausrat- und
Gebäudeschaden erheblich. Der Sohn hat den Schaden
grob fahrlässig verursacht – trotzdem werden Hausrat- und
Gebäudeversicherer leisten. (Der Sohn ist kein Repräsentant.) Da der Sohn aber nicht in häuslicher Gemeinschaft
lebt, nehmen Hausrat- und Gebäudeversicherer bei ihm
nach § 32 Nr. 1 VHB/VGB 2008 bzw. § 86 Abs. 3 VVG Regress (zum Zeitwert).

3. Durch Erdbeben bricht eine Gasleitung. Das austretende
Gas explodiert und beschädigt das Einfamilienhaus des
Versicherungsnehmers.

§ 2 Nr. 5 a) VGB 2008   Obwohl eine Explosion vorliegt, wird der Versicherer wegen des Ausschlusses Erdbeben ablehnen. Für diese Ge-
fahr kann die „Versicherung weiterer Elementarschäden"
vereinbart werden.

4. Während einer gewalttätigen Massendemonstration von
vielen Tausend Jugendlichen fliegt auch ein „Molotow-
Cocktail" in ein Wohnhaus und setzt es in Brand.

§ 1 Nr. 2 b) VGB 2008   Sind die Voraussetzungen für innere Unruhen erfüllt, dann
besteht – trotz Brand – kein Versicherungsschutz[2].

5. Der Brenner an der Ölheizung im Keller des Versicherungsnehmers brennt plötzlich. Rauch und Ruß beschädigen die
Wände und die Decke des Heizungsraums.

§ 2 Nr. 5 d) VGB 2008   Der Brenner ist nicht versichert, weil in ihm Nutzfeuer erzeugt wird. Der Ausschluss bezieht sich aber nur auf den

---

1   Vgl. dazu zahlreiche Urteile in r+s 2000, 509 f.
2   Vgl. dazu Abschnitt 1.2.4 „Innere Unruhen".

Brenner. Die weiteren Schäden an Wänden und Decke sind gedeckt, weil der Brandbegriff erfüllt ist.

6. Durch die Explosion einer Gastherme wird auch ein Leitungswasserrohr zerstört. Das austretende Leitungswasser verursacht weitere Gebäudeschäden. Den gesamten Schaden zahlt die Feuerversicherung. Die Feuerversicherung hat den Vorrang vor der Leitungswasserversicherung.

§ 3 Nr. 4 a) gg) VGB 2008

Löst ein Leitungswasserschaden einen Kurzschluss aus, durch den ein Brand entsteht, so gilt auch hier die Vorrangstellung der Feuerversicherung. Den Schaden durch Leitungswasser zahlt die Leitungswasserversicherung – den Folgeschaden durch Brand aber die Feuerversicherung.

Die Ausschlüsse nach den §§ 3 Nr. 4 a) gg) und 4 Nr. 4 a) cc) sind deshalb vorteilhaft für die Versicherungsnehmer, die nur eine Feuerversicherung besitzen.

7. Durch starken Regen tritt der Bach vor dem Haus des Versicherungsnehmers über die Ufer. Das Wasser läuft in den Keller und verursacht Hausrat- und Gebäudeschäden.

Es besteht kein Versicherungsschutz. Der Versicherungsnehmer hätte für die Hausrat- und die Wohngebäudeversicherung die „Versicherung weiterer Elementarschäden" einschließen können.[1]

§ 3 Nr. 4 a) dd) VGB 2008

§ 3 BWE 2008

8. Im Fachwerkhaus des Versicherungsnehmers brach vor einem Jahr ein Wasserrohr; das auslaufende Wasser verursachte erhebliche Durchnässungsschäden auch in der Gebäudewand. In dieser Wand bildete sich inzwischen „echter Hausschwamm" (zerstörende Pilze).

Es besteht kein Versicherungsschutz für die Kosten zur Beseitigung des Schwammbefalls. Durch die Formulierung „ohne Rücksicht auf mitwirkende Ursachen" ist Schwamm auch als Folge von Leitungswasser ausgeschlossen.

§ 3 Nr. 4 a) cc) VGB 2008

Der Ausschluss bezieht sich aber nur auf den „echten Hausschwamm", weil nur er mit extremen Schadenfolgen verbunden ist. Tritt beispielsweise Wasser aus einem korrodierten Heizungsrohr aus und führt die Feuchtigkeit zum Wachstum eines anderen Pilzes als des „echten Hausschwamms", liegt ein versicherter Nässeschaden vor.

OLG Koblenz r+s 2007, 326

9. Ein Orkan löst eine Schneelawine aus, die das Haus des Versicherungsnehmers im Tal zerstört.

Obwohl der Sturm die Ursache für den Schaden war, wird der Versicherer wegen des Ausschlusses „Lawine" nicht

§ 4 Nr. 4 a) dd) VGB 2008

LF 3

LF 4

LF 15

---

1   Zur „Elementarschadenversicherung" vgl. Abschnitt 1.2.4.11

leisten. (Nicht der Sturm, sondern die Lawine hat das Gebäude zerstört.) Versicherungsschutz besteht nur nach § 8 BWE 2008.

10. Orkanartiger Sturm reißt einen Baum um, der gegen das Mehrfamilienhaus des Versicherungsnehmers fällt. Mehrere Fensterscheiben sowie eine große Schaufensterscheibe zerbrechen.

§ 4 Nr. 1 b) VGB 2008
§ 4 Nr. 4 b) bb)
VGB 2008

Für die Fensterscheiben der Wohnungen leistet der Gebäudeversicherer; die Schaufensterscheibe ist nicht versichert.

11. In einem Hochhaus sind die Wohnungen mit Sprinkleranlagen ausgestattet. Durch einen Gardinenbrand werden in einer Wohnung die Sprinkler ausgelöst. In der Leitungswasserversicherung ist ein Schaden durch Öffnen der Sprinkler wegen eines Brandes ausgeschlossen. Es besteht aber Versicherungsschutz für die Gebäudeschäden als Folge von Feuer. Die Gardine bezahlt der Hausratversicherer.

§ 3 Nr. 4 a) hh)
VGB 2008
§ 2 Nr. 1 a) VGB 2008

12. Der Versicherungsnehmer lässt nachts ein Fenster in seiner Eigentumswohnung im 3. Obergeschoss in Kippstellung. Ein plötzlich aufkommendes Gewitter drückt Regen durch das „gekippte" Fenster, der Tapete und Teppichboden beschädigt.

§ 4 Nr. 4 a) bb)
VGB 2008

Der Versicherer leistet nicht, weil der Regen durch ein nicht ordnungsgemäß geschlossenes Fenster eindrang.

13. Durch Rückstau während eines Starkregens wird der Keller im Einfamilienhaus des Versicherungsnehmers überflutet. Das Wasser löst einen Kurzschluss im Verteilerkasten aus. Der dadurch verursachte Brand zerstört die Kellerdecke und mehrere Räume im Erdgeschoss.

§ 2 Nr. 5 VGB 2008

Die Schäden durch den Rückstau sind nur mit der "Erweiterten Elementarschadenversicherung" versichert. Für die Schäden durch Brand besteht Versicherungsschutz, weil Rückstau und Überschwemmung bei der Gefahr "Feuer" nicht ausgeschlossen sind.

Übungen

1. Regulieren Sie die folgenden Schäden nach VGB 2008.

   Durch Blitzeinschlag fällt ein Strommast auf das Dach des versicherten Mehrfamilienhauses.

   a) Das Dach wird stark beschädigt.
   b) Ein Schrank, den ein Mieter auf dem Dachboden abgestellt hat, wird vernichtet.
   c) Mehrere Fensterscheiben zerbrechen.
   d) Herabfallende Dachziegel zerschlagen ein Balkondach und beschädigen die Fliesen am Balkon.
   e) Ein Balkontisch wird zerstört.
   f) Ein Dachziegel zerschlägt das Vordach am Nachbargebäude.
   g) Um das Gebäude vor Regen zu schützen, befestigt eine Dachdeckerfirma eine Kunststoffplane über dem zerstörten Dach.
   h) Der Versicherungsnehmer bestellt für den Gebäudeschutt einen Container. Für das Aufräumen benötigt er fünf Stunden.

2. Die Gemeinschaftswaschmaschine im Waschkeller des Mehrfamilienhauses beginnt beim Kochwaschgang zu brennen. Das Feuer zerstört die Maschine und die darin befindliche Wäsche eines Mieters. Rauch und Ruß verschmutzen die Kellerräume und die zum Trocknen aufgehängte Wäsche des Mieters.

   Wie ist die Entschädigung geregelt? Gehen Sie bei Ihrer Antwort auf die Wohngebäude- und auf die Hausratversicherung ein.

3. Der Versicherungsnehmer fragt, ob der Einschluss der Klausel 7160 „Überspannungsschäden durch Blitz" sinnvoll ist. Er hat gehört, dass Versicherungsschutz auch ohne Klausel besteht, wenn der Blitz ins Gebäude einschlägt und dadurch die Elektronik der Heizungsanlage durch Überspannung zerstört wird.

   Erläutern Sie dem Versicherungsnehmer die Entschädigung.

4. Durch einen Bruch eines Wasserrohres im Badezimmer wird die Mietwohnung unter Wasser gesetzt.

   a) Parkett und Teppichboden werden zerstört.
   b) Möbel müssen im Dachgeschoss abgestellt werden, damit die Fußböden (Altbau) getrocknet und repariert werden können. Für Aus- und Aufräumen wird eine Reinigungsfirma bestellt, da der Versicherungsnehmer und der Mieter zu alt sind, um diese Arbeiten selbst durchzuführen.
   c) Teilweise ist durch das Wasser auch die Tapete zerstört worden.
   d) Um das Rohr reparieren zu können, muss die Wand aufgestemmt werden. Anschließend ist sie wieder zu verputzen. Bei der Reparatur sind Fliesen zerbrochen, die es nicht mehr zu kaufen gibt.

e) Das Wasser hat auch in der darunter liegenden Wohnung des Versicherungsnehmers (= Gebäudeeigentümer) Schäden an Möbeln, Teppichböden, Deckenanstrich und Tapeten verursacht.

Regulieren Sie diese Schäden. Der Versicherungsnehmer ist Eigentümer des Mehrfamilienhauses, das er auch selbst bewohnt.

5. Ein Einbrecher bricht in das Einfamilienhaus der Versicherungsnehmerin ein und beschädigt die Terrassentür, das Schloss und die Einbruchmeldeanlage. Weil er nichts Wertvolles findet, dreht er einen Wasserhahn auf, verstopft den Abfluss und verschwindet. Als die Versicherungsnehmerin aufwacht, steht das Erdgeschoss unter Wasser.

Werden Sie die Schäden regulieren?

6. Aus einem gebrochenen Abflussrohr unterhalb des Kellerfußbodens läuft längere Zeit Abwasser aus. Durch die Unterspülung senkt sich das Fundament und es entstehen Risse in der Kellermauer, durch die das Abwasser von außen in den Keller eindringt und weitere Schäden im Keller verursacht.

Wird der Gebäudeversicherer leisten?

7. Ein Heizkörper im Keller des Einfamilienhauses des Versicherungsnehmers wird undicht. Das auslaufende Wasser beschädigt den Teppich, den darunter liegenden PVC-Belag und die Kellerwand. Waschpulver, das der Versicherungsnehmer im Keller lagert und das er nebenberuflich verkauft, wird vernichtet. Außerdem löst das Wasser einen Kurzschluss aus, der die Elektronik der Heizungsanlage zerstört.

a) Wie ist die Entschädigung geregelt? Gehen Sie auch auf die Hausratversicherung ein.
b) Besteht eventuell Doppelversicherung mit der Hausratversicherung?

8. Ein Versicherungsnehmer beklagt sich, dass der Versicherer folgenden Schaden abgelehnt hat: Beim Schnellkochtopf öffnete sich durch Überdruck das Ventil. Der ausströmende heiße Wasserdampf beschädigte die Tapete und das Furnier eines Einbauschrankes. Der Versicherungsnehmer weist auf § 3 Nr. 3 Abs. 3 VGB 2008 hin (Wasserdampf).

Werden Sie entschädigen?

9. Durch eine Verstopfung des Abflussrohres in einem Mehrfamilienhaus staut sich das Abwasser, bis es aus einem Toilettenbecken in eine Mietwohnung läuft. Die Versicherungsnehmerin als Eigentümerin des Hauses verlangt Ersatz für:

- die Kosten der Beseitigung der Verstopfung
- den Teppichboden in der vermieteten Wohnung
- die Aufräumungskosten (er hat zusammen mit dem Mieter die Wohnung gesäubert und Möbel herausgeschafft.)

Besteht Versicherungsschutz?

10. Der Versicherungsnehmer meldet folgende Schäden: Gestern Nachmittag schleuderte eine plötzlich aufkommende Windhose den Liegestuhl von meiner Terrasse durch die Terrassentür; Stuhl und Türscheibe wurden zerstört. Außerdem lief rostiges Wasser aus einem Bein des Liegestuhls auf den Teppichboden. Der Versicherungsnehmer hat bei Ihrer Gesellschaft eine Hausrat- und eine Wohngebäudeversicherung abgeschlossen. Für den Wohnort des Versicherungsnehmers liegen keine Messergebnisse vom Wetteramt vor. Der Versicherungsnehmer ist Eigentümer des Gebäudes.

    Werden Sie die Schäden bezahlen?

11. Ein Orkan reißt vom benachbarten Gebäude mehrere Dachziegel heraus und schleudert sie gegen das versicherte Mehrfamilienhaus. Die Kunststofffassadenverkleidung wird beschädigt und eine große Schaufensterscheibe, zwei Wohnungsfenster und eine außen angebrachte Leuchtwerbung werden zerstört.

    Besteht Versicherungsschutz nach VGB 2008?

12. Sturm wirbelt Schnee durch die Lüftungsritzen des Gebäudedaches. Der geschmolzene Schnee verursacht Wasserflecken an der Decke der Dachgeschosswohnung.

    Wird der Versicherer die Renovierungskosten bezahlen?

13. Der Versicherungsnehmer ist Eigentümer eines Einfamilienhauses, das er vermietet hat. Er fragt, ob der Mieter Repräsentant (vgl. § 37 VGB 2008) ist, so dass die Leistung gekürzt wird, wenn der Mieter grob fahrlässig einen Gebäudeschaden verursacht.

    Beraten Sie den Versicherungsnehmer.

14. Ein Flugzeug der Bundeswehr stürzt in der Nähe des versicherten Einfamilienhauses ab. Herumfliegende Teile beschädigen die Grundstücksmauer, die Garage auf dem Grundstück sowie die Fernsehantenne und eine Markise am Gebäude des Versicherungsnehmers.

    Wird die Wohngebäudeversicherung für diese Schäden eintreten?

15. Ein motorgetriebenes Flugmodell prallt gegen die Terrassen-scheibe zum Reihenhaus des Versicherungsnehmers Berger. Die Scheibe zerplatzt. Leider ist der Eigentümer des Modellflugzeu-ges unbekannt. Herr Berger fragt Sie, ob die Gebäude- oder die Glasbruchversicherung eintritt.

Informieren Sie Herrn Berger.

16. Während der Silvesterfeier zündete ein angetrunkener Gast des Versicherungsnehmers – unbemerkt von den anderen – eine Ra-kete im Wohnzimmer. Die Rakete explodierte in der Gardine am Fenster. Obwohl der Versicherungsnehmer und die Gäste sofort versuchten, das Feuer zu löschen, brannte das Wohnzimmer des Einfamilienhauses aus. Der Versicherungsnehmer befürchtet, dass der Versicherer die Schäden ablehnen wird. Er hat bei Ihnen eine Gebäude- und eine Hausratversicherung abgeschlossen.

Beraten Sie ihn.

17. Sturm reißt am Reihenhaus des Nachbarn Dachziegel heraus. Regen läuft herein, sickert in die Brandmauer zwischen den bei-den Reihenhäusern und verursacht in der Gebäudewand des Ver-sicherungsnehmers erhebliche Durchnässungsschäden. Der Ver-sicherer lehnt eine Entschädigung mit dem Hinweis ab, dass nur Sturmfolgeschäden an versicherten Sachen eingeschlossen sind.

Wie ist die Rechtslage?

2.2.4 Erweiterung des Versicherungsschutzes durch Klauseln[1]

7160 Überspannung	Die Entschädigung ist in der Gleitenden Neuwertversicherung begrenzt auf 1 % der Versicherungssumme „Wert 1914" x Anpassungsfaktor.
7161 Einschluss von Nutzwärmeschäden	Es besteht abweichend von § 2 Nr. 5 d) VGB 2008 für Schäden durch Nutzfeuer oder durch Wärme zur Bearbeitung Versicherungsschutz.
7165 Fahrzeuganprall	Versicherungsschutz besteht für den Anprall eines Schienen- oder Straßenfahrzeuges gegen Gebäude; Entschädigungsgrenze wie bei Klausel 7160. Nicht versichert sind Schäden ■ durch Straßenfahrzeuge, die vom Versicherungsnehmer bzw. von Bewohnern oder Besuchern des Gebäudes gelenkt wurden ■ an Fahrzeugen, Zäunen, Wegen
7166 Regenfallrohre innerhalb des Gebäudes	Es besteht abweichend von § 3 Nr. 4 a) aa) VGB 2008 Versicherungsschutz, wenn Wasser aus diesen Rohren bestimmungswidrig ausgetreten ist. Ebenso sind Frostu. Bruchschäden – abweichend von § 3 Nr. 1 a) VGB 2008 – versichert. Entschädigungsgrenze wie bei Klausel 7160.
7167 Kosten für die Beseitigung von Rohrverstopfungen	Versicherungsschutz besteht für die notwendigen Kosten für die Beseitigung von Verstopfungen von Ableitungsrohren im Gebäude sowie auf dem Versicherungsgrundstück; Entschädigungsgrenze wie bei Klausel 7160.
7168 Datenrettungskosten	Versichert sind die infolge eines Versicherungsfalles am Versicherungsort tatsächlich entstandenen, notwendigen Kosten für die technische Wiederherstellung von elektronisch gespeicherten privaten Daten. Entschädigungsgrenze wie bei Klausel 7160.
7260 Erweiterte Versicherung von Wasserzuleitungs- und Heizungsrohren auf dem Versicherungsgrundstück	Versicherungsschutz besteht für Frost und Bruchschäden für diese Leitungen auf dem Versicherungsgrundstück, die nicht der Versorgung des versicherten Gebäudes dienen. Entschädigungsgrenze in der Gleitenden Neuwertversicherung: 1 % der Versicherungssumme „Wert 1914" x Anpassungsfaktor.

1 Vgl. dazu auch Abschnitt 2.2.3

7261 Erweiterte Versicherung von Wasserzuleitungs- und Heizungsrohren außerhalb des Versicherungsgrundstückes	Versicherungsschutz besteht für Frost- und Bruchschäden für diese Leitungen außerhalb des Versicherungsgrundstücks, wenn sie zur Versorgung des versicherten Gebäudes dienen und für die der Versicherungsnehmer die Gefahr trägt. Entschädigungsgrenze wie bei Klausel 7260.
7262 Erweiterte Versicherung von Ableitungsrohren auf dem Versicherungsgrundstück	Versicherungsschutz besteht für Frost- und Bruchschäden für Ableitungsrohre auf dem Versicherungsgrundstück, soweit sie zur Entsorgung des versicherten Gebäudes dienen. Entschädigungsgrenze wie Klausel 7260.
7263 Erweiterte Versicherung von Ableitungsrohren außerhalb des Versicherungsgrundstücks	Versicherungsschutz besteht für Frost- und Bruchschäden an Wasserableitungsrohren außerhalb des Versicherungsgrundstücks, die der Entsorgung versicherter Gebäude dienen und für die der Versicherungsnehmer die Gefahr trägt. Entschädigungsgrenze wie Klausel 7260.
7265 Sonstige Bruchschäden an Armaturen	In Erweiterung von § 3 Nr. 1 b) VGB 2008 ersetzt der Versicherer auch Bruchschäden an Armaturen. Die Entschädigung ist auf 500 € begrenzt.
7360 Mehrkosten infolge behördlicher Wiederherstellungsbeschränkungen für Restwerte	Abweichend von § 8 Nr. 3 a) dd) VGB 2008 sind diese Restwerte versichert. Die Entschädigung ist auf den Betrag begrenzt, der sich bei einer Zerstörung der Sache ergeben würde. Soweit behördliche Auflagen mit Fristsetzung vor Eintritt des Versicherungsfalles erteilt wurden, werden sie für die Restwerte nicht berücksichtigt.
7361 Gebäudebeschädigung durch unbefugte Dritte	Versichert sind die notwendigen Kosten bei Zwei- und Mehrfamilienhäusern für die Beseitigung von Schäden an Türen, Schlössern, Fenstern, Rolläden und Gittern, die dem Gemeingebrauch der Hausgemeinschaft unterliegen, wenn sie durch Einbruch oder den Versuch einer solchen Tat entstanden sind. Entschädigungsgrenze in der Gleitenden Neuwertversicherung: 5 % der Versicherungssumme „Wert 1914" x Anpassungsfaktor.

7362 Kosten für die Dekontamination von Erdreich	Versichert sind die notwendigen Kosten, die dem Versicherungsnehmer aufgrund behördlicher Anordnungen infolge eines Versicherungsfalles entstehen, um a) Erdreich des Versicherungsgrundstücks zu untersuchen, zu dekontaminieren oder auszutauschen b) den Aushub zur Deponie zu transportieren und dort abzulagern oder zu vernichten c) den alten Zustand des Grundstücks wiederherzustellen. Die Entschädigung ist in der Gleitenden Neuwertversicherung begrenzt auf 2 % der Versicherungssumme „Wert 1914" x Anpassungsfaktor, max. 20 000 €.
7363 Aufwendungen für die Beseitigung umgestürzter Bäume	Versichert sind die notwendigen Kosten für das Entfernen, den Abtransport und die Entsorgung durch Blitzschlag oder Sturm umgestürzter Bäume auf dem Versicherungsgrundstück. Die Entschädigung ist begrenzt auf 2 000 €.
7364 Wasserverlust	In Erweiterung von § 7 Nr. 1 VGB 2008 ersetzt der Versicherer den Mehrverbrauch von Frischwasser, der infolge eines Versicherungsfalles entsteht. Die Entschädigung ist auf 500 € begrenzt.
7366 Graffitischäden	Versichert sind die notwendigen Kosten für die Beseitigung von Schäden durch Graffiti an Außenseiten von versicherten Sachen nach § 5 VGB 2008. Die Entschädigung ist begrenzt auf 10 000 € je Versicherungsfall und Versicherungsjahr. Es gilt eine Selbstbeteiligung von 500 €.
7761 Selbstbehalt	Der entschädigungspflichtige Betrag wird um den vereinbarten Selbstbehalt gekürzt – außer bei Schadenabwendungs- oder -minderungskosten, die auf Weisung des Versicherers angefallen sind.

LF
3

LF
4

LF
15

Nach den bisherigen VGB (z. B. VGB 2005) mussten Grundstücksbestandteile mit der Klausel 7264 eingeschlossen werden. Mit den VGB 2008 ist diese Klausel entfallen. Grundstücksbestandteile wie Carports, Gewächs- und Gartenhäuser, Grundstückseinfriedungen, Wegbefestigungen usw. können nach § 5 Nr. 4 c) gesondert versichert werden. Viele Versicherungsunternehmen schließen diese Sachen – insbesondere bei der Sicherheits- oder Komplettdeckung[1] – beitragsfrei ein.

Versicherung weiterer Elementarschäden

Die „Erweiterte Elementarschadenversicherung" wird ausführlich in der Hausratversicherung unter Abschnitt 1.2.4.11 behandelt. Die versicherten Gefahren und Schäden und die sonstigen Vorschriften sind in den BWE 2008 (Besondere Bedingungen für die Versicherung weiterer Elementarschäden für die Hausrat- und Wohngebäudeversicherung) identisch.

▶ **Beispiele zu den Klauseln**

1. Kunde Schlüter besitzt auf seinem Grundstück ein Schwimmbecken. Das Wasserzuleitungsrohr zum Schwimmbecken platzt; das Wasser läuft auch in den Keller des Einfamilienhauses und verursacht Durchnässungsschäden.

§ 3 Nr. 3 VGB 2008

Die Schäden im Keller sind versichert, weil ein Zuleitungsrohr der Wasserversorgung gebrochen ist. Es ist unerheblich, ob es der Versorgung des versicherten Gebäudes dient. Die Reparatur des Rohres wird aber nur bezahlt, wenn der Versicherungsnehmer die Klausel 7260 eingeschlossen hat.

2. Versicherungsnehmer Winkler fragt, ob er für sein Einfamilienhaus die Klausel 7361 „Gebäudebeschädigungen" vereinbaren soll.

§ 8 Nr. 1 g) VHB 2008

Der Einschluss dieser Klausel ist für ihn überflüssig, da Gebäudeschäden durch Einbruchdiebstahl in seiner Hausratversicherung gedeckt sind. Die Klausel ist nur für Zwei- und Mehrfamilienhäuser zu empfehlen.

3. Das Feuer im Haus des Versicherungsnehmers greift auf eine 20 m hohe Tanne auf seinem Grundstück über. Ein Teil des verbrannten Stammes stürzt herunter, der Rest bleibt stehen und muss abgesägt werden. Der Versicherungsnehmer hat die Klausel 7363 eingeschlossen.

Nach dem Wortlaut der Klausel braucht der Versicherer nicht zu leisten, weil der Baum nicht durch Blitzschlag oder

---

1   Vgl. Abschnitt 2.8

Sturm umgestürzt ist. (In der Praxis würden sicherlich viele Versicherer diese Kosten bei Einschluss der Klausel 7363 übernehmen.)

LF 3

4. Der Versicherungsnehmer fährt mit seinem Pkw verse-hentlich beim Rückwärtsfahren gegen die Garage auf sei-nem Grundstück. Die Garagenwand, das Tor und der Pkw werden beschädigt. Klausel 7165 ist vereinbart.

LF 4

Der Versicherer wird die Entschädigung für die Garage ab-lehnen, weil nur Versicherungsschutz für Kfz besteht, die nicht vom Versicherungsnehmer bzw. von Bewohnern oder Besuchern des Gebäudes gelenkt werden.

LF 15

(Die Reparaturkosten für den Pkw bezahlt die Fahrzeugvoll-versicherung, sofern der Unfall nicht grob fahrlässig verur-sacht wurde. Bei grober Fahrlässigkeit ist eine Kürzung der Entschädigung möglich.)

5. Ein Autofahrer rammt nachts die Gebäudewand und flüch-tet unerkannt; Schaden am Haus des Versicherungsneh-mers: 3 600 €. Der Gebäudeversicherungsvertrag enthält die Klausel 7165.

Der Versicherer bezahlt 3 600 €; dabei ist die Entschädi-gungsgrenze zu beachten.

Für Fahrerflucht kommt auch der Entschädigungsfonds (Verkehrsopferhilfe e.V.) auf – allerdings nur, wenn der Ge-schädigte nicht aus einer Schadenversicherung Ersatz er-hält. Das ist hier der Fall.

§ 12 (1) Nr. 1 PflVG

Ohne Klausel 7165 hätte der Versicherungsnehmer vom Entschädigungsfonds nur 3 100 € bekommen, weil bei Fah-rerflucht die Leistungspflicht für Sachschäden – außer am Kfz – erst ab 500 € einsetzt. Geleistet wird zum Zeitwert.

§ 12 (2) PflVG

Mit der Klausel 7165 wird allerdings für Schienen- und Stra-ßenfahrzeuge aller Art geleistet. Der Entschädigungsfonds tritt nur beim Gebrauch eines Kfz oder eines Anhängers nach Pflichtversicherungsgesetz ein.

§ 12 (1) Abs. 1 PflVG

6. Ein Ableitungsrohr auf dem Versicherungsgrundstück ist verstopft. Der Versicherungsnehmer hat die Klausel 7167 – nicht aber die Klausel 7262 – eingeschlossen.

Es besteht Versicherungsschutz mit Klausel 7167, da auch die Beseitigung von Verstopfungen von Ableitungsrohren auf dem Versicherungsgrundstück bezahlt wird.

7. Im Mehrfamilienhaus der Versicherungsnehmerin brennt im Erdgeschoss ein Farbengeschäft. Mit dem Löschwasser dringen giftige Stoffe aus Farbe, Lack, Terpentin und Verdünner in das Gebäude und ins Erdreich. Die zuständige Behörde verlangt die Entsorgung des verseuchten Gebäudeschutts und Erdreichs. Die Versicherungsnehmerin hat die Klausel 7362 vereinbart.

§ 7 Nr. 1 a) VGB 2008

Für die Reinigung des Gebäudes und für die Entsorgung des Gebäudeschutts leistet der Gebäudeversicherer.

Mit der Klausel 7362 besteht Versicherungsschutz für die notwendigen Kosten, um

- das Erdreich zu untersuchen, zur Deponie zu transportieren und dort abzulagern oder zu vernichten.
- den Zustand des Grundstücks vor Eintritt des Versicherungsfalles wiederherzustellen.

8. Ein Täter bricht in das Einfamilienhaus des Versicherungsnehmers ein. Weil er nichts Wertvolles findet, besprüht er im Haus die Flur- und Wohnzimmerwände mit Farbe. Klausel 7366 ist abgeschlossen.

§ 8 Nr. 1 g) VHB 2008

Da nicht die Außenwände besprüht wurden, wird der Versicherer eine Entschädigung nach der Klausel 7366 ablehnen. Für diese Vandalismusschäden tritt aber der Hausratversicherer ein.

9. Versicherungsnehmer Schulze fragt, ob er für sein Einfamilienhaus die Klausel 7261 abschließen soll.

Der Einschluss ist nur dann zu empfehlen, wenn die Gemeinde oder das Wasserwerk den Grundstückseigentümer verpflichten, die Gefahr für sein Zuleitungsrohr ab der Abzweigung vom Hauptleitungsrohr (außerhalb seines Grundstückes) zu tragen. Normalerweise beginnt die Gefahrtragung für Zuleitungsrohre für den Nutzer ab Grundstücksgrenze.

10. Ein Orkan entwurzelt eine große Tanne auf dem Grundstück des Versicherungsnehmers. Der Baum zerschlägt die Gartenmauer und die Briefkastenanlage auf dem Versicherungsgrundstück und beschädigt die Terrasse. Für die Briefkastenanlage und die Terrasse besteht auch ohne Klausel Versicherungsschutz. Die Gartenmauer ist durch besondere Vereinbarung versichert.

§ 5 Nr. 2 c) VGB 2008
§ 5 Nr. 4 c) cc)
VGB 2008

LG Köln,
AZ: 139 C 325/07

Klausel 7363 Nr. 1

Die Kosten für die Beseitigung des Baumes sind nur mit Klausel 7363 eingeschlossen. Zu diesen Kosten gehört auch das Entfernen der Wurzeln. Reißt der Sturm nur große Äste ab, ist es fraglich, ob der Versicherer – trotz Klausel 7363 – für diese Aufräumungsarbeiten leistet. Der Baum ist nicht umgestürzt. Außerdem ist eine natürliche Regeneration des Baumes zu erwarten.

11. Der Versicherungsnehmer hat die Klausel 7262 eingeschlossen. Wurzeleinwuchs verursacht Risse im Abflussrohr. Außerdem lockern sich durch die Wurzeln die Rohr-
verbindungen.

LF
3

Es liegt ein versicherter Rohrbruch vor, weil das Rohr Risse aufweist. Die Ursache – der Wurzeleinwuchs – ist unerheblich. Die ebenfalls festgestellte Lockerung der Rohrverbindung (sog. Muffenverschiebung) ist allerdings nicht
versichert, weil dadurch das Rohrmaterial nicht beschädigt
wurde.

V-Omb-Mann
r+s 2004, 199

LF
4

12. Ein Blitz schlägt in die Stromleitung ein – ca. 300 m vom
Einfamilienhaus der Versicherungsnehmerin entfernt. Die
dadurch verursachte Überspannung zerstört die elektronische Heizungssteuerung (2 100 €), die Elektromotoren für
die Fensterrollläden (900 €) sowie das Fernsehgerät (1 100 €).

LF
15

Versicherungssumme „Wert 1914" 20 000 M; Klausel 7160
ist vereinbart; Anpassungsfaktor 14,91

Die Heizungssteuerung sowie die Motoren für die Fensterrollläden sind als Gebäudebestandteile bzw. -zubehör
über die Klausel 7160 versichert. Die Entschädigung ist
aber auf 1 Prozent der Versicherungssumme „Wert 1914"
(multipliziert mit 14,91) begrenzt (= 2 982 €).

Für das Fernsehgerät besteht nur Versicherungsschutz,
wenn die Versicherungsnehmerin die Klausel 7111 zur
Hausratversicherung eingeschlossen hat. Der Blitzeinschlag erfolgte außerhalb des Versicherungsgrundstücks.

§ 2 Nr. 3 Abs. 2
VHB 2008

Übungen

1. Der Versicherungsnehmer hat die Klausel 7167 „Kosten für die Beseitigung von Rohrverstopfungen" für sein Mehrfamilienhaus vereinbart. Weil das Ableitungsrohr verstopft ist, läuft das Schmutzwasser aus dem Toilettenbecken in die Wohnung im 1. Obergeschoss und zerstört dort Teppichboden und Parkett. Außerdem werden Wände und Decken beschädigt.

   Er fragt, ob Sie mit der Klausel 7167 auch für die Gebäudeschäden eintreten? Antworten Sie ihm.

2. Durch einen Orkan stürzt eine alte Eiche auf dem Grundstück der Versicherungsnehmerin um und zerstört die Gartenmauer und die freistehende Garage. Die Versicherungsnehmerin verlangt Ersatz für die Wiederherstellungskosten der Mauer und Garage sowie für die Aufräumungskosten des Baumes.

   Werden Sie leisten?

3. Durch Überspannung in der Stromleitung, die ein weit entfernter Blitzeinschlag auslöste, wird der Motor der Klimaanlage zerstört. Durch den Defekt tritt Kühlflüssigkeit aus, durch die der Teppichboden vernichtet wird. Der Versicherungsnehmer hat Klausel 7160 vereinbart.

   Wird die Versicherung die Schäden bezahlen?

4. Die Gebäudeversicherung für ein Mehrfamilienhaus enthält die Klausel 7361 (Gebäudebeschädigung durch unbefugte Dritte). Einbrecher haben die Haustür sowie die Wohnungstür zu einer Mietwohnung aufgebrochen und erheblich beschädigt. Außerdem besprühen die Täter das Treppenhaus mit Farbe.

   Die Versicherungsnehmerin fragt, ob diese Schäden versichert sind.

5. Durch Überspannung durch Blitz werden die fest installierte Alarmanlage, die Elektronik der Heizung und mehrere Stromleitungen zerstört – Schaden insgesamt: 4 200 €. Der Versicherungsnehmer hat die Klausel 7160 (Überspannung) eingeschlossen.

   Ermitteln Sie die Entschädigung (Versicherungssumme „Wert 1914": 24 000 M; Anpassungsfaktor 14,43).

6. Der Versicherungsnehmer fragt, ob

   a) der Einschluss der Klausel 7262 für sein Einfamilienhaus sinn-
      voll sei.
   b) Versicherungsschutz besteht, wenn ein Abwasserrohr außer-
      halb des Gebäudes bricht und das Schmutzwasser von außen
      in den Keller eindringt und Gebäudeschäden verursacht.

   Beraten Sie den Versicherungsnehmer. Finden Sie auch Argu-
   mente für den Einschluss der Klausel 7262.

7. Die Versicherungsnehmerin besitzt einen künstlichen Teich auf
   ihrem Grundstück, der mit einer in der Erde verlegten Wasserzuleitung aus dem Gebäude verbunden ist.

   Sind Bruchschäden an dieser Leitung versichert?

8. Ein Autofahrer fährt nachts mit dem PKW gegen den Grundstückszaun der Versicherungsnehmerin und flüchtet unerkannt
   (Schaden am Zaun 730 €). Ihre Kundin hat Klausel 7165 zur Gebäudeversicherung vereinbart.

   Werden Sie den Schaden bezahlen?

2.2.5 Feuer-Rohbauversicherung und Bauleistungsversicherung

Die Feuer-Rohbauversicherung bietet Versicherungsschutz für das noch nicht bezugsfertige Wohngebäude, und zwar von Baubeginn bis zur Bezugsfertigkeit. Die auf dem Baugrundstück befindlichen Bauteile und Baustoffe sind mitversichert, soweit der Versicherungsnehmer die Gefahr dafür trägt. Baustoffe, die der Bauunternehmer auf der Baustelle lagert, sind ausgeschlossen. Werden aber Bauteile wie Fenster, Türen, Heizkörper, Waschbecken, Badewannen eingebaut, dann werden sie Gebäudebestandteile und damit Eigentum des Versicherungsnehmers und fallen unter die Rohbauversicherung.

Diese Versicherung gilt nur für Schäden durch Brand, Blitzschlag, Explosion, Anprall oder Absturz eines Luftfahrzeuges. Versicherungsschutz gegen Leitungswasser-, Sturm- und Hagelschäden wird erst dann gewährt, wenn das Wohngebäude bezugsfertig ist.

Bezugsfertig ist ein Gebäude, wenn es für die Bewohnbarkeit nur noch an den üblichen beweglichen Einrichtungsgegenständen (z. B. Möbel, Gardinen) fehlt, d. h. Fußböden und Tapeten sind bereits eingefügt, sanitäre Installationen sowie Heizungsanlagen sind angeschlossen worden.

Mit der Bezugsfertigkeit des Wohngebäudes geht die Rohbauversicherung nahtlos in eine Wohngebäudeversicherung über. Leitungswasser-, Sturm- und Hagelschäden sind ab diesem Zeitpunkt automatisch eingeschlossen.

Hypothekengläubiger fordern in der Regel vor Auszahlung der Hypothek den Nachweis über den Abschluss einer Wohngebäudeversicherung mit einer Feuer-Rohbauversicherung.

Die prämienfreie Feuer-Rohbauversicherung wird in der Regel für einen Zeitraum von sechs bzw. zwölf Monaten zugestanden, wenn eine Wohngebäudeversicherung mit mehrjähriger Laufzeit abgeschlossen wird. Ist ein Gebäude nach dieser Zeit noch nicht bezugsfertig, so kann der Versicherungsnehmer eine Verlängerung der prämienfreien Rohbauversicherung beantragen.

Einen ergänzenden Versicherungsschutz bietet die Bauleistungsversicherung. Sie schützt den Bauherrn vor finanziellen Verlusten durch unvorhergesehen eintretende Beschädigungen oder Zerstörungen der versicherten Bauleistungen während der Bauzeit. Versichert sind z. B. Schäden durch

- für die Jahreszeit und Örtlichkeit ungewöhnliche Witterungseinflüsse
- fahrlässiges, ungeschicktes oder böswilliges Verhalten der Erfüllungsgehilfen
- schädigende Handlungen Dritter (z. B. Sabotage, Vandalismus)
- Schäden an der Verglasung

Zusätzlich kann der Diebstahl von den mit dem Gebäude fest verbundenen Bestandteilen eingeschlossen werden. Nicht versichert sind Baugeräte, Handwerkszeuge, Fahrzeuge aller Art sowie Akten, Pläne und Zeichnungen.

Die Versicherungssumme ergibt sich aus den gesamten Bauleistungen einschließlich der Baustoffe und Bauteile sowie aus dem Wert der Eigenleistungen – aber ohne Grundstücks- und Erschließungskosten sowie Baunebenkosten, z. B. für Architekten.

Nicht einzubeziehen sind Baumaschinen, Handwerkszeuge, Baugeräte sowie die Kosten für Gartenanlagen und Pflanzungen.

LF
3

LF
4

LF
15

2.3   Versicherte Kosten und Mietausfall

2.3.1   Versicherte Kosten und Aufwendungsersatz

▶ Situation

Ein Orkan reißt eine alte Eiche auf dem Versicherungsgrundstück um. Beim Umfallen streift der Baum das Gebäude der Versicherungsnehmerin Schneider und richtet erhebliche Schäden an.

Über die Höhe der Reparaturkosten am Gebäude gibt es zwischen Frau Schneider und dem Schadengutachter keine Meinungsverschiedenheit. Frau Schneider versteht aber nicht, weshalb der Versicherer die Kosten für das Abfahren des Gebäudeschutts zur Mülldeponie übernimmt – dagegen die Kosten für das Zersägen und das Abräumen des Baumes ablehnt.

Ist die Ablehnung dieser Kosten berechtigt?

▶ Erläuterung

Aufräumungs- und Abbruchkosten

§ 7 Nr. 1 a) VGB 2008

> Versichert sind die notwendigen Kosten infolge eines Versicherungsfalles für das Aufräumen und den Abbruch von **versicherten Sachen,** sowie das Abfahren von Schutt und für das Ablagern oder Vernichten.

§ 5 Nrn. 1 u. 2
VGB 2008

Der Baum gehört nicht zu den versicherten Sachen, so dass der Versicherer diese Aufräumungskosten nicht bezahlt.

Die Versicherung von Bäumen als sonstige Grundstücksbestandteile ist bei den meisten Versicherungsunternehmen nicht möglich. Bei vielen Versicherungsunternehmen können aber die Aufräumungskosten für Bäume durch Klausel 7363 eingeschlossen werden (z. B. bis 2 000 €).

▶ Beispiele

1. Während eines Gebäudebrandes dringt verseuchtes (kontaminiertes) Löschwasser in den Gebäudeschutt und in das Erdreich. Nachdem die zuständige Behörde den Schutt untersuchte, wird der Versicherungsnehmer aufgefordert, den Gebäudeschutt und die Erde als Sondermüll zu entsorgen.

   Der Versicherer übernimmt die Kosten der Analyse und die Entsorgung des Gebäudeschutts als Aufräumungskosten; die Entsorgung des verseuchten Bodens wird der Versicherer ablehnen, weil die Erde keine versicherte Sache ist. Der Versicherungsnehmer kann die Kosten für die Dekontamination von Erdreich durch die Klausel 7362 einschließen.

Die Entschädigung ist z. B. auf 2 % der Versicherungssumme „Wert 1914", multipliziert mit dem Anpassungsfaktor, maximal 20 000 €, begrenzt.

LF 3

2. Rauch und Ruß verschmutzen Teppichböden, Wände und Decken, so dass diese Gebäudeteile gereinigt bzw. gestrichen werden müssen. Diese Kosten gehören nicht zu den Aufräumungskosten; sie werden als Renovierungskosten (= Reparaturkosten) ersetzt. Sie fallen damit nicht unter die Entschädigungsgrenze nach § 7 Nr. 2 VGB 2008. — § 13 Nr. 1 b) VGB 2008

LF 4
LF 15

3. Durch eine Gasexplosion im Einfamilienhaus des Versicherungsnehmers werden Gebäudeteile auch auf die Nachbargrundstücke geschleudert.

Der Versicherer trägt auch die Kosten für das Aufräumen auf den Nachbargrundstücken, weil es sich auch dort um versicherte Teile handelt. Die Aufräumungskosten beziehen sich nicht nur auf das Versicherungsgrundstück.

(Werden durch diese Teile aber fremde Gebäude beschädigt, so leistet die Versicherung der jeweiligen Gebäude, weil die versicherte Gefahr Explosion auf sie eingewirkt hat.)

4. Ein Orkan reißt eine große Fichte auf dem Grundstück des Versicherungsnehmers um. Der Baum fällt auf das Nachbargrundstück. Der Baum ist keine versicherte Sache, so dass der Versicherer die Aufräumungskosten nicht übernimmt (außer bei Einschluss der Klausel 7363). Obwohl den Versicherungsnehmer kein Verschulden trifft, muss er den Baum auf seine Kosten entfernen lassen, weil der Baum die Nutzung des Nachbargrundstücks beeinträchtigt.[1] — § 1004 (1) BGB

Kommt der Versicherungsnehmer dieser Verpflichtung nicht nach, kann der Nachbar den Baum selbst entfernen lassen und die entstehenden Kosten von ihm verlangen.[1] — §§ 812 ff BGB sowie § 683 BGB

Bewegungs- und Schutzkosten

Versichert sind die notwendigen Kosten, die dadurch entstehen, dass wegen der Wiederherstellung versicherter Sachen andere Sachen bewegt, verändert oder geschützt werden müssen. — § 7 Nr. 1 b) VGB 2008

1   Vgl. dazu Wussow, R.-J. Sturmschäden im Versicherungs- und Haftpflichtrecht in VersR 2000, 679 ff.

▶ Beispiel

Nach einem Leitungswasserschaden müssen Schränke, Tisch und Stühle aus dem Zimmer geräumt werden, um den beschädigten Parkettboden instand setzen zu können.

Der Versicherer übernimmt die Kosten für das Ausräumen der Möbel, weil für die Wiederherstellung des Parketts andere – auch nicht versicherte – Sachen bewegt werden müssen.

§ 31 Nr. 1 a) VHB 2008   Muss der Versicherungsnehmer die Möbel ohnehin herausstellen, um sie vor Feuchtigkeit zu schützen, dann wird sich der Hausratversicherer an den Kosten beteiligen (Schadenabwendungskosten).

§ 7 Nr. 2 VGB 2008   Für Aufräumungs-, Abbruch-, Bewegungs- und Schutzkosten gilt die Entschädigungsgrenze von 5 % der Versicherungssumme „Wert 1914", multipliziert mit dem Anpassungsfaktor (Gleitende Neuwertversicherung).

Aufwendungsersatz[1]

§ 31 Nr. 1 u. 2
VGB 2008

Versicherungsschutz besteht auch für Schadenabwendungs- und Schadenminderungskosten sowie für Kosten der Ermittlung und Feststellung des Schadens.

▶ Beispiele

1. Das durch Sturm beschädigte Dach wird provisorisch mit einer Folie abgedeckt, um Schäden durch Niederschläge zu verhindern.

§ 31 Nr. 1 a) VHB 2008   Die Kosten für das Anbringen und für die Folie sind versichert. Eventuell beteiligt sich an den Kosten auch der Hausratversicherer, wenn durch das Notdach ein Schaden am Hausrat abgewendet wird.

Für Schadenabwendungskosten tritt der Versicherer bereits dann ein, wenn der Eintritt des Versicherungsfalles mit großer Wahrscheinlichkeit unmittelbar bevorsteht.

§ 31 Nr. 1 b) VGB 2008

2. Durch Überspannung kommt es im Verteilerkasten im Haus des Versicherungsnehmers zum Kurzschluss. Funken sprühen heraus und es bildet sich starker Qualm. Der Versicherungsnehmer befürchtet, dass ein Brand entsteht und setzt seinen Feuerlöscher ein. Das Löschpulver verschmutzt den Raum, so dass umfangreiche Reinigungsarbeiten erforderlich werden.

---

1   Vgl. dazu auch Abschnitt 1.3.2

Der Versicherer bezahlt die Füllung des Feuerlöschers sowie die Reinigungskosten, da der Versicherungsnehmer den Einsatz des Feuerlöschers zur Abwendung eines unmittelbar drohenden versicherten Schadens (Brand) für sachgerecht halten durfte.

BGH r+s 1990, 206

Kosten der Schadenermittlung und -feststellung sind ebenfalls zu ersetzen.

§ 31 Nr. 2 VGB 2008

Nicht versichert sind aber weitere Kosten im Zusammenhang mit einem Versicherungsfall, z. B.:

- Rückreisekosten aus dem Urlaub
- Telefonkosten
- Verdienstausfall
- Taxi- oder Mietwagenkosten
- Mehrkosten durch die Unterbringung im Hotel
[vgl. § 8 Nr. 1 c) VHB 2008]

Bei einigen Versicherern können einzelne Kosten durch Klauseln eingeschlossen werden oder sie sind in der Optimal- oder Maximaldeckung enthalten.

Nicht geleistet wird – im Gegensatz zur Hausratversicherung – für Transport- und Lagerkosten.

▶ Beispiel

Nach einem Brand wird das Haus der Versicherungsnehmerin saniert. Dafür müssen die individuell für das Gebäude geplanten und gefertigten Einbaumöbel einschließlich Einbauküche abgebaut und für mehrere Wochen in einem Lagerhaus untergestellt werden.

Erstattungsfähig sind nur die Ab- und späteren Aufbaukosten der Einbaumöbel als Gebäudebestandteile – nicht aber die Kosten für den Transport und die Lagerung. In den VGB sind nur Bewegungs- und Schutzkosten, nicht aber Transport- und Lagerkosten aufgeführt. Diese Regelung gilt auch für Gebäudezubehör – es sei denn, das Zubehör ist auch in der Hausratversicherung eingeschlossen.

OLG Köln
r+s 2006, 195

Kosten für die Reparaturen von Gebäudeschäden, die im Bereich der Wohnung durch Einbruchdiebstahl, Beraubung oder den Versuch einer solchen Tat oder innerhalb der Wohnung durch Vandalismus nach einem Einbruch oder einer Beraubung verursacht werden, sind in der Hausratversicherung eingeschlossen. Einbruchdiebstahl oder Vandalismus sind keine versicherten Gefahren in der Gebäudeversicherung.

§ 8 Nr. 1 g) VHB 2008

▶ **Zusammenfassung**

Versicherte Kosten und Aufwendungssatz
§§ 7 u. 31 VGB 2008

Aufräumungs- und Abbruchkosten	Bewegungs- und Schutzkosten	Schadenabwendungs- und Schadenminderungsaufwendungen
Entschädigungsgrenze § 7 Nr. 2 VGB 2008 – **Gleitender Neuwert:** 5 % der Versicherungssumme „Wert 1914" multipliziert mit dem Anpassungsfaktor – **Neuwert, Zeitwert, gemeiner Wert:** 5 % der Versicherungssumme		Die Gesamtleistung für Entschädigung und für Kosten wird durch die Versicherungssumme begrenzt. (Da bei der Gleitenden Neuwertversicherung keine heutige Versicherungssumme besteht, werden diese Aufwendungen in voller Höhe bezahlt.)

§ 31 Nr. 1 f) VGB 2008   Ist die Versicherungssumme kleiner als der Versicherungswert, so wird auch für versicherte Kosten die **Unterversicherung** angerechnet.

§ 13 Nr. 9 VGB 2008   **Nicht versichert**

Aufwendungen für Leistungen der Feuerwehren oder anderer Institutionen, wenn diese Leistungen im öffentlichen Interesse erbracht werden[1]

---

1   Vgl. dazu die Erläuterungen zu § 31 Nr. 1 f) VHB 2008 in Abschnitt 1.3.2.

2.3.2 Versicherung weiterer Kosten (Mehrkosten)

▶ **Situation**

LF 3

Das Haus unserer Kundin Brüggemann wird durch eine Gasexplosion
zerstört. Der Wiederaufbau wird ca. sechs Monate betragen. Da die
Baupreise stark anziehen, befürchtet Frau Brüggemann, dass die Versi-
cherungsleistung nicht ausreichen wird, um auch die gestiegenen Baukosten abzudecken.

LF 4

LF 15

▶ **Erläuterung**

Normalerweise ersetzt der Versicherer nur den Wert der Sache oder die   § 13 Nr. 1 VGB 2008
Reparaturkosten zum Zeitpunkt des Versicherungsfalles. Steigen die
Preise bis zur Wiederherstellung oder Wiederbeschaffung, so müsste
der Versicherungsnehmer die Differenz selbst tragen.

Die notwendigen Mehrkosten durch Preissteigerungen ersetzt der   § 8 Nr. 4 VGB 2008
Versicherer, wenn der Versicherungsnehmer unverzüglich die Wiederherstellung veranlasst.

Der Versicherungsnehmer muss unverzüglich – also ohne schuldhaftes
Zögern – die Wiederherstellung veranlassen. Verzögert er schuldhaft
den Wiederaufbau oder die Gebäudereparatur, dann wird der Versicherer nur die Mehrkosten ersetzen, die bei unverzüglicher Wiederherstellung entstanden wären.

▶ **Beispiel**

Wegen erheblicher Unterversicherung erhält der Versicherungsnehmer nach einer Explosion seines Einfamilienhauses nur die
Hälfte des Schadens als Entschädigung ausgezahlt. Er hat
deshalb Schwierigkeiten mit der Finanzierung und der Wiederaufbau verzögert sich dadurch. Die in dieser Zeit eingetretene
Preissteigerung wird nicht übernommen.

Versichert sind auch die tatsächlich entstandenen Mehrkosten infolge   § 8 Nr. 1 a) VGB 2008
von Veränderungen der öffentlich-rechtlichen Vorschriften

Dazu gehören beispielsweise Auflagen beim Wiederaufbau des Gebäudes für den Wärmeschutz, für Heizungsanlagen oder Elektroinstallatio-
nen.

Darf der Versicherungsnehmer aufgrund behördlicher Wiederaufbaube-   § 8 Nr. 1 b) VGB 2008
schränkungen z. B. wegen Änderung des Flächennutzungs- oder Be-
bauungsplanes sein Gebäude nach Eintritt des Versicherungsfalles nicht
mehr am bisherigen Ort wieder aufbauen, dann ersetzt der Versicherer
nur die Mehrkosten, die auch bei Wiederherstellung an der bisherigen
Stelle entstanden wären.

§ 8 Nr. 2 VGB 2008

Mehrkosten ergeben sich aus der Differenz des Aufwandes für die Wiederherstellung in gleicher Art und Güte und dem Aufwand zum Zeitpunkt der Wiederherstellung unter Berücksichtigung der behördlichen Auflagen bzw. der Veränderungen der Gesetze und Verordnungen.

Nicht versichert sind Mehrkosten durch

§ 8 Nr. 3 VGB 2008

- Betriebsbeschränkungen
- Kapitalmangel
- behördliche Auflagen, die mit Fristsetzung vor Eintritt des Versicherungsfalles erteilt wurden
- behördliche Wiederherstellungsbeschränkungen, die es untersagen, verwertbare Reste der versicherten vom Schaden betroffenen Sachen zu verwerten.

▶ Beispiel

Der Bezirksschornsteinfegermeister teilt dem Versicherungsnehmer am 1. 4. mit, dass die Abgase der Gastherme nicht einwandfrei abziehen. Um den Mangel zu beseitigen, muss der Versicherungsnehmer bis zum 1. 6. eine Lüftungsklappe in das Außenfenster der Küche einbauen. Am 25. 5. zerstört ein Brand die Küche.

§ 8 Nr. 3 a) cc) VGB 2008

Der Versicherer wird die Kosten für den Einbau der Lüftungsklappe bei Wiederherstellung nicht übernehmen, da eine Auflage mit Fristsetzung vorlag. Mit dieser Regelung wird insbesondere das subjektive Risiko beeinflusst.

§ 8 Nr. 3 a) dd) VGB 2008

Müssen Gebäudereste, die noch nutzbar waren, durch behördliche Wiederherstellungsbeschränkungen abgerissen werden, dann sind diese Mehrkosten nicht versichert. Sie können aber durch Klausel 7360 „Mehrkosten durch behördliche Wiederherstellungsbeschränkungen für Restwerte" eingeschlossen werden.

▶ Beispiel

Nach einem Gebäudebrand bleibt ein Teil des Kellers erhalten. Er könnte beim Wiederaufbau verwendet werden. Da er aber nicht mehr die geltenden Brandvorschriften erfüllt, muss er abgerissen werden. Die dadurch verursachten Kosten wird der Versicherer nicht übernehmen – außer bei Einschluss der Klausel 7360.

§ 8 Nr. 3 b) VGB 2008

Kein Versicherungsschutz besteht auch für Mehrkosten, die dadurch entstehen, dass vor Eintritt des Versicherungsfalles mit Fristsetzung der Bestandsschutz außer Kraft gesetzt bzw. die Nutzung des Gebäudes ganz oder teilweise untersagt wird, auch wenn die zuständige Verwaltungsbehörde noch keinen entsprechenden Verwaltungsakt erlassen hat.

▶ Beispiel

Die Versicherungsnehmerin hat in einer Gartenkolonie ein Einfamilienhaus ohne Baugenehmigung errichtet. Die Behörde
untersagt ihr mit Fristsetzung das Gebäude zu Wohnzwecken
zu nutzen. Im Versicherungsfall sind die daraus entstehenden
Mehrkosten nicht versichert.

LF
3

LF
4

LF
15

Für die Mehrkosten besteht die gleiche Entschädigungsgrenze wie für
Aufräumungs-, Abbruch-, Bewegungs- und Schutzkosten.

§ 8 Nr. 6 VGB 2008

Diese Grenze steht aber sowohl für die Kosten nach § 7 Nr. 1 a) und b)
als auch für die Mehrkosten nach § 8 Nr. 1 u. 4 VGB 2008 zur Verfügung.

In den bisherigen VGB (z. B. § 26 Nr. 3 VGB 2000/2005) ist die Entschädigung nur für Mehrkosten durch behördliche Auflagen begrenzt – nicht
aber für Mehrkosten durch Preissteigerungen.

Nach den VGB 2008 gilt die Entschädigungsgrenze z. B. von 5 Prozent
der Versicherungssumme „Wert 1914" multipliziert mit dem Anpassungsfaktor oder ein Betrag in Euro auch für Mehrkosten durch Preissteigerungen. Diese Regelung erscheint problematisch und könnte sich
nachteilig für den Versicherungsnehmer auswirken, wenn nach Eintritt
des Versicherungsfalles und der Wiederherstellung des Gebäudes die
Preise stark anziehen. Die Entschädigungsgrenze dürfte dann bald überschritten werden – insbesondere, wenn außerdem noch hohe Mehrkosten durch Veränderungen der öffentlich-rechtlichen Vorschriften (behördliche Auflagen) anfallen.

§ 8 Nr. 6 VGB 2008

Durch den Abschluss der gleitenden Neuwertversicherung geht der
Versicherungsnehmer davon aus, dass sich die Leistung des Versicherers an die Preisentwicklung anpasst und er die Wiederherstellungskosten in voller Höhe ersetzt bekommt – auch bei stark steigenden Preisen
nach Eintritt des Versicherungsfalls. Einige Versicherungsunternehmen
verzichten deshalb auch in den VGB 2008 auf eine Entschädigungsgrenze für Preissteigerungen.

§ 10 Nr. 1 a) Abs. 2
VGB 2008

▶ Zusammenfassung

Versicherung weiterer Kosten
§ 8 VGB 2008

Mehrkosten durch Preissteigerungen	Mehrkosten durch behördliche Auflagen	
Entschädigungsgrenze – **Gleitender Neuwert** 5 % der Versicherungssumme „Wert 1914" multipliziert mit dem Anpassungsfaktor – **Neuwert, Zeitwert, gemeiner Wert** 5 % der Versicherungssumme		§ 8 Nr. 6 VGB 2008

§ 9 VGB 2008   **2.3.3   Versicherter Mietausfall**

▶ Situation

Herr Schneider kann sein Einfamilienhaus, das durch Sturm schwer beschädigt wurde, während der Wiederherstellung nicht bewohnen und
zieht für diese Zeit in eine Pension. Er fragt, ob die Gebäudeversicherung die Pensionskosten übernimmt.

▶ Erläuterung

§ 9 Nr. 1 VGB 2008   Der Versicherer ersetzt nach einem Versicherungsfall

- den **Mietausfall** einschließlich fortlaufender Mietnebenkosten von
  vermieteten Wohnräumen, wenn Mieter berechtigt sind, die Zahlung der Miete ganz oder teilweise zu verweigern.
- den **ortsüblichen Mietwert** einschließlich fortlaufender Nebenkosten von **Wohnräumen**, die der **Versicherungsnehmer selbst bewohnt,** falls ihm die Beschränkung auf einen noch benutzbaren Teil
  der Wohnung nicht zugemutet werden kann (Alles-oder-nichts-Prinzip).
- einen durch die Einhaltung öffentlich-rechtlicher Vorschriften (z. B.
  Wiederaufbaubeschränkungen) verursachten zusätzlichen Mietausfall bzw. Mietwert

§ 8 Nr. 1 c) VHB 2008 Der Versicherer ersetzt den ortsüblichen Mietwert – die Kosten für
Hotel oder Pension erhält der Versicherungsnehmer aus seiner Hausratversicherung.

Der ortsübliche Mietwert wird nach dem örtlichen Mietspiegel oder
nach den Mieten von vergleichbaren Wohnungen oder Einfamilienhäusern in der Nachbarschaft ermittelt.

§ 9 Nr. 1 b) VGB 2008 Für selbst genutzte Wohnräume gilt das „Alles-oder-nichts-Prinzip".
Kann dem Versicherungsnehmer das Wohnen in den vom Versiche-
rungsfall nicht betroffenen Räumen zugemutet werden, so erhält er
keine Leistung; Einschränkungen in seinen eigenen Räumen hat er hin-
zunehmen.

▶ Beispiele

1. Durch einen Bruch der Wasserleitung werden nur das Ar-
   beits- und das Gästezimmer des Einfamilienhauses (sieben
   Räume) unter Wasser gesetzt.

   In diesem Fall ist für den Versicherungsnehmer die Benut-
   zung der restlichen Räume wohl zumutbar, so dass er keine Mietwertentschädigung erhält.

2. Ein Schadenfeuer hat in der Eigentumswohnung mit sechs Räumen Küche und Badezimmer zerstört und zwei weitere erheblich verrußt.

   Dem Versicherungsnehmer ist das Wohnen in den restlichen Räumen nicht zuzumuten – insbesondere auch, weil Bad und Küche fehlen. Der Versicherungsnehmer erhält den Mietwert als Nutzungsausfall für die gesamte Wohnung.

LF
3

LF
4

LF
15

Vermietet der Versicherungsnehmer Wohnungen, z. B. in einem Mehrfamilienhaus, so erhält er den Mietausfall einschließlich Nebenkosten, wenn die Mieter nach einem Versicherungsfall berechtigt sind, die Zahlung der Miete ganz oder teilweise zu verweigern.

▶ Beispiele

1. Nach einem Sturmschaden ist ein Raum einer Vierzimmerwohnung im Dachgeschoss für vier Wochen nicht zu benutzen. Der Mieter kürzt entsprechend die Miete.

   Der Versicherer bezahlt diesen Teilmietausfall. Bei vermieteten Wohnräumen gilt nicht das „Alles-oder-nichts-Prinzip". Die Mietkürzung ist im BGB geregelt. Die Höhe der Mietminderung bei Teilschäden kann aus zahlreichen Urteilen abgeleitet werden. Eine unerhebliche Minderung bleibt unberücksichtigt.

   §§ 536 f. BGB

2. Eine Wohnung im Mehrfamilienhaus des Versicherungsnehmers ist zurzeit nicht vermietet. Ein Kurzschluss in dieser Wohnung verursacht einen Brand, der eine Vermietung für mehrere Wochen unmöglich macht. Der Versicherungsnehmer erhält keine Entschädigung für Mietausfall – es sei denn, er kann beweisen, dass ein neues Mietverhältnis begonnen hätte.

   OLG Schleswig
   r+s 2007, 327

   Der Versicherer wird die Leistung ebenfalls verweigern, wenn ein Mieter nach einem Versicherungsfall (z. B. nach einem Leitungswasserschaden) die Miete hätte kürzen können – er aber aus Unkenntnis der Rechtslage die volle Miete weiter zahlt. Auch in diesem Fall ist kein Mietausfall entstanden.

3. Wegen Lärm und Staub durch umfangreiche Umbauten, die der Gebäudeeigentümer in den Mietwohnungen durchführen lässt, überweisen die Mieter nur einen Teil der Miete.

   Der Versicherer wird die Leistung ablehnen, weil die Mietkürzung nicht durch einen Versicherungsfall erfolgt.

§ 537 BGB

Verursacht der Mieter selbst schuldhaft einen Versicherungsfall, dann ist er nicht berechtigt, die Miete ganz oder teilweise zu verweigern, so dass der Versicherer auch keinen Mietausfall ersetzen muss.

▶ Beispiel

Der fünfjährige Sohn der Mieterin zündete mit einem Feuerzeug seine Spielzeugkiste an. Das Feuer griff auf die Wohnung über, so dass sie für längere Zeit unbewohnbar war. Die Mutter hatte schuldhaft ihre Aufsichtspflicht verletzt, weil in der Wohnung mehrere Feuerzeuge herumlagen und das Kind unbeaufsichtigt war, als sie die Wohnung verließ. Wegen schuldhaften Verhaltens bleibt die Mieterin zur Mietzahlung weiterhin verpflichtet.

OLG Düsseldorf
r+s 2004, 23

Zu den weiterlaufenden Mietnebenkosten gehören die Kosten, die nach Mietvertrag auf die Mieter verteilt werden und die in der Regel verbrauchsunabhängig sind, z. B. Grundsteuer, Beiträge für die Gebäude- und Grundbesitzer-Haftpflichtversicherung, Kosten für die Haus-, Fußweg- und Straßenreinigung, Müllabfuhr sowie Gartenpflege. Fortlaufende Nebenkosten werden auch für selbstgenutzte Wohnräume bezahlt.

Mietausfall oder Mietwert wird nur für privat genutzte Räume (Wohnräume) erstattet.

▶ Beispiel

Unser Versicherungsnehmer ist Arzt und Eigentümer eines Zweifamilienhauses. Die Wohnung im Obergeschoss bewohnt er selbst; die Räume im Erdgeschoss nutzt er als Arztpraxis.

Er möchte wissen, ob er im Versicherungsfall auch für die Praxisräume den ortsüblichen Mietwert bekommt.

§ 9 Nr. 3 VGB 2008

Nur durch besondere Vereinbarung ist der Mietausfall oder der ortsübliche Mietwert für gewerblich genutzte Räume versichert

Viele Versicherungsunternehmen lehnen den Einschluss des Mietausfalls für gewerblich genutzte Räume in der Wohngebäudeversicherung ab, da der Beitragssatz dafür nicht kalkuliert ist.

In diesem Fall ist dem Versicherungsnehmer der Abschluss einer Mietverlustversicherung als eigener Vertrag nach den „Allgemeinen Bedingungen für die Mietverlustversicherung" zu empfehlen. Als Versicherungssumme wird die Jahresmiete einschließlich Mietnebenkosten angesetzt; es gelten üblicherweise die Beitragssätze für Feuer, Sturm und Leitungswasser aus der Firmen-Gebäudeversicherung.

▶ **Zusammenfassung**

Versicherter Mietausfall
§ 9 VGB 2008

Mietausfall einschließlich fort-laufender Nebenkosten bei vermie-tetem Wohnraum – Nr. 1 a)	Ortsüblicher Mietwert einschließ-lich fortlaufender Nebenkosten von selbstgenutztem Wohnraum – Alles-oder-nichts-Prinzip – Nr. 1 b)

Maximal 12 Monate bis zur Wiederbenutzung der Wohnräume.   § 9 Nr. 2 VGB 2008

Der Versicherungsnehmer darf die mögliche Wiederbenutzung nicht schuld-haft verzögern.

Entschädigungsgrenze, Unterversicherung

- Gleitender Neuwert: Keine Entschädigungsgrenze
- Neuwert, Zeitwert: Entschädigungsgrenze für Schäden, Kosten und Miet-   § 13 Nr. 8 VGB 2008
  ausfall ist die Versicherungssumme

Unterversicherung wird angerechnet.   § 13 Nr. 9 VGB 2008

Durch besondere Vereinbarung

Mietausfall für gewerblich genutzte Räume

§ 9 Nr. 3 VGB 2008

Übungen

1. Die Versicherungsnehmerin Schulze schildert Ihnen folgenden Schadenfall:

   > Durch eine Orkanböe stürzte die Grundstücksmauer meines Nachbarn um. Die Steine fielen überwiegend auf mein Grundstück und beschädigten meine freistehenden Müllboxen aus Waschbeton.

   Welche Versicherung bezahlt die Aufräumungs- und Reparaturkosten?

2. Der Versicherungsnehmer versteht die Formulierung im § 31 Nr. 1 f) VGB 2008 nicht:

   a) Muss er die Kosten für die Feuerwehr beim Gebäudebrand selbst tragen?

   b) Wie ist die Regelung, wenn nach einem Bruch des Leitungswasserrohres die Feuerwehr das Wasser aus dem Keller abpumpt?

   c) Trägt der Versicherer die Kosten, wenn die Feuerwehr ein Wespennest unter dem Gebäudedach ausräuchert?

   Beantworten Sie ihm diese Fragen (Lesen Sie dazu die Erläuterungen zu § 31 Nr. 1 f) VHB 2008).

3. Durch die Hitze eines Brandes platzt im Keller des Mehrfamilienhauses der Heizöltank. Das auslaufende Öl dringt in den Fußbodenbelag und in die Gebäudewand und sickert durch einen Schacht in die Erde. Der Versicherungsnehmer bittet um Entschädigung für

   - den Heizöltank
   - das Öl
   - die Reinigung der Gebäudewand
   - die Renovierung des Raumes
   - den Fußboden
   - die Kosten der Sondermüllentsorgung für Fußbodenbelag und verseuchte Erde

   Bezahlen Sie diese Schäden?

4. Das Hauptwasserrohr oberhalb des am Hang liegenden Einfamilienhauses des Versicherungsnehmers platzt. Die Wassermassen drohen auch in den Keller des Versicherungsnehmers zu laufen. Er versucht deshalb, mit Sandsäcken und Erde die Kellerfenster abzudichten und das Wasser mit Gegenständen umzuleiten. Außerdem räumen die Nachbarn die Möbel aus seinem Keller ins Erdgeschoss. Glücklicherweise können die Stadtwerke die Leitung schließen, bevor größere Mengen Wasser in den Keller eindringen.

   Kann der Versicherer die Entschädigung dieser Kosten mit dem Hinweis ablehnen, ein Versicherungsfall sei noch nicht eingetreten?

5. Der Versicherungsnehmer ist Eigentümer eines Zweifamilienhauses. Die obere Etage ist vermietet, das Erdgeschoss bewohnt er selbst. Beide Wohnungen haben die gleiche Größe. Durch Blitzschlag brennt am 1. 6. das Gebäude ab. Obwohl er unverzüglich den Wiederaufbau veranlasst, wird es wahrscheinlich 10 Monate dauern, bis die Wohnungen wieder bezugsfertig sind. Er stellt Ihnen folgende Fragen:

a) Wie lange und in welcher Höhe erhält er Entschädigung für den Mietausfall? Die Miete beträgt pro Monat 500 € zuzüglich 40 € weiterlaufende Nebenkosten und 50 € für Heizung.
b) Ab 1. 8. soll die Miete auf 530 € pro Monat erhöht werden (Nebenkosten und Heizung bleiben unverändert). Der Mieter hatte bereits vor dem Schadeneintritt der Erhöhung zugestimmt.
c) Wie wird die Höhe des Mietwertes für seine eigene Wohnung ermittelt?
d) Trägt der Versicherer auch die anteiligen weiterlaufenden Nebenkosten für seine Wohnung?
e) Die neue Wärmeschutzverordnung verlangt die Wärmedämmung von Fassade und Dach, die den Neubau erheblich verteuert. Muss er diese Kosten selbst bezahlen?
f) Übernimmt die Versicherung auch die Mehrkosten durch Preissteigerung, wenn sich die Auszahlung der Entschädigung ohne sein Verschulden verzögert und er deshalb den Wiederaufbau erst später beginnen kann?

Antworten Sie dem Versicherungsnehmer.

6. Eine Gasexplosion zerstört das Einfamilienhaus unserer Versicherungsnehmerin Müller. Durch den Luftdruck zerplatzen die Fensterscheiben im Nachbarhaus; außerdem beschädigen herumfliegende Steine die Gebäudefassade des Nachbarn und den geparkten Pkw. Der Nachbar verlangt von Frau Müller Ersatz:

- der Fensterscheiben
- des Aufwandes für das Aufräumen der Wohnung (Glassplitter) und des Gartens (Gebäudeteile von Frau Müllers Haus)
- der Reparaturkosten für die Fassade und den Pkw
- der Hotelkosten für drei Tage, da die Wohnung ohne Scheiben unbewohnbar ist.

Beraten Sie Frau Müller.

7. In der Mietwohnung des Versicherungsnehmers Schneider bricht ein in der Wand verlegtes Wasserrohr. Um das Rohr reparieren zu können, muss die Schrankwand ab- und nach der Reparatur wieder aufgebaut werden. Trägt der Hausratversicherer des Versicherungsnehmers oder der Gebäudeversicherer des Vermieters diese Kosten?

Informieren Sie Herrn Schneider.

2.4 Gefahrerhöhende Umstände und Sicherheits-
vorschriften

§§ 17 und 27
VGB 2008

2.4.1 Gefahrerhöhung

▶ **Situation**

Der Versicherungsnehmer plant, sein Einfamilienhaus komplett zu renovieren. Das Dach wird neu gedeckt, einige Wände werden herausgerissen und die Fußböden und sanitären Anlagen werden erneuert. Während des Umbaus ist das Haus für ca. 8 Wochen unbewohnt. Der Versicherungsnehmer fragt, ob sich diese Baumaßnahmen auf seinen Versicherungsschutz auswirken.

▶ **Erläuterung**

§ 17 Nr. 1 c) VGB 2008
§ 27 Nr. 1 a) VGB 2008

Durch den Umbau kann der Eintritt des Versicherungsfalles oder die
Vergrößerung des Schadens wahrscheinlicher werden (z. B. durch
Sturm und Hagel – aber auch durch Feuer und Leitungswasser).

1. Eine Gefahrerhöhung kann insbesondere vorliegen, wenn

§ 17 Nr. 1 VGB 2008

- sich ein Umstand ändert, nach dem im Antrag gefragt worden ist
- ein Gebäude oder der überwiegende Teil eines Gebäudes nicht
  genutzt wird
- an einem Gebäude Baumaßnahmen durchgeführt werden, in
  deren Verlauf das Dach ganz oder teilweise entfernt wird oder
  die das Gebäude überwiegend unbenutzbar machen
- in dem versicherten Gebäude ein Gewerbebetrieb aufgenommen oder verändert wird
- das Gebäude nach Vertragsabschluss unter Denkmalschutz gestellt wird.

§ 27 Nr. 2 a) VGB 2008

2. Nach Abgabe der Vertragserklärung darf der Versicherungsnehmer
ohne vorherige Zustimmung des Versicherers keine Gefahrerhöhung vornehmen oder durch einen Dritten gestatten.

§ 27 Nr. 3 a) VGB 2008

3. Verletzt der Versicherungsnehmer vorsätzlich oder grob fahrlässig
diese Obliegenheit, kann der Versicherer fristlos kündigen. Bei einfacher Fahrlässigkeit ist eine Kündigung mit einer Frist von einem
Monat möglich.

§ 27 Nr. 3 b) VGB 2008

4. Statt der Kündigung kann der Versicherer ab dem Zeitpunkt der
Gefahrerhöhung eine erhöhte Prämie verlangen oder die Absiche-
rung der erhöhten Gefahr ausschließen.

§ 27 Nr. 5 a) VGB 2008

5. Tritt nach einer Gefahrerhöhung der Versicherungsfall ein, so ist
der Versicherer leistungsfrei, wenn der Versicherungsnehmer
seine Pflichten vorsätzlich verletzt hat. Bei grober Fahrlässigkeit ist

> der Versicherer berechtigt, die Leistung nach der Schwere des Verschuldens zu kürzen (Quotelung).[1]

LF
3

Der Versicherer wird den Vertrag wegen Renovierungsarbeiten nicht kündigen. Eventuell erhebt er für die Zeit des Umbaus eine höhere Prämie. Der Versicherungsnehmer wird ebenfalls von seinem Kündigungsrecht keinen Gebrauch machen – auch wenn sich die Prämie kurzfristig um mehr als 10 Prozent erhöhen sollte.

§ 27 Nr. 3 b) VGB 2008

LF
4

LF
15

▶ Beispiele

1. Das Ziegeldach des versicherten Einfamilienhauses (mit massiven Außenwänden) ist schadhaft. Weil der Versicherungsnehmer sein Gebäude an die Nachbarschaft anpassen will, deckt er das Dach mit Ried (Schilf) statt mit Ziegeln. Fünf Monate später brennt das Gebäude durch Blitzeinschlag in das Dach bis auf die Grundmauern nieder. Der Versicherungsnehmer hatte vergessen, das Rieddach seinem Versicherer anzuzeigen.

   Im Antrag wird nach der Bauweise des Gebäudes (Außenwände und Dacheindeckung) ausdrücklich gefragt. Durch die „weiche" Dachung ist der Eintritt und die Höhe eines Brandschadens erheblich größer geworden (Kausalität). Der Versicherungsnehmer hatte diese Gefahrerhöhung ohne Zustimmung des Versicherers vorgenommen und anschließend auch nicht gemeldet – der Versicherer kann deshalb bei grober Fahrlässigkeit die Leistung kürzen. Bei einfacher Fahrlässigkeit muss er leisten – auch bei Kausalität. Bei Vorsatz ist der Versicherer leistungsfrei. (Bei subjektiver Gefahrerhöhung muss der Versicherer Vorsatz beweisen; bei grober Fahrlässigkeit muss sich der Versicherungsnehmer entlasten.)

   § 17 Nr. 1 a) VGB 2008
   § 27 Nr. 5 VGB 2008

   Bei rechtzeitiger Anzeige hätte der Versicherer das erhöhte Risiko mit einem Beitragzuschlag von z. B. 2,1‰ wahrscheinlich angenommen und hätte geleistet.

   § 27 Nr. 3 b) VGB 2008

   In der Feuerversicherung kann sich auch die Umgebung gefahrerhöhend auswirken, wenn z. B. im Nachbargebäude eine Tischlerei mit Sägewerk oder im versicherten Gebäude eine Diskothek den Betrieb aufnimmt.

   Die Beweislast für fehlende Kausalität trägt der Versicherungsnehmer, d. h. er muss beweisen, dass die Gefahrerhöhung nicht ursächlich für den Eintritt des Versicherungsfalles oder den Umfang der Leistungspflicht war.

   § 27 Nr. 5 c) aa)
   VGB 2008

---

1 Die genauen Rechtsfolgen finden Sie in Abschnitt 1.5.2; § 27 VGB 2008 entspricht § 27 VHB 2008.

2. Das versicherte Gebäude steht schon seit sieben Monaten leer, weil der Versicherungsnehmer als Eigentümer keinen Nachmieter gefunden hat. Durch Brandstiftung – vermutlich durch Jugendliche, die dort mehrere Tage unberechtigt übernachteten – wird das Haus zerstört.

OLG Hamm
Urt. vom 6. 2. 1998
OLG Rostock
r+s 2008, 72

Das Gebäude wurde nicht vertragsgemäß zu Wohnzwecken genutzt; der Versicherer wird bei vorsätzlicher Verletzung die Leistung ablehnen – bei grober Fahrlässigkeit kürzen, insbesondere dann, wenn das Gebäude einen ungepflegten, verwahrlosten Eindruck machte oder wenn der Zustand des Hauses auch für Außenstehende deutlich zeigte, dass es unbewohnt und unbeaufsichtigt ist.

§ 17 Nr. 1 b) VGB 2008

Nicht genutzte Gebäude stellen ein erhöhtes Risiko nicht nur für die Feuer- sondern auch für die Leitungswasserversicherung dar.

§ 27 Nr. 3 b) VGB 2008

Bei einer rechtzeitigen Anzeige der Gefahrerhöhung wäre das Gebäude – gegen erhöhten Beitrag – vermutlich versichert gewesen. Es gelten dann die Sicherheitsvorschriften nach § 16 Nr. 1 VGB 2008.

„Nicht genutzt" ist aber nicht gleichzusetzen mit „nicht bewohnt". Unter Nichtnutzung wird üblicherweise ein leer stehendes Gebäude verstanden, das zurzeit weder Wohn- noch gewerblichen Zwecken dient.

Dagegen kann eine Wohnung oder ein Haus unbewohnt sein, wenn der Mieter oder Eigentümer z. B. für 3 bis 4 Wochen wegen Urlaub oder Krankheit abwesend ist (vgl. dazu auch § 17 Nr. 1 c) VHB 2008).

§ 17 Nr. 1 c) VGB 2008

3. Ein erhöhtes Risiko für alle Gefahren liegt auch dann vor, wenn der Versicherungsnehmer Umbaumaßnahmen durchführt, die ein Notdach erforderlich oder das Gebäude überwiegend unbenutzbar machen. Dadurch steigt die Schadenwahrscheinlichkeit:

- Sturm reißt das Notdach herunter, Regen dringt ein und durchnässt Decken und Wände.
- Wegen fehlender Fenster bricht durch Frost die Wasserleitung.
- Stadtstreicher übernachten im Gebäude und verursachen durch Zigarettenkippen einen Brand.

§ 17 Nr. 1 d) VGB 2008
LG Köln VersR 1999, 1363

4. Der Versicherungsnehmer eröffnet in seinem versicherten Wohngebäude ein Eroscenter – ohne den Versicherer davon zu informieren. Ein Eroscenter gilt ebenso wie eine Diskothek als besonders hohes Risiko in der Feuerversicherung. Tritt der Versicherungsfall ein, so erhält der Versicherungsnehmer bei Vorsatz keine Leistung – bei grober Fahrlässigkeit wird gekürzt.

Auch wenn der Versicherungsnehmer vor Eintritt des Schadens diese gewerbliche Nutzung angezeigt hätte, würde er wahrscheinlich keinen Versicherungsschutz bekommen. Die meisten Versicherer lehnen diese „Betriebe" als unerwünschte Risiken ab oder versichern sie nur gegen hohe Selbstbeteiligung.

LF
3

LF
4

Eine Gefahrerhöhung ist auch dann gegeben, wenn der Versicherungsnehmer Wohnräume vermietet und dem Mieter die Nutzung dieser Räume z. B. als Gaststätte gestattet.

§ 27 Nr. 2 a) VGB 2008

LF
15

Mit der Formulierung „eine Gefahrerhöhung **kann** vorliegen" macht der Versicherer deutlich, dass nicht jeder Gewerbebetrieb zu einer Gefahrerhöhung führt. Der Versicherer ist dafür beweispflichtig. Grundlage für die Einstufung als gefahrerheblicher Betrieb kann das Betriebsartenverzeichnis sein, mit der die Höhe der Zuschläge für gemischt genutzte Gebäude ermittelt wird. Bei den meisten Versicherungsunternehmen wird beispielsweise für ein Büro oder eine Arztpraxis kein Zuschlag erhoben, weil dadurch die Gefahr nur unerheblich steigt.

Die Aufzählung der gefahrerhöhenden Möglichkeiten in § 17 Nr. 1 VGB 2008 ist nicht abschließend; darauf weist das Wort „insbesondere" hin.[1]

Äußert der Versicherungsnehmer mehrmals den Wunsch, sein Haus möge doch abbrennen – und brennt es tatsächlich auf unerklärbare Weise ab – dann können diese „Brandreden" als Gefahrerhöhung gewertet werden.

OLG Hamm
VersR 1994, 1419

2.4.2 Sicherheitsvorschriften (Obliegenheiten vor Eintritt des Versicherungsfalles)

Der Versicherungsnehmer hat alle gesetzlichen, behördlichen oder vereinbarten Sicherheitsvorschriften zu beachten.

§ 16 Nr. 1 VGB 2008

Sicherheitsvorschriften für die

Gefahr Feuer

Es gibt eine Reihe von gesetzlichen oder behördlichen Vorschriften für den privaten Bereich, z. B. für:

- die Errichtung und den Betrieb von Rauch- und Feuerstätten
- elektrische Anlagen und Einrichtungen
- den Umgang mit brennbaren Stoffen
- den Betrieb von Garagen

---

1 Vgl. dazu Wussow, R.-J. Gefahrerhöhung in der Feuerversicherung in VersR 2001, 678 f.

Gefahr Leitungswasser

Vereinbarte Sicherheitsvorschriften:

Der Versicherungsnehmer hat

§ 16 Nr. 1 VGB 2008

- insbesondere wasserführende Anlagen und Einrichtungen in ordnungsgemäßem Zustand zu erhalten und Mängel oder Schäden unverzüglich beseitigen zu lassen;
- nicht genutzte Gebäude oder Gebäudeteile zu jeder Jahreszeit genügend häufig zu kontrollieren und dort alle wasserführenden Anlagen und Einrichtungen abzusperren, zu entleeren und entleert zu halten;
- in der kalten Jahreszeit alle Gebäude und Gebäudeteile zu beheizen und dies genügend häufig zu kontrollieren oder dort alle wasserführenden Anlagen und Einrichtungen abzusperren, zu entleeren und entleert zu halten.

Gefahr Sturm

Der Versicherungsnehmer hat

§ 16 Nr. 1 a) VGB 2008

- die versicherten Sachen, insbesondere Dächer und außen angebrachte Sachen, stets in ordnungsgemäßem Zustand zu erhalten und Mängel oder Schäden unverzüglich beseitigen zu lassen.

▶ Beispiele

1. Bei einem Rohrbruch im Gebäude des Versicherungsnehmers stellt der Versicherer fest, dass das gesamte Rohrnetz korrodiert ist. Der Versicherungsnehmer befürchtet, der Versicherer könne mit der Begründung die Entschädigung ablehnen, dass die wasserführenden Anlagen nicht in ordnungsgemäßem Zustand gehalten wurden. Der Versicherer wird die Reparaturkosten bezahlen, da er dem Versicherungsnehmer kaum eine vorsätzliche oder grob fahrlässige Verletzung der Instandhaltungspflicht nachweisen kann.

§ 26 Nr. 3 a) VGB 2008
§ 16 Nr. 1 a) VGB 2008

Allerdings wird er den Versicherungsnehmer auffordern, die korrodierten Rohre auszutauschen. Unterlässt der Versicherungsnehmer den Austausch, dann kann der Versicherer beim nächsten Schaden leistungsfrei sein.

2. Der Versicherungsnehmer beginnt ab 20. Oktober eine vierwöchige Kur in Bad Orb. In der Nacht von 10. auf 11. November setzt plötzlich an seinem Wohnort starker Frost ein. Weil der Versicherungsnehmer in seinem Gebäude nicht die Heizung angestellt hatte, zerplatzt ein Heizungsrohr durch Frost. Obwohl der Nachbar mittags am 11. November das Gebäude kontrolliert, ist der Wasserschaden erheblich.

Der Versicherer wird wegen grober Fahrlässigkeit die Leistung kürzen, da im Oktober/November mit Frost zu rechnen ist. Der Versicherungsnehmer hätte die Heizung einschalten müssen. Kann der Versicherungsnehmer beweisen, dass er nur leicht fahrlässig handelte, erhält er die Entschädigung. („Kalte Jahreszeit" wird nicht näher erläutert. Es ist die Jahreszeit, in der Frost auftreten kann.)

LF
3

LF
4

LF
15

3. Mit seiner Ehefrau macht der Versicherungsnehmer im Juni zwei Wochen Urlaub am Bodensee. Während dieser Zeit bricht ein Wasserrohr in seinem Einfamilienhaus. Die Tochter des Versicherungsnehmers, die jeden zweiten Tag das Haus kontrolliert, stellt sofort das Wasser ab und informiert ihre Eltern.

Der Versicherer wird leisten müssen, da ein Gebäude während eines Urlaubs von zwei Wochen als genutzt angesehen werden muss. Auch die Häufigkeit der Kontrollen dürfte ausreichen[1].

Verletzt der Versicherungsnehmer vorsätzlich oder grob fahrlässig diese Obliegenheit, so kann der Versicherer innerhalb eines Monats nach Kenntnis den Vertrag fristlos kündigen.	§ 26 Nr. 1 b) VGB 2008
Der Versicherer ist leistungsfrei, wenn der Versicherungsnehmer die Obliegenheit vorsätzlich verletzt – bei grober Fahrlässigkeit kann er die Leistung nach der Schwere des Verschuldens kürzen.[2]	§ 26 Nr. 3 a) VGB 2008

2.4.3 Obliegenheiten bei Eintritt des Versicherungsfalles

§ 26 Nr. 2 VGB 2008

Obliegenheiten, die der Versicherungsnehmer bei bzw. nach Eintritt des Versicherungsfalles zu erfüllen hat, sind weitgehend identisch mit denen in der Hausratversicherung. Die Rechtsfolgen bei Verletzung einer dieser Obliegenheiten werden in Abschnitt 1.5.3.2 ausführlich erläutert.

§ 26 Nr. 2 VHB 2008

---

1 Vgl. dazu auch die Ausführungen unter 1.5.3.1.
   Die Häufigkeit der Kontrollen hängt insbesondere von den Risikoverhältnissen ab, z. B. Lage des Gebäudes, Umfang der Nichtnutzung (gesamtes Gebäude oder nur ein Teil), Zeitdauer, Außentemperatur – vgl. Dietz, H. Wohngebäudeversicherung, a. a. O. S. 312.
   Nach einem Urteil des BGH (r+s 2008, 377) ist der Maßstab für eine genügend häufige Kontrolle nicht der nach einem unterstellten Heizungsausfall im ungünstigsten Falle zu erwartende Zeitablauf bis zum Schadeneintritt (z. B. bei Frost), sondern allein die Frage, in welchen Intervallen diese Heizungsanlage nach der Verkehrsanschauung und der Lebenserfahrung mit Blick auf ihre Bauart, ihr Alter, ihre Funktionsweise, regelmäßige Wartung, Zuverlässigkeit, Störanfälligkeit u. ä. kontrolliert werden muss, um ein reibungsloses Funktionieren nach dem gewöhnlichen Lauf der Dinge zu gewährleisten.
2 Die genauen Rechtsfolgen finden Sie unter Abschnitt 1.5.3.1; § 26 VGB 2008 ist identisch mit § 26 VHB 2008.

§ 26 Nr. 2 a) bb) und gg) VGB 2008

Zu diesen Obliegenheiten gehört z. B. auch die Anzeigepflicht des Versicherungsfalles sowie die Pflicht, die Schadenstelle oder die beschädigten Sachen so lange unverändert zu lassen, bis sie durch den Versicherer freigegeben worden sind.

Die Anzeige eines Schadens setzt allerdings die positive Kenntnis eines Versicherungsfalles voraus; ein Kennenmüssen reicht nicht aus.

▶ Beispiel

Der Versicherungsnehmer beginnt im Oktober mit einer umfangreichen Sanierung seines Gebäudes. Als er die Fliesen in den beiden oberen Geschossen entfernen lässt, stellt sich heraus, dass der Sanierungsbedarf erheblich größer ist als angenommen. Die Holzdecken als auch die Fachwerkkonstruktion sind so stark durchfeuchtet, dass u. a. der Boden des Badezimmers teilweise abgesackt ist. Anfang Dezember lässt deshalb der beauftragte Bauunternehmer den gesamten Gebäudeteil, in dem sich das Badezimmer befindet, abreißen und neu aufmauern. Den Gebäudeschutt einschließlich aller Rohrleitungen lässt er entsorgen. Am 16. 12. wird der Versicherungsnehmer von dem Bauunternehmer über die Durchnässungsschäden informiert. Der Bauunternehmer führt diese Schäden auf einen lang anhaltenden Wasseraustritt aus einem Leitungsrohr zurück, weil auch das Rohr- und Leitungssystem entsprechend angegriffen ist. Am 17. 12. meldet der Versicherungsnehmer den Schaden seinem Gebäudeversicherer.

Der Versicherer lehnt die Entschädigung in Höhe von 154 000 € ab: Der Versicherungsnehmer habe den Versicherungsfall entgegen § 26 Nr. 2 a) bb) VGB 2008 vorsätzlich zu spät angezeigt und außerdem gegen die Aufklärungsobliegenheit verstoßen, als er die Gebäudeteile einschließlich der Rohre entsorgen ließ. Die Anzeige hätte unverzüglich im Oktober/November erfolgen müssen, als die Nässeschäden festgestellt wurden. Außerdem durfte der Versicherungsnehmer die Wasserleitungen nicht entsorgen, denn der Sachverständige des Versicherers vermochte nicht auszuschließen, dass die Nässeschäden von außen in das Mauerwerk eingedrungenes Wasser verursacht wurden.

BGH r+s 2008, 336

Nach einer Entscheidung des BGH ist der Versicherungsnehmer erst dann zur Schadenanzeige verpflichtet und ihm sind die Veränderungen der Schadenstelle erst dann untersagt, wenn er Kenntnis vom Eintritt des Versicherungsfalles hat. Als die umfangreichen Sanierungsarbeiten im Herbst begannen, konnte er noch nicht wissen, dass eine versicherte Gefahr (Leitungswasser) den Schaden verursachte – eine bloße Vermutung reicht nicht aus. Erst als der Bauunternehmer Anfang Dezember den Gebäudeteil abriss, wurde der Versicherungs-

nehmer auf den Nässeschaden durch bestimmungswidrig ausgetretenes Leitungswasser hingewiesen.

Für die Anzeigepflicht und das Veränderungsverbot reicht es
nicht aus, wenn sich bei Beginn der Sanierungsarbeiten dem
Versicherungsnehmer lediglich ein Schadenbild zeigt, das den
möglichen Schluss auf einen Rohrbruch zulässt. Erscheinen
auch andere Ursachen für den Durchfeuchtungsschaden möglich (z. B. Eindringen des Wassers von außen), dann hat der
Versicherungsnehmer noch keine positive Kenntnis vom Versicherungsfall. Erst als die Rohre bei Abriss des Gebäudes frei-
gelegt wurden, konnte der versicherte Nässeschaden festgestellt werden.

§ 3 Nr. 3 VGB 2008

LF
3

LF
4

BGH r +s 2008, 337

LF
15

2.5   Versicherungswerte und Versicherungssumme

Als Versicherungswert kann in der Wohngebäudeversicherung vereinbart werden:

Gleitender Neuwert	Neuwert	Zeitwert	Gemeiner Wert
§ 10 Nr. 1 a) VGB 2008	§ 10 Nr. 1 b) VGB 2008	§ 10 Nr. 1 c) VGB 2008	§ 10 Nr. 1 d) VGB 2008

2.5.1   Gleitender Neuwert

§ 11 Nr. 1 VGB 2008   Grundlage der Gleitenden Neuwertversicherung ist der Versicherungswert 1914, der die Versicherungssumme „Wert 1914" bestimmt.

§ 10 Nr. 1 a) VGB 2008   Versicherungswert 1914 ist der ortsübliche Neubauwert des Gebäudes
entsprechend seiner Größe und Ausstattung sowie seines Ausbaus
nach den Preisen des Jahres 1914. Dazu gehören auch Architektengebühren sowie sonstige Konstruktions- und Planungskosten.

Der Versicherer passt den Versicherungsschutz an die Baukostenentwicklung an.

Für die Wahl des Jahres 1914 sprechen folgende Gründe:

- Während und nach dem Ersten Weltkrieg stiegen die Baupreise ra-
sant an. Die damaligen Pflicht- und Monopolversicherer begannen
deshalb, Beitrag und Entschädigung der Baupreisentwicklung anzu-
passen – ohne die Versicherungssumme zu ändern. Ohne Anpassung
wären die Versicherungsnehmer erheblich unterversichert gewesen.
Als Basisjahr wurde dafür das Jahr 1914 genommen – das letzte Jahr
mit stabilem Baupreisniveau. Die Wettbewerbsversicherer haben die
Preisbasis 1914 und die Anpassung an die Baupreisentwicklung übernommen, damit die Verträge vergleichbar blieben.
- Eine mögliche Unterversicherung lässt sich durch dieses einheitliche
Basisjahr für Versicherungsnehmer und Versicherer leichter feststellen.
- Die Baukosten der Gebäude können auf dieses Basisjahr zurückge-
rechnet werden, weil die meisten versicherten Gebäude nach 1914
gebaut wurden.

Der Hauptvorteil der Gleitenden Neuwertversicherung liegt in der unbe-
grenzten Haftung des Versicherers, wenn die Versicherungssumme
„Wert 1914" richtig ermittelt worden ist. § 13 Nr. 8 VGB 2008, nach
dem der Versicherer nur bis zur Höhe der Versicherungssumme haftet,
kann nicht angewendet werden, weil es keine heutige Versicherungssumme gibt. Eine Hochrechnung der Versicherungssumme „Wert
1914" mit dem Baupreisindex auf den heutigen Tag ist nicht zulässig.

▶ Beispiel

Versicherungssumme
„Wert 1914": 20 000 M
Baupreisindex Mai 2008: 1 189,6 (umgerechnet in €)

$$\frac{20\,000 \times 1\,189,6}{100} = 237\,920\,€$$

d. h. eine Versicherungssumme „Wert 1914" von 20 000 M würde einer heutigen von 237 920 € entsprechen. Diese Hochrechnung ist aber nach den Vertragsbedingungen nicht vorgesehen; Grundlage der Gleitenden Neuwertversicherung ist nur die Versicherungssumme „Wert 1914".

Kostet der Wiederaufbau des versicherten Gebäudes gleicher Größe und Ausstattung nach einem Totalschaden 250 000 € (z. B. wegen regional sehr hoher Baupreise) zuzüglich versicherter Kosten und Mietausfall 20 000 € und besteht keine Unterversicherung, dann muss der Versicherer auch 270 000 € zahlen. Er kann die Entschädigung nicht auf die zurückgerechnete Summe in Höhe von 237 920 € begrenzen. Entschädigungsgrenzen, die sich auf die Versicherungssumme „Wert 1914" beziehen, sind nur für Kosten nach § 7 Nr. 1 und § 8 Nr. 1 und 4 VGB 2008 vorgesehen.

§ 10 Nr. 1 a) VGB 2008

Heute sind die meisten Wohngebäude (Ein- und Mehrfamilienhäuser) zum gleitenden Neuwert versichert.

Vorteile der Gleitenden Neuwertversicherung
(im Vergleich zur Neuwertversicherung)

- automatische Anpassung des Versicherungsschutzes an die Baukostenentwicklung
- keine Unterversicherung durch Baupreissteigerungen
- keine Entschädigungsbegrenzung auf die Versicherungssumme, weil es keine heutige Versicherungssumme gibt
- keine Entschädigungsbegrenzung für Schadenminderungskosten und Mietausfall (vgl. § 13 Nr. 8 VGB 2008)
- automatische Anpassung der Entschädigungsgrenzen für Aufräumungs-, Abbruch-, Bewegungs- und Schutzkosten sowie für Mehrkosten durch behördliche Auflagen und Preissteigerungen
- höhere Entschädigungsgrenzen für diese Kosten

Das Bedingungswerk sieht drei Möglichkeiten vor, den Neubauwert 1914 und damit die Versicherungssumme „Wert 1914" zu ermitteln:

§ 11 Nr. 1 VGB 2008

Schätzung eines Bausachverständigen	Umrechnung des Gebäudewertes mit dem Baupreisindex	Ermittlung nach Größe, Ausbau und Ausstattung des Gebäudes
§ 11 Nr. 1 a) VGB 2008	§ 11 Nr. 1 b) VGB 2008	§ 11 Nr. 1 c) VGB 2008

§ 11 Nr. 2 VGB 2008	Wird die Versicherungssumme nach diesen drei Verfahren ermittelt, dann nimmt der Versicherer keinen Abzug wegen Unterversicherung (Unterversicherungsverzicht) vor.

Der Verzicht auf Unterversicherung gilt nicht, wenn

§ 11 Nr. 2 b) VGB 2008

- der Versicherungsnehmer falsche Angaben zur Beschreibung und Ausstattung des Gebäudes gemäß Nr. 1 c) macht, so dass die Versicherungssumme „Wert 1914" zu niedrig bemessen war. Der Versicherer kann dann nach den Regelungen der Anzeigepflichtverletzungen vom Vertrag zurücktreten, kündigen oder eine Vertragsanpassung vornehmen. Ferner kann der Schaden wegen Unterversicherung gekürzt werden.
- der Versicherungsnehmer einen zu niedrigen Neubauwert gemäß Nr. 1 b) angibt.

§ 11 Nr. 2 c) VGB 2008

- der Bauzustand nachträglich durch wertsteigernde bauliche Maßnahmen verändert und die Änderung dem Versicherer nicht unverzüglich angezeigt wurde.

§ 10 Nr. 1 a) Abs. 3
VGB 2008

Dies gilt nicht für die laufende Versicherungsperiode.

2.5.1.1   Schätzung eines Bausachverständigen

Der Versicherungsnehmer kann dieses Verfahren wählen, wenn

§ 11 Nr. 1 a) VGB 2008

- eine Rückrechnung des Neubauwertes mit Hilfe des Baupreisindexes nicht möglich ist, weil ihm Unterlagen über die Baukosten fehlen
- er meint, dass die Bewertung der Wohnfläche mit dem Summenermittlungsbogen zu einer zu hohen Versicherungssumme „Wert 1914" führe.

Die Kosten der Schätzung trägt in der Regel der Versicherungsnehmer.

Meistens erkennt das Versicherungsunternehmen das Gutachten des Vorversicherers an, wenn der Versicherungsnehmer die Gesellschaft wechselt.

2.5.1.2   Umrechnung des Gebäudewertes mit dem Baupreisindex

▶ Situation

Herr König kauft 2009 in München ein massives Einfamilienhaus mit freistehender Garage, das 1984 gebaut wurde. Die damaligen Baukosten betrugen nach Auskunft des Verkäufers 300 000 DM zuzüglich 45 000 DM (= 15 % der Bausumme) für Architektenhonorar und Bauamtgebühren. Herr König fragt, wie für dieses Gebäude die Versicherungssumme „Wert 1914" ermittelt werden kann.

▶ Erläuterung

Der Außendienstmitarbeiter Menzel weist auf die VGB 2008 hin:

Gibt der Versicherungsnehmer im Antrag den Neuwert des Gebäudes in Preisen eines anderen Jahres zutreffend an, so rechnet der Versicherer diesen Betrag auf seine Verantwortung mit dem entsprechenden Baupreisindex auf das Basisjahr 1914 zurück.

§ 11 Nr. 1 b) VGB 2008

LF 3

LF 4

Die folgende Tabelle zeigt die Baupreisentwicklung ab 1914.

LF 15

Mittlerer Baupreisindex für Wohngebäude

Jahr	Index	Jahr	Index	Jahr	Index	Jahr	Index
1914	100	1940	130,6	1964	471,3	1988	1 480,5
1915	112,1	1941	136,9	1965	491,1	1989	1 534,5
1916	123,6	1942	148,4	1966	507,0	1990	1 633,4
1917	153,5	1943	151,6	1967	496,2	1991	1 746,9
1918	212,7	1944	154,8	1968	517,2	1992	1 858,7
1919	349,7	1945	159,9	1969	546,8	1993	1 950,4
1920	1 000,0	1946	170,7	1970	636,9	1994	1 997,1
1921	1 688,0	1947	199,4	1971	702,7	1995	2 046,1
1924	129,3	1948	263,1	1972	750,2	1996	2 044,3
1925	159,2	1949	245,9	1973	805,3	1997	2 052,2
1926	154,8	1950	234,4	1974	863,9	1998	2 018,0
1927	156,7	1951	271,3	1975	884,4	1999	2 010,8
1928	163,7	1952	289,2	1976	915,0	2000	2 017,0
1929	166,2	1953	279,6	1977	959,3		≙/ 1 031,3
1930	159,2	1954	280,9	1978	1 018,6		(bezogen auf €)
1931	145,9	1955	296,2	1979	1 108,0	2001	1 029,7
1932	123,6	1956	303,8	1980	1 226,3	2002	1 029,4
1933	117,2	1957	314,6	1981	1 298,1	2003	1 030,7
1934	122,9	1958	324,8	1982	1 335,5	2004	1 044,2
1935	122,9	1959	342,0	1983	1 363,7	2005	1 053,7
1936	122,9	1960	367,5	1984	1 397,4	2006	1 077,2
1937	125,5	1961	395,5	1985	1 403,3	2007	1 154,5
1938	126,8	1962	428,0	1986	1 422,6		
1939	128,7	1963	450,3	1987	1 449,6		

Für das laufende Jahr ist der Baupreisindex vom Monat Mai des Vorjahres anzuwenden (z. B. Mai 2008 : 1 189,6).

▶ Beispiel (Baukosten in DM)

Baukosten 1984	300 000 DM
Baunebenkosten 15 %	45 000 DM
Baukosten insgesamt	345 000 DM

Baupreisindex 1984   1 397,4

Lösung

1 397,4   ≙   345 000 DM

100   ≙   x

$$\frac{345\,000 \times 100}{1\,397,4} = 24\,688,71 \text{ M Neubauwert 1914}$$

Viele Versicherungsunternehmen runden den Bauwert 1914 auf volle 100 M als Sicherheitszuschlag **auf,** so dass sich eine **Versicherungssumme „Wert 1914"** von **24 700 M** ergibt.

▶ Beispiel (Baukosten in €)

Baukosten 2009	200 000 €
Baunebenkosten 15 %	30 000 €
Baukosten insgesamt	230 000 €
Baupreisindex Mai 2008	1 189,6

Lösung

$$1\,189,6 \quad \hat{=} \quad 230\,000\ €$$

$$100 \quad \hat{=} \quad x$$

$$\frac{230\,000 \times 100}{1\,189,6} = 19\,334,23\ M$$

Aufgerundet auf volle 100 M : 19 400 M Versicherungssumme „Wert 1914".

> **Versicherungssumme „Wert 1914" =**
> $$\frac{\text{Baukosten eines best. Jahres} \times 100}{\text{Baupreisindex dieses Jahres}}$$
>
> Die Versicherungssumme wird auf volle 100 M aufgerundet.

In der täglichen Praxis wird häufig mit dem Baupreisfaktor oder Divisor (Baupreisindex dividiert durch 100) gerechnet:

Lösung (zum Beispiel in €):

Baupreisfaktor (Divisor): $\dfrac{1\,189,6}{100} = 11,896$

Neubauwert 1914: $\dfrac{230\,000}{11,896} = 19\,334,23\ M$

Versicherungssumme „Wert 1914" aufgerundet <u>19 400 M</u>

§ 10 Nr. 2 b) VGB 2008

Führt der Gebäudeeigentümer nach Vertragsabschluss Werterhöhungen, An- oder Umbauten durch, so muss die Versicherungssumme „Wert 1914" durch Rückrechnung entsprechend erhöht oder – bei Wertminderungen, z. B. Abriss eines Anbaus – gesenkt werden.

Die Ermittlung des Neubauwertes kann Schwierigkeiten bereiten. Neben den Baukosten sind insbesondere zu berücksichtigen:

- Eigenleistungen, bewertet nach den ortsüblichen Preisen
- Verteuerungen und Ausstattungsverbesserungen gegenüber der Plansumme während der Bauzeit
- Einbauten als Gebäudebestandteile

- Anbauten, Nebengebäude, Garagen, soweit sie in den Baukosten noch nicht enthalten sind
- Baunebenkosten (15 %–20 % der Baukosten) für Honorare an Architekten und Statiker sowie Gebühren der Baubehörde
- Mehrwertsteuer, soweit in den Preisen nicht enthalten. Da der Gebäudeeigentümer als Privatmann die Mehrwertsteuer nicht verrechnen kann, muss sie in den Neubauwert einbezogen werden.
- Preisnachlässe, die bei der Errichtung, z. B. im Rahmen einer Großbaumaßnahme erzielt wurden.

Auch der Kaufpreis kann nicht zugrunde gelegt werden, weil er meistens den Grundstückspreis und eventuell weitere Kosten wie Gutachter-, Notar- und Gerichtskosten enthält. Außerdem richtet sich der Kaufpreis auch nach Angebot und Nachfrage, nach der Lage, dem Zustand, dem Alter des Gebäudes u. ä.

Der Versicherungsnehmer ist für die zutreffende Angabe des Neuwertes im Antrag verantwortlich; der Versicherer rechnet nur auf seine Verantwortung diesen Wert auf die Basis 1914 um.

§ 11 Nr. 1 b) VGB 2008

Stellt sich im Schadenfall heraus, dass der Versicherungsnehmer den Neuwert fahrlässig zu niedrig angegeben hat, weil er Eigenleistungen oder Baunebenkosten nicht ausreichend berücksichtigte, dann wird der Versicherer auf den Abzug wegen Unterversicherung nicht verzichten. Viele Versicherungsunternehmen empfehlen deshalb, die Versicherungssumme „Wert 1914" nicht nach diesen Verfahren zu ermitteln.

§ 11 Nr. 2 a) VGB 2008

2.5.1.3 Berechnung der Versicherungssumme „Wert 1914" nach Wohnfläche

▶ Situation

Da Herr König die Angaben des Verkäufers über die damaligen Baukosten des gekauften Hauses schwer nachprüfen kann, schlägt der Außendienstmitarbeiter Menzel vor, die Versicherungssumme „Wert 1914" mit dem Summenermittlungsbogen zu berechnen.

Ermittlung der Versicherungssumme „Wert 1914" für Ein- und Zweifamilienhäuser nach Wohnfläche[1]

▶ Erläuterung

Der Summenermittlungsbogen ist Grundlage für die richtige Ermittlung der Versicherungssumme „Wert 1914" für Wohngebäude nach Wohn-

LF
3

LF
4

LF
15

---

1 Die Beitragsberechnung nach dem „Wohnflächenmodell" (ohne Versicherungssumme) wird in Abschnitt 2.6.3 behandelt.

fläche und Ausstattungsmerkmalen. Er gilt nur für Ein- und Zweifamilienhäuser der Bauartklassen I und II und der Fertighausgruppen I und II
und setzt voraus, dass diese Gebäude ausschließlich Wohnzwecken
dienen.

Um die Versicherungssumme „Wert 1914" zu ermitteln, benötigt man

- den Gebäudetyp
- abweichende Bauausführungen/-ausstattungen
- die Wohnfläche[1]
- Zahl der Garagen außerhalb des Gebäudes

Aus dem Summenermittlungsbogen wird der Gebäudetyp herausge-
sucht und der entsprechende Wert 1914 pro qm Wohnfläche in Mark
eingesetzt.

Entsprechend der Bauausführung und -ausstattung ist dieser Wert
1914 pro qm zu erhöhen oder zu mindern. Sind Kellerräume zu Wohn-
oder Hobbyzwecken ausgebaut, so werden sie mit 15 M pro qm angesetzt. Für Garagen außerhalb des Gebäudes beträgt der Wert 1914
700 M pro Garage[2]. Für Carports berechnen viele Versicherungsunternehmen nur 400 M bis 600 M, weil dabei weniger Baukosten anfallen.
Carports können auch als „Grundstücksbestandteile" eingeschlossen
werden. Eine Garage im Keller wird nicht gesondert berechnet, weil sie
schon im Bauwert des Kellers berücksichtigt worden ist.

§ 5 Nr. 4 c) aa)
VGB 2008

1   Zur Problematik der Wohnflächenermittlung vgl. Abschnitt 1.8.4.4 und 2.7.2.5.
2   Eine angebaute Garage, die mit dem Wohngebäude eine gemeinsame Außen-
    wand besitzt, gilt ebenfalls als Garage außerhalb des Gebäudes – AG Köln r+s
    2008, 427.

Ermittlung der Versicherungssumme „Wert 1914" für Wohngebäude

nach Wohnfläche und Ausstattungsmerkmalen (nur für Ein- und Zweifamilienhäuser der Bauartklassen I und II oder Fertighausgruppen I und II, die ausschließlich Wohnzwecken dienen)

Ermittlung des Gebäudetypes	Auch für Reihenhäuser, Häuser in Hanglage und mit anderen als den eingezeichneten Dachneigungen. Anzukreuzen ist der überwiegende Gebäudetyp, wenn das Gebäude nicht eindeutig zuzuordnen ist.						Wert 1914
	EG = Erdgeschoß OG = Obergeschoß DG = Dachgeschoß						

ohne Unterkellerung

	Flachdach EG	Flachdach EG + OG	DG nicht ausgebaut EG	DG ausgebaut EG	DG nicht ausgebaut EG + OG	DG ausgebaut EG + OG	
Wert 1914 pro qm Wohnfläche in Mark (M)	160	160	160	140	140	130	M

mit Unterkellerung (auch Teilunterkellerung)

Wert 1914 pro qm Wohnfläche in Mark (M)	190	190	190	165	165	150	M
	Flachdach EG	Flachdach EG + OG	DG nicht ausgebaut EG	DG ausgebaut EG	DG nicht ausgebaut EG + OG	DG ausgebaut EG + OG	

Anmerkung:
Nebengebäude, weiteres Zubehör und sonstige Grundstücksbestandteile sind im Antrag gesondert zu bewerten.

Ermittlung der Bauausführungen und -ausstattungen

Der für den jeweiligen Gebäudetyp angegebene Wert berücksichtigt folgende übliche Bauausführungen und -ausstattungen:

Außenwände mit gefugtem Mauerwerk, Putz, Verkleidung oder Verblendsteinen; Parkett-, Teppich- oder Fliesenböden; Doppelfenster oder Isolierverglasung; Naßräume und Küche gefliest; Bad/Dusche; Zentralheizung und zentrale Warmwasserversorgung.

	Bauausführung		Innenausbau		Fenster	Türen	Installation		
	Dach	Außenwände	Decken/Wände	Fußböden			Sanitär	Heizung	
	Natur- schiefer- dach, Kupfer- dach	Natur- stein-, Keramik-, Kunst- steinver- kleidung, Hand- strich- Klinker	Stuck- arbeiten, Edelholz- verklei- dungen	Natur- stein- böden, Parkett- oder Teppich- böden in hochwer- tiger Qualität	Leicht- metall- oder Holz- sprossen- fenster	Edelholz- türen	hoch- wertige sanitäre Einrich- tungen	Wärme- pumpen, Solar- anlagen, Fußbo- den- und Decken- heizung	
Zuschläge Wert 1914 pro qm Wohnfläche in Mark (M)	4	5	6	4	4	3	6	6	M
				PVC- Böden auf Estrich	einfaches Fenster- glas		ohne Bad/ Dusche	Ofen- heizung	
Abschläge Wert 1914 pro qm Wohnfläche in Mark (M)				3	3		–	4	M

Wert 1914 pro qm Wohnfläche		Summe der Werte 1914	M

Ermittlung der Versicherungssumme „Wert 1914"

Wohnfläche	_____ qm	x Wert 1914 pro qm Wohnfläche	M	M
Wohnfläche Keller	_____ qm	x Zuschlag für Wohnflächenausbau	15 M	M

Garagen außerhalb des Wohngebäudes

☐ Keine Garage

1 Garage	2 Garagen	3 Garagen	
☐ 700	☐ 1400	☐ 2100	M

Wert 1914 in Mark (M)

Versicherungssumme „Wert 1914"		M

▶ Beispiel

Das Einfamilienhaus, das Herr König gekauft hat, weist folgende Merkmale auf:

- Gebäudetyp: eingeschossig, unterkellert, Satteldach, Dachgeschoss nicht ausgebaut, eine Garage außerhalb des Gebäudes
- Wohnfläche: Erdgeschoss 120 qm
                      Keller   20 qm
- Bauausführung: massiv (Bauartklasse I)
- Innenausbau: ■ Türen aus Edelholz
                      ■ Fußböden teilweise Parkett, teilweise aus hochwertigem Teppichboden
- Installation/   hochwertige sanitäre Einrichtungen
  Heizung: Fußbodenheizung

Mit Hilfe des Formulars kann nun der Neubauwert 1914 ermittelt werden.

Lösung

Wert 1914 pro qm Wohnfläche	190 M/qm
+ Zuschläge für Bauausführung und -ausstattung	19 M/qm
	209 M/qm
Wert 1914 pro qm Wohnfläche Keller	15 M/qm

Berechnung der Versicherungssumme „Wert 1914":

209 M/qm × 120 qm	=	25 080 M
15 M/qm × 20 qm	=	300 M
1 Garage	=	700 M
		26 080 M

Viele Versicherungsunternehmen runden das Ergebnis auf 100 M auf, so dass sich eine Versicherungssumme „Wert 1914" von 26 100 M ergibt.

> Versicherungssumme „Wert 1914" = Preis pro qm × Wohnfläche (Ein- und Zweifamilienhaus)

§ 11 Nr. 1 c) VGB 2008   In der Praxis hat sich dieses Verfahren durchgesetzt, weil der Außendienstmitarbeiter die Versicherungssumme „Wert 1914" einfach berechnen und der Versicherungsnehmer die Berechnung nachvollziehen

§ 11 Nr. 2 a) VGB 2008   kann. Außerdem wird eine Unterversicherung nicht angerechnet, wenn der Versicherungsnehmer die Antragsfragen nach Größe, Ausbau und Ausstattung zutreffend beantwortet.

§ 11 Nr. 2 b) VGB 2008   Ergibt sich im Versicherungsfall, dass die Beschreibung des Gebäudes und seiner Ausstattung nach Nr. 1 c) von den tatsächlichen Verhältnissen bei Vertragsabschluss abweicht und die Versicherungssumme

„Wert 1914" zu niedrig bemessen ist, gelten die Rechtsfolgen nach § 19
VGB 2008. Eine Unterversicherung kann angerechnet werden.[1]

Ermittlung der Versicherungssumme „Wert 1914" für mehrgeschossige Wohn- und gemischt genutzte Gebäude

▶ Situation

Der Versicherungsnehmer Althaus bittet um Überprüfung der Versicherungssumme „Wert 1914" für sein Mehrfamilienhaus, weil er seit Vertragsabschluss vor 16 Jahren erhebliche Umbau- und Renovierungsarbeiten durchgeführt hat.

Das Gebäude ist unterkellert und besitzt vier Geschosse mit Flachdach.
Die Wohnfläche der acht Mietwohnungen beträgt insgesamt 640 qm.
Die Wohnungen sind mit Parkett bzw. hochwertigen Teppichböden und
teuren sanitären Einrichtungen ausgestattet. Die Versicherungssumme
„Wert 1914" beträgt zurzeit 94 000 M.

▶ Erläuterung

Früher wurde für Mehrfamilienhäuser zur Berechnung der Versicherungssumme „Wert 1914" häufig der umbaute Raum des Gebäudes
(Länge x Breite x Höhe) herangezogen. Der Preis pro Kubikmeter wurde
nach Bauausführung und -ausstattung des Gebäudes anhand einer Bewertungstabelle nach folgenden Bewertungsmerkmalen ermittelt:

- Fassade
- Dach
- Decken, Wände, Fußböden
- Fenster, Türen
- Elektro- und Sanitärinstallationen, Heizung

Je nach Ausführung und Ausstattung wurden Punkte vergeben. Die Addition dieser Bewertungspunkte zuzüglich 10 % Sicherheitszuschlag
ergab den Preis 1914 pro Kubikmeter.

Versicherungssumme „Wert 1914" = Summe Kubikmeter x Preis
1914 pro Kubikmeter

---

1   Vgl. dazu die Erläuterungen zu § 19 VHB 2008 in Abschnitt 1.5.1

Dieses Verfahren bereitete Schwierigkeiten und führte häufig zu falschen Versicherungssummen „Wert 1914", weil

- die Kubikmeter falsch berechnet wurden (z. B. wegen fehlender Bauunterlagen, bei verwinkelten Gebäuden, bei Dacherkern u. ä.)
- die Gebäudeteile sowie die Ausführung und Ausstattung nicht richtig bewertet wurden.

Deshalb setzen viele Versicherungsunternehmen auch für Mehrfamilienhäuser einen erweiterten Summenermittlungsbogen ein.

Die Methode nach umbauten Raum wird nur noch angewendet, wenn eine Ermittlung der Versicherungssumme „Wert 1914" nach Wohnfläche nicht möglich ist (z. B. bei Gebäuden mit mehr als zehn Geschossen).

Berechnung der Versicherungssumme „Wert 1914" für Mehrfamilienhäuser

Wert 1914 pro qm Wohnfläche:	150 M
+ Zuschlag Fußböden	4 M
+ Zuschlag Sanitär	6 M
	160 M
160 M/qm x 640 qm =	102 400 M

Herr Althaus sollte die Versicherungssumme „Wert 1914" auf 102 400 M erhöhen, um eine Unterversicherung zu vermeiden.

Bei Gebäuden mit acht bis zehn Geschossen wird 125 M pro qm angesetzt.

Bei gewerblicher Nutzung wird für besonders aufwändige Bauausstattung bzw. Gebäudeeinbauten ein Zuschlag erhoben z. B. für:

- Gaststätte, Hotel, Café   15 M pro qm gewerblicher Nutzungsfläche
- Metzgerei/Fleischerei   7 M pro qm gewerblicher Nutzungsfläche

Statt eines Zuschlages kann bei vielen Gesellschaften auch der Neubauwert für die zusätzliche Bauausstattung angegeben werden. Der Versicherer berechnet dann mit dem entsprechenden Baupreisindex die Versicherungssumme „Wert 1914".

Risikozuschläge für gewerbliche Nutzung für bestimmte Betriebsarten werden unter Abschnitt 2.6.1 behandelt.

Ermittlung der Versicherungssumme „Wert 1914" für Wohngebäude

für mehrgeschossige Wohn- und gemischt genutzte Gebäude der Bauartklassen I und II
nach Wohnfläche bzw. gewerbliche Nutzfläche und Ausstattungsmerkmalen
mit Unterversicherungsverzicht (bis max. 150 000 Mark Wert 1914).

Antragsteller/in	Zuname, Vorname		Zum Antrag vom	VS-Nummer		Agentur

1 Ermittlung des Gebäudetyps

Gebäude Unterkellerung (Teilunterkellerung) wird vorausgesetzt

Geschosse: (Bei Geschoßhöhen über 3 m 20% Zuschlag auf Gebäudetypwert)

2	3	3–4	4	5	5–7	Wert 1914
155	140	150	135	135	130	M

2 Ermittlung der Bauausführungen und -ausstattungen

Der für den jeweiligen Gebäudetyp angegebene Wert berücksichtigt folgende übliche Bauausführungen und -ausstattungen:

Außenwände mit gefugtem Mauerwerk, Putz, Verkleidung oder Verblendsteinen; Parkett-, Teppich- oder Fliesenböden; Doppelfenster oder Isolierverglasung; Naßräume und Küche gefliest; Bad/Dusche; Zentralheizung und zentrale Warmwasserversorgung.

Bauausführung		Innenausbau				Installation	
Dach	Außenwände	Decken/Wände	Fußböden	Fenster	Türen	Sanitär	Heizung
Naturschieferdach, Kupferdach	Naturstein-, Keramik-, Kunststeinverkleidung, Handstrichklinker	Stuckarbeiten, Edelholzverkleidungen	Natursteinböden, Parkett- oder Teppichböden in hochwertiger Qualität	Leichtmetall- oder Holzsprossenfenster	Edelholztüren	hochwertige sanitäre Einrichtungen, Schwimmbecken	Wärmepumpen, Solaranlagen, Fußboden- und Deckenheizung

2.1 Zuschläge Wert 1914 pro qm Wohnfläche in Mark (M)

4	5	6	4	4	3	6	6	+ M

2.2 Abschläge Wert 1914 pro qm Wohnfläche in Mark (M)

			PVC-Böden auf Estrich	einfaches Fensterglas		ohne Bad/Dusche	Ofenheizung	
			3	3		6	4	– M

3 Wert 1914 pro qm Wohnfläche — Summe der Werte 1914 gem. Ziff. 1 und 2 — M

4 Ermittlung der Wohnfläche und der Versicherungssumme 1914

Anmerkung: Wohnfläche ist die Grundfläche einer Wohnung einschließlich Hobbyräume; ausgenommen sind dabei jedoch Treppen, Kellerräume und Speicherräume (soweit nicht zu Wohn- und Hobbyzwecken ausgebaut), Balkone, Loggien und Terrassen.

Wohnfläche

Dachgeschoß	+ qm		
Erdgeschoß	+ qm		
1. bis [ ] Obergeschoß	+ qm	Wert 1914 pro qm Wohnfläche	
Summe	qm	x M (gem. Ziffer 3)	+ M
Kellergeschoß	qm	x 15,00 M (Zuschlag Wohnflächenausbau)	+ M
[ ] Garage/n außerhalb des Wohngebäudes	(Vers.-Summe je Garage = 700 M)	[ ] keine	+ M

5 Ermittlung der gewerblichen Nutzfläche und der Versicherungssumme 1914

Anmerkung: Gewerbliche Nutzflächen werden zunächst mit dem entsprechenden qm-Wert der Wohnfläche angesetzt (siehe Ziffer 3)

gewerbl. Nutzfläche — Nutzungsart

Dachgeschoß	+ qm	
Erdgeschoß	+ qm	
1. bis [ ] Obergeschoß	+ qm	
Kellergeschoß	+ qm	
Summe	qm	x M	+ M

5.1 Zuschläge für gewerbliche Nutzfläche

| a) Gaststätte, Hotel, Café u.ä. | qm | x 15,00 M | + M |
| b) Metzgerei | qm | x 7,00 M | + M |

6 Sonstiges

Gesondert zu bewertende Nebengebäude, Schwimmbäder und sonstige Grundstücksbestandteile oder Zubehör (bis 20% der Versicherungssumme des Hauptgebäudes; max. 5 000 Mark Wert 1914). — M

Versicherungssumme „Wert 1914" — **M**

2.5.1.4 Die Ermittlung der Versicherungssumme „Wert 1914" für Nebengebäude

Die VGB und der Tarif gelten auch für weitere Nebengebäude auf dem Versicherungsgrundstück.

Bei einigen Gesellschaften ist die Mitversicherung nur möglich, wenn die Nebengebäude nicht überwiegend gewerblich genutzt werden. Die Versicherungssumme darf eine bestimmte Höhe nicht überschreiten, z. B. 20 % der Wohngebäudesumme.

§ 5 Nr. 4 c) VGB 2008   Carports, Gewächs- und Gartenhäuser können gesondert eingeschlossen werden.

Die Versicherungssumme „Wert 1914" könnte auch mit dem Summenermittlungsbogen berechnet werden. Da der Bauwert und die Bauausstattung dieser Nebengebäude aber häufig erheblich unter dem Wert 1914 pro qm Fläche nach Summenermittlungsbogen liegen, ermitteln einige Versicherungsunternehmen die Versicherungssumme nach umbauten Raum. Dafür werden dann feste Preise 1914 pro Kubikmeter z. B. 13 M bis 19 M – eventuell mit Zu- und Abschlägen – angesetzt.

Oder der Versicherungsnehmer gibt den Neubauwert des Nebengebäudes an und der Versicherer ermittelt mit dem entsprechenden Baupreisindex die Versicherungssumme „Wert1914".

Für Nebengebäude ist ab einer Versicherungssumme „Wert1914" von z. B. 5 000 M häufig ein separater Antrag bzw. eine Antragsergänzung erforderlich.

2.5.2 Neuwert

§ 10 Abs. 1 b)   Der Neuwert ist der ortsübliche Neubauwert eines Gebäudes ein-
VGB 2008   schließlich Architektengebühren sowie sonstiger Konstruktions- und Planungskosten. Der Neubauwert bemisst sich nach Größe, Ausstattung sowie Ausbau des Gebäudes.

▶ Erläuterung

Der Versicherungsnehmer ist bei der Festsetzung der Neuwertversicherung dafür verantwortlich, dass die Summe richtig ermittelt worden ist. Die Veränderungen der Baupreise muss der Versicherungsnehmer ständig beobachten, damit er die Versicherungssumme anpassen kann. Ansonsten ist er unterversichert.

§ 13 Nr. 8 VGB 2008   Die Gesamtentschädigung ist für versicherte Sachen, versicherte Kosten und versicherten Mietausfall je Versicherungsfall auf die Versicherungssumme begrenzt – ein erheblicher Nachteil im Vergleich zur Gleitenden Neuwertversicherung.

§ 7 Nr. 1 a) bb)   Die VGB sehen für die Neuwertversicherung keine Entwertungsgrenze
AFB 2008   wie z. B. die AFB 2008 vor. Gewerblich genutzte Gebäude können zum Neuwert nur versichert werden, wenn der Zeitwert z. B. mindestens 40 % des Neuwertes beträgt (Zeitwertvorbehalt).

2.5.3 Zeitwert

Als Versicherungswert kann auch eine Versicherungssumme zum Zeitwert vereinbart werden.

Der Zeitwert ergibt sich aus dem Neuwert eines Gebäudes abzüglich der Wertminderung durch Alter und Abnutzung

LF 3

Zwingend ist eine Versicherung zum Zeitwert, wenn ein Gebäude der Bauartklasse V angehört bzw. wenn es sich um ein Gebäude mit Außenwänden überwiegend aus Holz und mit Dachung aus Holz, Ried, Schilf oder Stroh handelt. Von dieser Regelung weichen viele Versicherer ab.

§ 10 Nr. 1 c) VGB 2008

LF 4

In der Praxis werden Verträge zur Wohngebäudeversicherung zum Zeit- oder Neuwert sehr selten abgeschlossen.

LF 15

Die Gesamtentschädigung ist – wie bei der Neuwertversicherung – auf die Versicherungssumme begrenzt.

§ 13 Nr. 8 VGB 2008

2.5.4 Gemeiner Wert

Der gemeine Wert ist der erzielbare Verkaufspreis für das Gebäude oder für das Altmaterial.

§ 10 Nr. 1 d) VGB 2008

Der gemeine Wert ist auch ohne besondere Vereinbarung dann Versicherungswert, falls das Gebäude zum Abbruch bestimmt oder sonst dauernd entwertet ist.

Eine dauernde Entwertung liegt z. B. vor, wenn das Gebäude wegen drohenden Bergsturzes oder wegen verseuchten Bodens dauernd gesperrt und damit für seinen Zweck zum Wohnen nicht mehr zu verwenden ist. Oder es liegt eine Abbruchverfügung vor, weil das Haus ohne Baugenehmigung errichtet wurde.[1]

▶ Beispiel

Der Versicherungsnehmer versichert sein neu gebautes Einfamilienhaus zum Gleitenden Neuwert.

Elf Jahre nach dem Einzug gibt er eine Bodenuntersuchung in Auftrag, da aus dem Erdreich häufig starke Gerüche austreten. Bei der Untersuchung wird festgestellt, dass das Gebäude auf einer vor fünfzig Jahren geschlossenen Mülldeponie errichtet ist; der Boden ist stark kontaminiert und es treten Gase aus. Die zuständige Behörde erlässt deshalb ein Nutzungsverbot, d. h. das Haus ist unbewohnbar.

Würde das Gebäude abbrennen, dann erhielte der Versicherungsnehmer nur den gemeinen Wert – obwohl es zum Gleitenden Neuwert versichert ist. Ein Verkaufspreis dürfte kaum vorhanden sein.

§ 10 Nr. 1 d) VGB 2008

1   Vgl. Dietz, H., Wohngebäudeversicherung, a.a.O., S. 381

Übungen

1. Berechnen Sie die Versicherungssumme „Wert 1914" durch Rückrechnung mit dem Baupreisindex (Ergebnis auf 100 M aufrunden).

   a) Baukosten 2003   184 000 €   einschließlich Baunebenkosten
   b) Baukosten 1983   288 000 DM einschließlich Baunebenkosten
   c) Baukosten 1953   320 000 DM einschließlich Baunebenkosten

2. Der Versicherungsnehmer König kauft ein freistehendes Zweifamilienhaus, das 1972 gebaut wurde. Nach den Rechnungen, die
   der Verkäufer vorlegte, hat der Bau 1972 210 000 DM zuzüglich
   32 000 DM für Architektenhonorar und Gebühren für das Bauamt
   gekostet.

   a) Ermitteln Sie die Versicherungssumme „Wert 1914" durch
      Rückrechnung mit dem Baupreisindex (auf 100 M aufrunden).
   b) Herr König beabsichtigt, in den Räumen Parkettboden zu verle-
      gen, neue Fenster mit Isolierverglasung einzubauen (Werterhö-
      hung insgesamt 60 000 €) und eine Garage außerhalb des Ge-
      bäudes zu errichten (Baukosten 8 000 €).

   Um welchen Betrag erhöht sich durch diese Baumaßnahmen die
   Versicherungssumme „Wert 1914" (Baupreisindex 1 189,6)?

3. Berechnen Sie die Versicherungssumme „Wert 1914" für folgende Ein- und Zweifamilienhäuser nach dem Summenermittlungsbogen (Ergebnis auf 100 M aufrunden).

   a) zweigeschossig, Flachdach, ohne Keller, eine Garage außerhalb
      des Gebäudes, normale Ausstattung, 175 qm Wohnfläche
   b) eingeschossig mit Satteldach, unterkellert, Dachgeschoss aus-
      gebaut, normale Ausstattung, 130 qm Wohnfläche zuzüglich 40
      qm Hobbyraum im Keller, Garage im Keller des Gebäudes
   c) zweigeschossig mit Satteldach (nicht ausgebaut), unterkellert,
      160 qm Wohnfläche zuzüglich 30 qm im Keller, hochwertige
      Ausstattung mit Parkett und Natursteinböden, Holzsprossen-
      fenster, Edelholztüren, teure sanitäre Einrichtungen, Fußboden-
      heizung; zwei Garagen außerhalb des Gebäudes
   d) eingeschossig, unterkellert, Flachdach, einfache Ausstattung
      mit PVC-Boden und einfaches Fensterglas, 90 qm Wohnfläche
      zuzüglich 48 qm im Keller

4. Versicherungsnehmerin Müller stellt Ihnen bei Berechnung der
   Versicherungssumme „Wert 1914" nach dem Summenermittlungsbogen folgende Fragen:

   a) Weshalb ist der Wert 1914 pro qm Wohnfläche bei seinem ein-
      geschossigen Gebäude mit Keller und nicht ausgebautem Dach
      höher als bei einem gleichartigen Gebäude, bei dem das Dach-
      geschoss ausgebaut ist?

b) Ihr Gebäude ist nur zu etwa 80 Prozent unterkellert. Erhält sie einen Abschlag auf den Wert pro qm Wohnfläche?

c) Warum werden Kellerräume, die zum Wohnen ausgebaut sind, nur mit 15 M/qm und nicht mit dem vollen Betrag berücksichtigt?

d) Wird eine Garage, die sich im Keller des Gebäudes befindet, auch mit 700 M angesetzt?

Beantworten Sie Frau Müller diese Fragen.

5. Versicherungsnehmer Zipfel besitzt ein Reihenhaus, zweigeschossig mit Dach und Keller, 120 qm Wohnfläche. Die Versicherungssumme 1914 ist in seinem Vertrag mit 19 800 M angegeben. Er fragt, ob sich die Versicherungssumme ändert, wenn er das Dachgeschoss ausbaut und dadurch zusätzlich 38 qm Wohnfläche erhält.

Schreiben Sie ihm.

6. Wie hoch ist für folgende Mehrfamilienhäuser die Versicherungssumme „Wert 1914"?

a) vier Geschosse, unterkellert, mit ausgebautem Dachgeschoss; Natursteinböden, Fußbodenheizung; 440 qm Wohnfläche zuzüglich 40 qm Wohnfläche im Keller; vier Garagen außerhalb des Gebäudes

b) sechs Geschosse, unterkellert, Dach nicht ausgebaut, Leichtmetallfenster, Wohnfläche 500 qm und 100 qm Fläche für eine Gaststätte im Erdgeschoss. Für die Gaststätte ist ein Zuschlag für aufwändige Bauausstattung anzusetzen

7. Herr Grabenhorst hat 2008 ein Einfamilienhaus (Baujahr 1958) gekauft, das sanierungsbedürftig ist. Über die damaligen Baukosten konnte der Verkäufer keine genauen Angaben machen. Ein Gutachter hat den Zeitwert auf ca. 40 % des Neubauwertes geschätzt. Herr Grabenhorst beabsichtigt, umfangreiche Renovierungsarbeiten, z. B. Erneuern der Fenster, der Heizungs- und Elektroanlage, der Fußbodenbeläge sowie der sanitären Einrichtungen einschließlich neuer Fliesen, durchzuführen. Herr Grabenhorst stellt Ihnen folgende Fragen:

a) Kann er das Gebäude im augenblicklichen Zustand zum gleitenden Neuwert versichern oder ist nur eine Zeitwertversicherung möglich?

b) Soll die Versicherungssumme „Wert 1914" nach dem augenblicklichen Zustand oder nach der Sanierung ermittelt werden und welches Verfahren ist anzuwenden?

c) Da er gelernter Installateur ist, wird er viele Renovierungsarbeiten selbst durchführen.
   - Wie sind diese Arbeiten zu bewerten?
   - Ist die Mehrwertsteuer, die bei seinem Arbeitseinsatz nicht anfällt, trotzdem zu berücksichtigen?

Beantworten Sie ihm diese Fragen.

8. Die Versicherungsnehmerin stellt Ihnen folgende Fragen zur Gleitenden Neuwertversicherung:

   a) Warum wird die Versicherungssumme in den Preisen von 1914 ausgedrückt?

   b) Weshalb empfehlen die meisten Versicherer, die Versicherungssumme „Wert 1914" mit dem Summenermittlungsbogen – und nicht mit dem Baupreisindex – zu berechnen?

   c) Wird eine Unterversicherung z. B. bei Totalschaden angerechnet, wenn die Versicherungssumme nach Summenermittlungsbogen richtig berechnet wurde – die tatsächlichen Wiederaufbaukosten aber höher sind?

   Antworten Sie der Versicherungsnehmerin.

9. Versicherungsnehmer Dröse erwarb vor zwei Jahren ein Einfamilienhaus. Der Verkäufer gab die Wohnfläche mit 140 qm an. Mit dieser Fläche wurde damals mit dem Summenermittlungsbogen die Versicherungssumme in Höhe von 23 100 M ermittelt. Nach einem Leitungswasserschaden über 4 300 € stellt der Sachverständige fest, dass die Wohnfläche 150 qm beträgt. Versicherungsnehmer Dröse befürchtet, dass der Schaden entsprechend gekürzt wird.

   Wie ist die Rechtslage? Informieren Sie Herrn Dröse.

10. Bei einem Schaden am 15. 6. 2008 stellt der Gutachter des Versicherers fest, dass der Versicherungsnehmer am 2. 4. 2008 einen Wintergarten mit 15 qm Wohnfläche an sein Einfamilienhaus anbauen ließ (Kosten 18 700 €).

    Ist der Versicherungsnehmer unterversichert, weil der Bauzustand nachträglich durch wertsteigernde bauliche Maßnahmen verändert und die Veränderung dem Versicherer nicht unverzüglich angezeigt wurde? (Versicherungsperiode: 1. 1.–30. 12.)

11. Sie ermitteln bei Ihrem neuen Kunden Albrecht die Versicherungssumme „Wert 1914" mit dem Summenermittlungsbogen. Herr Albrecht hat durch einen Tischler eine individuell für diesen Raum geplante Einbauküche für 27 600 € anfertigen lassen. Er fragt, ob diese Küche in der Gebäudeversicherung eingeschlossen ist und ob die Versicherungssumme „Wert 1914" entsprechend erhöht werden muss?

    Beraten Sie ihn.

2.6 Tarif und Beitragsberechnung

2.6.1 Tarifierungsmerkmale

Zur risikogerechten Beitragsermittlung sind die folgenden Merkmale von besonderer Bedeutung:

Bauweise der Gebäude

Bauartklassen (BAK)

Klasse	Außenwände	Dacheindeckung
I	Massiv (Mauerwerk, Beton)	hart (z. B. Ziegel, Schiefer, Betonplatten, Metall, gesandete Dachpappe)
II	Stahl- oder Holzfachwerk mit Stein- oder Glasfüllung, Stahl- oder Stahlbetonkonstruktion mit Wandplattenverkleidung aus nicht brennbarem Material (z. B. Profilblech, Asbestzement)	
III	Holz, Holzfachwerk mit Lehmfüllung, Holzkonstruktion mit Verkleidung jeglicher Art, Stahl- oder Stahlbetonkonstruktion mit Wandplattenverkleidung aus Holz oder Kunststoff, Gebäude mit einer oder mehreren offenen Seiten	
IV	Wie Klasse I oder II	weich (z. B. vollständige oder teilweise Eindeckung mit Holz, Ried, Schilf, Stroh o. ä.)
V	Wie Klasse III	
	Bei gemischter Bauweise gilt die ungünstigere, wenn auf diese ein Anteil von mehr als 25 % entfällt.	

Fertighausgruppe (FHG)

Gruppe	Außenwände	Dacheindeckung
I	In allen Teilen – einschließlich der tragenden Konstruktion – aus feuerbeständigen Bauteilen (massiv)	hart (z. B. Ziegel, Schiefer, Betonplatten, Metall, Asbestzementplatten, gesandete Dachpappe)
II	Fundament massiv, tragende Konstruktion aus Stahl, Holz, Leichtbauteilen oder dergleichen, außen mit feuerhemmenden bzw. nicht brennbaren Baustoffen verkleidet (z. B. Putz, Klinkersteine, Gipsplatten, Profilblech, kein Kunststoff)	
III	Wie Gruppe II, jedoch ohne feuerhemmende Ummantelung bzw. Verkleidung	

Der Tarifgrundbeitragssatz gilt für die Bauartklasse I (bei manchen Gesellschaften auch für BAK II) und für Fertighäuser der Gruppe I.

Für die anderen Bauartklassen und Fertighausgruppen wird in der Feuerversicherung ein erhöhter Beitragssatz oder ein Zuschlag erhoben.

Räumliche und bauliche Trennung

Eine ausreichende Trennung zwischen Gebäuden liegt vor, wenn

- eine Entfernung von mindestens 10 m besteht oder
- eine Brandwand (Mauerwerk 24 cm, tragender Stahlbeton 14 cm dick) vorhanden ist.

Viele Gesellschaften verzichten im Antrag auf die Frage nach „räumlicher Trennung".

Nutzungsarten

Folgende Nutzungsarten sind zu unterscheiden:

- reine Wohngebäude
- gemischt genutzte Gebäude
- nicht ständig bewohnte Ferien- und Wochenendhäuser sowie ähnliche Gebäude

Bei gemischt genutzten Gebäuden werden bei den meisten Gesellschaften je nach Betriebsart und Flächenanteil für den Feuer-Grundbeitragssatz Zuschläge erhoben.

Viele Versicherungsunternehmen arbeiten mit drei Gefahrenklassen:

LF
3

LF
4

LF
15

- Gefahrenklasse A, z. B. für chemische Reinigung, Wäscherei, Fleischerei, Pension, Möbelhandel oder Supermarkt. Der Zuschlag beträgt z. B.
  bei einem Flächenanteil bis zu 10 % = 0,30 ‰
  bei einem Flächenanteil bis zu 20 % = 0,60 ‰
  bei einem Flächenanteil bis zu 30 % = 0,90 ‰
  bei einem Flächenanteil bis zu 40 % = 1,20 ‰
  bei einem Flächenanteil bis zu 50 % = 1,50 ‰
- Gefahrenklasse B, z. B. für Baumarkt, Gaststätten, Restaurants, gewerbliche Tierhaltung oder Spielhalle. Der Zuschlag beträgt z. B.
  bei einem Flächenanteil bis zu 10 % = 0,45 ‰
  bei einem Flächenanteil bis zu 20 % = 0,90 ‰ usw.
- Gefahrenklasse C, z. B. für Glaserei, Glasverarbeitung, Holz- und Kunststoffverarbeitung, Kfz-Reparatur oder Lackiererei. Der Zuschlag beträgt z. B.
  bei einem Flächenanteil bis zu 10 % = 0,60 ‰
  bei einem Flächenanteil bis zu 20 % = 1,20 ‰ usw.

Unerwünschte Risiken sind z. B. Imbissstube, Pizzeria, Bar, Diskothek, Tanzlokal, Stundenhotel, Eroscenter, Nachtclub oder Gebrauchtwarenhandel.

Sind in einem Gebäude mehrere Betriebe vorhanden, so ist der höchste Beitragszuschlag anzuwenden.

▶ Beispiel für ein gemischt genutztes Gebäude

Gastwirtschaft	18 % der Nutzfläche	= 0,9 ‰ Zuschlag
Fleischerei	15 % der Nutzfläche	= 0,6 ‰ Zuschlag
Chemische Reinigung	12 % der Nutzfläche	= 0,6 ‰ Zuschlag

Lösung

Die Betriebsart mit der höchsten Feuergefahr ist die Gastwirtschaft, so dass der Zuschlag 0,9 ‰ beträgt (Der gewerbliche Anteil liegt insgesamt unter 50 %).

Die meisten Versicherungsunternehmen verzichten auf einen Betriebsartenzuschlag bei Büros, Arztpraxen und Geschäften, bei denen das Feuerrisiko kaum höher ist als bei Wohnungen.

Tarifzonen für Sturm und Leitungswasser

Der Tarif wird üblicherweise in vier Leitungswasser- und in zwei Sturmzonen, die nach den Postleitzahlen geordnet sind, eingeteilt.

▶ Beispiele

Ort (jeweils Innen-stadt)	Leitungswasser-zone	Sturmzone
Bremen	3	2
Hannover	2	1
Dresden	1	1
Köln	4	2
München	2	2

Eine einheitliche Regelung besteht aber nicht, so dass auch andere Tarifzoneneinteilungen möglich sind.

Grundbeitragssätze für die Feuer-, Leitungswasser-, Sturm- und Hagelversicherung

Für ein Gebäude der Bauartklasse I und II werden beispielsweise folgende Beitragssätze erhoben:

Grundbeitragssätze (in ‰)

Feuer	Leitungswasser				Sturm/Hagel	
	Zone 1	Zone 2	Zone 3	Zone 4	Zone 1	Zone 2
0,20	0,30	0,35	0,40	0,45	0,25	0,30

Für Bremen liegt der Beitragssatz für die Gefahren Feuer, Leitungswasser, Sturm und Hagel bei 0,9 ‰; für München bei 0,85 ‰.

Die aufgeführten Tarifierungsmerkmale gehören zum objektiven Risiko. Darunter sind die Gefahrenmerkmale zu verstehen, die vom versicherten Gegenstand selbst (Eigengefahr) oder von der Nachbarschaft (Nachbarschaftsgefahr) ausgehen bzw. von außen (Sturm, Hagel) auf die versicherte Sache einwirken. Nach diesen Merkmalen wird der risikoäquivalente Beitrag ermittelt.

Das subjektive Risiko wird dagegen bei der Beitragsfestsetzung in der Wohngebäudeversicherung zurzeit kaum berücksichtigt. Zum subjektiven Risiko zählen die Gefahrenmerkmale, die von den Eigenschaften des Versicherungsnehmers oder von Verhaltensweisen der Personen abhängen, die auf die Sache einwirken können, z. B.

- vorsätzliche oder fahrlässige Brandverursachung durch den Versicherungsnehmer oder den Mieter
- leichtfertiger Umgang mit wasserführenden Maschinen durch Versicherungsnehmer oder Mieter

- mangelhafte Unterhaltung des Gebäudes
- ungepflegtes Treppenhaus
- schlechte Vermietbarkeit der Wohnungen

Ist ein Gebäude subjektiv gefährdet, dann wird häufig der Versicherungsantrag abgelehnt.

In Zukunft werden die Gesellschaften bei der Tarifierung wahrscheinlich auch „weiche" Merkmale – ähnlich wie in der Kraftfahrtversicherung – berücksichtigen, um das Risiko schon bei Antragstellung besser beurteilen zu können. Zu diesen Risikomerkmalen könnten z. B. gehören: Familienstand, Beruf, Pflege des Gebäudes, soziales Umfeld, Art der Vorschäden, Schäden in anderen Sparten, Höhe der Kredite, Zahlungsschwierigkeiten u. ä.

LF 3

LF 4

LF 15

Beitragszuschläge (Promillesätze beispielhaft)

Zuschläge für besondere Gefahrenverhältnisse

- Bauartklasse (z. B. BAK III 0,8 ‰)
- gemischt genutzte Gebäude (z. B. 0,9 ‰ für Restaurant mit Flächenanteil bis 20 %)
- nicht ständig bewohnte Ferien- und Wochenendhäuser (z. B. 80 % des Grundbeitrages oder 0,6 ‰)
- Schwimmbad im Gebäude (0,15 ‰)
- Gebäude mit nicht ausreichender räumlicher oder baulicher Trennung
- Gebäude mit Verkleidungen an den Außenwänden (0,05 ‰)

Zuschläge für den Einschluss von Klauseln, z. B.

- Überspannungsschäden durch Blitz – Klausel 7160 (0,05 ‰)
- Ableitungsrohre auf dem Versicherungsgrundstück – Klausel 7262 (0,2 ‰)
- Gebäudebeschädigungen durch unbefugte Dritte – Klausel 7361 (0,09 ‰)
- Aufräumungskosten für Bäume – Klausel 7363 (0,05 ‰)

Zuschläge für Erhöhung der Entschädigungsgrenzen und für zusätzliche Einschlüsse, z. B.

- Erhöhung der Grenze um je weitere 1 % bei Aufräumungs-, Abbruch-, Bewegungs- und Schutzkosten (0,04 %)
- Erhöhung der Grenze um je weitere 1 % bei Mehrkosten infolge behördlicher Auflagen (0,03 ‰)
- Erweiterte Elementarschadenversicherung (0,2 ‰ bzw. 0,5 ‰) (Bei einigen VU wird sie als selbstständiger Vertrag geführt.)

Viele Versicherungsunternehmen bieten ihren Versicherungsnehmern neben der Normal- auch eine Komfort- oder Idealdeckung an, die bereits einige Erweiterungen (z. B. Überspannungsschäden, bauliche Grundstücksbestandteile) und Erhöhung der Entschädigungsgrenzen für Kosten sowie Ausdehnung des Mietverlustes auf 24 Monate enthält.

Beitragsrabatte (Prozentsätze beispielhaft)

- Dauerrabatt (10 % bei 3-jähriger Laufzeit)
- Neubaurabatt (10 %–25 % für Gebäude bis zu 10 Jahre alt)
- Mehrfamilienhausrabatt (10 %)
- Rabatt wegen Selbstbeteiligung (20 % bei Selbstbeteiligung bis 1 ‰ der Versicherungssumme

„Wert 1914" x Anpassungsfaktor oder von 500 € je Versicherungsfall)
- Bündelungsrabatt, wenn zwei und mehr Verträge bei einer Versicherungsunternehmung bestehen.

2.6.2   Beitragsberechnung in der Gleitenden Neuwertversicherung

▶ Situation

Herr König möchte wissen, wie viel Beitrag er für sein Gebäude bezahlen muss und wie der Beitrag aus der Versicherungssumme „Wert 1914" berechnet wird. Nach dem Summenermittlungsbogen ergibt sich eine Versicherungssumme „Wert 1914" in Höhe von 26 100 M.

▶ Erläuterung

Die Versicherungssumme „Wert 1914" wird mit dem Tarifbeitragssatz unter Berücksichtigung von Promillezuschlägen oder -rabatten multipliziert. Das Ergebnis ist der Jahresgrundbeitrag 1914.

§ 12 Nr. 1 VGB 2008   Dieser Beitrag wird mit dem Anpassungsfaktor auf das heutige Beitragsjahr hochgerechnet.

§ 12 Nr. 2 VGB 2008

Anpassungsfaktor (umgerechnet in €)			
ab 01. 01. 2001	13,08	ab 01. 01. 2006	13,42
ab 01. 01. 2002	13,11	ab 01. 01. 2007	13,57
ab 01. 01. 2003	13,10	ab 01. 01. 2008	14,43
ab 01. 01. 2004	13,16	ab 01. 01. 2009	14,91
ab 01. 01. 2005	13,35		

§ 12 Nr. 2 b) VGB 2008   Der Anpassungsfaktor erhöht oder vermindert sich jeweils zum 1. Januar eines jeden Jahres entsprechend dem Prozentsatz, um den sich der Baupreisindex für Wohngebäude und der Tariflohnindex für das Baugewerbe des Vorjahres geändert haben. Die Änderung des Baupreisindexes für Wohngebäude wird zu 80 %, die des Tariflohnindexes zu 20 % berücksichtigt; der jeweilige Index wird auf zwei Stellen nach dem Komma gerundet. Der Anpassungsfaktor wird ebenfalls auf zwei Stellen hinter dem Komma kaufmännisch gerundet.

▶ Beispiel

	Baupreisindex für Wohngebäude (Basis 2000 = 100)		Tariflohnindex für Baugewerbe (Basis 2000 = 100)
Mai 2006	103,6	April 2004	105,2
Mai 2007	111,7	April 2005	105,5
Differenz	8,1		0,3

Prozentuale
Änderung $\quad \dfrac{8,1 \times 100}{103,6} = 7,82\ \%$ $\qquad \dfrac{0,3 \times 100}{105,2} = 0,29\ \%$

Gewichtung $\quad 7,82\ \% \ \times \ 0,8 = 6,26\ \%$ $\qquad 0,29\ \% \times 0,2 = 0,06$

Anpassungsfaktor 2008: $\quad 13,57 \times 1,0632 = 14,428$

Auf zwei Stellen nach Komma gerundet: $\quad \underline{14,43}$

Erhöht sich der Beitrag durch den Anpassungsfaktor, dann kann der Versicherungsnehmer der Erhöhung innerhalb eines Monats nach Zugang widersprechen. Eine Kündigung nach § 40 (1) VVG ist nicht möglich, weil sich durch die Beitragsanpassung die Haftung des Versicherers – und damit der Umfang des Versicherungsschutzes – erhöht.

§ 12 Nr. 2 c) VGB 2008

Widerspricht der Versicherungsnehmer der Beitragsanpassung, dann wird die Versicherung als Neuwertversicherung (in Euro) zum bisherigen Beitrag fortgeführt. Die neue Versicherungssumme ergibt sich aus der Versicherungssumme „Wert 1914" multipliziert mit 1/100 des Baupreisindexes für den Monat Mai des Vorjahres. Der Unterversicherungsverzicht entfällt.

§ 12 Nr. 2 c) VGB 2008

▶ Beispiel

Versicherungssumme „Wert 1914": 20 000 M;
Beitragssatz: 0,9 ‰ Anpassungsfaktor 2008: 14,43;
Beitrag 2008 (ohne Versicherungsteuer): 259,74 €
Anpassungsfaktor 2009: 14,91,
Beitrag 2009 (ohne Versicherungsteuer): 268,38 €
Beitragsfälligkeit: 1. 2. 2009
Baupreisindex Mai 2008: 1 189,6
Der Versicherungsnehmer widerspricht fristgerecht der Beitragsanpassung in 2009.

Lösung:

$$\frac{20\,000 \times 1\,189,6}{100} = 237\,920 \text{ € Versicherungssumme (Neuwert)}$$

Da der Vertrag zum bisherigen Beitrag weitergeführt wird, ändert sich auch der Beitragssatz:

$$\frac{1\,000 \times 259,74}{237\,920} = 1,09 \text{ ‰ neuer Beitragssatz}$$

Durch die Umwandlung in eine Neuwertversicherung hat der Versicherungsnehmer erhebliche Nachteile.[1] Widersprüche gegen eine Beitragsanpassung sind deshalb selten. Erscheint dem Versicherungsnehmer der Beitrag zu hoch, dann wechselt er eher zu einem günstigeren Versicherer.

Der Anpassungsfaktor zeigt – wie auch der Baupreisindex – die Kostenentwicklung seit 1914. Der Anpassungsfaktor ist allerdings höher als der Baupreisindex. Die Gründe für die Abweichung liegen u. a. darin:

- Der „Mittlere Baupreisindex für Wohngebäude" gibt die Veränderung der durchschnittlichen Neubaukosten eines idealtypischen Wohnhauses wieder. Für ein bestimmtes Gebäude gelten diese durchschnittlichen Neubaukosten nur, wenn dieses Haus in seiner Größe, Bauausführung, Ausstattung und vor allem seinem Standort dem „Indexgebäude" entspricht. Diese Voraussetzungen treffen in der Praxis kaum zu. Insbesondere liegen die Baupreise in Großstädten – mit einer relativ hohen Schadenhäufigkeit – erheblich über dem Durchschnitt.
- Der Baupreisindex drückt die Baukosten eines Neubaus aus. Totalschäden sind aber selten. In den meisten Fällen muss der Versicherer Reparaturkosten (Teilschäden) ersetzen, bei denen der Lohnanteil wesentlich höher ist als bei einem Neubau. Löhne stiegen in der Vergangenheit aber häufig schneller als die Baukosten insgesamt. Diese unterschiedliche Lohn- und Baupreisentwicklung wird erst seit 1979/80 durch den Mischindex (80 % Baupreis- und 20 % Tariflohnänderungen) berücksichtigt.
- Die Wohngebäudeversicherung leistet auch für Kosten (§ 7 u. § 8 Nr. 1 u. 4 VGB 2008) und für Mietausfall (§ 9 VGB 2008). Insbesondere die Mieten sind in den vergangenen Jahrzehnten schneller gestiegen als die Baukosten.
- Der Anpassungsfaktor muss für die kommende Versicherungsperiode die Baupreissteigerungen auffangen. Er wird aber aus den Steigerungsraten des Vorjahres gebildet.

---

1   Vgl. dazu auch Abschnitt 2.5.1

▶ Beispiel zur Beitragsberechnung

Herr König vereinbart für sein Einfamilienhaus in 80939 München den Einschluss von Überspannungsschäden durch Blitz (0,05 ‰ Zuschlag) sowie Aufräumungskosten für Bäume (0,05 ‰ Zuschlag). Für eine Selbstbeteiligung erhält er 20 %, für 3-jährige Vertragsdauer 10 % Rabatt. Im Antrag kreuzt er halbjährliche Zahlung an (3 % Zuschlag). Die Versicherungssumme „Wert 1914" beträgt 26 100 M; der Tarifbeitragssatz 0,85 ‰.

Berechnen Sie den Halbjahresbeitrag für 2009 einschließlich 17,75 % Versicherungsteuer.

Lösung

Tarifbeitragssatz	0,85 ‰
+ Überspannungsschäden	0,05 ‰
+ Aufräumungskosten für Bäume	0,05 ‰
	0,95 ‰

26 100 M zu 0,95 ‰ = 24,80 M Beitrag 1914

24,80 M × 14,91	= 369,77 €	Beitrag 2009
– 20 % Rabatt wegen Selbstbeteiligung	73,95 €	
	295,82 €	
– 10 % Dauerrabatt	29,58 €	
	266,24 €	
+ 3 % Ratenzuschlag	7,99 €	
	274,23 € : 2	
	137,12 €	
+ 17,75 % Versicherungsteuer	24,34 €	
Einlösungsbeitrag	161,46 €	

> Jahresbeitrag heute = Jahresbeitrag 1914 × Anpassungsfaktor

Beiträge, Zuschläge, Rabatte und Versicherungsteuer werden wie bisher – auch innerhalb der Beitragsberechnung – auf zwei Stellen nach dem Komma kaufmännisch gerundet.

Rechenschritte bei der Beitragsberechnung in der Gleitenden Neuwertversicherung

1. Ermittlung der Versicherungssumme „Wert 1914"

- durch Umrechnung der Baukosten eines bestimmten Jahres mit dem entsprechenden Baupreisindex
- durch Bewertung der Wohnfläche mit dem Summenermittlungsbogen für Ein- und Zweifamilienhäuser bzw. für mehrgeschossige Wohn- und gemischt genutzte Gebäude

2. Ermittlung des Jahresbeitrags 1914

$$\frac{\text{V.-Summe „Wert 1914"} \times \text{Beitragssatz}}{1000} = \text{Jahresgrundbeitrag 1914}$$

3. Ermittlung des heutigen Beitrags

Jahresbeitrag 1914 × Anpassungsfaktor = heutiger Tarifbeitrag
zuzüglich Versicherungsteuer

Zur Wohngebäudeversicherung können weitere Sparten wie Haus- und Grundbesitzer-Haftpflicht-, Gewässerschadenhaftpflicht-, Bauherren- haftpflicht-, Bauleistungs-, Glas- und Mietverlustversicherung für ge- werblich genutzte Räume angebündelt werden. Für diese Sparten wird eine Versicherungsteuer von 19 % erhoben.

2.6.3 Beitragsberechnung nach der Wohnfläche (Wohnflächenmodell)

§ 10 Nr. 1. u. 2
VGB 2008
(Wohnfläche)

Beim Wohnflächenmodell wird keine Versicherungssumme ermittelt. Versichert ist der ortsübliche Neubauwert der im Versicherungsvertrag beschriebenen Gebäude einschließlich Architektengebühren sowie sonstige Konstruktions- und Planungskosten.

§ 10 Nr. 2 a) VGB 2008
(W)

Der Grundbeitrag errechnet sich aus Fläche, Gebäudetyp, Bauausfüh- rung und -ausstattung, Nutzung sowie sonstiger vereinbarter Merk- male, die für die Beitragsberechnung erheblich sind.

Da eine Versicherungssumme fehlt, muss die genaue Gebäudebe- schreibung im Antrag erfasst und im Versicherungsschein dokumentiert werden.

Zu diesen Merkmalen gehören, z. B.[1]

- Grundfläche in qm
- Anzahl der Geschosse
- Voll- oder Teilkeller bzw. nicht unterkellert
- Art des Daches (Flach-, Walm-, Spitzdach)
- Dachgeschoss ausgebaut bzw. nicht ausgebaut
- Bauweise (Massiv, Fachwerk, Holz, Fertigbauweise)

- Bauausführung und -ausstat- tung, z. B. bei Dach, Außen- wänden, Decken/Wänden, Fuß- böden, Fenster/Türen, sanitären Anlagen, Heizung
- Sondermerkmale, z. B. hoch- wertiger Stuck, Innenschwimm- bad, Holzfachwerk
- Nutzung des Gebäudes, z. B. Wo- chenendhaus, Gewerbebetriebe

Nach diesen Merkmalen wird ein Grundbeitrag pro qm Wohnfläche – unterteilt nach den Tarifzonen für Leitungswasser und Sturm – ermit- telt.

---

1   Handbuch der Sachversicherung, Bd. 1, A-II-19, 2008.

Der Versicherer passt den Versicherungsschutz und den Beitrag der Baukostenentwicklung an.

§ 10 Nr. 1 a) u. 2 b) aa) VGB 2008 (W)

LF 3

Da keine Versicherungssumme „Wert 1914" vorhanden ist, kann als Preisbasis z. B. auch das Jahr 2001 (wegen Umstellung auf €) genommen werden. Der Anpassungs- oder Neuwertfaktor für das Jahr 2001 beträgt dann 10, für das Jahr 2005 1,021, für 2008 1,104[1].

LF 4

Die Erhöhung oder Verminderung dieses Faktors wird genauso berechnet wie für den Anpassungsfaktor für den Beitrag aus der Versicherungssumme „Wert 1914". Die Änderung des Baupreisindexes für Wohngebäude wird zu 80 % und die des Tariflohnindexes für das Baugewerbe zu 20 % berücksichtigt.

§ 10 Nr. 2 b) bb) VGB 2008 (W)

LF 15

▶ Beispiel

Der Versicherungsnehmer versichert sein Einfamilienhaus in 71067 Sindelfingen gegen Feuer, Leitungswasser und Sturm nach dem Wohnflächenmodell.

Gebäudebeschreibung:

■ massive Bauweise, Baujahr 2008
■ zweigeschossig, unterkellert
■ Spitzdach, nicht ausgebaut
■ Wohnfläche 130 qm
■ gehobene Bauausführung und -ausstattung bei
  ■ Außenwänden
  ■ Fußböden

Einschluss der Klausel Überspannung; Vertragslaufzeit 1. 11. 2008 bis 30. 10. 2011; Neubaunachlass 20 %.

Aus dem Tarif entnehmen Sie folgende Beiträge und Zuschläge in € pro qm Wohnfläche:

Feuer	0,45 €
Leitungswasser (Zone 2)	0,65 €
Sturm (Zone 1)	0,45 €
Zuschlag für Außenwände	0,15 €
Zuschlag für Fußböden	0,15 €
Zuschlag für Klausel 7160	0,05 €
Grundbeitrag (Preisbasis 2001)	1,90 €

---

1 Natürlich kann auch der Beitrag auf der Preisbasis des Jahres 1914 und mit dem Anpassungsfaktor 14,91 (2009) ermittelt werden. Ber Beitrag pro qm Wohnfläche ist dann in den Preisen des Jahres 1914 anzugeben. Der Anpassungsfaktor hat dann nur zwei Nachkommastellen § 10 Nr. 2 b) bb) VGB 2008 (W); Handbuch der Sachversicherung, Bd. 1, A-II-22, 2008.

Lösung

Beitrag pro qm Wohnfläche:	1,90 €
Anpassungsfaktor für 2008:	1,104 [1]
1,90 €/qm × 130 qm =	247,00 €

247 € × 1,104 =	272,69 €
– 20 % Neubaurabatt	– 54,54 €
	218,15 €
– 10 % Dauerrabatt	– 21,82 €
	196,34 €
+ 17,75 % Versicherungsteuer	34,85 €
Einlösungsbeitrag	231,19 €

Die Formel zur Beitragsberechnung wird beim Wohnflächenmodell verkürzt, weil die Versicherungssumme „Wert 1914" entfällt:

Jahresbeitrag heute = Beitrag/qm × Wohnfläche in qm × Anpassungsfaktor

§ 11 Nr. 8 VGB 2008
(W)

Widerspricht der Versicherungsnehmer der Erhöhung des Beitrages wegen gestiegenem Anpassungsfaktor, dann wird die Entschädigung im Verhältnis gekürzt, wie sich der zuletzt berechnete Jahresbeitrag zu dem Jahresbeitrag verhält, den der Versicherungsnehmer ohne Widerspruch gezahlt hätte.

▶ Beispiel

gezahlter Beitrag 2007	255,00 €
Beitrag 2008	271,20 €

Der Versicherungsnehmer widerspricht der Beitragsanpassung für 2008.

Hauptfälligkeit: 1. Februar

Schaden am 15. 6. 2008   52 400 €

Lösung

Der Schaden wird gekürzt.

$$\text{Entschädigung:} \quad \frac{\text{Schaden} \times \text{gezahlter Beitrag 2007}}{\text{zu zahlender Beitrag 2008}}$$

$$\text{Entschädigung:} \quad \frac{52\,400 \times 255}{271,20} = 49\,269,91 \text{ €}$$

---

[1]   Die Versicherungsunternehmen, die mit der Preisbasis 2001 arbeiten, berechnen den Anpassungsfaktor in der Regel auf drei Stellen nach dem Komma – abweichend von § 10 Nr. 2 b) bb) VGB 2008 (W).

▶ Zusammenfassung[1]

VGB-Wohnflächenmodell	VGB-Versicherungssumme „Wert 1914"
Versicherungssumme	
Keine Versicherungssumme Das Gebäude wird nach Typ und Ausführung/Ausstattung dokumentiert	Versicherungssumme „Wert 1914" in Mark Die V.-Summe „Wert 1914" wird dokumentiert
Beitragsberechnung	
Der Grundbeitrag pro qm Wohnfläche wird nach Gebäudetyp, Bauausführung und -ausstattung sowie sonstigen vereinbarten Merkmalen berechnet Beitrag = Grundbeitrag pro qm, multipliziert mit der Wohnfläche und dem Anpassungsfaktor, z. B. 1,50 €/qm x 150 qm x 1,104 = 248,40 €	Die V.-Summe „Wert 1914" wird z. B. mit dem Summenermittlungsbogen berechnet (als Grundlage für die Beitragsermittlung) Beitrag = V.-Summe „Wert 1914", multipliziert mit dem Beitragssatz und dem Anpassungsfaktor, z. B. $20\,000 \times \dfrac{0{,}85}{1\,000} \times 14{,}43 = 245{,}31\ €$
Entschädigungsgrenzen für Kosten	
z. B. 10 000 € x Anpassungsfaktor oder in absoluten Beträgen	z. B. 5 % der V.-Summe „Wert 1914" x Anpassungsfaktor
Unterversicherung	
Keine Anrechnung der Unterversicherung im Teilschadenfall bei unterlassener Meldung werterhöhender Maßnahmen durch den Versicherungsnehmer Keine Unterversicherungsverzichtvereinbarung	Anrechnung einer Unterversicherung Entschädigung $\dfrac{\text{Schaden x V.-Summe „Wert 1914"}}{\text{V.-Wert 1914}}$ Generelle Unterversicherungsverzichtsvereinbarung möglich
Widerspruch gegen die Beitragsanpassung	
Kürzung des Schadens: Entschädigung = $\dfrac{\text{Schaden x gezahlter Beitrag}}{\text{zu zahlender Beitrag}}$	Die Gleitende Neuwertversicherung wird in eine Neuwertversicherung umgewandelt: Neuwertversicherungssumme = $\dfrac{\text{V.-Summe „Wert 1914"} \times \text{Baupreisindex}}{100}$

1   Handbuch der Sachversicherung, Bd. 1, A-II-24, 2008

Übungen

1. Der Versicherungsnehmer versichert sein Einfamilienhaus (massiv) in Bremen zum gleitenden Neuwert. Die Baukosten betrugen 1975 180 000 DM zuzüglich 15 % Baunebenkosten. Der Beitragssatz beträgt 1 ‰. Mitversichert sind Überspannungsschäden (0,05 ‰ Zuschlag) und Aufräumungskosten für Bäume (0,05 ‰ Zuschlag). Der Versicherungsnehmer vereinbart dreijährige Laufzeit (10 % Rabatt), Selbstbeteiligung (10 % Rabatt) und halbjährliche Zahlung.

   a) Berechnen Sie den Halbjahresbeitrag ab 1. 2. 2009 einschließlich 17,75 % Versicherungsteuer durch Umrechnung mit Baupreisindex (Versicherungssumme „Wert 1914" auf 100 M aufrunden).

   b) Im Mai 2009 lässt der Versicherungsnehmer neue Fenster mit Isolierverglasung und teure sanitäre Einrichtungen einbauen sowie hochwertige Teppichböden verlegen (Werterhöhung insgesamt 48 000 €).

   Wie hoch ist der Nachbeitrag ab 1. 6. 2009 einschließlich Versicherungsteuer (Baupreisindex 1189,6, Versicherungssumme „Wert 1914" auf 100 M aufrunden).

2. Sie besuchen den Kunden Richter. Herr Richter will ein Einfamilienhaus in 29229 Celle bauen und legt die Baupläne vor.

   - Baubeginn 1. 3. 2008; voraussichtlich am 15. 10. 2008 bezugsfertig
   - Bauausführung massiv mit Satteldach (Dach nicht ausgebaut)
   - eingeschossig, unterkellert
   - 140 qm Wohnfläche zuzüglich 30 qm im Keller
   - eine Garage außerhalb des Gebäudes
   - Innenausbau:
     - Parkett- und Teppichböden in sehr guter Qualität
     - Holzsprossenfenster
     - hochwertige sanitäre Einrichtungen
     - Fußbodenheizung mit Wärmepumpen- und Solarheizungsanlage

   a) Zu welchem Termin empfehlen Sie Herrn Richter den Abschluss einer Wohngebäudeversicherung? Wann muss er seine Hausratversicherung ändern?
   Beraten Sie den Kunden auch über Klausel 7712 (Kein Abzug wegen Unterversicherung).

   b) Sie raten Herrn Richter, das Gebäude zum gleitenden Neuwert zu versichern. Informieren Sie den Kunden ausführlich über die Versicherungsform, und zeigen Sie ihm auch die Vorteile zur Neuwertversicherung auf.

c) Berechnen Sie den Vierteljahresbeitrag einschließlich Zu- schläge für sonstige Grundstücksbestandteile (0,1 ‰), Über- spannungsschäden (0,05 ‰) sowie 15 % Neubaurabatt, 10 % Dauerrabatt und 17,75 % Versicherungsteuer. Die Grundbei- tragssätze entnehmen Sie dem Tarif (Versicherungssumme „Wert 1914" auf 100 M aufrunden; Anpassungsfaktor 14,43).

3. Ein Mehrfamilienhaus in 01099 Dresden wird 2008 zum gleiten- den Neuwert versichert. Das Gebäude besitzt sechs Geschosse mit Spitzdach, unterkellert, Dach nicht ausgebaut, massive Bau- weise, 480 qm Wohnfläche und 190 qm gewerbliche Nutzfläche (70 qm Anwaltsbüro, 120 qm Fleischerei; für die Fleischerei wird ein Risikozuschlag von 0,6 ‰ erhoben; werterhöhende Einbauten sind bei der Fleischerei zu berücksichtigen). Die Kundin vereinbart den Einschluss von:

- Überspannungsschäden (Zuschlag 0,05 ‰)
- Gebäudebeschädigung durch unbefugte Dritte (Zuschlag 0,09 ‰)

Das Versicherungsunternehmen gewährt 20 % Neubaurabatt; rechnen Sie mit den Grundbeitragssätzen aus der Übersicht. (Versicherungssumme „West 1914" auf 100 M aufrunden)

Außerdem schließt die Versicherungsnehmerin zusätzlich ab:

- Mietverlustversicherung für gewerblich vermietete Räume (Jah- resmietwert einschließlich Mietnebenkosten 18 000 € zu 0,75 ‰)
- Haus- und Grundbesitzer-Haftpflichtversicherung (Jahresmiet- wert insgesamt einschließlich Mietnebenkosten ohne Heizung 54 000 € zu 5 ‰).

Wie hoch sind die Beiträge einschließlich 10 % Dauerrabatt und 17,75 % bzw. 19 % Versicherungsteuer. (Bei einer gebündelten Versicherung sind die Beiträge einzeln auszuweisen; Anpassungs- faktor 14,43).

4. Sie haben für den Kunden Helms die Versicherungssumme „Wert 1914" für sein neugebautes Einfamilienhaus mit dem Summener- mittlungsbogen berechnet. Bei 130 qm Wohnfläche und einem Preis 1914 pro qm von 190 M ergibt sich eine Versicherungs- summe „Wert 1914" in Höhe von 24 700 M. Herrn Helms er- scheint die Versicherungssumme „Wert 1914" und dadurch auch der Beitrag viel zu hoch. Er hat überschlägig die Versicherungs- summe „Wert 1914" mit dem Baupreisindex hochgerechnet – die heutige Summe liegt mit etwa 20 000 € über seinen Baukosten. Er verlangt entsprechende Herabsetzung der Versicherungs- summe „Wert 1914".

Antworten Sie Herrn Helms.

5. Der Außendienstmitarbeiter Lehmann weist den Kunden Fricke
   darauf hin, dass die Versicherungssumme „Wert 1914" in Höhe
   von 19 200 M (Beitragssatz 0,9 ‰) nicht mehr ausreicht, da der
   Wert des Gebäudes durch Um- und Ausbauten gestiegen ist. Ab
   1. 9. 2008 vereinbart Herr Fricke

   ■ Erhöhung der Versicherungssumme „Wert 1914" auf 25 000 M
   ■ Einschluss Ableitungsrohre (0,2 ‰ Zuschlag)

   Außerdem wird 0,1 ‰ Zuschlag für ein neugebautes Gartenhaus
   erhoben. Herr Frickmann wünscht künftig halbjährliche statt jährliche Zahlungen. Die neue Versicherungsperiode beginnt ab
   1. 9. 2008 (bisherige Versicherungsperiode 1. 1.–30. 12.).

   Berechnen Sie den Nachbeitrag einschließlich Versicherungsteuer
   unter Verrechnung des unverbrauchten Beitrags.

2.7 Entschädigungsberechnung in der Gleitenden Neuwertversicherung

LF
3

2.7.1 Entschädigung für Gebäude, versicherte Kosten und Mietausfall

LF
4

▶ Situation

LF
15

Eine Gasexplosion am 16. 4. 2008 beschädigt das Zweifamilienhaus des Versicherungsnehmers Schulze so stark, dass Einsturzgefahr besteht. Unser Gebäudesachverständiger prüft zusammen mit einem Baustatiker, ob das Gebäude repariert werden kann oder ob es abgerissen und neu aufgebaut werden muss. Versicherungsnehmer Schulze befürchtet, dass eine Reparatur den früheren Zustand des Gebäudes nicht wiederherstellen kann und befürwortet einen Neubau. Er fragt, wie die Ersatzleistung in den Versicherungsbedingungen geregelt ist (Versicherungssumme „Wert 1914": 25 000 M).

▶ Erläuterung

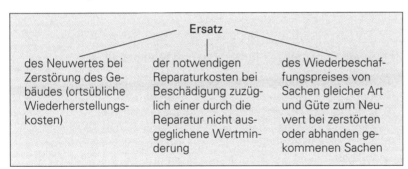

§ 13 Nr. 1 VGB 2008

Die Gebäudeversicherung ersetzt vorrangig die Reparaturkosten. Dabei ist zu prüfen, ob eine Reparatur technisch möglich und wirtschaftlich sinnvoll ist.

Der Sachverständige stellt fest, dass die Tragfähigkeit der Mauern und Decken durch große Risse erheblich beeinträchtigt ist, so dass eine Reparatur nur unter großen Schwierigkeiten und mit unverhältnismäßig hohem finanziellen Aufwand durchgeführt werden kann. Er entscheidet deshalb, dass das Gebäude abgebrochen und auf dem nahezu unbeschädigten Keller neu aufgebaut werden soll. Die geschätzten Baukosten in Höhe von 226 000 € werden in voller Höhe ersetzt, da die Versicherungssumme „Wert 1914" von 25 000 M dem Versicherungswert 1914 entspricht. Der Versicherungsnehmer erhält den Neuwert nur, wenn er innerhalb von drei Jahren nach Eintritt des Versicherungsfalles sichergestellt hat, das Gebäude wiederherzustellen – andernfalls wird nur zum Zeitwertschaden geleistet.

§ 13 Nr. 7 VGB 2008

Auch die Mehrwertsteuer erhält er nur, wenn er sie tatsächlich zahlt.

§ 13 Nr. 6 VGB 2008

Nachdem das Gebäude abgerissen und der Schutt abgefahren ist und der Wiederaufbau begonnen hat, stellt der Sachverständige mit dem Versicherungsnehmer die weiteren Kosten zusammen:

- Die Abbruchkosten betragen 5 200 €.
- Für Aufräumungskosten einschließlich Entsorgung des Gebäudeschutts als Sondermüll fallen 13 800 € an. (Der Versicherungsnehmer betreibt im Erdgeschoss ein Farbengeschäft, das im Versicherungsantrag angegeben war. Farben, Terpentin und weitere Schadstoffe sind durch die Explosion in den Schutt eingedrungen.)
- Der Wiederaufbau wird etwa sieben Monate betragen. Dadurch fällt die Miete für die vermietete Wohnung im zweiten Obergeschoss aus; Miete pro Monat 400 € zuzüglich 45 € fortlaufende Nebenkosten.
- Der Mietwert für die selbst bewohnten Räume wird ebenfalls mit 400 € zuzüglich Nebenkosten 45 € pro Monat angesetzt. Der Mietwert des Geschäftes ist nicht versichert.
- Da die Baupreise zurzeit stark anziehen, wird mit Mehrkosten durch Preissteigerungen von etwa 7 000 € gerechnet.
- Die Mehrkosten durch Veränderungen der öffentlich-rechtlichen Vorschriften, insbesondere durch die Wärmeschutzverordnung, werden mit 14 000 € kalkuliert.

§ 9 Nr. 3 VGB 2008

Entschädigungsgrenzen für Kosten und Mietausfall

- Aufräumungs-, Abbruch-, Bewegungs- und Schutzkosten: 5 % der Versicherungssumme „Wert 1914" x Anpassungsfaktor – § 7 Nr. 2 VGB 2008
- Mehrkosten durch Veränderungen der öffentlich-rechtlichen Vorschriften und Preissteigerungen: 5 % der Versicherungssumme „Wert 1914" x Anpassungsfaktor – § 8 Nr. 6 VGB 2008
- Mietausfall: bis zur Wiederbenutzung der Wohnung – höchstens 12 Monate – § 9 Nr. 2 VGB 2008

Entschädigung für Kosten

- Aufräumungs- und Abbruchkosten: 19 000 €

  Ersetzt werden max.: $\dfrac{25\,000 \times 5 \times 14{,}91}{100} = 18\,637{,}50\,€$

- Mietausfall: 445 € x 7 Monate = 3 115 €
  445 € x 7 Monate = 3 115 €   6 230,00 €

- Mehrkosten durch Preissteigerungen und Mehrkosten durch Änderung öffentlich-rechtlicher Vorschriften 21 000,00 €

  (Grenze wie bei Aufräumungs- und Abbruchkosten) max.   18 637,50 €

Entschädigung   43 505,00 €

Keine Entschädigungshöchstgrenzen für

- Schadenminderungskosten § 31 VGB 2008
- Mietausfall § 9 VGB 2008

Der Versicherer ersetzt bei beschädigten Sachen die notwendigen Reparaturkosten zuzüglich einer durch die Reparatur nicht ausgeglichene Wertminderung.

§ 13 Nr. 1 b) VGB 2008

▶ Beispiel

Nach einem Rohrbruch in der Badezimmerwand verlangt der Versicherungsnehmer die komplette Neuverfliesung, weil Fliesen gleicher Art wie die beschädigten nicht mehr zu beschaffen waren. Der Versicherer lehnt eine Neuverfliesung ab. Er schlägt stattdessen vor, aus dem Fußboden Fliesen für die Wand zu nehmen und den Fußboden neu zu verfliesen. Diese Reparatur würde ca. 5 800 € kosten – eine vollständige Neuverfliesung 7 500 €.

Nach der Rechtsprechung kann der Versicherungsnehmer nicht die Kosten für die komplette Neuverfliesung eines einheitlich gefliesten Badezimmers verlangen, wenn dies außer Verhältnis zur optischen Beeinträchtigung steht. Der Umfang einer Reparatur bemisst sich nach den Geboten der Erforderlichkeit und Zumutbarkeit. Beispielsweise ist nur der beschädigte Boden neu zu fliesen, weil unterschiedliche Farben bei Boden und Wand häufig gewollt sind – eine uneinheitliche Verfliesung der Wände jedoch kaum.

OLG Köln
r+s 2005, 422
AG Düsseldorf
r+s 2008, 339

Ist aber der Differenzbetrag zwischen Reparaturkosten und den Kosten einer Neuverfliesung relativ gering – im Beispiel 1 700 € –, dann würde auch ein nicht versicherter Gebäudeeigentümer eine komplette Neuverfliesung in Auftrag geben. Der Versicherungsnehmer bekam nach dem Urteil des OLG Düsseldorf 7 500 € für die Neuverfliesung ersetzt.

OLG Düsseldorf
r+s 2007, 200

Der Versicherer haftet nicht für eine mangelhaft durchgeführte Reparatur.

▶ Beispiel

Nach einem Bruch der Wasserzuleitung im Keller des Versicherungsnehmers wurde der geflieste Boden so stark durchnässt, dass u. a. eine Estrichaustrocknung notwendig wurde. Die vom Versicherungsnehmer beauftragte Firma führte diese Arbeiten wenig sach- und fachgerecht durch, so dass mehrmals nachgebessert werden musste. Der Versicherungsnehmer verlangte vom Versicherer zu den Reparaturkosten noch eine Wertminderung für die Schäden durch die fehlerhafte Reparatur.

§ 13 Nr. 1 b) VGB 2008

Nach den VGB ist der Versicherer nur zur Erstattung der notwendigen Reparaturkosten verpflichtet. Ein Naturalersatz ist in den Bedingungen nicht vorgesehen, so dass der Versicherer keine mangelfreie Ausführung schuldet. Der Versicherungsnehmer schließt im eigenen Namen einen rechtsgültigen Vertrag mit der Reparaturfirma ab. Aus diesem Vertrag kann der Versicherungsnehmer Gewährleistungsansprüche nur gegen die Firma – und nicht gegen den Versicherer – geltend machen. Diese Regelung gilt auch, wenn der Schadenregulierer des Versicherers einen bestimmten Handwerker zur Reparatur des versicherten Schadens empfiehlt.

LG Düsseldorf
r+s 2008, 297

2.7.2   Unterversicherung

▶ **Situation**

Auf Anregung des Außendienstmitarbeiters Fröhlich hat Versicherungsnehmer Schulze glücklicherweise die Versicherungssumme „Wert 1914" vor drei Monaten von 18 000 M auf 25 000 M erhöht, weil im vergangenen Jahr größere Ausbau- und Renovierungsarbeiten im Gebäude durchgeführt wurden.

Der Außendienstmitarbeiter Fröhlich weist Herrn Schulze darauf hin, dass die Wohngebäudeversicherung – wie auch die Hausratversicherung – eine Vollwertversicherung ist. Der Schaden wird in voller Höhe nur ersetzt, wenn die Versicherungssumme dem Versicherungswert entspricht.

▶ **Erläuterung**

§ 13 Nr. 9 VGB 2008

Ist die Versicherungssumme „Wert 1914" niedriger als der Versicherungswert 1914 unmittelbar vor Eintritt des Versicherungsfalls, so besteht Unterversicherung, und jeder Schaden wird nur im Verhältnis Versicherungssumme „Wert 1914" zum Versicherungswert 1914 ersetzt.

Diese Regelung gilt auch für versicherte Kosten und Mietausfall.

Für Mehrkosten durch Preissteigerung sowie Mehrkosten durch Veränderungen der öffentlich-rechtlichen Vorschriften ist eine Unterversicherungsanrechnung nicht vorgesehen. Nach § 13 Nr. 9 Satz 2 VGB 2008 gilt die Feststellung einer Unterversicherung nur für versicherte Kosten nach § 7 (Aufräum- und Abbruchkosten sowie Bewegungs- und Schutzkosten) und für versicherten Mietausfall bzw. Mietwert nach § 9. § 8 wird dabei nicht aufgeführt.

Entschädigung versicherter Sachen =

$$\frac{\text{Schaden} \times \text{Versicherungssumme „Wert 1914"}}{\text{Versicherungswert 1914}} \qquad \text{§ 13 Nr. 9 VGB 2008}$$

Entschädigung versicherter Kosten =

$$\frac{\text{Kosten} \times \text{Versicherungssumme „Wert 1914"}}{\text{Versicherungswert 1914}}$$

Entschädigung versicherter Mietausfall =

$$\frac{\text{Mietausfall} \times \text{Versicherungssumme „Wert 1914"}}{\text{Versicherungswert 1914}}$$

Restwerte werden vom Schaden – und nicht von der Entschädigung – abgezogen. § 13 Nr. 1 d) VGB 2008

LF 3

LF 4

LF 15

Mitarbeiter Fröhlich rechnet Herrn Schulze die Entschädigung aus, die er ohne Erhöhung der Versicherungssumme bekommen hätte:

Entschädigung bei Unterversicherung

Gebäudeschaden 226 000 €

Entschädigung: $\dfrac{226\,000 \times 18\,000}{25\,000} =$ 162 720,00 €

Aufräumungs- und Abbruchkosten 19 000 €

Entschädigung: $\dfrac{19\,000 \times 18\,000}{25\,000} = 13\,680\;€$

Da die Entschädigung die Grenze von 5 % der Versicherungssumme „Wert 1914" × Anpassungsfaktor übersteigt, wird entsprechend gekürzt.

$\dfrac{18\,000 \times 5 \times 14,91}{100} =$ 13 419,00 €

Mietausfall 6 230 €

Entschädigung: $\dfrac{6\,230 \times 18\,000}{25\,000} =$ 4 485,60 €

Für Mehrkosten durch Preissteigerung und durch Änderung öffentlich-rechtlicher Vorschriften erhält der Versicherungsnehmer max. die Entschädigungsgrenze (keine Unterversicherungsanrechnung) 13 419,00 €

Entschädigung: 194 043,60 €

Versicherungsnehmer Schulze hätte bei einer Unterversicherung vom Gebäudeschaden 63 280 € sowie von den Kosten und Mietausfall 12 181,40 € selbst tragen müssen.

Unterversicherungsverzicht

Wird die Versicherungssumme „Wert 1914" durch

§ 11 Nr. 1 VGB 2008

a) eine anerkannte Schätzung eines Bausachverständigen
b) Umrechnung des Neubauwertes mit dem Baupreisindex
c) Wohnfläche, Ausbau und Ausstattung des Gebäudes

§ 11 Nr. 2 VGB 2008

ermittelt, dann nimmt der Versicherer keinen Abzug wegen Unterversicherung vor.

§ 11 Nr. 1 b) VGB 2008

Bei der Rückrechnung mit dem Baupreisindex ist der Versicherungsnehmer verantwortlich für die Angabe des richtigen Neubauwertes. Nennt er einen zu niedrigen Wert, weil er beispielsweise vergisst, Einbauten, Eigenleistungen, Rabatte oder Architektengebühren anzugeben[1] oder er übernimmt vom Voreigentümer einen falschen Neubaupreis, dann wird der Versicherer nicht auf die Unterversicherung verzichten – auch wenn den Versicherungsnehmer an der Falschangabe kein Verschulden trifft.

Der Versicherer rechnet nur auf seine Verantwortung den (richtigen) Neubauwert auf die Versicherungssumme „Wert 1914" um. Nimmt er z. B. einen falschen Baupreisindex und fällt deshalb die Versicherungssumme „Wert 1914" zu niedrig aus, so bleibt der Verzicht auf Unterversicherung bestehen.

§ 11 Nr. 1 c) VGB 2008

Deshalb empfehlen viele Versicherer, die Versicherungssumme „Wert 1914" mit dem Summenermittlungsbogen („Häuschenmodell") zu berechnen.

Dabei ist die Wohnfläche genau anzugeben.[2] Wohnfläche ist die Grundfläche aller Wohnräume einschließlich Hobbyräume sowie Wintergärten und die gewerblich genutzten Räume. Bei der Ermittlung ist die gesamte Grundfläche einzubeziehen, z. B. auch von fest eingebauten Gegenständen wie Öfen, Heizungs- und Klimageräten, Bade- oder Duschwannen, Einbaumöbel sowie versetzbaren Raumteilern. Nicht zur Wohnfläche gehören Treppen, Balkone, Loggien und Terrassen, Keller- und Speicherräume, Trocken- und Heizungsräume sowie Garagen.

§ 4 WoFLV

LG Düsseldorf
AZ: 11099/05

Übernimmt der Käufer die vom Verkäufer erheblich zu niedrig ermittelte Versicherungssumme, dann kann Unterversicherung bestehen.

BGH r+s 1989, 58
BGH r+s 2008, 193

Der Versicherungsnehmer als Käufer ist für die Versicherungssumme verantwortlich. Den Versicherer bzw. seinen Vermittler trifft aber eine Beratungspflicht, wenn dem Versicherungsnehmer die Ermittlung der

---

1 Vgl. Abschnitt 2.5.1.2
2 Vgl. dazu die Ausführungen in Abschnitt 1.8.4.4 zu § 4 Verordnung zur Berechnung der Wohnfläche (WoFLV). Da beim Summenermittlungsbogen die Wohnfläche die Grundlage für die Berechnung der Versicherungssumme „Wert 1914" (Wiederaufbauwert) ist, sollte die Fläche von Wand zu Wand – also einschließlich der Fläche unter den Dachschrägen – angegeben werden.

Versicherungssumme „Wert 1914" unverständlich ist oder wenn er eine ausreichend hohe Versicherungssumme „Wert 1914" wünscht.

▶ Beispiel

Die Erwerberin eines zum gleitenden Neuwert versicherten Gebäudes wendet sich an den Versicherungsagenten des bisherigen Versicherers und nimmt mit ihm einen Änderungsantrag auf. Dabei gibt sie an, dass sie Umbaumaßnahmen von ca. 200 000 € plane. Sie wünscht ausdrücklich – auch wegen ihres Kreditgebers – eine vollständige Versicherung.

Bei einem Brandschaden einige Jahre später stellt der Versicherer eine erhebliche Unterversicherung fest und kürzt entsprechend die Entschädigung. Damit war die Versicherungsnehmerin nicht einverstanden. Bei den Vertragsverhandlungen nannte sie keine zu deklarierende Versicherungssumme „Wert 1914". Die Versicherungssumme des früheren Vertrages hat ihr der Versicherungsvermittler nicht genannt. Auch eine Beratung über die Höhe einer ausreichenden Versicherungssumme fand nicht statt, so dass eine zu geringe Versicherungssumme „Wert 1914" eingetragen wurde. Damit hat der Versicherer in der Person seines Agenten die ihm obliegende Beratungspflicht verletzt – so die Entscheidung des BGH. Auf eine Unterversicherung kann sich der Versicherer nicht berufen.

BGH r+s 2008, 193

Der Unterversicherungsverzicht gilt nicht, wenn der Bauzustand nachträglich durch wertsteigernde bauliche Maßnahmen verändert und diese Veränderung nicht unverzüglich angezeigt wurde.

§ 11 Nr. 2 c) VGB 2008

▶ Beispiele

1. Wegen schärferer Immissionsvorschriften muss die Versicherungsnehmerin ihre alte Heizungsanlage aus- und eine neue für 6 000 € einbauen lassen.

   Der Bauzustand hat sich kaum durch eine wertsteigernde bauliche Maßnahme erhöht. Der Unterversicherungsverzicht bleibt bestehen.

2. Der Versicherungsnehmer baut das Dachgeschoss seines Einfamilienhauses aus und erhält dadurch 40 qm zusätzliche Wohnfläche.

   Hier liegt eine erhebliche Wertsteigerung vor, die sich auch auf die Versicherungssumme auswirkt. Der Versicherungsnehmer sollte die Veränderung unverzüglich dem Versicherer anzeigen, um den Unterversicherungsverzicht nicht zu verlieren.

Wertsteigernde bauliche Maßnahmen liegen z. B. auch vor bei:

- Anbau eines Wintergartens
- Ausbau von Keller- zu Wohnräumen
- umfangreichen Renovierungsarbeiten, z. B. Verlegen von Parkett und hochwertigem Teppichboden (bisher PVC), Einbau von Edelholztüren u. ä.

§ 10 Nr. 1 a) Abs. 3 VGB 2008

Der Versicherer gewährt aber eine Art „Vorsorgeversicherung": Bis zum Schluss der laufenden Versicherungsperiode besteht für wertsteigernde bauliche Maßnahmen Versicherungsschutz.

3. Versicherungsnehmer Schneider fragt, ob für sein Einfamilienhaus Verzicht auf Unterversicherung besteht. Der Versicherungsvertreter hat die Versicherungssumme nach Wohnfläche – aber ohne Versicherungssumme „Wert 1914" – ermittelt und dabei auch die Ausstattung, die Bauweise und die Zahl der Geschosse berücksichtigt.

Die VGB 2008 (Wohnfläche) enthalten keinen ausdrücklichen Verzicht auf Unterversicherung. Der Versicherer übernimmt aber die Wiederherstellungs- oder Reparaturkosten auch bei höherwertiger Bauausgestaltung, wenn der Versicherungsnehmer werterhöhende bauliche Veränderungen angezeigt hat. Hat der Versicherungsnehmer aber eine höherwertige Bauausgestaltung nicht gemeldet, dann ersetzt der Versicherer nur die ortsüblichen Wiederherstellungskosten auf der Grundlage des im Versicherungsvertrag beschriebenen Gebäudes.

§ 11 Nr. 3 VGB 2008 (W)

§ 11 Nr. 4 b) VGB 2008 (W)

§ 11 Nr. 8 VGB 2008 (W)

Widerspricht der Versicherungsnehmer einer Beitragsanpassung, dann wird der Schaden im Verhältnis des gezahlten Beitrags zum erhöhten (angepassten) Beitrag gekürzt.

Übungen

1. Berechnen Sie die Entschädigung für folgende Schäden und Kosten in der Gleitenden Neuwertversicherung (Anpassungsfaktor 14,43):

Versicherungs-summe „Wert 1914"	Versicherungs-wert 1914	Restwert	Gebäude-schaden	Aufräumungs- und Abbruch-kosten
a) 24 000 M	32 000 M	–	60 000 €	3 700 €
b) 80 000 M	100 000 M	–	900 000 €	74 400 €
c) 21 000 M	26 400 M	900 €	43 000 €	4 250 €
d) 50 000 M	60 000 M	450 €	465 000 €	37 500 €

2. Ein Bruch der Wasserleitung im obersten Geschoss eines Mehrfamilienhauses (Altbau) verursacht einen Gebäudeschaden in Höhe
von 16 400 €. Für Aufräumungskosten fallen 3 600 € an. Für das
Auspumpen des Kellers verlangt die Feuerwehr 75 €. Da die Holzdecken mit Stroh-/Lehmfüllung maschinell getrocknet werden
müssen, sind die Wohnungen für 14 Tage unbewohnbar (Kosten
für das Trocknen 1 400 €; Mietausfall 2 100 €).

Regulieren Sie diese Schäden (Versicherungssumme „Wert 1914"
72 000 M, Versicherungswert 90 000 M, Anpassungsfaktor 14,43).

3. Durch atmosphärisch bedingte Überspannung während eines starken Gewitters wird die Elektronik der Einbruchmeldeanlage und
der Heizung im Einfamilienhaus des Versicherungsnehmers zerstört und der Computer beschädigt (Schaden an der Elektronik
4 200 €, am Computer 2 100 €). Durch den Kurzschluss im Computer wird ein Brand ausgelöst, der sich rasch im Wohnzimmer
ausbreitet.

   ▪ Möbel, Teppiche und Gardinen werden vernichtet (Schaden
   14 000 €).
   ▪ Fensterscheiben platzen durch die Hitze (1 200 €).
   ▪ Wände und Decke sowie der Parkettboden werden beschädigt
   (4 300 €).
   ▪ Durch die Hitze werden auch zahlreiche Wein- und Schnapsfla-
   schen zerstört, die der Versicherungsnehmer für seinen Kiosk
   zu Hause lagert (360 €).

Der Versicherungsnehmer hat die Klausel 7160 „Überspannungs-
schäden durch Blitz" in der Gebäudeversicherung eingeschlossen
(Entschädigungsgrenze: 1 % der Versicherungssumme „Wert
1914" x Anpassungsfaktor 14,43). Die Versicherungssumme
„Wert 1914" beträgt 21 000 M, der Versicherungswert 28 000 M).
In der Hausratversicherung hat der Versicherungsnehmer nur die
Klausel „Kein Abzug wegen Unterversicherung" vereinbart.

Welche Beträge ersetzen Sie in der Wohngebäude- und in der
Hausratversicherung?

4. Der Versicherungsnehmer hat sein Gebäude einschließlich einer freistehenden Garage zum gleitenden Neuwert versichert (Versicherungssumme „Wert 1914" 28 000 M, Beitragssatz 0,9 ‰; Versicherungsperiode 1. 2.–30. 1., halbjährliche Zahlung). Ein Feuer zerstört die Garage (Neubauwert 8 000 €, Zeitwertschaden 4 200 €).

   a) Der Versicherungsnehmer will die Garage nicht wieder aufbauen.
      Welchen Betrag erhält er vom Versicherer? Lesen Sie dazu § 13 Nr. 7 VGB 2008.
   b) Nach dem Versicherungsfall kündigt der Versicherer das Vertragsverhältnis. Die Kündigung wird zum 17. 10. 2008 wirksam.

   Berechnen Sie den Rückbeitrag (Anpassungsfaktor: 14,43).

5. Durch Bauarbeiten explodiert eine Bombe aus dem letzten Krieg und zerstört das Mehrfamilienhaus des Versicherungsnehmers. Die Wiederaufbaukosten betragen 990 000 €.

   An Kosten und Mietausfall entstehen:

   - Aufräumungs- und Abbruchkosten   14 200 €
   - Mietausfall   36 000 €
   - Mehrkosten durch Preissteigerung   21 350 €
   - Mehrkosten durch öffentlich-rechtliche Vorschriften 68 000 €

   Ermitteln Sie die Entschädigung (Versicherungssumme „Wert 1914" 80 000 M, Versicherungswert 1914 100 000 M, Anpassungsfaktor 14,43).

6. Orkanartige Böen beschädigen das Dach des Einfamilienhauses (Gebäudeschaden 3 400 €, Aufräumungskosten 600 €). Der Sachverständige ermittelt einen Versicherungswert 1914 in Höhe von 24 000 M. Wegen einer Unterversicherung erhält der Versicherungsnehmer nur 3 500 € Entschädigung.

   Wie hoch ist die Versicherungssumme „Wert 1914"?

7. Durch Blitzeinschlag wird das Einfamilienhaus des Versicherungsnehmers stark beschädigt (Gebäudeschaden 95 000 €). Herumfliegende Dachziegel zerstören auch das Terrassenfenster des Nachbarhauses (Schaden 900 €). Für das Aufräumen des Gebäudeschutts verlangt der Versicherungsnehmer 325 €, für den Mietwert der für 20 Tage unbenutzbaren Räume 480 €. Der Blitzschlag zerstört auch die unter Eigentumsvorbehalt gekaufte Stereoanlage des Versicherungsnehmers (6 100 €) und den geliehenen PC (1 300 €). Die Hotelkosten betragen für 20 Tage 800 €. Der Kunde hat bei Ihnen eine Hausratversicherung (Versicherungssumme 50 000 €, Versicherungswert 80 000 €) und eine Wohngebäude-

versicherung (Versicherungssumme „Wert 1914" 24 000 M, Versicherungswert 30 000 M) abgeschlossen.

Regulieren Sie die Schäden.

8. Ein Brand im Einfamilienhaus der Versicherungsnehmerin zerstört mehrere Einbauschränke, den Parkettfußboden und Tapeten und beschädigt Decken und Wände. Die Versicherungsnehmerin fragt, was sie nach dem Schaden beachten muss, um die Entschädigung zu erhalten.

Lesen Sie dazu § 26 Nr. 2 VGB 2008.

2.8 Deckungserweiterungen und neue Deckungskonzepte

Viele Gesellschaften erweitern – ähnlich wie bei der Hausratversicherung – den Versicherungsschutz über die VGB 2008 hinaus; einzelne Versicherungsunternehmen arbeiten mit abweichenden Bedingungen oder mit Kompakt-Policen, die mehrere Versicherungssparten in einem Bedingungswerk einschließen.

Erweiterung der versicherten Sachen, z. B.:

- Carport (beitragsfrei)
- weiteres Zubehör und sonstige Grundstücksbestandteile wie Gartenhäuser, Grundstücksmauern u. a. bis 5 % der Versicherungssumme – ohne Bäume, Sträucher und sonstige Pflanzen (beitragsfrei)
- Zisternenanlagen

Erweiterung der versicherten Kosten und des Mietausfalls, z. B.:

- Transport- und Lagerkosten versicherter Sachen
- Aufräumungs-, Abbruch-, Bewegungs- und Schutzkosten bis 10 % der Versicherungssumme bzw. ohne Grenze
- Aufräumungskosten für Bäume nach Sturm oder Blitzeinschlag bis 2 % der Versicherungssumme, höchstens 3 000 €
- Aufräumungs-, Abbruch- und Isolierkosten für radioaktiv verseuchte Sachen
- Hotelkosten bis 60 € pro Tag bis 100 Tage bzw. bis höchstens 3 % der Versicherungssumme
- Verdienstausfall als Folge eines Gebäudeschadens
- Sachverständigenkosten bei einem Schaden ab 25 000 € bis 2 500 €
- Mehrkosten durch Veränderungen der öffentlich-rechtlichen Vorschriften bis 10 % der Versicherungssumme bzw. ohne Grenze
- Mehrkosten durch behördliche Wiederaufbaubeschränkungen für Restwerte bis 50 000 €
- Mietausfall bis 24 Monate
- Mietausfall für gewerblich genutzte Räume bis 18 Monate
- Rückreisekosten aus dem Urlaub ab einem Schaden von 5 000 €
- Wiederbepflanzung von Gärten nach Versicherungsfall
- Wiederaufforstung von Bäumen (Sturm- und Blitzschäden)
- Verkehrssicherungsmaßnahmen

Erweiterung der versicherten Gefahren und Schäden, z. B.:

- Sengschäden
- Schäden durch Rauch
- Überspannungsschäden durch Blitz bis 5 % der V.-Summe bzw. unbegrenzt
- Schäden durch Überschallknall
- Gebäudebeschädigungen durch innere Unruhen, Streik oder Aussperrung bis 50 000 € (Selbstbeteiligung 2 500 €)
- Gebäudeschäden durch Feuchtigkeit von außen (Regenwasser, Schmelzwasser) bis 2 500 €
- Bestimmungswidriges Austreten von gewässerschädlichen Stoffen aus Anlagen des Versicherungsnehmers an versicherten Sachen
- Rückstauschäden durch Abwasser, das aus der Kanalisation zurückfließt
- Schäden an unterirdischen Leitungen und Kabeln auf dem Versicherungsgrundstück
- Bruchschäden an Gasleitungen sowie Gasverlust
- Rohbauversicherung auch gegen Leitungswasser- und Sturmschäden bis zu 12 Monaten
- Photovoltaikanlagen ohne Einspeisung ins öffentliche Netz

LF 3

LF 4

LF 15

Einige Versicherer leisten ohne Kürzung der Entschädigung (Quotelung), auch wenn der Versicherungsnehmer oder sein Repräsentant den Versicherungsfall grob fahrlässig herbeiführen. Häufig ist die Entschädigung dann auf bestimmte Beträge begrenzt.

Bei vielen Gesellschaften wird der Versicherungsschutz – wie bei der Hausratversicherung – in einem Drei-Stufen-Modell angeboten:

Standard-, Mindest- oder Basisdeckung

Es gilt der Versicherungsschutz nach VGB 2008 – in der Regel ohne Klauseln.

Sicherheit-, Normal- oder Komplettdeckung

Dieser Tarif schließt die Klauseln mit den normalen Entschädigungsgrenzen ein. Mitversichert ist häufig der Mietverlust für gewerblich genutzte Räume sowie sonstige Grundstücksbestandteile.

Spezial-, Optimal- oder Maximaldeckung

Dieser Top-Schutz sieht höhere Entschädigungsgrenzen bei den versicherten Kosten und den Klauseln vor. Er enthält – je nach Gesellschaft – weitere der genannten Deckungserweiterungen.

Die erweiterte Elementarschadenversicherung ist bei den meisten Versicherungsunternehmen gesondert zu vereinbaren.

Einzelne Gesellschaften bieten Versicherungsschutz rund um das Haus in einem Bedingungswerk an, das beispielsweise die Hausrat-, Glasbruch-, Gebäude-, Haftpflicht- und Rechtsschutzversicherung einschließt[1].

1   Vgl. Abschnitt 1.9

Versichert werden kann danach nur ein selbstgenutztes Einfamilienhaus – gegebenenfalls mit Einliegerwohnung – bis zu einer Wohnfläche mit höchstens 220 qm. Versicherungswert ist der heutige Neubauwert; die Höchstentschädigungsgrenze beträgt z. B. 2 400 € pro qm Wohnfläche. Der Versicherungsschutz umfasst z. B. auch den Anprall von Fahrzeugen, bestimmungswidrigen Wasseraustritt aus im Haus verlaufenden Regenfallrohren, Rückstau aus der Kanalisation, mutwillige Beschädigungen sowie die Elementarschadenversicherung. Bestehen bei Vertragsabschluss Versicherungsverträge bei anderen Gesellschaften, so sind diese Versicherungsunternehmen bis zum Ablauf der Verträge zur Leistung verpflichtet.

Geht die Leistung dieser Kompakt-Police aber über die der anderen noch bestehenden Verträge hinaus, so besteht Versicherungsschutz durch diese Kompakt-Police (Differenzdeckung).

Viele Gesellschaften bieten – wie in der Hausratversicherung – ein Service-Telefon an, das häufig gemeinsam durch mehrere Versicherungsunternehmen über eine Assistance-Zentrale betrieben wird[1].

---

1   Vgl. auch Abschnitt 1.9

2.9 Regress

2.9.1 Regress des Versicherers

2.9.1.1 Übergang von Ersatzansprüchen

▶ **Situation**

Axel Meier besucht seinen Schulfreund Peter Schneider, der sein Einfamilienhaus und den Hausrat bei uns versichert hat. Nach einem feuchtfröhlichen Abend übernachtet Axel Meier im Gästezimmer des Versicherungsnehmers.

Als er im Bett raucht, fällt ihm die Zigarette ins Bett. Sekunden später steht das Federbett in Flammen. Obwohl Axel Meier versucht zu löschen, zerstört das Feuer einen Teil des Gebäudes und des Hausrats.

Wird der Versicherer Regress bei Axel Meier nehmen oder kann er wegen grober Fahrlässigkeit den Gebäude- und den Hausratschaden ablehnen bzw. kürzen?

▶ **Erläuterung**

Da Axel Meier nicht Repräsentant des Versicherungsnehmers ist, muss der Versicherer leisten. Der Anspruch, den der Versicherungsnehmer gegen Meier hat, geht auf den Versicherer über. Der Versicherer kann zum Zeitwert bei Meier Regress nehmen. Besitzt Meier eine Privat-Haftpflichtversicherung, dann wird sie eintreten.

§ 37 und § 32 Nr. 1 VHB/VGB 2008
§ 86 Abs. 1 VVG
§ 249 Abs. 1 BGB

Hätte Peter Schneiders 19-jähriger Sohn diesen Schaden verursacht, so ist der Übergang ausgeschlossen, wenn er in häuslicher Gemeinschaft mit dem Versicherungsnehmer wohnt. Der Versicherer kann somit keinen Regress beim Sohn nehmen – es sei denn, er hätte vorsätzlich gehandelt.

§ 86 Abs. 3 VVG
§ 32 Nr. 1 VHB/VGB 2008

Diese Regelung gilt für jede Person, die mit dem Versicherungsnehmer bei Eintritt des Versicherungsfalles in häuslicher Gemeinschaft lebt.

§ 32 Nr. 1 VHB/VGB 2008
§ 86 Abs. 3 VVG

Verursacht beispielsweise der Lebenspartner des Versicherungsnehmers oder der Partner einer eheähnlichen Lebensgemeinschaft einen Schaden grob fahrlässig, dann ist ein Regress des Versicherers ausgeschlossen.

§ 1 Abs. 1 LPartG

LF 3

LF 4

LF 15

Das Rückgriffsverbot dient einem doppelten Zweck:

> Einmal will es im Interesse des häuslichen Friedens verhindern, dass Streitigkeiten über Schadenersatzforderungen innerhalb der Familie oder einer Lebenspartnerschaft ausgetragen werden. Und zum anderen will es vermeiden, dass der Versicherte durch den Rückgriff des Versicherers mittelbar selbst in Mitleidenschaft gezogen wird. Familienangehörige oder z. B. Partner einer eheähnlichen Gemeinschaft bilden meist eine wirtschaftliche Einheit, so dass bei Regress der Versicherte selbst wieder belastet würde.

Voraussetzung ist aber die häusliche Gemeinschaft. Besucht beispielsweise der Sohn, der in Weimar wohnt, seine Eltern in Halle und verursacht er dort grob fahrlässig einen Schaden, dann wird der Hausratversicherer nicht auf Regress beim Sohn verzichten. Besitzt der Sohn eine Privat-Haftpflichtversicherung, tritt diese ein.

Zur Regressbearbeitung empfiehlt der Gesamtverband:[1]

- Aus wirtschaftlichen Gründen, sollten Kleinstbeträge bis 250 € nicht regressiert werden.
- Bei Beträgen über 250 € bis 500 € ist grundsätzlich ein Regressversuch zu unternehmen. Falls keine Reaktion erfolgt, sollten keine weiteren Schritte eingeleitet werden.

2.9.1.2   Regress beim Mieter

2.9.1.2.1   Regressverzicht bei einfacher Fahrlässigkeit

Ein Regress des Versicherers ist auch bei Mietern des Versicherungsnehmers ausgeschlossen, wenn der Versicherungsbeitrag auf die Miete umgelegt wird und der Mieter den Gebäudeschaden nur fahrlässig verursacht hat.

▶ Situation

Der Versicherungsnehmer ist Eigentümer einer Wohnung, die er an ein Ehepaar mit Kindern vermietet hat. Nach Mietvertrag werden die Betriebskosten einschließlich der Beiträge für die Sach- und Haftpflichtversicherungen auf den Mieter umgelegt. Im Mietvertrag ist weiterhin geregelt, dass der Mieter für Schäden haftet, die durch schuldhafte Verletzung der ihm obliegenden Sorgfaltspflichten verursacht werden. Durch einen Brand, den vermutlich ein Kind des Mieters verursachte, brannte die Wohnung aus – Schaden: 47 100 €.

---

1   Handbuch der Sachversicherung, Bd. 1, D-VII-3, 2008

Der Gebäudeversicherer leistete und wollte Regress beim Mieter wegen schuldhafter Verletzung der Aufsichtspflicht nehmen.

▶ Erläuterung

Der BGH lehnte den Regress ab. Wenn der Mieter durch Mietvertrag auch die anteiligen Kosten für die Gebäudeversicherung trägt, „liegt die stillschweigende Beschränkung der Haftung für die Verursachung von Brandschäden auf Vorsatz und grober Fahrlässigkeit".

BGH 12/95 VIII Z R 41/95

Eine Abwälzung der Versicherungsbeiträge auf den Mieter ist nur dann sachlich gerechtfertigt, wenn ihm eine entsprechende Gegenleistung gegenübersteht. Der Mieter hat deshalb für den Schaden nur in dem Umfang einzutreten, als hätte er selbst eine Gebäudeversicherung abgeschlossen. Der Gebäudeversicherer würde die Leistung nur bei Vorsatz oder grober Fahrlässigkeit ablehnen bzw. kürzen. Den Verschuldensgrad hat der Versicherer zu beweisen.

§ 81 VVG

Der BGH hat inzwischen diese so genannte haftungsrechtliche Lösung durch die versicherungsrechtliche Lösung ersetzt. Diese neue Regelung berücksichtigt, dass der Vermieter/Versicherungsnehmer im Einzelfall „ein durchaus beachtliches Interesse an der Inanspruchnahme des Mieters haben könne; dem werde eine generelle Haftungsbeschränkung nicht gerecht."

BGH r+s 2005, 64

Der Mieter wird trotzdem weitgehend geschützt. Im Regelfall hat der Vermieter/Versicherungsnehmer kein vernünftiges Interesse daran, auf die Regulierung durch seinen Gebäudeversicherer zu verzichten und stattdessen Schadenersatz vom Mieter zu verlangen – vor allem dann, wenn der Mieter durch die anteilige Zahlung des Beitrags zum Versicherungsschutz beigetragen hat. Der Vermieter/Versicherungsnehmer ist demnach verpflichtet, den Gebäudeversicherer auf Schadenausgleich in Anspruch zu nehmen, wenn

- ein Versicherungsfall vorliegt
- ein Regress gegen den Mieter ausgeschlossen ist und
- der Vermieter nicht ausnahmsweise ein besonderes Interesse an einem Schadenausgleich durch den Mieter hat

Beispielsweise liegt kein berechtigtes Interesse vor, wenn der Vermieter/Versicherungsnehmer den Schaden verspätet meldet und der Versicherer deshalb wegen Obliegenheitsverletzung die Leistung ablehnt. Die ordnungsgemäße Erfüllung der vertraglichen Obliegenheiten liegt allein im Verantwortungsbereich des Versicherungsnehmers. Auch die nur abstrakte Möglichkeit, der Versicherer könne kündigen, rechtfertigt nicht, den Mieter in Anspruch zu nehmen.

Dieser Regressverzicht gilt auch für Leitungswasserschäden, die ein Mieter fahrlässig herbeigeführt – ebenso auch für versicherten Mietausfall sowie für gewerbliche Mietverhältnisse.

BGB r+s 2005, 64 und r+s 2006, 458

§ 823 Abs. 1 BGB
§ 86 Abs. 1 VVG

Verursacht aber ein Besucher in der Mietwohnung des Versicherungsnehmers fahrlässig einen Gebäudeschaden, dann ist er zum Schadenersatz verpflichtet.

OLG Hamm
r+s 2003, 111

Der Regressverzicht des Gebäudeversicherers kann sich grundsätzlich
nur auf den Mieter und auf seine Mitbewohner beziehen – also auf die
Angehörigen und sonstige Personen in häuslicher Gemeinschaft.

2.9.1.2.2 Ausgleichsanspruch gegen den Haftpflichtversicherer des Mieters nach Rechtsprechung

BGH r+s 2006, 500

Besitzt der Mieter eine Haftpflichtversicherung, die auch die Schäden
an gemieteten Sachen (Mietsachschäden an Wohnräumen) deckt, so
ist ein Regress des Gebäudeversicherers ebenfalls nach den aufgeführten Voraussetzungen ausgeschlossen.

BGH r+s 2006, 500
BGH r+s 2008, 379

Dem Gebäudeversicherer steht allerdings ein Ausgleich gegen den
Haftpflichtversicherer des Mieters entsprechend den Grundsätzen des
§ 78 Abs. 2 VVG zu. Dieser Ausgleich ist ausschließlich auf der Ebene
der beiden Versicherer und nach dem Verhältnis der jeweiligen Leistungspflicht durchzuführen, d. h. es können nur der Zeitwert und nur
die Positionen berücksichtigt werden, die der Haftpflichtversicherer
auch zu ersetzen hat.

▶ Beispiel

Ein Mieter verursacht leicht fahrlässig einen Brand in den gemieteten Wohnräumen:

Neuwertschaden   12 000 €
Zeitwertschaden   9 000 €

Eine direkte Inanspruchnahme des Versicherungsnehmers und
des Haftpflichtversicherers ist bei einfacher Fahrlässigkeit nicht
möglich – wohl aber ein Ausgleich zwischen dem Gebäude-
und Haftpflichtversicherer mit analoger Anwendung des § 78
Abs. 2 VVG (Mehrfachversicherung).

§ 249 Abs. 1 BGB

OLG Koblenz
r+s 2007, 376
OLG Köln
r+s 2007, 377

Da der Haftpflichtversicherer nur zum Zeitwert eintritt, ist auch
nur der Zeitwert – so die Auffassung der beiden Gerichte – heranzuziehen, da nur dieser Anspruch deckungsgleich ist. Der
Gebäudeversicherer kann deshalb vom Haftpflichtversicherer
des Mieters nur 50 Prozent vom Zeitwert (= 4 500 €) fordern.[1]

Zu einem anderen Ergebnis kommen die Landgerichte Kassel und
Karlsruhe: Bei einer analogen Anwendung des § 78 Abs. 2 VVG ist nicht

---

1   Vgl. dazu: Grommelt, C. R., Ausgleichsanspruch und Regressverzichtsabkommen
    der Feuerversicherer, r+s 2007, 231.

die Hälfte des Zeitwertes auszugleichen. Im Innenverhältnis sind die Anteile der beiden Versicherer im Verhältnis ihrer individuellen Vertragspflichten zu berechnen.

LG Kassel, LG Karlsruhe r+s 2007, 378 ff.

LF 3

▶ Beispiel

LF 4

Neuwertschaden	12 000 €
Zeitwertschaden	9 000 €
Summe der Entschädigungs-Pflichten	21 000 €

LF 15

Nach Auffassung der beiden Gerichte beeinträchtigen die Unterschiede zwischen Neu- und Zeitwert in der Bewertung desselben Schadens nicht die Deckungsgleichheit der Ersatzverpflichtungen. Die Neuwertentschädigung geht deshalb in voller Höhe in die Ausgleichsrechnung ein:

$$21\,000\,€ \cong 100\,\% \quad \frac{100 \times 9\,000}{21\,000} \quad 42{,}86\,\%$$
$$9\,000\,€ \cong \quad x$$

Der Haftpflichtversicherer muss sich deshalb mit 42,86 % am Neuwertschaden beteiligen, d. h. er trägt 5 143,20 € und der Gebäudeversicherer 6 856,80 € (= 57,14 %).[1] Um künftig den Ausgleich einheitlich zu regeln, empfiehlt der GDV das folgende Teilungsabkommen „Mieterregress" mit einer pauschalen Quote von 50 % der Entschädigung.

2.9.1.2.3 Teilungsabkommen Mieterregress zwischen Gebäude- und Allgemeinen Haftpflichtversicherern[2]

Dieses Abkommen soll die Abwicklung von Ansprüchen zwischen Gebäude- und Haftpflichtversicherern erleichtern, die internen und externen Kosten der beteiligten Versicherer reduzieren, die Gerichte entlasten sowie eine Belastung des Verhältnisses zwischen Mieter und Vermieter durch Auseinandersetzungen zwischen den Versicherern vermeiden.[3]

Bei einfacher Fahrlässigkeit wird der Mieter durch die Rechtsprechung des BGH vor der Regressnahme durch den Gebäudeversicherer geschützt. Allerdings besteht gegenüber dem Haftpflichtversicherer des

BGH r+s 2006, 500

---

1 Vgl. dazu die Anmerkung von Wälder, J. in r+s 2007, 381 f: Der Gesetzgeber hat sich wohl eher für einen Ausgleich nach dem Verhältnis der Außenhaftungen und gegen eine Aufteilung zu gleichen Teilen im Sinne des § 426 Abs. 1 BGB ausgesprochen. Damit dürften die Entscheidungen der Landgerichte Kassel und Karlsruhe eher der vorherrschenden Meinung – auch in der Literatur – entsprechen.
2 Teilungsabkommen Mieterregress vom GDV 11/2008
3 Präambel zum Teilungsabkommen Mieterregress S. 1

Mieters ein Ausgleichsanspruch in analoger Anwendung des § 78 Abs. 2 VVG. Verursacht der Mieter aber grob fahrlässig einen Feuer- oder Leitungswasserschaden, dann steht dem Gebäudeversicherer gemäß § 86 Abs. 1 VVG ein Regressanspruch in voller Höhe des Zeitwertes zu.

Geltungsbereich des Teilungsabkommens § 1

Beide Ansprüche – Ausgleichs- und Regressanspruch – werden in das Abkommen einbezogen, weil die Abgrenzung zwischen einfacher und grober Fahrlässigkeit schwierig ist und in der Praxis häufig zu gerichtlichen Auseinandersetzungen führt. Das Abkommen gilt für Feuer- und Leitungswasserschaden.

Anwendungsvoraussetzungen § 2

Der Gebäudeversicherer muss beweisen, dass ein rechtswidriger objektiv fahrlässiger und ursächlicher Pflichtverstoß des Mieters oder des Pächters oder des jeweiligen Repräsentanten oder einer mit dem Mieter oder Pächter in häuslicher Gemeinschaft lebenden Person vorliegt. Für die genannten Personen muss Versicherungsschutz über den Haftpflichtversicherungsvertrag des Mieters oder des Pächters bestehen.

Der Nachweis von subjektiven Entlastungsgründen für das Verhalten des Mieters oder des Pächters ist nicht erforderlich. Die beteiligten Versicherer müssen dem Abkommen beigetreten sein. Das Abkommen schließt z. B. Besucher des Mieters (Dritte) nicht ein. Verursacht ein Besucher schuldhaft einen Brand, dann kann der Gebäudeversicherer zum Zeitwert beim Besucher Regress nehmen.

Teilungsbestimmungen § 3

- Bei Schäden bis zu 2 500 € verzichtet der Gebäudeversicherer auf Regress- bzw. Ausgleichsansprüche.
- Bei Schäden über 2 500 € und bis zu 100 000 € beteiligt sich der Haftpflichtversicherer am Entschädigungsbetrag mit einer Quote von 50 % (Regressleistung), d. h. die in Abschnitt 2.9.1.2.2 aufgeführten Ausgleichsregelungen nach der Rechtsprechung werden nicht angewendet.[1]

---

1 Die BGH-Rechtsprechung geht von einem Ausgleichsanspruch bei einfacher Fahrlässigkeit von 50 % des Zeitwertes aus. In der Quote des Teilungsabkommens sind aber auch die Fälle der groben Fahrlässigkeit enthalten. Bei der Berechnung wird ein Verhältnis von einfacher zu grober Fahrlässigkeit mit 70 % zu 30 % angenommen (70 % einfache Fahrlässigkeit), so dass die erhöhte Teilungsquote von 50 % der Neuwertentschädigung die Fälle der groben Fahrlässigkeit ausreichend berücksichtigt – vgl. Bunte, H.-J., Kartellrechtliche Prüfung Teilungsabkommen Mieterregress, GDV 11/2008

■ Schäden über 100 000 € fallen nicht in den Anwendungsbereich dieses Abkommens. Die Regulierung erfolgt nach der Sach- und Rechtslage.

Maßgeblich ist der vom Gebäudeversicherer geleistete Entschädigungsbetrag bis zum Neuwert. Berücksichtigt werden auch die im Gebäudeversicherungsvertrag versicherten Kostenpositionen, soweit sie
gesetzlichen Schadenersatzansprüchen entsprechen, sowie externe
Kosten eines Sachverständigen zur Ermittlung des Gebäudeschadens.
Interne Regulierungskosten werden nicht geteilt. Ein Selbstbehalt im
Haftpflichtversicherungsvertrag wird nicht abgezogen. Der Vertrag wird
so gestellt, als wenn der Schaden nicht gemeldet worden wäre.[1]

Inkrafttreten und Geltungsdauer §§ 6 und 9

Dieses Abkommen tritt am 1. 1. 2009 in Kraft. Es ist auf acht Jahre befristet.

▶ Beispiele

1. Mieterin Dröse fährt in den Urlaub und vergisst, den Zuleitungshahn zu ihrer Waschmaschine abzustellen. Die Waschmaschine besitzt keinen „Aqua-Stop". Nach drei Tagen platzt
   der Wasserzuleitungsschlauch und das Wasser läuft mehrere Stunden in die Mietwohnung. Der Gebäudeschaden
   beträgt 6 200 € (Zeitwertschaden 4 900 €). Mieterin Dröse
   besitzt eine Privat-Haftpflichtversicherung. Es liegt wohl
   grobe Fahrlässigkeit vor. Der Gebäudeversicherer leistet
   zum Neuwert 6 200 €. Der Haftpflichtversicherer der Mieterin beteiligt sich mit 3 100 € (Regressanspruch 50 Prozent der Entschädigung nach Teilabkommen).

2. Mieter Neumann verursacht grob fahrlässig in seiner Mietwohnung im 2. Obergeschoss eines Mehrfamilienhauses
   einen Brand, der seine Wohnungseinrichtung weitgehend
   zerstört und das Gebäude stark beschädigt. Durch das
   Löschwasser, den Rauch und den Ruß werden die Mietwohnungen im 1. Obergeschoss und im Erdgeschoss für
   acht Tage unbewohnbar. Auch der Hausrat in diesen Wohnungen wird beschädigt. Außerdem fallen umfangreiche Renovierungsarbeiten an Decken, Wänden und Fußböden an.

Hausratschaden Neumann:	65 000 €
Hausratschaden Wohnung 1. OG:	9 600 €
Hausratschaden Wohnung Erdgeschoss:	4 100 €
Gebäudeschaden einschl. Renovierungskosten	78 000 €
Mietausfall Wohnung EG und 1. OG:	260 €

LF
3

LF
4

LF
15

---

1   Bunte, H.-J., a.a.O. S. 5

§ 34 Nr. 1 b) VHB 2008   Da Mieter Neumann den Schaden grob fahrlässig herbeigeführte, wird sein Hausratversicherer die Leistung nach der Schwere des Verschuldens kürzen.

§ 32 Nr. 1 VHB 2008   Die beiden anderen Hausratversicherer leisten an ihre Versicherungsnehmer (Wohnung EG und 1. OG) und nehmen zum Zeitwert bei Neumann Regress. Versicherungsschutz besteht über seine PHV.

OLG Düsseldorf
r+s 2004, 23   Für den Schaden am Gebäude einschließlich des Mietausfalls von insgesamt 78 260 € tritt der Gebäudeversicherer ein. Neumanns Haftpflichtversicherer beteiligt sich mit 50 Prozent (= 39 130 €) gemäß Teilungsabkommen. (Mieter Neumann kann seine Miete wegen schuldhafter Herbeiführung des Schadens nicht kürzen.)

2.9.1.2.4   Regress bei weiteren Schäden

Verursacht der Mieter einen Schaden am Hausrat des Vermieters, ist ein Regress des Hausratversicherers möglich.

▶ Beispiel

Durch leicht fahrlässiges Verhalten des Wohnungsmieters läuft Wasser aus seiner Waschmaschine aus. Das Wasser beschädigt die Gebäudewand und -decken sowie Hausrat des Gebäudeeigentümers in der darunter liegenden Wohnung.

BGH r+s 2005, 64   Der Gebäudeversicherer des Vermieters verzichtet auf Rückgriff beim Mieter. (Gegenüber dem Haftpflichtversicherer des Mieters hat der Gebäudeversicherer einen Ausgleichsanspruch von 50 % der Entschädigung nach Teilungsabkommen.)

BGH r+s 2006, 454   Der Regressverzicht kann aber nicht auf die Hausratversicherung des Vermieters (Gebäudeeigentümer) übertragen werden, da dem Mieter dieser (fremde) Haushalt nicht im Rahmen eines Mietvertrages überlassen wurde und der Mieter auch nicht anteilig die Prämie für diese Hausratversicherung trägt.

§ 32 Nr. 1 VHB 2008
§ 86 Abs. 1 VVG   Leistet der Hausratversicherer des Vermieters, dann geht der Anspruch, den der Vermieter gegen den Mieter hat, auf den Versicherer über. Dieser nimmt Regress (zum Zeitwert) beim Mieter.[1]

---

1   Auch das Teilungsabkommen Mieterregress kommt nicht zur Anwendung, da der Hausratversicherer des Vermieters betroffen ist – § 1 Mieterregress.

2.9.1.3 Regress beim Wohnungseigentümer

▶ **Situation**

LF
3

Durch leicht fahrlässiges Verhalten des Wohnungseigentümers in einem Mehrfamilienhaus tritt Leitungswasser aus, das auch das gemeinschaftliche Eigentum sowie das Sondereigentum der anderen Wohnungseigentümer beschädigt. Kann der Gebäudeversicherer bei dem Wohnungseigentümer, der den Schaden verursachte, Regress nehmen?

§ 1 WEG

LF
4

LF
15

▶ **Erläuterung**

Sind bei einem Gebäudeversicherungsvertrag die Versicherungsnehmer eine Miteigentümergemeinschaft, dann ist das Interesse des einzelnen Eigentümers an dem gemeinschaftlichen Eigentum sowie an dem Sondereigentum der anderen Eigentümer mitversichert. Der Miteigentümer, der den Schaden verschuldete, ist nicht „Dritter im Sinne des § 86 Abs. 1 VVG". Der von der Wohnungseigentümergemeinschaft abgeschlossene Gebäudeversicherungsvertrag stellt „ein einheitliches Versicherungsverhältnis und nicht etwa eine Mehrheit von Versicherungsverhältnissen mit unterschiedlichen Risiken" dar. Ein Regress des Versicherers ist nicht möglich.

BGH VersR 2001, 713

Anders ist die Rechtslage, wenn der Miteigentümer schuldhaft gegen eine Obliegenheit verstößt oder den Schaden am gemeinschaftlichen Eigentum grob fahrlässig oder vorsätzlich herbeiführt.

Die anderen Wohnungseigentümer können dann verlangen, dass der Versicherer leistet, sofern diese zusätzliche Entschädigung zur Wiederherstellung des gemeinschaftlichen Eigentums verwendet wird. Der schädigende Wohnungseigentümer hat dem Versicherer diese Mehraufwendungen zu erstatten.

§ 6 Nr. 1 u. 2
VGB 2008

2.9.2 Regressverzichtsabkommen der Feuerversicherer (RVA)[1]

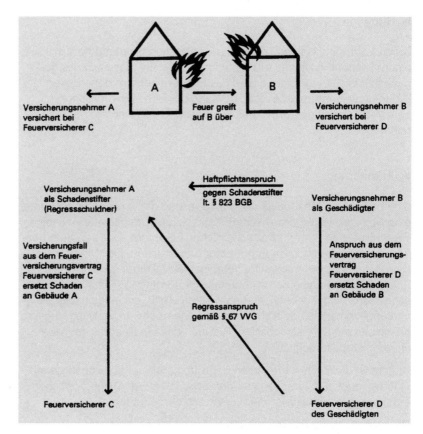

Die Feuerversicherung soll dem Versicherungsnehmer im Versicherungsfall Schutz und Existenzsicherung bieten. Greift aber ein Feuer, das der Versicherungsnehmer fahrlässig verursacht, auf fremde Sachen (z. B. auf das Nachbargebäude) über, dann könnte die wirtschaftliche Existenz des Versicherungsnehmers bedroht sein, wenn der fremde Feuerversicherer bei ihm Regress nehmen würde. Deshalb verzichten die Feuerversicherer unter bestimmten Voraussetzungen auf Regress.[2]

Voraussetzungen für den Regressverzicht

RVA Nr. 2   ■ ersatzpflichtiger Feuerschaden beim Schadenstifter innerhalb Deutschlands

RVA Nr. 2   ■ Übergriff des Schadenfeuers vom Versicherungsort des Schadenstifters auf fremde Sachen innerhalb Deutschlands

---

1   Bestimmungen für einen Regressverzicht der Feuerversicherer bei übergreifenden Schadenereignissen – Fassung 01/08.
2   Handbuch der Sachversicherung, Bd. 1, D-VII-6, 2008

- leicht fahrlässiges Verhalten des Schadenstifters RVA Nr. 5 a)
- Das Abkommen gilt auch für RVA Nr. 4
  a) Repräsentanten, gesetzliche Vertreter, Familienangehörige (Familienangehörige sind in häuslicher Lebensgemeinschaft lebende Ehegatten und Verwandte direkter aufsteigender und absteigender Linie des Regressschuldners und seines Ehegatten)
  b) Angestellte im Betrieb oder Haushalt des Regressschuldners (bei Angestellten erstreckt sich der Regressverzicht auch auf grobe Fahrlässigkeit) RVA Nr. 5 c)
- Beide Feuerversicherer sind dem Regressverzichtsabkommen (RVA) beigetreten (nahezu alle Feuerversicherer sind beigetreten). RVA Nr. 3
- Das Abkommen gilt nur für die Feuerversicherung (z. B. auch für die Hausrat- und Wohngebäudeversicherung – nicht aber für die Kraftfahrt-, Extended Coverage-, Technische- oder Transportversicherung) RVA Nr. 1
- Regressverzicht je Schadenereignis ab 150 000 € bis 600 000 €. (Der Regress beginnt erst ab 150 000 €, weil bis zu diesem Betrag jeder eine Haftpflichtversicherung abschließen kann. Bietet die Haftpflichtversicherung keinen Schutz, dann gilt der Regressverzicht ab 0 €. Das trifft vor allem für Schäden an gemieteten, geliehenen Sachen sowie für Schäden von Angehörigen in häuslicher Gemeinschaft zu[1]. RVA Nr. 6 a) / RVA Nr. 6 b)
- Stehen mehreren Versicherern Regressansprüche aus demselben Schadensereignis zu, so wird der Regressverzichtbetrag auf die Versicherer im Verhältnis der Höhe ihrer Ansprüche aufgeteilt. RVA Nr. 8
- Für Schäden, die unter das Teilungsabkommen „Mieterregress" fallen, wird das Regressverzichtsabkommen nicht angewendet.[2]

LF 3

LF 4

LF 15

▶ Beispiele

1. A verursacht leicht fahrlässig ein Schadenfeuer, das auf das Nachbargebäude von B übergreift. B könnte von A Schadenersatz verlangen. § 823 BGB

   Besitzt B eine Feuerversicherung, dann wird vertragsgemäß sein Schaden von seinem Versicherer D ersetzt. Der Haftpflichtanspruch von B gegen A geht auf den Versicherer D über. Der Versicherer D könnte nun bei dem Schadenstifter A (Regressschuldner) Regress nehmen. Sind die Feuerversicherer C und D dem Regressverzichtsabkommen beigetreten, dann verzichtet der Versicherer D ab 150 000 € bis 600 000 €, bei A Regress zu nehmen. § 86 Abs. 1 VVG

Schaden bei B (Zeitwertschaden)	650 000 €
Regressverzicht des VR D	– 450 000 €
Regress des VR D bei A (Regressschuldner)	200 000 €

   Besitzt A eine Haftpflichtversicherung mit entsprechenden Deckungssummen, dann ersetzt diese Versicherung den

1   Handbuch der Sachversicherung, Bd. 1, D-VII-8, 2008
2   § 3 Nr. 1 b) Teilungsabkommen Mieterregress GDV 11/2008

restlichen Haftpflichtschaden in Höhe von 200 000 €, anderenfalls muss A für diesen Betrag selbst aufkommen.

2. Die 18 Jahre alte Tochter des Versicherungsnehmers verursacht grob fahrlässig in der gemeinsamen Mietwohnung ein Schadenfeuer, das den Hausrat weitgehend zerstört und einen (Zeitwert-)Schaden am Gebäude ihres Vermieters in Höhe von 430 000 € anrichtet.

§ 86 Abs. 3 VVG

Der Hausratversicherer des Versicherungsnehmers leistet und verzichtet auf Regress (Familienprivileg). Der Gebäudeversicherer reguliert ebenfalls den Schaden (zum Neuwert). Die Tochter gehört zwar zum Personenkreis, für die das Regressverzichtsabkommen gilt. Da sie aber grob fahrlässig handelte, ist der Regressverzicht ausgeschlossen und der Gebäudeversicherer wird von ihr 430 000 € Schadenersatz verlangen.[1] Die PHV der Eltern leistet, sofern die Tochter mitversichert ist.

RVA Nr. 5 b)
§ 86

Verursacht der Mieter in seiner Mietwohnung fahrlässig einen Brand, der auch auf das Gebäude des Vermieters übergreift, so ist dem Gebäudeversicherer ein Regress gegen den Mieter verwehrt.[2]

Gleichwohl steht dem Gebäudeversicherer aber ein Ausgleichsanspruch gegen den Haftpflichtversicherer des Mieters analog § 78 Abs. 2 VVG zu. Sind der Gebäudeversicherer und der Haftpflichtversicherer des Mieters dem Teilungsabkommen Mieterregress beigetreten, dann beteiligt sich der Haftpflichtversicherer mit 50 % an der Entschädigungszahlung. Das Teilungsabkommen gilt auch bei grob fahrlässigem Verhalten des Mieters. Schäden über 100 000 € fallen nicht in den Anwendungsbereich des Abkommens Mieterregress.[3]

---

1   Das Teilungsabkommen Mieterregress wird nicht angewendet, weil der Schaden über 100 000 € liegt – § 3 Nr. 1 c) Mieterregress.
2   Vgl. Abschnitt 2.9.1.2.1
3   Vgl. Abschnitt 2.9.1.2.3 – § 3 Nr. 1 c) Mieterregress.

Übungen

1. Versicherungsnehmer Meier raucht im Bett in seiner Mietwohnung. Beim Einschlafen fällt die Zigarette auf das Kissen, das sofort in Brand gerät. Meier kann sich retten; das Feuer zerstört aber fast seinen gesamten Hausrat. Außerdem beschädigen Rauch, Ruß und Löschwasser Gebäudewände und -decken sowie Hausrat des Mieters Schulze in der darunter liegenden Wohnung.

   a) Welche Sachversicherer werden für die Schäden eintreten?
   b) Werden die Versicherer der Geschädigten auf Regress verzichten?

2. Der Blitz schlägt in Müllers Reihenhaus ein. Der nachfolgende Brand greift auf das Nachbargebäude über.

   Der Schaden beim Nachbarn: 300 000 €.

   Wie ist die Leistung und der Regress geregelt?

3. Frau Greiner verursacht fahrlässig eine Explosion. Ihr Gebäude und der zwei Wochen alte Neubau des Nachbarn werden zerstört. Das Gebäude des Nachbarn ist zum gleitenden Neuwert versichert: Schaden 230 000 €; Versicherungssumme „Wert 1914" 21 000 M; Versicherungswert 1914 24 000 M.

   a) Welchen Betrag wird der Versicherer des Nachbarn entschädigen und in welcher Höhe Regress nehmen?
   b) Wird der Nachbar einen Teil des Schadens selbst tragen müssen?
   c) Wie ist die Regulierung, wenn das Haus des Nachbarn bereits 20 Jahre alt war und der Zeitwertschaden 145 000 € beträgt (Neuwertschaden 230 000 €).

4. Herr König schweißt auf seinem Grundstück den Auspuff seines Pkw. Plötzlich fängt das Kfz Feuer und explodiert. Durch die Explosion wird das Gebäude und die Grundstücksmauer des Nachbarn Schulze erheblich beschädigt.

   a) Wird Schulzes Gebäudeversicherer die Schäden bezahlen?
   b) Erläutern Sie das Regressverzichtsabkommen für diesen Fall.

5. Paulmann verursacht fahrlässig einen Brand in seinem Gebäude, der auf Schneiders Mehrfamilienhaus übergreift und es zerstört. Schneiders Versicherer leistet zum Neuwert 900 000 €; der Zeitwert beträgt 750 000 €.

   a) In welcher Höhe wird Schneiders Versicherer bei Paulmann Regress nehmen?
   b) Paulmann besitzt eine Haftpflichtversicherung mit 2 Mio. € Deckungssumme für Sachschäden. Mit welchem Betrag wird sie eintreten?

6. Herr Döring verursacht beim Basteln im Keller des gemieteten Einfamilienhauses fahrlässig einen Brand. Das Feuer zerstört Hausrat sowie die Heizungsanlage für 12 800 € und beschädigt mehrere Kellerräume (Schaden: 23 600 €).

Kann der Gebäudeversicherer Regress bei Herrn Döring nehmen? Erläutern Sie die Rechtslage.

7. Bernd Schulze besucht seine Freundin Karin Bähre in ihrer Mietwohnung. Beim Zeitunglesen fällt ihm eine Seite auf eine brennende Kerze. Das Papier fängt sofort Feuer. Bevor Herr Schulze die Flammen ausschlagen kann, greifen sie auf den Tannenbaum über. Da ein Löschen des Brandes nicht mehr möglich ist, verlässt er das Zimmer und ruft die Feuerwehr. Der Schaden am Hausrat seiner Freundin und am Gebäude des Vermieters ist erheblich. Ist ein Regress möglich – auch wenn Herr Schulze nur fahrlässig handelte?

2.10 Veräußerung und Vererbung eines Gebäudes

2.10.1 Veräußerung

▶ Situation

Herr Müller will sein Einfamilienhaus verkaufen. Die notarielle Beurkundung des Kaufvertrages wird am 15. 10. 2008 erfolgen. Er stellt folgende Fragen:

1. Wer haftet für die Versicherungsprämie nach Verkauf? Er zahlt halbjährlich – Hauptfälligkeit 1. 9.
2. Wer kann die Gebäudeversicherung kündigen? Ist eine Kündigung zum 15. 10. möglich? Erhält er bei Kündigung vor Ende der Versicherungsperiode eine Rückprämie?
3. Muss der Verkauf dem Versicherer gemeldet werden?

▶ Erläuterung

1. Übergang des Versicherungsverhältnisses

Bei Veräußerung der versicherten Sache tritt zum Zeitpunkt des Eigentumsübergangs anstelle des Verkäufers der Erwerber in die sich aus dem Versicherungsvertrag ergebenden Rechte und Pflichten.

§ 95 Abs. 1 VVG
§ 18 Nr. 1 VGB 2008

Durch den Übergang der Versicherung auf den Käufer wird sichergestellt, dass der Versicherungsschutz bei Eigentumswechsel nicht verloren geht.

Veräußerung nach § 95 VVG ist jeder Eigentumsübergang durch rechtsgeschäftliche Einzelnachfolge. Nach der Rechtsprechung werden auch als Veräußerung anerkannt:

- die Sicherungsübereignung
- die verfrühte Erbfolge (= Überlassung der versicherten Sache an einen Dritten unter Lebenden mit der Übertragung des Eigentums)
- die Übertragung des gesamten Vermögens

Keine Veräußerung im Sinne des § 95 VVG ist:

- der Übergang des Eigentums aufgrund gesetzlicher Bestimmungen, z. B. gesetzliche Erbfolge
- der Verkauf einzelner Sachen aus Inbegriffen (Der Versicherungsnehmer verkauft z. B. das Fernsehgerät aus seinem Hausrat.) Sachinbegriff (Sachgesamtheit) ist hier der Hausrat. Veräußert der Versicherungsnehmer dagegen sein Kfz, dann geht die Haftpflicht- und die Fahrzeugversicherung auf den Käufer über.
  Inbegriff ist dann das Kfz – nicht aber einzelne Teile (z. B. Autoradio).

§ 89 VVG

Unter Sachinbegriff versteht man einzelne Sachen, die wegen ihrer Nutzung wirtschaftlich als Einheit betrachtet und unter einem gemeinsamen Begriff zusammengefasst werden, z. B. Hausrat, Warenlager, Betriebseinrichtung.

§ 95 Abs. 2 VVG
§ 18 Nr. 1 b) VGB 2008

Für die Prämie der laufenden Versicherungsperiode haften Verkäufer und Käufer als Gesamtschuldner.

Ist Ratenzahlung vereinbart, so sind die Raten für die laufende Versicherungsperiode – auch nach Eigentumsübergang – zu zahlen, es sei denn, der Vertrag wird gekündigt.

Vereinbart beispielsweise Herr Müller im Kaufvertrag, dass der Käufer die zweite Rate zum 1. 3. 2009 übernimmt, so bleibt trotzdem die gesamtschuldnerische Haftung bestehen. Zahlt der Käufer die zweite Prämienrate nicht, so muss Herr Müller dafür eintreten.

2. Kündigungsrecht und Prämienschicksal

§ 96 VVG
§ 18 Nr. 2 VGB 2008

Kündigen können nur der Versicherer und der Erwerber. Der Versicherer ist berechtigt, das Versicherungsverhältnis mit einer Frist von einem Monat zu kündigen, so dass der Käufer in dieser Zeit eine neue Gebäudeversicherung abschließen kann. Kündigt der Versicherer nicht innerhalb eines Monats nach Kenntnis, so erlischt das Kündigungsrecht.

§ 96 Abs. 2 VVG
§ 18 Nr. 2 b) VGB 2008

Der Erwerber kann das Versicherungsverhältnis mit sofortiger Wirkung oder zum Schluss der laufenden Versicherungsperiode in Schriftform kündigen. Das Kündigungsrecht erlischt innerhalb eines Monats nach Erwerb. Wusste der Käufer nicht, dass eine Gebäudeversicherung besteht, so endet das Kündigungsrecht einen Monat nach Kenntnis von der Versicherung.

§§ 873, 925 BGB
§ 18 Nr. 1 a) VGB 2008

Der Erwerb eines Grundstückes (Gebäudes) erfolgt durch Einigung (notarielle Beurkundung des Kaufvertrages) und durch Eintragung ins Grundbuch, d. h. der Eigentumsübergang ist mit Datum des Grundbucheintrags abgeschlossen.

Auf diese Rechtslage hat der Versicherer den Käufer (neuer Versicherungsnehmer) hinzuweisen.

Der Käufer kann deshalb das Versicherungsverhältnis nicht sofort nach der notariellen Beurkundung am 15. 10. 2008 kündigen, sondern erst nach Beendigung der Eigentumsübertragung – also nach Eintragung der Rechtsänderung im Grundbuch.

Kündigt der Käufer vor dem Eigentumsübergang, so ist die Kündigung vom Versicherer zurückzuweisen.

VerBAV 1969

Wird der Käufer erst nach Ablauf der Monatsfrist von der Eintragung im Grundbuch unterrichtet, so verpflichten sich die Versicherer, die Kündigung – trotz Fristablaufs nach § 96 Abs. 2 VVG – anzuerkennen.

Bei einer Kündigung haftet der Veräußerer allein für die Zahlung der Prämie – allerdings nur bis zum Wirksamwerden der Kündigung. Bei vorzeitiger Vertragsbeendigung hat der Versicherer nur Anspruch auf den Teil des Beitrages, der der abgelaufenen Zeit entspricht: Kündigt der Käufer mit sofortiger Wirkung, dann erhält er den gezahlten Beitrag zeitanteilig zurück.

§ 18 Nr. 2 c) VGB 2008
§ 25 Nr. 1 a) VGB 2008
§ 39 Abs. 1 VVG

LF 3

LF 4

3. Anzeige der Veräußerung

Die Veräußerung ist dem Versicherer unverzüglich in Textform mitzuteilen. Zeigen weder der Käufer noch der Verkäufer die Veräußerung an, so ist der Versicherer leistungsfrei, wenn der Versicherungsfall später als einen Monat nach dem Zeitpunkt eintritt, in welchem die Anzeige hätte zugehen müssen und der Versicherer nachweist, dass er den mit dem Veräußerer bestehenden Vertrag mit dem Erwerber nicht geschlossen hätte. Viele Gesellschaften lehnen den Antrag ab, wenn der Käufer das Gebäude z. B. als Stundenhotel, Eroscenter oder Nachtclub nutzt – auch wenn der Wohnflächenanteil mehr als 50 % beträgt.

§ 97 Abs. 1 VVG
§ 18 Nr. 3 VGB 2008

§ 18 Nr. 3 b) VGB 2008

Es genügt, wenn einer der beiden Vertragsparteien die Veräußerung anzeigt. Die Anzeige ist unverzüglich nach Erwerb zu machen – bei einem Grundstück nach Eintragung ins Grundbuch.

Der Versicherer ist auch zur Leistung verpflichtet, wenn ihm die Veräußerung bekannt oder seine Kündigungsfrist abgelaufen war.

§ 97 Abs. 2 VVG
§ 18 Nr. 3 c) VGB 2008

▶ **Zusammenfassung**

Veräußerung

	Veräußerer	Erwerber	Versicherer
Prämie	Haftung für die Prämie (Gesamtschuldner) § 95 Abs. 2 VVG Nach Kündigung haftet der Veräußerer allein § 96 Abs. 3 VVG	Haftung für die Prämie (Gesamtschuldner) § 95 Abs. 2 VVG Ausnahme: Kündigung § 96 Abs. 3 VVG Rückbeitrag § 39 Abs. 1 VVG 2008	Anspruch auf die Prämie für die laufende Versicherungsperiode § 95 Abs. 2 VVG – bis zum Wirksamwerden der Kündigung § 39 Abs. 1 VVG
Anzeige	Obliegenheit § 97 Abs. 1 VVG	Obliegenheit § 97 Abs. 1 VVG	Leistungsfreiheit bei Verletzung § 97 Abs. 1 VVG aber nur, wenn der Versicherer nachweist, dass er den Vertrag mit dem Erwerber nicht geschlossen hätte.
Form	Textform § 18 Nr. 3 a) VGB 2008 § 98 VVG	Textform § 18 Nr. 3 a) VGB 2008 § 98 VVG	–
Kündigung	Kein Kündigungsrecht	Kündigungsrecht § 96 Abs. 2 VVG	Kündigungsrecht § 96 Abs. 1 VVG
Ausübung	–	1 Monat nach Erwerb bzw. nach Kenntnis von der Versicherung	1 Monat nach Kenntnis von der Veräußerung
Wirkung	–	sofort oder zum Schluss der V.-Periode	mit Monatsfrist
Form	–	Schriftform § 18 Nr. 2 b) VGB 2008 § 98 VVG	–

Zwangsversteigerung

§ 99 VVG

Die Vorschriften des VVG für die Veräußerung der versicherten Sache gelten auch für die Zwangsversteigerung oder wenn ein Dritter aufgrund eines Nießbrauchs, eines Pachtvertrags oder eines ähnlichen Verhältnisses die Berichtigung erwirbt, versicherte Bodenerzeugnisse zu beziehen.

▶ Beispiele

1. Herr Schulze kauft eine Eigentumswohnung in einem Mehrfamilienhaus. Da ihm der Beitragssatz für die Gebäudeversicherung zu hoch erscheint, will er die Versicherung für
   sein Wohnungseigentum kündigen, nachdem die Grundbucheintragung erfolgte.

   Bei einer gemeinsamen Gebäudeversicherung kann der Ver-   § 21 Abs. 5 Nr. 3 WEG
   trag nicht nach dem Sondereigentum der einzelnen Woh-
   nungseigentümer aufgespalten werden. Eine Kündigung ist
   deshalb nicht möglich. Herr Schulze kann nur versuchen,
   die Miteigentümer auf der Wohnungseigentümerversamm-
   lung zum Wechsel der Gebäudeversicherung zu bewegen.

2. Der Kunde Müller vermietet zwei Zimmer seines Einfamilienhauses an zwei Studenten. Die Einrichtung verkauft er
   an die neuen Untermieter. Er fragt, ob die Hausratversicherung für diese Sachen auf die Mieter übergeht?

   Da nur einzelne Teile aus einer Sachgesamtheit veräußert
   werden, gelten die Vorschriften des VVG über die Veräußerung nicht. Der Versicherungsschutz für diese Sachen er-
   lischt. Die Untermieter müssen eine eigene Hausratversi-   § 6 Nr. 4 e) VHB 2008
   cherung abschließen – außer sie sind über die Außenversi-
   cherung ihrer Eltern versichert.

3. Ein Wohngebäude, in dem sich im Erdgeschoss eine Buch-
   handlung befindet, wird verkauft. Der Käufer übernimmt
   auch die gesamte Einrichtung und alle Bücher des Geschäftes. Er will die Gebäude- und die Firmeninhaltsversi-
   cherung kündigen. Wann ist eine Kündigung möglich?

   Bei beweglichen Sachen erfolgt die Eigentumsübertragung   § 929 BGB
   durch Einigung und Übergabe. Der Käufer muss deshalb innerhalb eines Monats nach Übergabe der Sachen die In-
   haltsversicherung kündigen.

   Die Kündigung der Gebäudeversicherung ist dagegen erst   § 873 BGB
   nach Eintragung ins Grundbuch möglich.   § 18 Nr. 1 a) u. Nr. 2 b)
                                                                    VGB 2008

4. Ein Käufer, der ein Wohnhaus bei einer Zwangsversteigerung erworben hat, fragt, wann er die Gebäudeversicherung kündigen kann.

   Bei einer Zwangsversteigerung gelten die Vorschriften des   § 99 VVG
   VVG für die Veräußerung von Sachen. Die Kündigungsfrist
   für das Versicherungsverhältnis beginnt aber mit dem Zuschlag – und nicht ab Eintragung ins Grundbuch. Abweichend von § 95 VVG geht ein Anspruch auf Entschädigung,
   der vor dem Zuschlag entstanden ist, auf den Erwerber
   über. Auf Enteignung und Beschlagnahme ist § 99 VVG
   nicht anzuwenden.

LF 3

LF 4

LF 15

2.10.2   Vererbung

§ 1922 BGB

Die Eigentumsübertragung durch die Erbfolge nach den gesetzlichen Bestimmungen kann nicht mit einem Verkauf gleichgesetzt werden. Die Vorschriften des VVG über die Veräußerung von versicherten Sachen gelten deshalb nicht für den Erbfall.

§ 80 VVG

Grundsätzlich geht das Versicherungsverhältnis nach dem Tod des Versicherungsnehmers auf die Erben über – ein außerordentliches Kündigungsrecht für die Erben besteht nicht. Fällt das versicherte Risiko durch den Tod des Versicherungsnehmers fort (z. B. in der Berufshaftpflichtversicherung), so endet das Versicherungsverhältnis.

▶ Situation

Der Versicherungsnehmer ist Eigentümer eines Einfamilienhauses; er ist verwitwet und hat eine Tochter, die nicht bei ihm wohnt. Gebäude und Hausrat sind nach den VGB 2008 und nach den VHB 2008 versichert. Als Architekt besitzt er außerdem eine Berufs- und eine Privat-Haftpflichtversicherung. Nach seinem Tod erbt die Tochter das Gebäude und den Hausrat – ein Neffe ein wertvolles Bild und Wertpapiere. Die Tochter fragt, ob die Versicherungen weiter bestehen bleiben.

▶ Erläuterung

Die Gebäudeversicherung geht auf die Tochter über.

§ 21 Nr. 5 b) VHB 2008

Die Hausratversicherung endet spätestens zwei Monate nach dem Tod des Versicherungsnehmers, wenn nicht zu dieser Zeit ein Erbe die Wohnung in derselben Weise nutzt. Zieht die Tochter in das Haus ein, so wird sie neuer Versicherungsnehmer und Prämienschuldner. Besitzt sie bereits eine Hausratversicherung, so kann bei Umzug eine Doppel- bzw. eine Nebenversicherung (Mehrfachversicherung) entstehen. Für die Beseitigung der Mehrfachversicherung gilt § 29 Nr. 4 VHB 2008.

§ 80 Abs. 2 VVG
§ 21 Nr. 5 VHB 2008

Löst die Tochter den Haushalt auf, dann endet die Versicherung. Für das Bild und die Wertpapiere geht die Hausratversicherung nicht (anteilig) auf den Neffen über, da nur einzelne Teile einer Sachgesamtheit vererbt werden. Für diese Sachen erlischt der Versicherungsschutz.

Nr. 17 AHB 2008

In der Berufs- und Privathaftpflichtversicherung endet der Versicherungsvertrag mit dem Tod des Versicherungsnehmers wegen Risikofortfall. Wäre der Versicherungsnehmer verheiratet, so bestünde der Versicherungsschutz in der Privathaftpflichtversicherung für den mitversicherten Ehegatten und die unverheirateten Kinder des Versicherungsnehmers bis zur nächsten Hauptfälligkeit fort. Löst der überlebende Ehegatte oder eingetragene Lebenspartner oder mitversicherte Lebensgefährte die nächste Prämienrechnung ein, so wird dieser Versicherungsnehmer (Besondere Bedingungen und Erläuterungen zur Privat-Haftpflichtversicherung).

Übungen

1. Im notariellen Kaufvertrag am 10. 2. 2008 wird vereinbart, dass die Gefahr und die Nutzung des bebauten Grundstückes am 1. 3. 2008 auf den Erwerber übergehen. Die Vertragsparteien vereinbaren, dass der Käufer dem Verkäufer die gezahlte Prämienrate für die Gebäudeversicherung ab 1. 3. 2008 vergütet (Versicherungssumme „Wert 1914" 26 000 M, Beitragssatz 1 ‰, Versicherungsperiode: 1. 1., halbjährliche Zahlung, Ratenzuschlag 3 %, Versicherungsteuer 17,75 %, Anpassungsfaktor 14,43). Die Eintragung ins Grundbuch erfolgt am 15. 5. 2008; die Nachricht geht dem Käufer am 20. 5. 2008 zu. Der Käufer kündigt die bestehende Gebäudeversicherung zum 1. 3. 2008 (wirtschaftlicher Übergang) und schließt zum selben Termin eine neue Gebäudeversicherung bei einem anderen Versicherer ab.

   a) Ermitteln Sie den anteiligen Rückbeitrag für den Verkäufer (nach Kaufvertragsvereinbarung).

   b) Wer hat die Veräußerung dem Versicherer anzuzeigen? Nennen Sie auch die Frist.

   c) Ist die Kündigung des Käufers zum 1. 3. 2008 rechtswirksam? Informieren Sie den Käufer.

   d) Der Versicherer verlangt vom Verkäufer die Zahlung der zweiten Rate zum 1. 7. 2008. Wie ist die Rechtslage?

2. Aus Altersgründen verkauft unser Versicherungsnehmer sein Wohnhaus einschließlich Bäckerei im Erdgeschoss, die der Käufer weiter betreiben wird. Da der Versicherungsnehmer ins Altersheim zieht, verschenkt er den größten Teil der Wohnungseinrichtung an seine drei Kinder. Das Kfz veräußert er seinem Neffen. Der Versicherungsnehmer besitzt eine Gebäude-, eine Hausrat-, eine Firmen-Inhalts-, eine Betriebshaftpflicht- und eine Kraftfahrzeug-Haftpflichtversicherung.

   Ist eine Kündigung der Versicherungsverträge durch die neuen Eigentümer möglich? Lesen Sie dazu die §§ 102 und 122 VVG. Gehen Sie bei Ihrer Antwort auch auf die Kündigungsfristen ein.

3. Die Versicherungsnehmerin hat nach dem Tod ihrer Mutter ein Reihenhaus mit Wohnungseinrichtung geerbt. Sie will das Gebäude beziehen und auch die Wohnungseinrichtung behalten. Die Gebäudeversicherung möchte sie kündigen und neu abschließen, die Hausratversicherung will sie übernehmen.

   Beraten Sie sie.

4. Auf einer Zwangsversteigerung am 15. 8. erwirbt Herr Müller ein Einfamilienhaus mit einem Teil der Wohnungseinrichtung. Das Haus wird er vermieten, die Wohnungseinrichtung an verschiedene Interessenten verkaufen. Die Grundbucheintragung erfolgt am 20. 11.

Herr Müller fragt:

a) Muss er den Erwerb dem Gebäude- und dem Hausratversicherer anzeigen?
b) Kann er die beiden Versicherungen kündigen? Sind dabei Fristen einzuhalten?

Informieren Sie Herrn Müller.

2.11 Mehrere Versicherer, Mehrfachversicherung (Neben- und Doppelversicherung)

2.11.1 Mehrere Versicherer (Nebenversicherung)

Wer bei mehreren Versicherern ein Interesse gegen dieselbe Gefahr versichert, ist verpflichtet, dem Versicherer die anderen Versicherungen unverzüglich mitzuteilen – auch wenn die Versicherungssummen zusammen den Wert nicht übersteigen. In der Mitteilung sind der andere Versicherer und die Versicherungssumme anzugeben.

§ 77 VVG
§ 29 Nr. 1 VGB 2008

▶ Situation

Ein Wohngebäude ist mit einer Versicherungssumme „Wert 1914" in Höhe von 23 000 M beim Versicherungsunternehmen Alpha versichert. Durch einen Anbau erhöht sich der Versicherungswert 1914 und somit auch die Versicherungssumme „Wert 1914" um 11 000 M. Da mit dem Versicherungsunternehmen Alpha ein langfristiger Vertrag besteht, schließt die Versicherungsnehmerin über die zusätzlichen 11 000 M bei der Gesellschaft Direkt einen zweiten Versicherungsvertrag zu einem günstigeren Beitragssatz ab. Die Versicherungssummen von zusammen 34 000 M entsprechen dem Versicherungswert 1914 in derselben Höhe.

Ein Schaden wird anteilig auf die beteiligten Gesellschaften aufgeteilt.

▶ Beispiel

Bestimmungswidrig ausgetretenes Leitungswasser verursacht einen Gebäudeschaden in Höhe von 8 000 €.

Prozentuale Aufteilung des Schadens nach den Versicherungssummen „Wert 1914":

Gesamtversicherungssumme „Wert 1914":   34 000 M

Leistung VU Alpha:

$$34\,000\ M\ \cong\ 100\ \%$$
$$23\,000\ M\ \cong\ x \qquad \frac{100 \times 23\,000}{34\,000} = 67,65\ \%$$

67,65 % von 8 000 € = 5 412 €

Leistung VU Direkt:

$$34\,000\ M\ \cong\ 100\ \%$$
$$11\,000\ M\ \cong\ x \qquad \frac{100 \times 11\,000}{34\,000} = 32,35\ \%$$

32,35 % von 8 000 € = $\dfrac{2\,588\ \text{€}}{8\,000\ \text{€}}$
insgesamt

Der Schaden kann auch nach der Entschädigungsformel aufgeteilt werden:

Leistung VU Alpha:

$$\frac{8\,000 \times 23\,000}{34\,000} = 5\,411{,}76\,€$$

Leistung VU Direkt:

$$\frac{8\,000 \times 11\,000}{34\,000} = 2\,588{,}24\,€$$

insgesamt   8 000,00 €

Zur Regulierung empfiehlt der Verband:[1]

- Der Versicherer mit der höheren Versicherungssumme übernimmt in der Regel die Regulierung.
- Bei Schäden bis 5 000 € wird auf eine Übersendung von Schadenunterlagen verzichtet.
- Bei Schäden bis 25 000 € zahlt der regulierende Versicherer die Gesamtentschädigung an den Versicherungsnehmer und fordert vom anderen Versicherer dessen Anteil.
- Bei Schäden über 25 000 € verständigen sich die Versicherer untereinander; die Entschädigungszahlung erfolgt an einem gemeinsamen Termin.

Abrechnungsfähige Regulierungskosten sind interne und externe Kosten, die sich direkt dem jeweiligen Schaden zuordnen lassen. Bei Schäden bis 5 000 € können Regulierungskosten pauschal mit 6 % des Schadens abgerechnet werden.

Verletzt der Versicherungsnehmer die Anzeigepflicht vorsätzlich oder grob fahrlässig, ist der Versicherer nach den in § 26 beschriebenen Voraussetzungen zur Kündigung berechtigt oder auch ganz oder teilweise leistungsfrei.

2.11.2 Mehrfachversicherung (Doppelversicherung)

▶ Situation

Die Lebensgefährtin zieht in die Wohnung des Versicherungsnehmers in derselben Stadt. Ihre Möbel lässt sie in der bisherigen Wohnung zurück. Beide besitzen eine Hausratversicherung. Durch den Umzug geht die Versicherung der Lebensgefährtin auf die Wohnung des Versicherungsnehmers über. Die Versicherungssummen zusammen betragen 97 500 €, der Versicherungswert 65 000 €.

---

1 Handbuch der Sachversicherung, Bd. 1, D-I-10, 2008

▶ **Erläuterung**

Eine Mehrfachversicherung liegt vor, wenn ein Interesse gegen die-selbe Gefahr bei mehreren Versicherern versichert ist und die Versiche-rungssummen zusammen den Versicherungswert übersteigen. Eine Mehrfachversicherung kann auch entstehen, wenn eine Sache sowohl in der Außen- als auch in einer Fremdversicherung versichert ist[1].

§ 78 Abs. 1 VVG
§ 29 Nr. 3 a) VGB/
VHB 2008

Das VVG unterscheidet:

Mehrfachversicherung

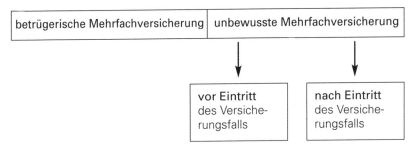

| betrügerische Mehrfachversicherung | unbewusste Mehrfachversicherung |

vor Eintritt
des Versiche-rungsfalls

nach Eintritt
des Versiche-rungsfalls

Betrügerische Mehrfachversicherung

Schließt der Versicherungsnehmer eine Mehrfachversicherung ab, um sich dadurch einen rechtswidrigen Vermögensvorteil zu verschaf-fen, so ist jeder in dieser Absicht geschlossene Vertrag nichtig. Dem Versicherer steht die Prämie bis zu dem Zeitpunkt zu, in dem er davon Kenntnis erlangt.

§ 78 Abs. 3 VVG
§ 29 Nr. 3 c) VGB 2008

▶ **Beispiel**

Ein Versicherungsnehmer versichert sein Einfamilienhaus (Ver-sicherungswert 1914 26 000 M) bei Versicherer A mit 26 000 M und bei Versicherer B ebenfalls mit 26 000 M. Als das Ge-bäude abbrennt, verlangt er von beiden jeweils die volle Ent-schädigung. Durch einen Schadensachverständigen erfahren die Versicherer von der Betrugsabsicht des Versicherungsneh-mers; sie verweigern die Leistung. Beide Verträge sind nich-tig. Gegenüber dem Hypothekengläubiger, der seine Hypo-thek angemeldet hat, kann die Nichtigkeit des Vertrages nicht geltend gemacht werden.

§ 143 Abs. 3 VVG

LF
3

LF
4

LF
15

---

1   Zur Entschädigungsregelung vgl. Abschnitt 1.2.3

Unbewusste Mehrfachversicherung vor Eintritt des Versicherungsfalles

§ 79 Abs. 1 VVG
§ 29 Nr. 4 a) Abs. 1
VHB/VGB 2008

Entsteht ohne Wissen des Versicherungsnehmers eine Mehrfachversicherung, so kann er verlangen, dass der später geschlossene Vertrag aufgehoben oder die Versicherungssumme unter entsprechender Minderung der Prämie herabgesetzt wird.

§ 29 Nr. 4 a) Abs. 2
VHB/VGB 2008

Die Aufhebung oder Herabsetzung und Anpassung der Prämie werden zu dem Zeitpunkt wirksam, zu dem die Erklärung dem Versicherer zugeht.

▶ Beispiel

Kunde Meyer erbt nach dem Tod seines Vaters ein Reihenhaus. Da er nicht weiß, ob und in welcher Höhe das Haus versichert ist, schließt er zum 1. 4. 2008 eine Wohngebäudeversicherung mit 21 000 M Versicherungssumme „Wert 1914" ab.

Drei Wochen später findet er den Versicherungsschein der seit 1970 bestehenden Gebäudeversicherung (Versicherungssumme „Wert 1914" 18 000 M). Als Versicherungswert wird 25 000 M ermittelt.

§ 29 Nr. 4 a) Abs. 1
VGB 2008

Eine Kündigung des alten Vertrages wegen Erbfolge ist nicht möglich. Die Versicherungssumme des neuen Vertrages wird um 14 000 M auf 7 000 M gekürzt.

Versicherungssumme alter Vertrag	18 000 M
Versicherungssumme neuer Vertrag (gekürzt)	7 000 M
Versicherungssumme insgesamt	25 000 M ≙ Versicherungswert

§ 29 Nr. 4 a) Abs. 2
VGB 2008

Prämienwirksam wird die Herabsetzung zu dem Zeitpunkt, zu dem die Erklärung dem Versicherer zugeht.

Um eine Mehrfachversicherung zu vermeiden, empfiehlt der Verband folgende Regelung[1]: Bei einer Veräußerung ist der neue Versicherungsnehmer (= Käufer) über die Rechtslage nach §§ 95, 96 VVG aufzuklären. Der Versicherungsnehmer ist zu fragen, ob er das Gebäude erworben hat und ob beim Verkäufer eine Gebäudeversicherung besteht. Der Versicherer hat darauf hinzuweisen, dass der Versicherungsnehmer innerhalb eines Monats nach Erwerb (Grundbucheintragung) kündigen kann.

Falls es zu einer Mehrfachversicherung kommt, sollte der Versicherer des Käufers den neu geschlossenen Vertrag rückwirkend aufheben – es sei denn, dass in der Zwischenzeit ein Versicherungsfall eingetreten ist[1].

---

1   Handbuch der Sachversicherung, Bd. 1, A-I-4, 2008.

Der Versicherungsnehmer kann eine Herabsetzung der Versicherungssumme bei einer Doppelversicherung auch verlangen, wenn der Versicherungswert z. B. durch Abriss eines Gebäudeanbaus gesunken ist.

§ 79 Abs. 2 VVG
§ 29 Nr. 4 b) VGB 2008

LF 3

LF 4

Unbewusste Mehrfachversicherung nach Eintritt des Versicherungsfalles

Das VVG unterscheidet bei der Leistung:

LF 15

- **Außenverhältnis**
  Leistung der Versicherungsunternehmen an den Versicherungsnehmer
  § 78 Abs. 1 VVG

- **Innenverhältnis**
  Ausgleich der Versicherungsunternehmen untereinander

  § 78 Abs. 2 VVG

Außenverhältnis

Gegenüber dem Versicherungsnehmer haften die Versicherungsunternehmen als Gesamtschuldner. Jeder Versicherer muss aber höchstens
bis zum Betrag leisten, der sich aus dem Vertrag ergibt. Insgesamt
kann der Versicherungsnehmer Entschädigung aber nur in Höhe des
Schadens verlangen.

§ 78 Abs. 1 VVG
§ 29 Nr. 3 b) VGB 2008

Innenverhältnis

Die Versicherer sind untereinander im Verhältnis zu Anteilen nach Maß-
gabe der Beträge verpflichtet, die sie dem Versicherungsnehmer nach
dem jeweiligen Vertrag zu zahlen haben.

§ 78 Abs. 2 VVG

▶ Beispiel

Kunde Meyer hat – nachdem er die Mehrfachversicherung für
das geerbte Reihenhaus bemerkte – die Minderung der Versicherungssumme „Wert 1914" des neuen Vertrages beantragt.
Bevor die Minderung vertragswirksam wird, tritt ein Feuerschaden in Höhe von 78 000 € ein.

Versicherungssumme „Wert 1914" bei VU A	18 000 M
Versicherungssumme „Wert 1914" bei VU B	21 000 M
	39 000 M
Versicherungswert 1914	25 000 M
Schaden	78 000 €

Lösung

1. Außenverhältnis

In beiden Verträgen besteht Unterversicherung, da die Versicherungssummen bei VU A wie auch bei VU B unter dem Versicherungswert liegen.

Vertragliche Leistung von VU A

Das Versicherungsunternehmen müsste nach Vertrag höchstens bezahlen:

$$\text{Entschädigung} = \frac{\text{Schaden} \times \text{Versicherungssumme „Wert 1914"}}{\text{Versicherungswert 1914}}$$

$$\text{Entschädigung: } \frac{78\,000 \times 18\,000}{25\,000} = 56\,160\,€$$

Vertragliche Leistung von VU B

$$\text{Entschädigung: } \frac{78\,000 \times 21\,000}{25\,000} = 65\,520\,€$$

Die Entschädigungen dürfen aber insgesamt nicht höher sein als der Schaden. Der Versicherungsnehmer könnte beispielsweise von Versicherungsunternehmen A 56 160 € und von Versicherungsunternehmen B den Rest in Höhe von 21 840 € fordern, so dass er insgesamt 78 000 € erhält.

2. Innenverhältnis

Versicherungsunternehmen A hat mit 56 160 € im Vergleich zu Versicherungsunternehmen B zu viel gezahlt. Im Innenverhältnis sind deshalb die Versicherungsunternehmen zueinander zum Ausgleich auf der Grundlage der vertraglichen Versicherungssummen verpflichtet.

	Verteilungsgrundlage	Verteilungsverhältnis	Anteile Entschädigung
Versicherungssumme VU A	18 000 M	6	36 000 €
Versicherungssumme VU B	21 000 M	7	42 000 €
		13 Teile =	78 000 €
		1 Teil =	6 000 €

Hat Versicherungsunternehmen A an den Versicherungsnehmer 56 160 € Entschädigung geleistet, so muss Versicherungsunternehmen B an Versicherungsunternehmen A 20 160 € zum Ausgleich zahlen.

Ausgleich im Innenverhältnis

VU A	VU B
56 160 €	21 840 €
− 20 160 € von VU B	+ 20 160 € an VU A
36 000 €	42 000 €

Bei einer prozentualen Aufteilung des Schadens hätten sich folgende Anteile ergeben:

VU A:

$$39\,000\text{ M} = 100\,\% \qquad \frac{100 \times 18\,000}{39\,000} = 46,15\,\%$$
$$18\,000\text{ M} = \quad x$$

46,15 % von 78 000 € = 35 997 €

VU B:

$$39\,000\text{ M} \cong 100\,\% \qquad \frac{100 \times 21\,000}{39\,000} = 53,85\,\%$$
$$21\,000\text{ M} \cong \quad x$$

53,85 % von 78 000 € = <u>42 003 €</u>

> Bei der unbewussten Mehrfachversicherung kann der Versicherungsnehmer im Versicherungsfall die Versicherungsunternehmen bis zur jeweiligen vertraglichen Entschädigung – insgesamt aber nur bis zur Höhe des Schadens – in Anspruch nehmen (Außenverhältnis).
>
> Im Innenverhältnis sind die Versicherungsunternehmen zueinander zum Ausgleich im Verhältnis der vertraglichen Versicherungssummen verpflichtet.

Mehrfachversicherung liegt natürlich nur vor, wenn eine Sache gegen dieselbe Gefahr bei mehreren Versicherern versichert ist.

▶ Beispiel

Für ein Gebäude besteht eine Versicherung bei VU A mit einer Versicherungssumme „Wert 1914" in Höhe von 18 000 M und bei VU B mit 12 000 M (Versicherungswert: 24 000 M).

Der Versicherungsnehmer hat „Sonstige Grundstücksbestandteile" nur bei VU A eingeschlossen.

Ein Orkan entwurzelt einen großen Baum auf dem Versicherungsgrundstück – Gebäudeschaden: 60 000 €; Schaden an der Grundstücksmauer: 2 200 €.

Der Gebäudeschaden wird im Verhältnis 60 % zu 40 % aufgeteilt. Die Grundstücksmauer ist nur bei VU A eingeschlossen, so dass Unterversicherung besteht:

$$\frac{2\,200 \times 18\,000}{24\,000} = 1\,650\,€ \text{ Entschädigung für die Mauer}$$

Mehrere Verträge gegen dieselbe Gefahr (Neben- und Doppelversicherung) sind bei den Versicherungsunternehmen wegen der Mehrarbeit durch die Abstimmung bei der Schadenregulierung unerwünscht. Außerdem besteht bei einer Mehrfachversicherung die Gefahr des Betru-

Klausel 7712 Nr. 2 zu VHB 2008

ges. Auch für den Versicherungsnehmer bringt die Nebenversicherung eher Nachteile. Er muss nicht nur mit mehreren Versicherern Schriftwechsel führen – er kann auch den Verzicht auf Unterversicherung verlieren. Das gilt auch für die Mehrfachversicherung.

§ 29 Nr. 3 b) Abs. 2 VHB/VGB 2008

Bestehen in der Hausratversicherung mehrere Verträge, so ist die Entschädigung insgesamt für die Außenversicherung sowie für Wertsachen auf die dort angegebenen Beträge begrenzt – als wenn der Gesamtbetrag der Versicherungssummen in diesem Vertrag in Deckung gegeben wäre. Diese Regelung gilt auch für die Gebäudeversicherung.

▶ Beispiele

Für seinen Hausrat hat der Versicherungsnehmer zwei Verträge abgeschlossen:

VU A mit 50 000 € Versicherungssumme
VU B mit 75 000 € Versicherungssumme

Versicherungswert: 125 000 €

a) Während eines Urlaubs werden Sachen des Versicherungsnehmers im Hotelzimmer in Höhe von 12 000 € durch Feuer zerstört.

In der Außenversicherung ist die Leistung auf 10 % der Versicherungssumme(n) – höchstens aber auf 10 000 € – begrenzt.

§§ 29 Nr. 3 b) und 7 Nr. 6 VHB 2008

Der Versicherungsnehmer erhält insgesamt 10 000 €. Im Innenverhältnis wird die Entschädigung im Verhältnis zu der Versicherungssumme aufgeteilt:[1]

VU A 50 000 €	2	4 000 €
VU B 75 000 €	3	6 000 €
	5 Teile =	10 000 €
	1 Teil =	2 000 €

Diese Regelung gilt auch für Wertsachen nach § 13 Nr. 2 b) VHB 2008.

b) Für beide Verträge hat der Versicherungsnehmer die Klausel „Fahrraddiebstahl" mit 1 % der Versicherungssumme als Entschädigung eingeschlossen. Das verschlossene Fahrrad wird tagsüber gestohlen (Wiederbeschaffungspreis 1 375 €).

§ 29 Nr. 3 b) Abs. 2 VHB 2008

Die Entschädigungsbegrenzung nach § 29 Nr. 3 b) VHB 2008 gilt nicht für Grenzen in Prozent und Promille der Versicherungssumme. Hätte der Versicherungsnehmer nur einen Vertrag mit 125 000 € Versicherungssumme abgeschlos-

---

1 Die 10 %-Vorsorge kann in beiden Verträgen unberücksichtigt bleiben, weil sie das Verhältnis nicht verändert.

sen, dann würde die Entschädigung 1 % von 125 000 € betragen (= 1 375 € einschließlich Vorsorge). Dafür zahlt er auch einen entsprechenden Beitragszuschlag, der von der Höhe der Versicherungssumme abhängt.

Der Versicherungsnehmer erhält von VU A 550 € und von VU B 825 € (jeweils einschließlich 10 % Vorsorge) – insgesamt 1 375 € als Entschädigung.

Nach Verbandsempfehlung können auch für Wohngebäudeversicherung Entschädigungsgrenzen in Euro festgesetzt werden z. B. für versicherte Kosten oder für Mehrkosten durch Veränderungen öffentlich-rechtlicher Vorschriften oder durch Preissteigerungen. Bestehen mehrere Verträge für ein Gebäude, dann ist die Entschädigung für diese Positionen auf den angegebenen Betrag begrenzt – im Gegensatz zu Grenzen in Prozent der Versicherungssumme.

LF
3

LF
4

LF
15

Übungen

1. Berechnen Sie die maximalen Entschädigungsleistungen der Versicherungsunternehmen im Außenverhältnis und die Anteile der VU zueinander im Innenverhältnis.

   Versicherungssummen

„Wert 1914" VU A	VU B	Versicherungs- wert 1914	Schaden
a) 15 000 M	21 000 M	30 000 M	240 000 €
b) 24 000 M	72 000 M	80 000 M	480 000 €
c) 90 000 M	90 000 M	150 000 M	1 200 000 €

   Wie hoch ist der Ausgleich, wenn der Versicherungsnehmer von VU A:

   a) 120 000 €

   b)   90 000 €

   c) 700 000 €

   und von VU B den Rest fordert?

2. Frau Müller erbt ein Gebäude, für das bereits eine Gebäudeversicherung mit 24 000 M Versicherungssumme „Wert 1914" bei VU A besteht. In Unkenntnis von diesem Vertrag schließt Frau Müller eine neue Versicherung mit 27 000 M Versicherungssumme „Wert 1914" bei VU B ab. Zwei Monate nach Vertragsabschluss tritt ein Leitungswasserschaden ein:

Gebäudeschaden:	82 000 €
Restwerte:	1 400 €
Aufräumungskosten:	4 400 €
Versicherungswert 1914:	30 000 M

   VU B leistet einschließlich der Aufräumungskosten 76 500 €.

   a) Welchen Betrag muss VU A zahlen?

   b) Ermitteln Sie den Ausgleich im Innenverhältnis.

3. Bei einer unbewussten Mehrfachversicherung (Versicherungssumme „Wert 1914" bei VU A 80 000 M, bei VU B 100 000 M; Versicherungswert 100 000 M) erhält der Versicherungsnehmer von VU A die vertragsmäßige Entschädigung in Höhe von 216 000 €.

   a) Wie hoch ist der Schaden?

   b) Ermitteln Sie die Ausgleichszahlung von VU B im Innenverhältnis.

4. Der Versicherungsnehmer hat versehentlich für seinen Hausrat zwei Versicherungsverträge abgeschlossen (Versicherungssumme bei VU A 55 000 €, bei VU B 45 000 €). Für beide Verträge ist Klausel 7712 vereinbart. Bei einem Einbruch in die Wohnung wird Schmuck (unverschlossen) im Wert von 25 000 € gestohlen.

Ermitteln Sie die Entschädigungszahlungen der beiden Versicherungsunternehmen.

5. Bei einem Versicherungsnehmer besteht Mehrfachversicherung (Hausratversicherung):
Versicherungssumme bei VU A: 40 000 €,
Vertragsabschluss: 1. 2. 1989
Versicherungssumme bei VU B: 55 000 €,
Vertragsabschluss: 1. 5. 2006
Versicherungswert: 70 000 €

a) Wie wird nach § 29 Nr. 4 a) VHB 2008 die Mehrfachversicherung beseitigt?
b) Hat der Versicherungsnehmer Anspruch auf Rückbeitrag?

6. Für ein Wohngebäude bestehen folgende Verträge bei:

- VU A mit einer Versicherungssumme „Wert 1914" von 12 000 M; eingeschlossen sind „Sonstige Grundstücksbestandteile" und die Klausel 7363 „Aufräumungskosten für Bäume".
- VU B mit einer Versicherungssumme „Wert 1914" von 18 000 M (ohne Klauseln)

Versicherungswert 1914: 30 000 M.

Ein Orkan reißt eine alte Eiche auf dem Versicherungsgrundstück um, die auf das Gebäude und auf die Gartenmauer fällt. Der Schaden am Gebäude beträgt 52 000 €, der Schaden an der Mauer 1 600 €. Für das Aufräumen des Baumes fallen 800 € Kosten an.

Ermitteln Sie Entschädigungsanteile der beiden Versicherungsunternehmen.

7. Nach einem Brand in seiner Wohnung zieht der Versicherungsnehmer für 10 Tage ins Hotel. Die Übernachtungskosten betragen 80 € pro Nacht (ohne Frühstück).

Der Versicherungsnehmer hat seinen Hausrat bei zwei Gesellschaften versichert:

Versicherungssumme bei VU A: 50 000 €, Versicherungssumme bei VU B: 30 000 €, Versicherungswert: 80 000 €.

Nehmen Sie die Aufteilung der Hotelkosten auf die beiden VU vor.

8. Die Ehefrau des Versicherungsnehmers wird – nachdem sie von der Bank Geld abgehoben hatte – auf der Straße beraubt. Der Täter entwendet ihr:

- Bargeld   2 100 €
- goldene Armbanduhr   4 800 €
- Brillantring   3 200 €
- goldene Kette   1 300 €

Ihr Mann hat zwei Hausratversicherungen abgeschlossen

Versicherungssumme bei VU A: 40 000 €
Versicherungssumme bei VU B: 60 000 €
Versicherungswert: 100 000 €

Ermitteln Sie die Entschädigung und nehmen Sie die Aufteilung auf die beiden Gesellschaften vor.

2.12 Abgrenzung private und gewerbliche Sachversicherung

Private Sachversicherungen

| Verbundene Hausratversicherung VHB 2008 | Verbundene Wohngebäudeversicherung VGB 2008 |

mit

- Feuer, ED/Raub, Vandalismus, Sturm/Hagel und Leitungswasser
- zuzüglich Klauseln
- nur für (privaten) Hausrat
- nicht versicherbar: beruflich oder gewerblich genutzte Räume

mit

- Feuer, Leitungswasser, Rohrbruch/Frost, Sturm/Hagel
- zuzüglich Klauseln
- Nutzung mindestens 50 % zu Wohnzwecken

Gewerbliche Sachversicherungen

Firmengebäude-Versicherung	Firmeninhalts-Versicherung	Landwirtschaftliche Versicherung	Industrie-versicherung
Gebündelte Versicherung für Gebäude	Gebündelte Versicherung für Inhalt	Gebündelte und verbundene Versicherung für Gebäude und Inhalt	Versicherung für Gebäude und Inhalt
▪ Feuer (AFB 08) ▪ Sturm (AStB 08) ▪ Leitungswasser (AWB 08)	▪ Feuer (AFB 08) ▪ Sturm (AStB 08) ▪ Leitungswasser (AWB 08) ▪ ED/Raub/Vand. (AERB 08)	▪ Feuer ▪ Leitungswasser ▪ Sturm (ABL 2008)	▪ Feuer (AFB 08)
zusätzlich z. B.: ▪ Mietverlustversicherung (AMB 08) ▪ Glasversicherung (AGlB 08)	zusätzlich z. B.: ▪ Klauseln ▪ Klein-BU-Versicherung (ZKBU 08) ▪ Mittlere BU-Versicherung (MFBU 08) ▪ Groß-BU-Versicherung (FBUB) ▪ EC-Versicherung (ECB 08) ▪ EC-BU-Vers. (ECBU 08) ▪ Maschinen-Versicherung (AMB 08) ▪ Elektronikversicherung (ABE)	zusätzlich z. B.: ▪ Klein-BU-Versicherung (ZKBU 08) ▪ Milchausfallversicherung ▪ Ertragsausfallversicherung ▪ Weidetierdiebstahlversicherung ▪ Tierversicherung ▪ Hagelversicherung	zusätzlich z. B.: ▪ Klauseln ▪ Groß-BU-Versicherung (FBUB 08) ▪ EC-Versicherung (ECB 08) ▪ EC-BU-Vers. (ECBU 08)

Firmengebäude-Versicherung	Firmeninhalts-Versicherung
Verbundene Versicherung für Gebäude	Verbundene Versicherung für Inhalt
■ Feuer ■ Sturm ■ Leitungs-wasser ■ weitere Elementar-gefahren ■ Innere Unru-hen, Böswillige Beschädigung, Streik oder Aussperrung ■ Fahrzeug-anprall, Rauch, Überschall-druckwellen ■ Glasbruch ■ Ergänzende Gefahren für Schäden an Technischer Betriebsein-richtung (VSG 2008)	■ Feuer ■ Sturm ■ Leitungs-wasser ■ ED/Raub/Vandalismus ■ weitere Elementar-gefahren ■ Innere Unru-hen, Böswillige Beschädigung, Streik oder Aussperrung ■ Fahrzeug-anprall, Rauch, Überschall-druckwellen ■ Glasbruch ■ Ergänzende Gefahren für Schäden an Technischer Betriebsein-richtung ■ Transport-gefahren (VSG 2008)

Gewerbliche Versicherungen

Die Firmenversicherung gilt für jegliche Art gewerblicher oder berufli-cher Nutzung – außer für Landwirtschaft und für die Industrie-Feuer-Versicherung.

Zur Sturmversicherung (AStB 2008) können die „Besonderen Bedin-gungen für die Versicherung weiterer Elementarschäden" (BWE 2008) – wie zur Hausrat- und Wohngebäudeversicherung – eingeschlossen werden.

Nach dem Firmenmustertarif (unverbindliche Prämienrichtlinien des GdV) gelten die Tarife für die Firmenversicherungen bis zu einer Inhalts-, Gebäude- und Betriebsunterbrechungsversicherungssumme von je 50 Mio. €. Werden diese Summen überschritten, handelt es sich um sog. Industrierisiken, die einer individuellen Bewertung unterliegen. Die Tarifempfehlungen beziehen die Sturm-, Leitungswasser-, Einbruch-diebstahl- und Vandalismusversicherung mit ein.

Viele Versicherungsunternehmen weichen von der Empfehlung ab und bieten pauschalierte Tarifstrukturen an.

Landwirtschaftliche Gebäude werden meistens auch gegen Sturm – selten gegen Leitungswasser – versichert.

Für landwirtschaftlichen Inhalt (z. B. Tiere, Ernteerzeugnisse, Wirtschaftsvorräte, Betriebsmittel, Betriebseinrichtung) werden meistens nur die Feuerversicherung sowie spezielle Versicherungen wie Weidetierdiebstahl-, Tier-, Hagel- oder Ertragsausfallversicherungen abgeschlosssen.

Die Allgemeinen Bedingungen für die Sachversicherung landwirtschaftlicher Betriebe – Wirtschaftsgebäude und deren Inhalt sowie Wohngebäude (ABL) – können die Gefahren Feuer, Leitungswasser, Sturm/Hagel in einem Bedingungswerk zusammenfassen.

Wiederholungsaufgaben

1. Versicherungsnehmer Müller bittet Sie, die Gebäudeversicherung und besonders die Versicherungssumme „Wert 1914" zu überprüfen. Herr Müller hat das Reihenhaus (Baujahr 1980) 2008 in 81241 München erworben. Nach Auskunft des Verkäufers betrug der damalige Verkaufspreis des Bauträgers 270 000 DM. Die Versicherungssumme „Wert 1914" in Höhe von 20 000 M hat Herr Müller aus dem Vorvertrag übernommen. Das Gebäude ist massiv gebaut, zweigeschossig, unterkellert, Satteldach nicht ausgebaut, normale Ausstattung. Die Wohnfläche beträgt 140 qm zuzüglich 20 qm im Keller. Eine Garage ist am Haus angebaut. Versicherungsnehmer Müller wünscht eine umfassende Gebäudeversicherung; er will auf jeden Fall eine Unterversicherung vermeiden.

   a) Welche Versicherungssumme „Wert 1914" schlagen Sie Herrn Müller vor? Begründen Sie ihm auch die Wahl der Berechnungsmethode.

   b) Wie hoch ist der Nachbeitrag? Die Beitragssätze für Feuer, Leitungswasser, Sturm und Hagel entnehmen Sie der Beitragsübersicht (Abschnitt 2.6.1 Anpassungsfaktor 2008: 14,43). Versicherungsperiode 1. 4.–30. 3.; Änderung zum 1. 8. 2008.

   c) Welche zusätzlichen Einschlüsse zur Gebäudeversicherung empfehlen Sie dem Versicherungsnehmer? Begründen Sie Ihre Empfehlungen.

2. Herr Meier hat für sein Einfamilienhaus mit angebauter Garage bei Ihrer Gesellschaft eine Wohngebäudeversicherung nach den VGB 2008 abgeschlossen. Bei einem Orkan wird das Dach des Wohnhauses abgedeckt. Dabei beschädigen herabfallende Dachziegel das Satteldach der Garage. Einige Ziegel werden auch auf das Nachbargrundstück des Herrn Grages geschleudert und verursachen Schrammen und Beulen an dessen Pkw. Außerdem entwurzelt der Orkan einen Baum auf dem Grundstück von Herrn Meier, der teilweise auf das Nachbargrundstück fällt; dabei wird die Grundstücksmauer unseres Versicherungsnehmers zerstört. Die starken Regengüsse führen zu weiteren Schäden im Haus des Herrn Meier. Der Versicherungsnehmer meldet folgende Schäden:

a)	Reparatur des Wohnhausdaches	4 500 €
b)	Reparatur des Garagendaches	800 €
c)	Reparatur des Pkw von Herrn Grages	1 800 €
d)	Renovierung von zwei Zimmern (Tapeten, Anstrich)	2 400 €
e)	Reinigung eines Teppichs	120 €
f)	Reparatur eines Tischs und Schranks	360 €
g)	Erneuerung der Dachantenne und einer Markise	1 700 €
h)	Reparatur der Grundstücksmauer	850 €

i) Aufräumungskosten für Dachziegel   120 €
j) Aufräumungskosten für den Baum   1 100 €

Regulieren Sie diese Schäden nach VGB 2008. Die Versicherungssumme „Wert 1914" entspricht dem Versicherungswert 1914. (Die
Hausratversicherung besteht bei einer anderen Gesellschaft.)

3. Die Versicherungsnehmerin Schmitt ist Eigentümerin eines Mehrfamilienhauses. Sie fragt, ob folgende Schäden in der Wohngebäudeversicherung gedeckt sind: Bei einem Mieter wurde eingebrochen
   und dabei die Wohnungstür und die Türzarge beschädigt. Außerdem
   hat der Täter die Wand des Treppenhauses mit Farbe besprüht. Der
   Mieter besitzt keine Hausratversicherung.

   Antworten Sie Frau Schmitt.

4. Durch Blitzschlag brennt im August 2008 das versicherte Reihenhaus
   unseres Versicherungsnehmers bis auf das Kellergeschoss nieder.

   Gebäudeschaden: 205 000 €
   Aufräumungs- und Abbruchkosten: 14 150 €
   Mietwert: 6 000 €
   Mehrkosten durch Preissteigerungen: 4 000 €
   Mehrkosten durch Änderungen der
   öffentlich-rechtlichen Vorschriften: 17 200 €

   Die Versicherungssumme „Wert 1914" beträgt 20 000 M, der Versicherungswert 1914 25 000 M, Anpassungsfaktor: 14,43

   Ermitteln Sie die Entschädigung.

5. Ein in der Badezimmerwand verlegtes Heizungsrohr wird undicht.
   Um das Loch finden und das Rohr reparieren zu können, muss der
   Klempner Fliesen und Putz abschlagen. Nach der Reparatur muss
   die Stelle verputzt und neu verfliest werden. Da es diese Fliesen im
   Handel nicht mehr gibt, verlangt der Versicherungsnehmer neue Fliesen für die gesamte Badezimmerwand. Außerdem bittet der Versicherungsnehmer um Übernahme der Kosten für die Erneuerung der
   Heizungsrohre, da wegen starker Korrosion ein neues Leck wahrscheinlich ist.

   Werden Sie leisten?

6. Das Einfamilienhaus unseres Versicherungsnehmers liegt in der Ein-
   flugschneise des Frankfurter Flughafens. Bei Antragsaufnahme fragt
   er, ob Versicherungsschutz besteht, wenn

   ▪ ein Verkehrsflugzeug beim Landeanflug ein Rad verliert, das das
     Gebäudedach durchschlägt?
   ▪ durch den Luftwirbel eines tiefliegenden Flugzeuges Dachziegel
     herausgerissen werden?
   ▪ beim Landeanflug eine Sportmaschine die Fernsehantenne vom
     Dach reißt?

- beim Absturz einer Militärmaschine herumfliegende Teile das Gebäude beschädigen?

Informieren Sie den Versicherungsnehmer.

7. Der Versicherungsnehmer will als Rentner mit seiner Ehefrau drei Monate auf Mallorca überwintern. Er hat bei Ihrer Gesellschaft eine Wohngebäudeversicherung für sein Einfamlienhaus und eine Hausratversicherung abgeschlossen. Von einem Bekannten hat er gehört, dass ein nicht genutztes Wohnhaus eine Gefahrerhöhung darstellt und der Versicherer die Leistung kürzen oder leistungsfrei sein kann.

Er fragt Sie, was er bei beiden Versicherungen beachten muss, um den Versicherungsschutz nicht zu gefährden. Beraten Sie ihn.

8. Die Versicherungsnehmerin Jansen wird zum 30. 6. ihr Reihenhaus verkaufen und zum 15. 6. einen Bungalow erwerben. Sie bittet um Auskunft, ob sie

- zum 30. 6. die Gebäudeversicherung kündigen und ab 15. 6. einen neuen Vertrag für den Bungalow abschließen soll
- bestimmte Vorschriften für die Versicherung beachten muss
- eine Rückprämie für den bestehenden Vertrag erhält (Versicherungsperiode 1. 1.–30. 12.).

9. Herr Meier erbt von seiner Tante am 15. 3. ein Mehrfamilienhaus. Zum selben Termin schließt er eine Gebäudeversicherung zum gleitenden Neuwert mit 80 000 M Versicherungssumme „Wert 1914" bei der Assecura ab. Am 20. 5. zerstört ein Feuer den Dachstuhl, Schaden 70 000 €. Bei der Schadenregulierung wird festgestellt, dass das Gebäude bereits mit 60 000 M Versicherungssumme „Wert 1914" bei dem Versicherungsunternehmen Global versichert ist. Der Versicherungswert 1914 beträgt 80 000 M.

a) Welchen Betrag müsste jeder Versicherer maximal nach § 78 Abs. 1 VVG bzw. § 29 Nr. 3 b) VGB 2008 leisten?

b) Herr Meier erhält von der Assecura den gesamten Schaden ersetzt. Wie erfolgt die Aufteilung zwischen den Versicherern nach § 78 Abs. 2 VVG?

c) Herr Meier fordert die Assecura auf, den Vertrag rückwirkend ab 15. 3. aufzuheben und ihm die Rückprämie zu erstatten? Wie ist die Rechtslage?

10. Der Versicherungsnehmer hat sein Reihenhaus vermietet. Der Mieter ließ unbeaufsichtigt für längere Zeit die Kerzen am Weihnachtsbaum brennen. Die Kerzenflamme entzündete einen Tannenzweig und der trockene Weihnachtsbaum stand in Flammen. Das Feuer zerstörte das Gebäude.

Der Versicherungsnehmer fragt, ob der Versicherer den Gebäudeschaden wegen grober Fahrlässigkeit kürzen kann. Beraten Sie ihn.

11. Der Versicherungsnehmer erhält am 15. 1. von seinem Gebäudeversicherer die Mitteilung, dass sich der Beitrag aufgrund der gestiegenen Baukosten und Löhne von bisher 277,06 € auf 286,27 €
ab 1. 3. nach § 12 Nr. 2 VGB 2008 erhöht (jeweils ohne Versicherungsteuer). Der Versicherungsnehmer widerspricht der Erhöhung
am 20. 1., da er nicht einsieht, schon wieder mehr zu zahlen. (Vertragsdaten: Versicherungssumme „Wert 1914" 24 000 M; Beitragssatz: 0,8 ‰, Hauptfälligkeit: 1. 3., Baupreisindex 1 189,6)

a) Wie wirkt sich der Widerspruch auf die Versicherung aus?
b) Welche Nachteile ergeben sich für den Versicherungsnehmer?

Handlungssituationen

(Grundlage: VGB 2008 und Tarif des aktuellen Bedingungswerkes)

Sie sind Mitarbeiter/-in der Versicherungsagentur Bähre.

1. Aufgabe

Situation

Sie nehmen bei Ihrer neuen Kundin Deiters den Antrag auf eine Gebäudeversicherung für ihr Einfamilienhaus auf. Frau Deiters fragt Sie, ob es sinnvoll ist, die Klauseln:

- Überspannungsschäden durch Blitz
- Ableitungsrohre auf dem Versicherungsgrundstück
- Gebäudebeschädigungen durch unbefugte Dritte

einzuschließen.

Sie wünscht umfassenden Versicherungsschutz.

Aufgabe

Beraten Sie sie.

2. Aufgabe

Situation

Sie besuchen am 22. 8. 2008 Ihren Kunden Michael Mielke, der bei Ihnen bereits seinen Hausrat versichert hat. Herr Mielke erzählt Ihnen, dass er am 18. 7. 2008 ein Einfamilienhaus gekauft hat; die Grundbucheintragung erfolgte bereits am 20. 8. Er wird am 1. 9. aus seiner Mietwohnung in dieses Haus umziehen. Es handelt sich dabei um einen Flachdachbungalow, eingeschossig, unterkellert, massive Bauweise; eine Garage auf dem Grundstück. Die Wohnfläche beträgt 120 qm zuzüglich 20 qm im Keller. Die Fußböden bestehen aus Naturstein bzw. Parkett; die beiden Badezimmer sind mit hochwertigen sanitären Einrichtungen ausgestattet. Er hat bereits vom Voreigentümer den Gebäudeversicherungsschein erhalten.

Vertragsdaten

Beginn:	1. 2. 2007
Ablauf:	30. 1. 2010
Zahlungsweise:	jährlich
Fälligkeit:	1. 2. 2009
Versicherungssumme „Wert 1914":	25 000 M

Herr Mielke fragt Sie, ob

- er den Gebäudeversicherungsvertrag sofort kündigen soll
- die Versicherungssumme ausreicht
- er bei der Hausratversicherung vor dem Umzug etwas zu beachten hat (Vertragsdaten Hausratversicherung: Klausel 7712 Versicherungssumme 65 000 €; Wohnfläche 100 qm)

Aufgabe

Informieren Sie Herrn Mielke.

3. Aufgabe

Situation

Als Sie Herrn Mielke den künftigen Beitrag für seinen Bungalow nach Summenermittlungsbogen berechnen, fragt er Sie, weshalb der Wert 1914 pro qm Wohnfläche für sein Haus höher ist als für ein gleiches Gebäude ohne Keller.

Außerdem möchte er wissen, ob er die Versicherungssumme erhöhen muss, wenn er einen Kellerraum zu einer zweiten Garage umbauen lässt.

Aufgabe

Beantworten Sie ihm die Fragen.

4. Aufgabe

Situation

Sie befinden sich bei Herrn Stefan Börg, der bei Ihnen sein Einfamilienhaus gegen Feuer, Leitungswasser, Sturm und Hagel versichern möchte. Herr Börg teilt Ihnen mit, dass sein Versicherer zum 30. 3. die Gebäudeversicherung nach Versicherungsfall gekündigt hat. In den vergangenen drei Jahren ist leider bei ihm viermal ein Zuleitungsrohr der Wasserversorgung durch Korrosion undicht geworden – Schaden insgesamt 12 300 €. Weitere Schäden sind bisher nicht angefallen.

Aufgabe

Werden Sie den Vertrag annehmen? Begründen Sie Ihre Entscheidung.

5. Aufgabe

Situation

Ihr Kunde Harald Fieber hat soeben bei Ihnen eine Gebäudeversicherung für sein Einfamilienhaus abgeschlossen. Das Gebäude liegt an einem leichten Berghang im Harzer Vorland. Ein Teil des Kellers wird als Wohnraum genutzt. Sie empfehlen Herrn Fieber, den Einschluss der Erweiterten Elementarschadenversicherung. Herr Fieber sieht nicht ein, weshalb er diese Versicherung gegen Mehrbeitrag abschließen soll. Er hatte bisher erst einen Sturmschaden, den seine frühere Gebäudeversicherung auch bezahlt hat. In der Nähe befindet sich weder ein Fluss noch ein anderes Gewässer.

Aufgabe

Mit welchen Argumenten könnten Sie Herrn Fieber überzeugen?

6. Aufgabe

Situation

Die Kundin Herrmann will im Mai 2009 das Dach ihres Reihenhauses in 33613 Bielefeld ausbauen lassen (zusätzliche Wohnfläche: 40 qm). Frau Herrmann fragt, ob sich dadurch der Beitrag ändert?

Gebäudemerkmale

- massive Bauweise, zweigeschossig mit Satteldach, unterkellert; Außenwände mit Handstrichklinker
- Fußböden mit Naturstein bzw. hochwertigen Teppichböden
- Edelholztüren
- Fußbodenheizung

Vertragsdaten

Klausel:	7160, 7262
Beginn:	1. 2. 2007
Ablauf:	30. 1. 2010
Zahlungsweise:	jährlich
Beitrag (ohne Versicherungsteuer):	335,34 €
Fälligkeit:	1. 2. 2010
Versicherungssumme „Wert 1914":	23 800 M
Wohnfläche:	130 qm

Aufgabe

Berechnen Sie den Nachbeitrag ab 1. 6. 2009 einschließlich Versicherungsteuer (Anpassungsfaktor: 14,91; Versicherungssumme „Wert 1914" auf 100 M aufrunden).

7. Aufgabe

Situation

Sie sind Mitarbeiter der Generalagentur Bertram. Ihr Kunde Harald Meier, der bei Ihnen bereits mehrere Versicherungen abgeschlossen hat, möchte auch sein Einfamilienhaus bei Ihnen versichern. Die Gebäudeversicherung besteht zurzeit bei der Global-VU. Für sein Gebäude ist eine Hypothek über 100 000 € für die Universa-Bank eingetragen.

Er fragt Sie, was er bei der Kündigung beachten muss. Informieren Sie Herrn Meier.

8. Aufgabe

Situation

Ihre Kundin Tanja Fröhlich bewohnt ein altes Bauernhaus mit massiven Außenwänden und Ziegeldach in der Lüneburger Heide. Da die Dachziegel teilweise gebrochen sind, muss sie das Dach erneuern. Sie überlegt, künftig das Dach mit Ried statt mit Ziegeln zu decken. Frau Fröhlich fragt Sie, ob sich das auf den Beitrag zur Gebäudeversicherung auswirkt?

Aufgabe

Informieren Sie Frau Fröhlich.

9. Aufgabe

Situation

Sie besuchen Ihren Versicherungsnehmer Kurt Fromme in seinem Einfamilienhaus. Herr Fromme erzählt Ihnen, dass er vor einem Jahr sein Haus durch einen 40 qm großen verglasten Wintergarten für insgesamt 49 000 € erweitert hat. Herr Fromme hat bei Ihnen die Gebäude- und die Hausratversicherung abgeschlossen. Die Versicherungssumme „Wert 1914" haben Sie vor zwei Jahren bei Vertragsbeginn mit dem Summenermittlungsbogen berechnet; für die Hausratversicherung hat der Versicherungsnehmer die Klausel 7712 „Kein Abzug wegen Unterversicherung" vereinbart.

Aufgabe

Beraten Sie Herrn Fromme über mögliche Vertragsänderungen.

10. Aufgabe

Situation

Versicherungsnehmer Thiem ruft Sie an. Er hat für sein bei Ihnen versichertes Mehrfamilienhaus eine Gemeinschaftswaschmaschine gekauft und fragt, ob diese Maschine in seiner Hausrat- oder in seiner Wohngebäudeversicherung oder gar nicht versichert ist. Außerdem beabsichtigt ein Mieter, einen offenen Kamin in seine Wohnung einbauen zu lassen. Der Bezirksschornsteinfeger hat die Schornsteinzüge bereits besichtigt und gegen den Einbau keine Einwände. Versicherungsnehmer Thiem befürchtet, dass ein offener Kamin eine Gefahrerhöhung sein könnte und er deshalb mehr Beitrag für die Gebäudeversicherung zahlen muss.

Aufgabe

Beantworten Sie ihm die Fragen.

11. Aufgabe

Situation

Ihr Kunde Martin Niemann ruft aufgeregt an und schildert Ihnen folgenden Schaden:

> Als er gestern mit seiner Ehefrau im Kino war, feierte seine 19-jährige Tochter Tanja mit Freunden auf der Terrasse seines Einfamilienhauses. Als der Holzkohlengrill nicht richtig brennen wollte, schüttete Tanja Benzin in die Glut. Es kam zu einer Stichflamme, die auf die Terrassenmarkise übergriff. Tanja rief sofort die Feuerwehr, die auch kurz darauf eintraf und löschte. Trotzdem wurde die gesamte Einrichtung des Wohn- und Esszimmers zerstört und die Gebäudewand und der Dachgiebel stark beschädigt. Das Haus ist zurzeit durch den Ruß, Qualm und Gestank unbewohnbar. Außerdem platzte beim Nachbarhaus durch die Hitze eine große Scheibe und die Fassade verrußte. Herr Niemann befürchtet, den Schaden selbst tragen zu müssen. Seine Tochter hat kein Geld; sie ist noch Schülerin. Er hat bei Ihnen eine Gebäude-, eine Hausrat- und eine Privat-Haftpflichtversicherung abgeschlossen.

Aufgabe

Informieren Sie Herrn Niemann. Gehen Sie dabei auch auf Regressansprüche ein.

12. Aufgabe

Situation

Sie erhalten folgenden Brief Ihrer Kundin Daniela Becker:

Daniela Becker
Obere Trift 17
99427 Weimar

Gebäudeversicherung Nr. 157 274
Sturmschaden

Sehr geehrte Damen und Herren,

gestern Nachmittag riss der Orkan Ziegel vom Dach meines Mehrfamilienhauses und schleuderte einige gegen das Gebäude meines Nachbarn Müller. Dort zerbrachen mehrere Fensterscheiben und zwei Balkondächer wurden beschädigt.

Bei mir durchschlug ein Dachziegel eine Balkonmarkise und den Balkontisch eines Mieters. Weitere Ziegel beschädigten meinen Grundstückszaun.

Durch das Loch im Dach lief Regen herein und durchnässte die Decke in der Dachgeschosswohnung – obwohl zwei Mieter versuchten, mit einer Plane das Loch abzudichten.

Nachbar Müller verlangt von mir Ersatz für seine Schäden.

Teilen Sie mir bitte umgehend mit, ob Sie für alle Schäden aufkommen.

Mit freundlichen Grüßen

Daniela Becker

Aufgabe

Schreiben Sie Frau Becker einen Brief, in dem Sie ihr die Regulierung erläutern. Frau Becker besitzt bei Ihnen eine Wohngebäudeversicherung ohne weitere Einschlüsse.

13. Aufgabe

Situation

Nach der Mittagspause finden Sie auf Ihrem Schreibtisch folgende Telefonnotiz:

> Anruf von Versicherungsnehmer Mark Jarosch
> Versicherungsschein-Nr. 853758
>
> Versicherungsnehmer Jarosch teilt mit, dass gestern eine Explosion in der chemischen Reinigung im Erdgeschoss sein Gebäude zerstörte (Tel. 58 77 01).

Aus Ihren Unterlagen zur Gebäudeversicherung geht nur hervor, dass das Zweifamilienhaus von Herrn Jarosch zu Wohnzwecken genutzt wird. Sie rufen deshalb Herrn Jarosch an. Er erzählt Ihnen, dass er im 1. Obergeschoss wohnt und er das Erdgeschoss seit Jahren gewerblich vermietet hat. Vor sieben Monaten hatte der Mieter – mit seiner Zustimmung – zu seiner Änderungsschneiderei eine chemische Reinigung eröffnet. Durch einen Defekt in der Maschine kam es zur Explosion, die das Gebäude weitgehend zerstörte. Herr Jarosch verlangt schnelle Regulierung, um das Haus wieder aufbauen zu können.

Aufgabe

Entscheiden Sie über die Regulierung (mit Begründung).

14. Aufgabe

Situation

Sie befinden sich bei Ihrem Kunden Dirk Gerber, um in seinem Einfamilienhaus einen Leitungswasserschaden zu besichtigen:

In der Nacht ist ein Wasserzuleitungsrohr in der gefliesten Badezimmerwand gebrochen. Als Herr Gerber morgens den Schaden bemerkte, hat er sofort den Klempner gerufen. Der Klempner hat bereits die Wand aufgestemmt und das Rohr repariert. Vorher mussten Frau und Herr Gerber einen Badezimmerschrank, der vor der Bruchstelle stand, ausräumen und wegrücken. Das Wasser ist in das Erdgeschoss gelaufen und hat dort die Deckenvertäfelung, die Tapete, den Parkettfußboden sowie einen Einbauschrank zerstört. Die Gebäudewand und der Estrich sind völlig durchnässt und müssen mit Trocknungsmaschinen getrocknet werden. Im Keller steht das Wasser ca. 20 cm hoch; der Klempner hat bereits eine Pumpe eingeschaltet, die das Wasser absaugt. Aus dem Wohnzimmerschrank hat Familie Gerber Gläser und Geschirr ausgeräumt und den Schrank, Tisch und Stühle ins Esszimmer gebracht. Der Perserteppich aus dem Wohnzimmer muss gereinigt werden. Beim Wohnzimmerschrank löst sich durch das Wasser das Holzfurnier.

Aufgabe

Besprechen Sie mit Frau und Herrn Gerber die Regulierung. Bei Ihnen besteht nur die Gebäudeversicherung; die Hausratversicherung hat Herr Gerber bei einer anderen Versicherung abgeschlossen.

15. Aufgabe

Situation

Ihnen liegt die Schadenanzeige Ihrer Kundin Claudia Peters sowie das Gutachten Ihres Sachverständigen vor. In das versicherte Mehrfamilienhaus hat vor drei Monaten der Blitz eingeschlagen und einen Brand verursacht. Der Schaden ist inzwischen behoben und beträgt nach Gutachten:

- Gebäudeschaden   346 000 €
- Aufräumungs- und Abbruchkosten   76 000 €
  (Sondermüllentsorgung wegen Asbest)
- Mietausfall (für drei Monate)   8 240 €
- Mehrkosten durch Änderungen
  öffentlich-rechtlicher Vorschriften   1 400 €

Die Versicherungsnehmerin hat bereits eine Abschlagszahlung über 350 000 € erhalten.

Frau Peters hat eine Versicherungssumme „Wert 1914" von 90 000 M vereinbart. Nach Gutachten liegt der Versicherungswert 1914 bei 100 000 M, Anpassungsfaktor: 14,91

Aufgabe

Regulieren Sie den Schaden.

16. Aufgabe

Ihr Außendienstmitarbeiter Matthias Weber schildert Ihnen folgenden Schaden:

Beim Versicherungsnehmer Gottschalk lief gestern nach einem Platzregen Wasser in den Keller, das einen Kurzschluss an der Heizungsanlage auslöste. Durch den Kurzschluss entstand ein Brand, der die Heizung zerstörte und den Kellerraum erheblich beschädigte. Herr Weber ist nicht sicher, ob wir leisten. Herr Gottschalk hat für sein versichertes Einfamilienhaus nicht die „Erweiterte Elementarschadenversicherung" eingeschlossen.

Informieren Sie Herrn Weber.

Ausbildung zum Versicherungsfachmann/ zur Versicherungsfachfrau

Wiederholungsfragen zum Sachgebiet Hausrat/Wohngebäude

Test 1

1. Ihr Kunde Bernd Stelter ruft Sie an und erzählt Ihnen, dass sich sein Sohn für den Sommer ein Schlauchboot von einem Freund geliehen hat. Das Schlauchboot wird in der Garage des Einfamilienhauses aufbewahrt. Herr Stelter fragt Sie, ob seine Hausratversicherung dafür aufkommen würde, wenn in die Garage eingebrochen und das Schlauchboot gestohlen würde.

   Sie antworten ihm:

   a) Schlauchboote sind in der Hausratversicherung grundsätzlich eingeschlossen, egal wo sie aufbewahrt werden.
   b) Schlauchboote gehören zwar zum Hausrat, aber geliehene Gegenstände sind vom Versicherungsschutz ausgeschlossen.
   c) Unabhängig davon, wem das Schlauchboot gehört, besteht über die Hausratversicherung Versicherungsschutz.
   d) Für Schlauchboote muss der Einschluss immer gesondert vereinbart werden.

2. Herr Gatzweiler möchte von Ihnen wissen, ob auch fremdes Eigentum über seine Hausratversicherung abgesichert ist. Er nennt Ihnen die folgenden Sachverhalte und fragt Sie, für welche Sachen Versicherungsschutz bestehen würde, wenn sie bei einem versicherten Schadensfall beschädigt, zerstört oder gestohlen würden.

   1) Die Schwiegermutter kommt für drei Wochen zu Besuch und bringt drei Koffer mit hochwertiger Kleidung mit. Sie besitzt eine eigene Hausratversicherung.
   2) An einem Wochenende nimmt er einen Laptop von der Arbeit mit, da er damit zu Hause arbeiten möchte.
   3) Zu einem wichtigen Fußballspiel leiht er sich bei seinem Fernsehhändler einen Fernseher mit Großbildformat.
   4) Seine Freundin zieht in seine Wohnung ein und bringt ihre Sachen mit.

   Bitte nennen Sie die richtige Ziffernkombination.

   a) 1, 3
   b) 1, 4
   c) 1, 2, 4
   d) 2, 3, 4

3. Ihr Kunde ist an einer Hausratversicherung interessiert. Er hat einen Versicherungswert von 70 000 € ermittelt.

   Bitte informieren Sie ihn, bis zu welchem Betrag Wertsachen ohne besonderen Prämienzuschlag mitversichert sind.

   Antwort:

4. Ihr Kunde Wilfried Stöber hat einige alte Sachen auf dem Flohmarkt erstanden. Da er gehört hat, dass in der Hausratversicherung einige alte Dinge unter den Begriff Wertsachen fallen, möchte er von Ihnen wissen, ob die gekauften Sachen als Wertsache gewertet werden.

   Sie geben ihm zur Antwort: „Unter den Begriff Wertsache fällt nur ..."

   a) das 120 Jahre alte Eichenbett
   b) das 90 Jahre alte Grammofon
   c) die 130 Jahre alte Bibel
   d) der 125 Jahre alte Küchenschrank

5. Im Verlauf eines Beratungsgesprächs zur Hausratversicherung erfahren Sie von Herrn Protz, dass er Hausrat im Wert von insgesamt 90 000 € besitzt. In diesem Betrag enthalten sind auch die folgenden wertvollen Gegenstände:

silberner Kerzenleuchter	500 €
Briefmarken	3 000 €
Schmuck	11 000 €
Bauerntruhe aus dem Jahre 1850	9.500 €
handgeknüpfte Teppiche	13 000 €
Pelze	4 000 €

   Damit Herr Protz ausreichend versichert ist, empfehlen Sie ihm, den in der Hausratversicherung beitragsfrei enthaltenen Wertsachenanteil von 20 % zu erhöhen.

   Auf wie viel Prozent sollt der Wertsachenanteil erhöht werden?

   Antwort:

6. Versicherungsnehmer Holthaus lässt im Badezimmer seiner Mietwohnung durch einen Installateur die Duschkabine, das Waschbecken und die Toilette durch teurere Objekte für insgesamt 5 800 € ersetzen. Herr Holthaus fragt, ob im Schadenfall seine Hausratversicherung dafür eintritt. Die Sanitärobjekte sind

   a) nur in der Gebäudeversicherung eingeschlossen, weil sie ursprünglich der Gebäudeeigentümer einbrachte.
   b) in der Hausratversicherung als eingefügte Sachen, die der Versicherungsnehmer als Mieter auf seine Kosten einbringt, versichert.
   c) in der Hausratversicherung nur im bisherigen Wert versichert.
   d) sowohl in der Hausrat- als auch in der Gebäudeversicherung eingeschlossen.

7. Bei einem schweren Sturm mit Windstärke 10 wurde das Dach des Einfamilienhauses von Herrn Lippert schwer beschädigt. Der durch das beschädigte Dach eindringende nachfolgende Regen verschmutzte und durchnässte die Tapeten und ein Sofa so stark, dass diese ersetzt werden mussten.

Kommt die Hausratversicherung von Herrn Lippert für die Schäden auf?

a) Da nur das Dach unmittelbar durch den Sturm beschädigt wurde, lehnt die Hausratversicherung den Schaden ab.

b) Der gesamte Schaden wird bedingungsgemäß ersetzt.

c) Nur die Kosten für die Wiederbeschaffung des Sofas und die Renovierungskosten innerhalb der Wohnung werden übernommen.

d) Weder für das Dach noch für das Tapezieren werden die Kosten übernommen. Die Wiederbeschaffungskosten für das Sofa werden jedoch ersetzt.

8. Frau Gemach hat eine neue Wohnung gemietet. Da sie es nicht eilig hat und sich die Kosten für einen großen Umzugswagen sparen möchte, bringt sie ihre Sachen über einen Zeitraum von einigen Wochen nach und nach in die neue Wohnung. Da der Hausrat durch diesem Umstand auf zwei Wohnungen verteilt ist, möchte sie von Ihnen wissen, ob und ggf. wie lange sie Schutz in beiden Wohnungen hat.

Sie geben ihr folgende Information:

a) Der Versicherungsschutz in der alten Wohnung erlischt ab Umzugsbeginn.

b) Für längstens bis zu zwei Monaten ab Umzugsbeginn besteht Versicherungsschutz in beiden Wohnungen.

c) Im Rahmen der Außenversicherung besteht bis zu vier Monaten Versicherungsschutz in beiden Wohnungen.

d) Bis zum Abschluss des Umzugs besteht in beiden Wohnungen Versicherungsschutz.

9. Helmut Kroll hat bei Ihrer Gesellschaft eine Hausratversicherung in Höhe von 70 000 € abgeschlossen. Da er viel auf Reisen ist, interessiert er sich dafür, ob sein Reisegepäck im Rahmen seiner Hausratversicherung mitversichert ist.

Sie antworten ihm:

a) Für Reisegepäck benötigt er eine Reisegepäckversicherung.

b) Bis zu 10 000 € sind über die Hausratversicherung mitversichert.

c) Er hat über die Außenversicherung uneingeschränkt Versicherungsschutz.

d) Reisegepäck ist bis zu 7 700 € im Rahmen der Außenversicherung mitversichert.

e) Über die Außenversicherung ist sein Reisegepäck bis zu 7 000 € mitversichert.

10. Walter Habenichts ruft Sie ganz aufgeregt an: „Mein Haus ist gestern abgebrannt, alles ist den Flammen zum Opfer gefallen." Sie fahren sofort zur Schadenaufnahme und stellen fest, dass der Hausrat einen Wert von 58 000 € hatte. Die Versicherungssumme der Hausratversicherung beträgt 55 000 €.

Welche Entschädigung können Sie Herrn Habenichts in Aussicht stellen?

a) 50 000 €
b) 55 000 €
c) 58 000 €
d) 60 500 €

11. Frau Walburga Vorsicht teilt Ihnen mit, dass ihr Haus mit einer Alarmanlage ausgerüstet wurde. Um mögliche Täter abzuschrecken, wurde auch eine rote Blinksirene an der Außenseite des Hauses befestigt. Frau Vorsicht fragt Sie nun, ob eine Änderung ihrer nach VGB bestehenden Wohngebäudeversicherung notwendig ist, damit die Anlage mitversichert ist.

Sie geben ihr den Rat, die Versicherungssumme zu überprüfen und zusätzlich die folgende Auskunft:

a) Die Alarmanlage selbst ist bedingungsgemäß versichert, die außen angebrachte Blinkleuchte kann über eine besondere Vereinbarung mitversichert werden.
b) Der Einbau der Anlage und der Blinkleuchte muss gemeldet werden, damit sie über eine besondere Vereinbarung mitversichert werden können.
c) Da der Einbau einer Alarmanlage auch Vorteile für den Versicherer bietet, wird er eine beitragsfreie Mitversicherung anbieten.
d) Sowohl die Alarmanlage als auch die Blinkleuchte sind ohne besondere Vereinbarung nach VGB mitversichert. Deshalb ist eine gesonderte Meldung des Einbaus nicht notwendig.

12. Gerd Alt hat die obere Etage seines Zweifamilienhauses an seine Zwillingsschwester Gerda Neu vermietet. Frau Neu hat vor einer Woche eine Markise auf ihre Kosten an ihrem Balkon anbringen lassen. Herr Alt möchte nun von Ihnen wissen, ob diese Markise über seine Wohngebäudeversicherung automatisch mitversichert ist.

Sie antworten ihm:

a) Nein, da die Mieterin die Markise angebracht hat.
b) Ja, weil die Markise ein Gebäudebestandteil ist.
c) Ja, als Gebäudezubehör ist die Markise mitversichert.
d) Nein, da die Markise grundsätzlich über die Hausratversicherung abgesichert ist.

13. Walter Sauerbier nutzt einen kleinen Teil seines Hauses als Kiosk. Vorgestern wurde bei einem schweren Unwetter (Sturm Windstärke 7 und Hagelschlag) die Schaufensterscheibe des Kiosk und ein kleines Küchenfenster zerstört. Herr Sauerbier hat das Gebäude bei Ihrer Gesellschaft nach VGB versichert.

Wird der Schaden übernommen?

a) Nein, der Schaden wird abgelehnt, da der Sturm nicht Windstärke 8 erreicht hat.

b) Die Scheibe des Küchenfensters wird ersetzt, für die Schaufensterscheibe wird nicht geleistet.

c) Ja, beide Scheiben werden ersetzt.

d) Nein, Glasbruchschäden müssen generell über eine separate Glasbruchversicherung abgesichert werden.

14. Während eines Beratungsgesprächs erzählt Ihnen Frauke Peters, dass sie auf ihrem Grundstück ein kleines Gartenhäuschen gebaut hat, das auch einen Wasseranschluss hat. Eine Versicherung für das Häuschen wünscht sie nicht. Es interessiert sie jedoch, ob die Reparaturkosten des Wasserzuleitungsrohrs, das vom Wohnhaus zum Gartenhaus verläuft, über ihre nach VGB bestehende Wohngebäudeversicherung mitversichert sind.

Sie antworten ihr:

a) Es genügt, dass das Zuleitungsrohr seinen Ursprung in einem versicherten Gebäude hat. Ein eventueller Schaden wäre somit versichert.

b) Zuleitungsrohre sind ohne besondere Vereinbarung immer nur innerhalb von Gebäuden versichert.

c) Über die VGB besteht kein Versicherungsschutz. Eine besondere Vereinbarung wäre nur möglich, wenn auch das Gartenhäuschen versichert würde.

d) Da die Zuleitung nicht der Versorgung des versicherten Gebäudes dient, besteht kein Versicherungsschutz.

15. Nach einem Explosionsschaden muss die Schadenstelle aufgeräumt und der Schutt abtransportiert werden. Der Kunde hat bei Ihrer Gesellschaft eine Wohngebäudeversicherung nach VGB mit einer Versicherungssumme von 30 000 Mark/Wert 1914 abgeschlossen. Aufräum- und Abbruchkosten sind bis zu 5 % der Versicherungssumme 1914 mitversichert. Der Anpassungsfaktor beträgt zurzeit 14,91 und der Baupreisindex 11,90.

Welche Summe erhält der Kunde maximal für die entstandenen Kosten?

Antwort:

Bitte schreiben Sie den Betrag in das Lösungsblatt.

16. Um einen kleinen Zimmerbrand zu löschen, greift Ihr Kunde Franz
    Ungeschickt zum Feuerlöscher. Durch den Löschschaum sind aller-
    dings auch der Bodenbelag und die Tapeten rundherum in Mitlei-
    denschaft gezogen worden.

    Herr Ungeschickt fragt Sie, ob der gesamte Schaden in der Wohn-
    gebäudeversicherung versichert ist.

    a) Ja, denn auch Schadenabwendungs- und -minderungskosten bei
       einem Brand sind versichert.
    b) Ja, als Schadenabwendungs- und -minderungskosten bis zu 5 %
       der Versicherungssumme.
    c) Ja, der eigentliche Brandschaden uneingeschränkt, der restliche
       Schaden im Rahmen der Schadenabwendungs- und -minde-
       rungskosten bis zu 5 % der Versicherungssumme.
    d) Nein, nur der tatsächlich vom Feuer betroffene Teil wird über-
       nommen.
    e) Nein, nur der eigentliche Brandschaden wird ersetzt, da das Lö-
       schen des Feuers im Interesse der Öffentlichkeit liegt.

17. Vor 4 Monaten entstand am Haus Ihrer Kundin Wilma Blasebalg ein
    größerer Sturmschaden in Höhe von 40 000 €. Frau Blasebalg be-
    mühte sich seitdem, Handwerker für die Reparatur zu bekommen,
    da nach den Schaden nur eine Notreparatur durchgeführt wurde.
    Durch die Vielzahl der Schäden in der Region hatten die Handwer-
    ker erst jetzt Zeit für die endgültige Reparatur. Durch zwischenzeit-
    lich gestiegene Baupreise erhöhen sich die Kosten auf 42 000 €.

    Wird Ihre Gesellschaft nach VGB auch für den Mehrbetrag aufkom-
    men, der durch die spätere Wiederherstellung entstanden ist?

    a) Da die Kundin die Verzögerung nicht zu vertreten hat, werden die
       entstandenen Mehrkosten übernommen.
    b) Solche Kosten werden bis zur Entschädigungsgrenze von 10 %
       übernommen.
    c) Diese Mehrkosten werden nur übernommen, wenn eine beson-
       dere Vereinbarung über die Mitversicherung getroffen wurde.
    d) Nein, solche Mehrkosten sind nicht versicherbar.

18. In einem Beratungsgespräch zur Wohngebäudeversicherung nennt
    Ihnen der Kunde Andreas Adams verschiedene Werte.

    Welchen Wert können Sie heranziehen, wenn Sie die Versicherungs-
    summe „Wert 1914" mit dem Baupreisindex ermitteln wollen?

    a) 140 000 € (tatsächliche Baukosten aus dem Jahr 1978)
    b) 245 000 € (Bausachverständigen-Gutachten über den Verkehrs-
       wert aus dem Jahr 1997)
    c) 260 000 € (Verkaufswert nach heutigem Stand)
    d) 225 000 € (voraussichtliche Neubaukosten nach dem heutigen
       Stand)

19. Durch einen Brand ist das gesamte nach VGB versicherte Wohn-
    und Geschäftgebäude (35 % Nutzfläche) Ihres Kunden Manfred
    Müller für 3 Monate nicht mehr bewohnbar. Im 2. Obergeschoss
    wohnt Herr Müller selbst. Die 1. Etage hat er für 450 € an einen Be-
    kannten vermietet, obwohl der ortsübliche Mietwert 550 € beträgt.
    Das Erdgeschoss hat er für 900 € an eine Lotterieannahmestelle
    vermietet. Ihrem Kunden entsteht durch den Schaden ein Mietaus-
    fall von 900 € pro Monat für den gewerblichen Teil. Zudem verwei-
    gert sein Bekannter die Mietzahlung von monatlich 450 €, und ihm
    selbst entstehen Hotelkosten in Höhe von 1 400 € pro Monat. Die
    Wohnfläche ist in der 1. und 2. Etage identisch.

    Welcher Betrag wird ihm erstattet?

    Antwort:

    Bitte schreiben Sie den Betrag in das Lösungsblatt.

20. Sie erläutern einem Kollegen die Funktion des Anpassungsfaktors
    nach VGB. Dieser möchte von Ihnen wissen, wann sich dieser
    Wert verändert.

    Der Wert ändert sich, wenn ...

    a) die Preise im Allgemeinen steigen.
    b) der Gesamtverband der deutschen Versicherungswirtschaft dies
       empfiehlt.
    c) sich der Baupreisindex und der Tariflohnindex verändern.
    d) die Tariflohnabschlüsse im Bauhaupt- und Nebengewerbe stei-
       gen.
    e) der Lebenshaltungskostenindex steigt.

Ausbildung zum Versicherungsfachmann/ zur Versicherungsfachfrau

Wiederholungsfragen zum Sachgebiet Hausrat/Wohngebäude

Test 2

1. Die Untermieterin Ihres Hausratkunden Fritz Flink ruft Sie an. Durch einen unverschuldeten Brand in ihrem Zimmer ist auch ihr Radio zerstört worden. Herr Flink meint nun, ihr Radio sei über seine Hausratversicherung mitversichert und hat ihr deshalb den Tipp gegeben, sich an Sie zu wenden.

   Sie erläutern ihr:

   a) Sie muss sich an die Haftpflichtversicherung von Herrn Flink wenden. Diese wird für den Schaden aufkommen.
   b) Eigentum von Untermietern ist vom Versicherungsschutz ausgeschlossen.
   c) Herr Flink hat recht; fremdes Eigentum ist eingeschlossen. Deshalb nehmen Sie eine Schadenanzeige auf.
   d) Fremdes Eigentum ist mitversichert. Bei technischen Geräten wird allerdings nur der Zeitwert ersetzt.

2. Versicherungsnehmer Meier hat von seinem Arbeitgeber ein Notebook zur Verfügung gestellt bekommen. Er fragt, ob für das Notebook die Hausratversicherung leistet, wenn es z. B. durch Einbruchdiebstahl aus seiner Wohnung entwendet wird. Sie antworten, dass das Notebook

   a) nur über die Außenversicherung des Arbeitgebers versichert ist.
   b) als gewerbliches Arbeitsgerät ausgeschlossen ist.
   c) nach Klausel 7211 „Arbeitsgeräte" eingeschlossen werden kann.
   d) als fremde Sache mitversichert ist.

3. Patrick Liebig ruft Sie an und meldet Ihnen einen Einbruchdiebstahl in seinem Keller, wobei die dort lagernden Sommerreifen gestohlen wurden. Nun fragt er Sie, ob seine Hausratversicherung für diesen Schaden aufkommt.

   Sie antworten ihm:

   a) Nein, da die Reifen nicht mit dem Kfz verbunden waren.
   b) Nein, Kfz-Zubehör gehört zu den nicht versicherten Sachen in der Hausratversicherung.
   c) Ja, die Reifen sind als Kfz-Zubehör mitversichert.
   d) Ja, aber nur im Rahmen der Außenversicherung.

4. Herr Müller hat bei Ihnen eine Hausratversicherung abgeschlossen. Er wird durch einen Tischler zwei individuell gefertigte Einbauschränke für 6 300 € in seine Mietwohnung einfügen lassen. Er möchte wissen, ob die Einbauschränke in seiner Hausratversicherung eingeschlossen sind. Sie teilen ihm mit, dass

   a) individuell für das Gebäude geplante und gefertigte Einbauschränke in der Wohngebäudeversicherung versichert sind.
   b) eine Doppelversicherung zwischen Hausrat- und Gebäudeversicherung besteht.
   c) sie bedingungsgemäß versichert sind.
   d) er sie nach der Klausel 7212 „In das Gebäude eingefügte Sachen" einschließen kann.

5. Frau Eitel teilt Ihnen mit, dass sie sich vor Kurzem einige wertvolle Schmuckstücke gekauft hat. Der Gesamtwert ihres Schmuckes beträgt mittlerweile 30 000 €. Da auch der sonstige Hausrat sehr hochwertig ist, hat sie eine Hausratversicherungssumme von 170 000 € bei Ihrer Gesellschaft mit Unterversicherungsverzicht vereinbart.

   Unter welchen Voraussetzungen bzw. bis zu welcher Höhe ist Versicherungsschutz für den Schmuck gegeben?

   a) Wird der Schmuck verschlossen aufbewahrt, besteht in voller Höhe Versicherungsschutz.
   b) Die Entschädigung ist immer auf 20 000 € begrenzt.
   c) Da der Betrag innerhalb der 20 % für Wertsachen liegt, besteht voller Versicherungsschutz.
   d) Der Schmuck im Wert von 30 000 € ist nur dann in voller Höhe versichert, wenn er z. B. in einem vom VdS anerkannten Wertschutzschrank mit mind. 200 kg Gewicht aufbewahrt wird.

6. Frau Rose informiert Sie über einen Einbruch in ihrer Garage, die an ihr Einfamilienhaus angrenzt. Der Dieb hat ein Fahrrad entwendet und ein weiteres mutwillig zerstört. Nun möchte sie von Ihnen wissen, ob ihre Hausratversicherung den Schaden regulieren wird.

   Sie erläutern ihr:

   a) Das gestohlene Fahrrad wird ersetzt. Da das andere Fahrrad vorsätzlich zerstört wurde und Vorsatz in der Hausratversicherung ausgeschlossen ist, wird hierfür kein Ersatz geleistet.
   b) Sie hätte den Einschluss der Fahrräder gesondert beantragen müssen. Versicherungsschutz besteht deshalb nicht.
   c) Beide Fahrräder werden zum Wiederbeschaffungswert ersetzt.
   d) Das mutwillig zerstörte Fahrrad wird ersetzt. Das gestohlene ist nur versichert, wenn dies besonders vereinbart war.

7. Auf offener Straße wurde Ihre Kundin, Karin Ängstlich, Opfer eines Raubüberfalls. In der gestohlenen Handtasche befand sich auch ihr Haus- und Wohnungsschlüssel. Um einem möglichen Einbruch in ihre Wohnung vorzubeugen, möchte sie nun sowohl das Schloss der Haus- als auch der Wohnungstür ersetzen lassen. Von einer Bekannten hat sie gehört, dass Schlossänderungskosten von der Hausratversicherung ersetzt werden und meldet Ihnen den Schaden. Frau Ängstlich wohnt in einem Mehrfamilienhaus.

Wird die Hausratversicherung für die Kosten aufkommen?

a) Schlossänderungskosten werden nur für die Wohnungstür übernommen.

b) Die gesamten Kosten werden übernommen, da der Schlüssel durch Raub abhanden gekommen ist.

c) Schlossänderungskosten werden grundsätzlich nur nach der Beschädigung des Schlosses nach einem Einbruch oder Einbruchversuch übernommen.

d) Die gesamten Kosten werden übernommen, da sie den Diebstahl nicht fahrlässig verschuldet hat.

8. Beiläufig erzählt Ihnen Ihr Kunde Bernd Meißel, dass er sich in der Nachbarschaft eine Garage gemietet und dort eine Hobbywerkstatt eingerichtet hat. Da die Versicherungssumme seiner Hausratversicherung die Werte der Hobbywerkstatt berücksichtigt, ist er der Ansicht, dass er keine Veränderung seines Vertrages vornehmen muss.

Hat er recht?

a) Ja, er hat Versicherungsschutz über die Außenversicherung.

b) Ja, da Sachen in einer Werkstatt am Versicherungsort bedingungsgemäß mitversichert sind.

c) Versicherungsschutz besteht nur, solange keine gewerbliche Nutzung erfolgt.

d) Nur wenn eine besondere Vereinbarung getroffen wird, besteht auch für die Garage Versicherungsschutz.

9. Herr Traurig ruft Sie am 2. 6. an und erzählt: „Als ich gestern Abend nach Hause kam, war die Wohnung halb leer geräumt. Auf dem Tisch fand ich einen Zettel, auf dem stand, dass meine Frau mich verlassen hat." Gleichzeitig fragt er Sie: „Muss ich in Bezug auf die Hausratversicherung etwas unternehmen?" Bei einem Blick in Ihre Unterlagen stellen Sie fest, dass Frau Traurig Versicherungsnehmerin des Vertrages ist und die Prämie jährlich am 1. 9. fällig ist.

Sie erläutern Herrn Traurig: „Sie haben Versicherungsschutz in der bisherigen Wohnung längstens bis zum ..."

a) 01. 06.

b) 30. 08.

c) 30. 11.

d) 01. 01. des nächsten Jahres

10. Bei einem Brand in der Wohnung Ihres Kunden Kurt Modrow wird u. a. ein CD-Player zerstört. Da in einigen Wochen ein neues Modell auf den Markt kommen soll, möchte er mit der Ersatzbeschaffung noch warten.

Welchen Wert bekommt Herr Modrow ersetzt?

a) Den Betrag, den das Gerät bei der ursprünglichen Anschaffung gekostet hat.

b) Den Wiederbeschaffungspreis zum Zeitpunkt der Ersatzbeschaffung.

c) Bei technischen Geräten wird immer der Zeitwert am Schadentag ersetzt.

d) Den Wiederbeschaffungspreis eines gleichartigen Gerätes am Schadentag.

11. Bevor Friedhelm Kunze die Gebäudeversicherung nach VGB bei Ihnen abschließt, möchte er noch wissen, ob er auch die gemauerte Hundehütte, die sich im hinteren Teil des Grundstücks befindet und den freistehenden Briefkasten aus Holz mitversichern kann?

Was antworten Sie Herrn Kunze?

a) Beides ist bedingungsgemäß nach VGB mitversichert.

b) Die Hundehütte kann aufgrund besonderer Vereinbarung versichert werden. Der Briefkasten ist ohne Mehrbeitrag automatisch eingeschlossen.

c) Da die Hundehütte gemauert ist, kann sie über eine besondere Vereinbarung gegen Mehrbeitrag mitversichert werden. Der Briefkasten aus Holz ist hingegen nicht versicherbar.

d) Grundstücksbestandteile, die nicht mit dem Wohngebäude verbunden sind, können nicht versichert werden.

12. Bruno Brutzel hat sich seine wunderschöne nagelneue Einbauküche in sein Einfamilienhaus einbauen lassen. Die Küche wurde ganz individuell für den Küchenraum geplant und gefertigt und kostet daher rund 25 000 €. Deshalb ist ihm wichtig, dass sie über seine nach VGB bestehende Gebäudeversicherung mitversichert wird.

Welchen Rat geben Sie ihm?

a) Die Küche ist über seine Hausratversicherung mitversichert, deshalb soll er die Anschaffung dort melden.

b) Die Küche ist in diesem Fall automatisch über seine Gebäudeversicherung mitversichert. Er muss also nichts weiter unternehmen.

c) Einbauküchen sind in Mietwohnungen über die Hausratversicherung, in Einfamilienhäusern über die Gebäudeversicherung mitversichert.

d) In diesem Fall ist die Küche automatisch über seine Gebäudeversicherung mitversichert. Er sollte die Versicherungssumme allerdings um den Wert der Küche erhöhen, um eine Unterversicherung zu vermeiden.

13. Bei der Rückkehr aus dem Urlaub stellt Ihr Kunde Michael Meier mit Entsetzen fest, dass Diebe in sein freistehendes Einfamilienhaus eingedrungen sind. Neben dem reinen Diebstahlschaden sind auch noch erhebliche Schäden an den Bodenbelägen des Hauses entstanden, da die Einbrecher die Wasserhähne im Badezimmer in der ersten Etage aufgedreht und gleichzeitig Abfluss und Überlauf verstopft haben.

Herr Meier reicht den Schaden bei Ihrer Gesellschaft ein. Wird der Schaden nach VGB ersetzt?

a) Es handelt sich um einen Folgeschaden aus einem Einbruchdiebstahl, so dass Versicherungsschutz besteht.

b) Da der Schaden durch bestimmungswidrig ausgetretenes Leitungswasser entstanden ist, wird er übernommen.

c) Da der Leitungswasserschaden vorsätzlich herbeigeführt wurde, wird eine Ablehnung erfolgen.

d) Der Schaden wird übernommen, wenn der Kunde eine besondere Vereinbarung geschlossen hat, nach der Gebäudebeschädigungen durch unbefugte Dritte mitversichert sind.

14. Alfred Ekel ruft Sie ganz aufgeregt an: „Das Abflussrohr der Toilette war verstopft, so dass das Abwasser nicht abfließen konnte und aus dem Toilettenbecken austrat. Hierdurch wurden die Bodenbeläge des Badezimmers und des Flures beschädigt. Mir sind Kosten für die Beseitigung der Verstopfung und für die Reinigung bzw. den Austausch der Bodenbeläge entstanden. Kommt Ihre Gesellschaft dafür auf?"

Sie antworten ihm:

a) Die Kosten für die Beseitigung der Verstopfung werden übernommen. Der Schaden an den Bodenbelägen wird allerdings abgelehnt, da Abwasser nicht als Leitungswasser im Sinne der Bedingungen gilt.

b) Im Rahmen der VGB wird der Gesamtschaden ersetzt.

c) Der Schaden an den Bodenbelägen wird bezahlt, die Kosten für die Beseitigung der Verstopfung werden nicht übernommen.

d) Rückstauschäden sind nach VGB ausgeschlossen, deshalb wird der Gesamtschaden abgelehnt.

15. Peter Pan hat die 50 qm große Dachgeschosswohnung für 9 € pro qm Wohnfläche vermietet (ortsüblicher Mietpreis: 8 pro qm). Nach einem Brandschaden ist die Wohnung für 15 Monate unbewohnbar.

Welcher Betrag wird vom Gebäudeversicherer übernommen?

Antwort:

Bitte schreiben Sie den Betrag in das Lösungsblatt.

16. Ihr Kunde Franz Fabig hat gehört, dass nach einem Schadensfall auch Aufräumungs-, Abbruch-, Bewegungs- und Schutzkosten durch seine Gebäudeversicherung (VGB) versichert sind. Nun möchte er von Ihnen wissen, in welcher Höhe diese Kosten mitversichert sind.

    Welche Daten benötigen Sie, um dem Kunden den gewünschten Wert benennen zu können?

    a) Versicherungssumme „Wert 1914", Baupreisindex, Prozentsatz der Entschädigung für diese Kosten
    b) Wert des Gebäudes am Schadentag, Baupreisindex, Prozentsatz der Entschädigung für diese Kosten
    c) Versicherungssumme „Wert 1914", Anpassungsfaktor, Prozentsatz der Entschädigung für diese Kosten
    d) Wert des Gebäudes am Schadentag, Anpassungsfaktor, Prozentsatz der Entschädigung für diese Kosten

17. Bei einem größeren Brandschaden wurde auch die Heizungsanlage Ihres Kunden Benno Brause zerstört, die nicht mehr die Immissionsvorschriften erfüllte. Durch die neue Heizung werden dem Kunden erhebliche Mehrkosten entstehen.

    Bitte informieren Sie Herrn Brause, ob diese Kosten nach VGB übernommen werden.

    a) Mehrkosten, die durch Veränderungen der öffentlich-rechtlichen Vorschriften entstehen, sind i. d. R. bis zu 5 % der Versicherungssumme „Wert 1914" mitversichert.
    b) Da der Kunde diese Mehrkosten nicht zu vertreten hat, sind sie ohne Einschränkung mitversichert.
    c) Für Wertverbesserungen kann der Versicherer nicht aufkommen. Deshalb wird nur der Zeitwert der Heizungsanlage erstattet.
    d) Da es sich nur um einen Teilschaden handelt und die Versicherungssumme nicht verbraucht wird, werden die Mehrkosten in voller Höhe übernommen.

18. Die Ehefrau Ihres Versicherungsnehmers Martin Dietz ruft an und teilt Ihnen mit, dass sie sich scheiden lassen wird. Sie hat ihren Mann verlassen und eine eigene Mietwohnung bezogen. Frau Dietz fragt, ob die Hausratversicherung ihres Mannes auch für die Sachen in ihrer neuen Wohnung eintritt.

    a) Ja, aber nur bis zum Ablauf von drei Monaten nach der nächsten Beitragsfälligkeit.
    b) Ja, aber nur, wenn ihr Mann einwilligt.
    c) Nein, sie benötigt eine eigene Hausratversicherung.
    d) Nein, bei einer Trennung vom Ehegatten erlischt der Versicherungsschutz in beiden Wohnungen.

19. Ihre Kundin Petra Puls hat seit Jahren eine Hausratversicherung mit Unterversicherungsverzicht bei Ihrer Gesellschaft. Beim Abschluss der Gebäudeversicherung für ihr vor kurzem erworbenes Einfamilienhaus fragt sie, ob ein Unterversicherungsverzicht auch für diesen Vertrag vereinbart werden kann.

Sie antworten ihr ...

a) Ja, wenn sie den Grundstückspreis vom Kaufpreis abzieht, rechnet der Versicherer diesen Wert auf eigene Gefahr um.

b) Ja, wenn die Versicherungssumme „Wert 1914" nach Wohnfläche und Ausstattungsmerkmalen ermittelt wird.

c) Ja, wenn sie herausfindet, wie hoch die tatsächlichen Baukosten nach heutigem Stand wären.

d) Ja, wenn eine Bausachverständiger den tatsächlichen Verkehrswert ermittelt.

20. Sie erklären Ihrer Kundin Klara Kläs, dass sie bei nicht genutzten Gebäuden oder Gebäudeteilen die Sicherheitsvorschriften beachten muss.

Frau Kläs möchte nun von Ihnen wissen, was sie tun muss:

1) Sie muss nur den Versicherer unverzüglich über die neue Situation informieren.

2) Das Gebäude muss regelmäßig kontrolliert werden.

3) Alle wasserführenden Anlagen und Einrichtungen müssen entleert werden.

4) Da ein Teil des Gebäudes ungenutzt ist, muss sie die Versicherungssumme reduzieren.

Bitte schreiben Sie die richtigen Ziffern in Ihr Lösungsblatt.

Stichwortverzeichnis

Immer auf dem neuesten Stand!

Weitere Ausbildungsliteratur und der kostenlose Newsletter unter

www.vvw.de

Verlag Versicherungswirtschaft

Postfach 64 69 · 76044 Karlsruhe · Tel. 0721 3509-0 · Fax 0721 3509-201